아메리카

사도세자

저자: 박 인수

저자약력

한국교원대학교 대학원 졸업/ 미술교육학 석사
현 상고사학회 이사

저서

4차원 / 아, 탈라스 /We are the world 태권도 교본 / 21세기를 만화로 열어라 /
가림토 / 역사에 반역 /대조선 / 고인돌의 비밀 / 반고흐 스펙트럼
/ 문자로 나타난 하나님 / 아메리카 대조선 외 다수

아메리카 사도세자

초판 인쇄 : 2025년 8월 5일
저자 : 박인수
발행인 : 홍곡
발행처 : 라무(remmu) / 등록번호: 306-19-45697
주소 : 서울특별시 은평구 연서로 29길 8-7(갈현동)
전화: 02-388-5409 / 팩스 02)730-2874
　　　H.P: 010-7683-5409
E-mail : zau5656@daum.net
홈페이지 : inetura.com
네이버카페 : cafe.naver.com/inetura

ⓒ Park In Soo
정가 35,000원

ISBN 979-11-970758-5-8 (03900)

(저자와 협의 하에 인지를 생략합니다)

* 이 책의 무단 복제 및 전제를 금합니다 *
구글과 네이버, 인터넷 포털 서비스에 도움을 받았습니다.

아메리카 사도세자

조총부대　　　　　　　　　　조총부대

天下·中國 : 支那·朝鮮 : 딕(古: 大)죠션

조상의 지계석

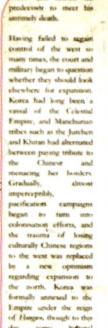

"IN GOD WE TRUST"   "COREA"

근현대사는 '민족의 이동역사'이다.

"민(民)이란 무엇인가?"
'하나님의 백성(씨氏: 나)'이다.

"백성들이 왜 고향을 등지고
이동을 하는가?"
'역사에게 물어라.'

"역사가 무엇이냐?"
'하나님과 민(民) 간에 1:1 대응관계이다.'

"… 이 시대에 하나님이 누구냐?"
'In God We Trust'

CoreA : 中国 : Von Korea

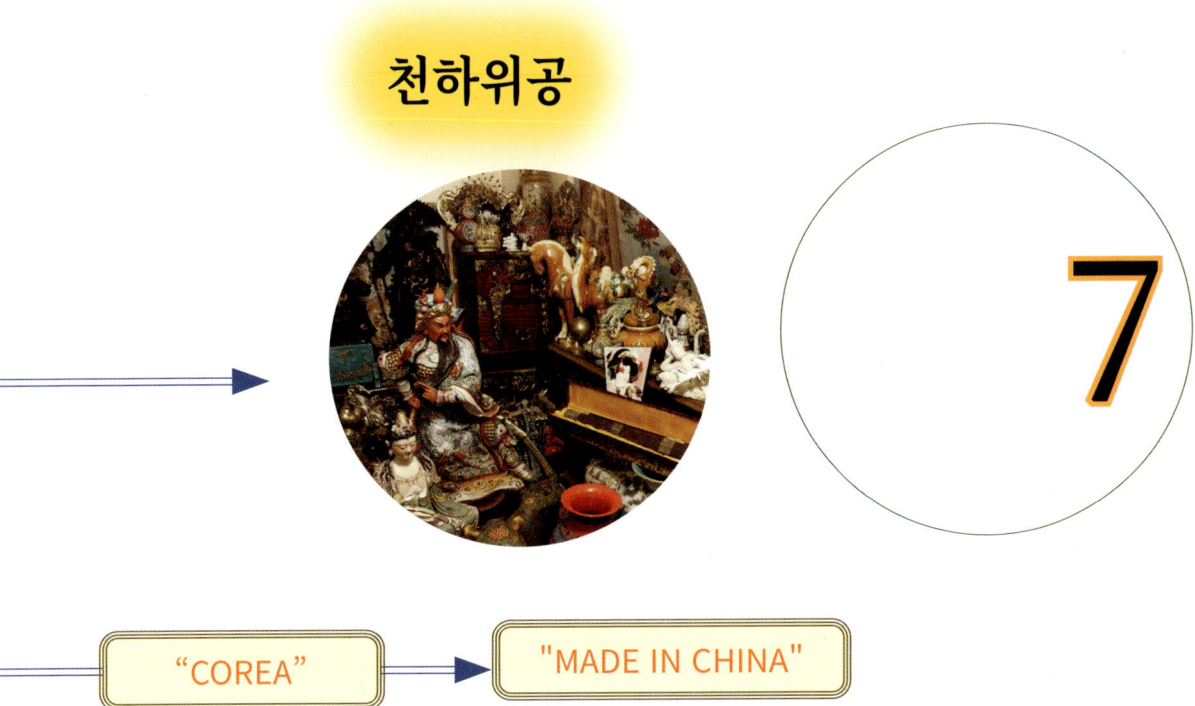

천하위공

7

"COREA" → "MADE IN CHINA"

"역사란 하나님과 나 사이에 '1 : 1' 대응 관계"라고 했다.
화폐경제 시대 기축통화의 주인을 나처럼 살아있는 하나님이라고 가정한다면, 나도 하나님처럼 역사의 주인이다.
그래서 하늘에 묻는다. "나도 내 이웃인 하나님처럼 부자로 만들어 주시오." 하늘이 말한다. '당신은 이미 부자입니다. 인류는 중국 보물을 갖고 있기 때문입니다. 인류가 빚만 갚으면 당신의 이웃인 하나님이 보물을 해동합니다.' "… 내가 어떻게 인류의 빚을 해결합니까?"

"역사가 무엇이냐?"
'하나님과 민(民) 간에 1:1 대응관계이다.'

"… 이 시대에 하나님이 누구냐?"
'Made In China'

계약의 주인님, 램프를 비벼주세요!

화폐경제 시대, 인류의 원죄는 한 사람과 계약을 한 후 빚을 갚지 못한 것이다

대명조선(大明朝鮮)의 영락제는 몽골과의 전쟁으로 북방 무역로를 확보했으며,
수도를 남경(뉴욕)에서 북경으로 옮겼다.
영락제는 정화 함대의 원정으로 해상무역로를 열어, 육지와 해상로를 하나로 연결하였다.
또한 영락제 시대에는 특수한 조공무역 체제를 활용하여 온 세상을 중화 문화권으로
통합했으며, 불세출의 언어학 박사인 세종대왕이 나타나 인류 최고의 문화유산인
훈민정음을 창제하였다.
영락제 시대 북경(베이징)에 자금성을 건설하였고, 황제의 삼권(금권, 군권, 권능)을
천하에 알렸으며, **세계 곳곳에 인류 미래를 위한 보물을 심어 놓았다.**
16세기(임진왜란 때) 각 나라 군부들은 영락제 시대의 보물을 찾기 위해 전쟁을 벌였으나,
모두 헛수고였다.
1776년 미국의 독립선언과 인류의 천부인권 보장을 위해, **민주(民主)를 위한 대통령
제도가 등장하자,** 인간은 새 희망으로 새로운 세상을 기대했었다.
그러나 타락한 인간들에 의해 전쟁, 기근, 질병 등 인간의 재앙은 더욱 가속되었다.

2020년에 들어서자 독점금융의 갑작스러운 붕괴와 동시에,
인류 대재앙의 시그널이 포착되었다.
그럼에도 불구하고 훈민정음으로 인류의 사성, 칠음계가 한류를 타고 전 세계의 문화 흐름
을 하나로 모으고 있고, 인류의 자의식이 깨어나 스스로 세상을 바꾸어 가고 있는 중이다.
<u>곧 세상의 주인공이 나타나 영락제 시대의 보물(알라딘의 램프)을 열면,
인류는 진짜 새 세상을 맞이할 수도 있을 것 같다.</u>
필자는 아메리카 사도세자를 통해 독자와 함께 먼저 춤을 추고 싶다!
"우리 집에 왜 왔니 왜 왔니?"
"꽃 찾으러 왔도다. 왔도다"
...

꽃의 이름은 '샤론의 장미'였다.

역사歷史란 지명地名의 이전이며 지명이란 위대한 씨족氏族의 지계석地界石이다

이 책을 역사 이야기가 아니라, 어린이 동화책으로 생각해 주세요.
'이상하고 신기한 도깨비 나라 이야기라고 공부하세요.'

아메리카 사도세자가 죽지 않고 살아나, 아들인 제퍼슨(정조 대왕)과 함께
새로운 '아메리카 합중국을 만들었어요.

"그래요? 그렇다면 대조선은 망하지 않고,
정조 대왕을 통해 새로운 미국의 대통령 제도로 이어지는 건가요?"

"하하하 ... 지금은 코리아로 나갑니다!"

목차

1. 대명조선大明朝鮮 영락제, 세계를 품다. / 10
1) 영락제 이후 중국과 조선은 하나가 되었다 _ 세계대동(世界大同) 10
2) 한자 동맹의 수수께끼 22
3) 인류의 꿈의 언어, 훈민정음이 등장하는 시대가 영락제 때이다. 62

2. 아메리카 훈민정음 / 97
1) 한때 연燕 왕(조선왕)이었던 정안군靖安君 주체가 해적과 토비를 소탕하였다 98
2) 영락제 때 대명조선大明朝鮮은 역사상 최전성기를 맞이하였다 108
3) 아메리카 대륙은 동이족의 중심무대였다. 120

3. 임진왜란은 아메리카대륙에서 일어난 세계대전 / 236
1) 조선왕조실록에 등장하는 임진적벽은 북미에 있다 236
2) 임진왜란 당시 명나라와 조선에게 참패를 한 예수회! 250
3) 한국사에서 사도세자의 죽음은 역사적 모순이 있으며, 다양한 음모론이 존재한다. 284

4. 조선 왕조 역사가 미국 대통령 제도로 ... / 330
1) 사도세자의 죽음은 역사적 배경이 북미일 경우, 더 이상 미스터리가 아니다 332
2) 워싱턴 장군(사도세자)과 제퍼슨(정조대왕)은 미국 건국의 할아버지와 아버지였다 350
3) 지도 한 장이 세상을 바꿀 수 있다 375

COREE
Seoul - 國際城首爾

지나조선(支那朝鮮)
_ 中国: Corea(Von China)

1. 대명조선大明朝鮮 영락제, 세계를 품다.
1) 영락제 이후 중국과 조선은 하나가 되었다 _ 세계대동(世界大同)

한마디로 일본의 명치유신이란 대륙의 명치정부가 열도로 이전하여 이룩한 영국 제국주의의 작품이었다. 영국은 황금제국 조선을 정복하기 위해 아메리카의 막부정권을 약화시키고, 열도의 명치정부를 부각시킨 것이다.

대륙조선의 정벌을 위한 모든 계획은 영국으로부터 나온 것이며, 한 때 영연방 제국은 전 세계를 지배했다.

과거 영국은 실로 해가 지지 않는 대제국이었다. 그리고 그들이 노린 것은 오로지 황금제국인 조선이었다.

아, 조선민족은 한 때 황금으로 흥했던 적이 있었으나, 마침내 금 때문에 망하고 말았구나!

아래 지도에서 런던은 제퍼슨 대통령 때 워싱턴으로 바뀐다. 런던(London) 이전에는 한성(漢城)이었다.

영국과 일본이 북미를 정복한 지도

지도에서 'ANGLO, MONGOLIAN OCEAN'은 백인종과 황인종의 해양이란 뜻으로 초창기에 백인종과 황인종이 같이 어울려 잘 살아왔다는 함축적인 이름이다.

'ANGLO'(앵글로)는 영국이라는 본래 뜻에서 미·속어로 특히 멕시코 계, 스페인 계, 인디언 계 등을 미국인과 구별하여 백인계·미국인(백인종)을 지칭하는 말이 되었다.

곧 Anglo-Saxon(앵글로 색슨)인은 영국계 미국인(백인혈통)을 가리키는 말이다.

황태자는 연燕 왕이 되어 한 고을을 다스린 후 비로소 제위에 오를 수 있다.

명조 영락제明朝 永樂帝 (1360-1424)는 1402년에 황제에 등극했으며 휘諱는 체棣이고 묘호廟號는 태종 또는 성조이다.

아버지 고황제高皇帝의 성이 주朱 씨이므로 주체朱棣라고 부른다. 여기서 아버지는 실제로 장인을 의미한다.

주체는 고황제의 새 아들(사위)이 되었고 고황제 뒤를 이어 황제에 오를 위치에 있었다. 그래서 조선왕 즉 연燕 왕이 되어 조선 땅의 한 고을을 다스린 것이다.

혼일강리역대국도지도(混一疆理歷代國都之圖) 또는 강리도(疆理圖)는 조선 태종(太宗) 2년(1402)에 제작된 세계 지도이다. 태종은 영락제의 묘호이다. 묘호는 죽은 뒤에 부르는 이름이다. 따라서 묘호가 둘이 있을 수는 없다.

강리도는 조선의 김사형 및 이무, 이휘 등이 제작하고 권근이 발문을 썼다.

지도는 조선인이 만들었는데 '강리도'를 실제로 활용한 사람은 영락제이다. 더욱 이상한 것은 아메리카 대륙과 오스트레일리아(호주) 대륙이 빠져있다는 것이다.

혼일강리역대국도지도混一疆理歷代國都地圖 - 대명조선지도大明朝鮮地圖
- 조선 태종 때 혼잡한 역대 조선국 서울을 하나로 정리한 지도

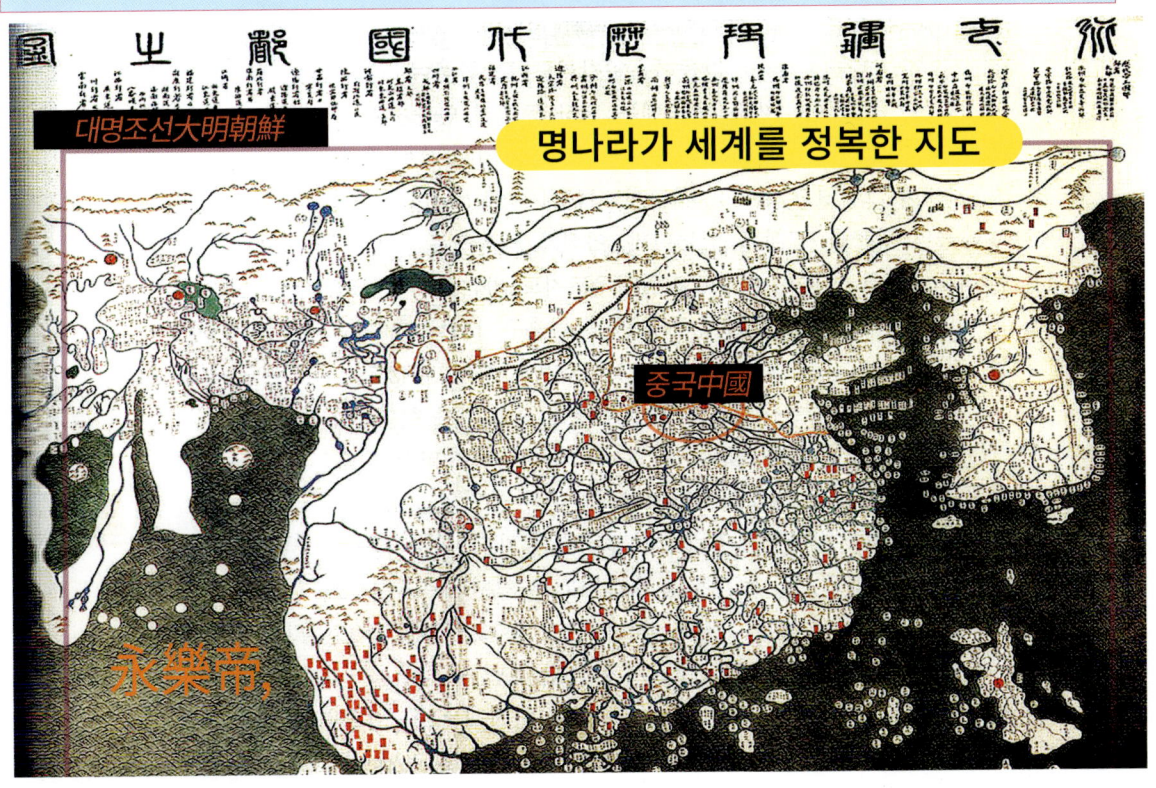

역사歷史란 지명地名의 이전이며 지명이란 위대한 씨족氏族의 지계석地界石이다.
아메리카 대륙의 고대 문명의 도시 이름이 영락대제 이후 유라시아 대륙으로 이전되었다
- "강리도의 붉은색 표시는 아메리카에서 이동해온 역사적 지명이다"라는 가설을 세웠다.

대명조선大明朝鮮은 북미에 있었으며 영락제 때 유라시아를 정복한 것이다

위 지도에서 LOUISIANE(루이지애나)는 대명조선大明朝鮮 즉 지나조선支那朝鮮이다.
따라서 붉은색의 조선은 명(明) 황실의 뿌리인 동시에 명 황실의 종묘이다.
 상하 두 지도는 장소는 다르지만 모두 대명조선大明朝鮮을 상징하고 있다.

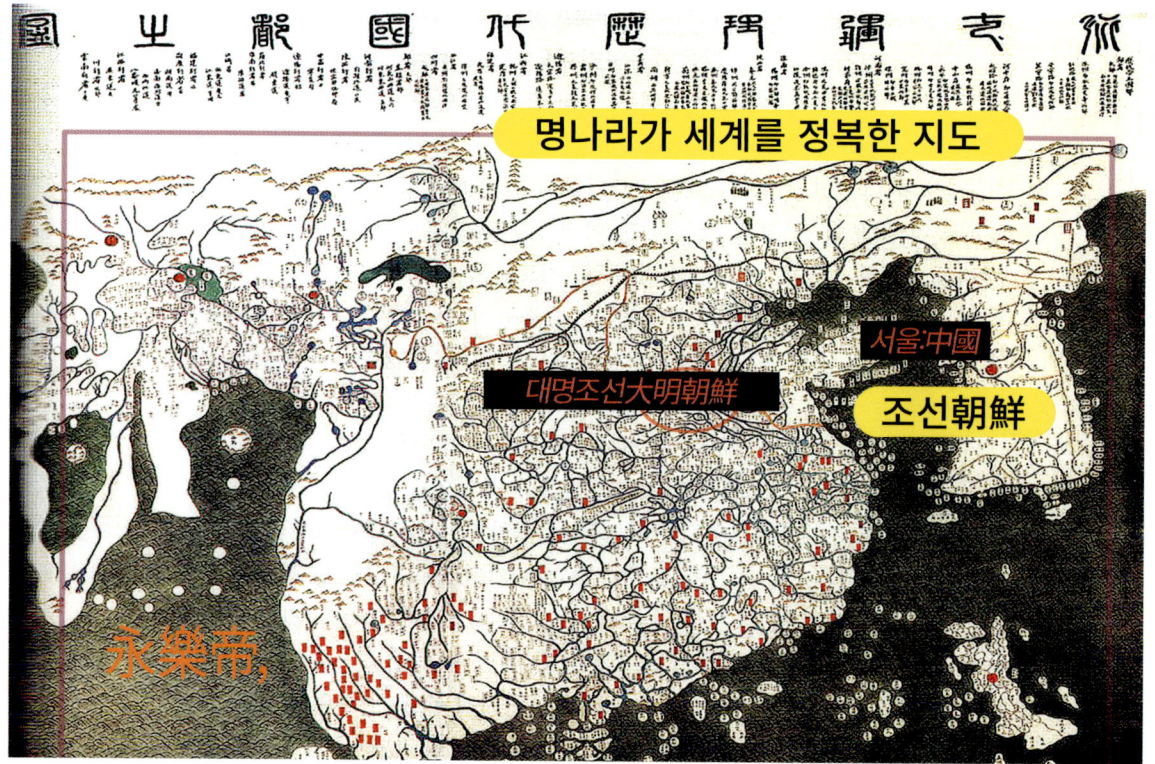

이성계는 위화도 회군 이후 삼군 도총제사가 되어 고려 귀족을 혁파하였다

14C 말 달단동(韃靼洞)의 군벌 이성계(李成桂)가 원나라 군부를 통합하고 명나라를 옹립하였으며 그는 막부幕府(쇼군국: Shogunate)가 되었다.

달단韃靼 족은 타타르(Tatar)라는 것이 다수설이다.

조선의 시조 이성계는 몽골계 타타르(Tatar) 족속이다.

이와 같이 조선은 다민족 다문화 나라이다.

태조 이성계

대명조선이 세계를 정복한 지도

두 명의 이성계가 각각 다른 장소에서 다른 이름으로 존재하거나, 북미의 경우처럼 역사의 흔적을 없애기 위해 지명을 옮기는 경우가 있었다.

AI(인공지능)의 역사해석

위키백과의 전거 통제(典據統制, 영어: authority control)는 각 주제에 고유한 식별자를 할당하는 것입니다. 위키백과의 동음이의어 문서와 넘겨주기 문서처럼 같은 이름을 가지지만 다른 대상인 문서의 구분(예:프리드리히 2세 (신성 로마 황제)와 프리드리히 2세 (프로이센)), 다른 이름이지만 같은 대상을 다루는 문서의 관리(예: 마크 트웨인과 새뮤얼 랭혼 클레먼스)에 필요합니다.

또한 위키백과의 틀:전거 통제는 위키백과의 문서(및 사용자 문서)를 전 세계 국립 도서관과 기타 기관의 카탈로그에 있는 해당 항목에 연결합니다. 항목은 일반적으로 사람, 책 제목, 또는 이와 유사하게 잘 정의된 개체에 대응하여 위키데이터에 저장됩니다.

따라서 전거통제와 같은 방식의 데이터는 역사의 진실을 알 수 있는 수수께끼 문서·자료일 수 있다.

"아메리카대륙에 조선이 있었다?"라고 구글에 질문을 했을 때…

 AI(인공지능)의 역사해석은 다음과 같았다.

아메리카에 조선이 있었다는 주장을 하는 재야사학자는 박인수입니다.
박인수는 자신의 책인 "아메리카 대조선"에서 이러한 주장을 펼치고 있습니다.
 그는 삼국, 고려, 조선이 중국 대륙에 존재했다는 기존 주장과 달리, 조선이 아메리카 대륙에 존재했다는 주장을 펼쳐 주목을 받았습니다.
 박인수의 주장은 학계의 주요 견해와는 상반되지만, 그의 책은 많은 이들의 관심을 끌었고, 아메리카 대조선에 대한 논쟁을 촉발했습니다.

아메리카 대륙 조선설
Search Labs | AI 개요, 자세히 알아보기

AI(인공지능)의 두 얼굴

아메리카에 조선이 있었다는 재야학자로는 여러 명이 있지만, 특히 박인수, 이우형, 임승국, 이종학 등이 언급됩니다.
 박인수는 《아메리카 대조선》이라는 책을 통해 아메리카 대륙에 조선이 존재했다는 주장을 펼쳤습니다. 이우형은 고지도 연구가로, 임승국과 이종학은 재야사학자로 활동하며 아메리카 조선 설을 주장했습니다.

박인수: 아메리카 대륙에 조선이 존재했다는 주장을 펼친 저자로, 《아메리카 대조선》이라는 책을 통해 상세하게 주장했습니다.

이우형: 고지도 연구가로, 고지도 속에서 아메리카 조선 설을 뒷받침하는 증거를 찾으려 했습니다.
임승국, 이종학: 재야사학자로, 각각 고지도 연구와 서지학 분야에서 활동하며 아메리카 조선 설을 주장했습니다.

그러나 똑같은 질문을 다시 던졌을 때, AI(인공지능)는 대답을 안 하거나 다른 해석을 했다.
 이것은 무엇을 의미하는가!
그렇다.
역사에 관한 한 AI(인공지능)으로 조작을 할 수 있다는 것이다.

최근 거대한 힘이 우주(宇宙) 질서를 잡고 전 세계 금융을 민간 자본으로 이동시켰다.

역사를 수정하거나 교열하는 (마피아) 조직은 국제 독점 금융 세력과 관련이 있다.

 보이지 않는 국제음모 세력은 1960년대, 전쟁과 테러를 통해 국제 정치권력을 장악하고 1980년대에 이르러 사기와 협박으로 국제금융계를 지배하게 됐다.

 그러나 2020년대에 들어서자 알 수 없는 거대한 힘이 우주(宇宙) 질서를 잡고, 전 세계 금융을 민간 자본으로 이동시켰다. 순식간에 록펠러, 로스차일드, 바티칸 등이 무너졌다.

AI(인공지능) 댓글 부대

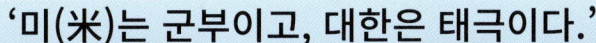
'미(米)는 군부이고, 대한은 태극이다.'

'코리아는 천자국이다'

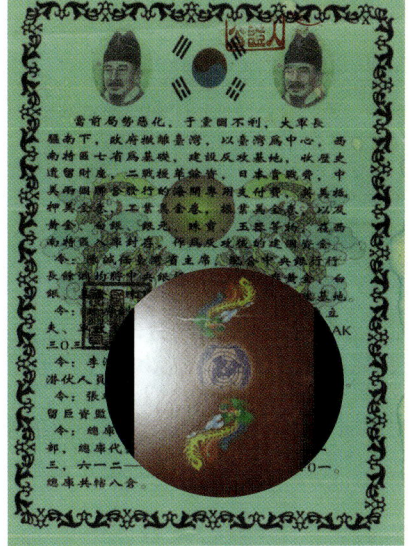

머지않아 거짓과 음모로 얼룩진 세계 문화역사와 학문이 엉터리라는 것이 밝혀지면, 새로운 세상으로 빠르게 바뀔 것이다.

필자는 매사 인간으로의 존엄과 가치와 개성을 새로운 역사관의 핵심으로 생각한다.

나와 내 안의 주인(양심)과 당신이 서로 다르게 생각할 수 있다는 것을 인정할 때, 우리는 비로소 새롭게 바뀐 세상에 이미 존재하고 있는 것이다.

<한 때 영연방(미米)은 해가 지지 않는 나라라고 했었다>

_ Together As One!

명나라 영락제는 정화라는 해군제독을 앞세워 세계를 정복하였다.

정화 군단은 팔렘방 지역의 해적을 소탕했고, 스리랑카의 왕을 쫓아냈으며, 인도네시아 수마트라 섬 북부의 군사 세력들을 진압하였다.
 정화의 함선들은 중무장을 하고 있었고, 엄청난 양의 보물들을 싣고 조공朝貢무역을 했다.
 영락제 때 중국의 부와 권력을 상징하는 진귀한 보물들이 전 세계로 퍼져나갔다.

永樂帝,

세계 도처에 인류의 보물이 숨겨져 있다는 전설이 만들어지는 시기이다.

영락제는 세상 곳곳에 식민지를 건설하여 조공무역을 실시했다

영락제는 세상 곳곳에 식민지를 건설하여 조공무역을 실시했다.
 남경(상해: 뉴욕)에 어학연구소를 설치하여 중국 문자를 가르쳤으며 영락대전을 편찬하여 대제국을 완성하였다.
 영락대전(永樂大典)은 명의 황제 영락제의 명령에 의해 편찬된 중국의 칙찬 유서(類書)이다.

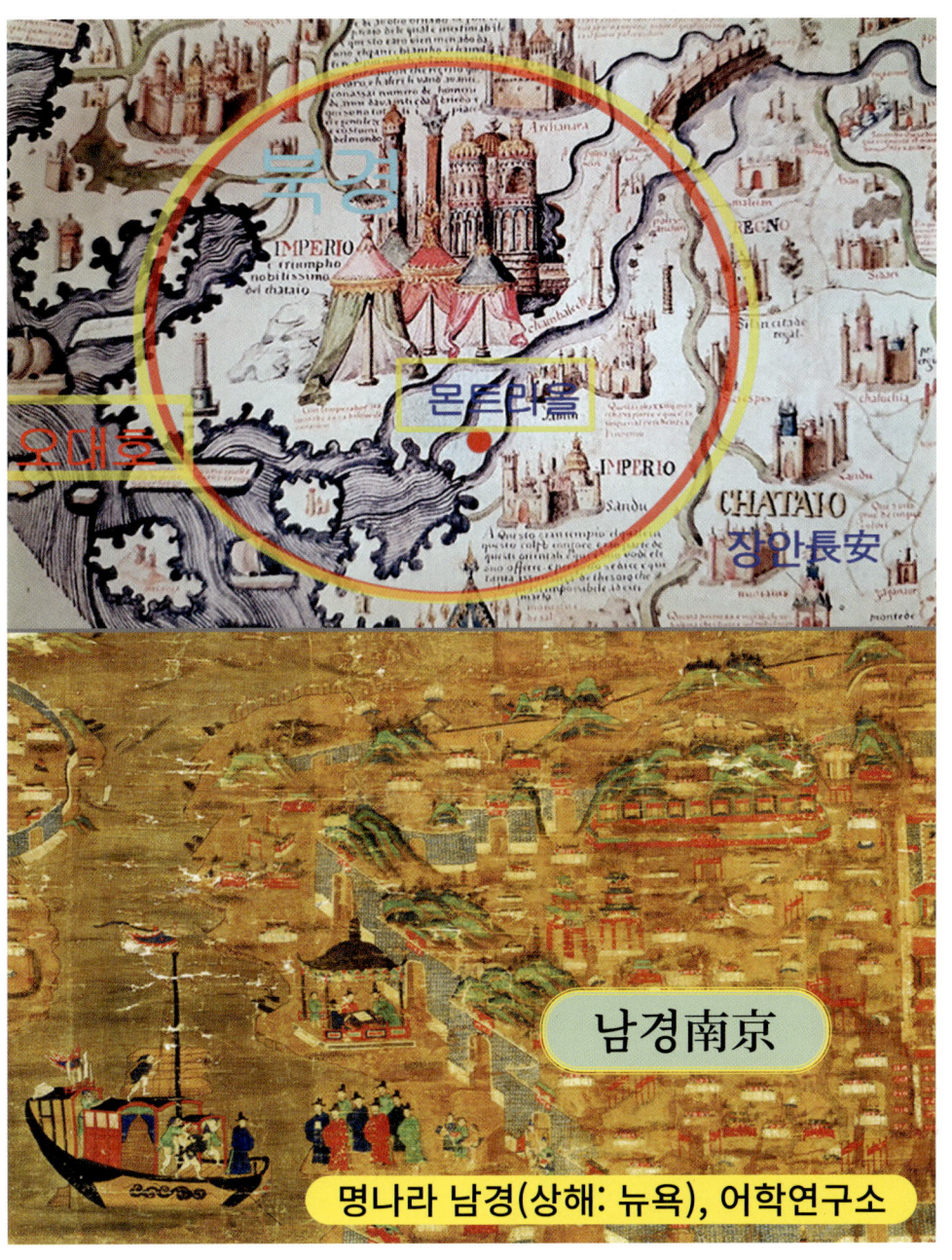

연燕나라는 옛 조선국 성현聖賢들이 다스린 땅이다

예로부터 연나라는 전 세계 여러 나라에서 수많은 사람들이 순례하는 종교의 성지이다.

이곳은 원래 토속불교의 메카이며 은나라 때는 이루 헤아릴 수 없이 많은 종교가 발생하고 사라져간 천축국의 본산이었다.

그랜드 캐니언은 각종 종교의 집산지이며 도道를 수행하는 도장道場이었다.

한때 여기 천축국의 범왕은 신라왕손의 자제들이 주류였으나 고려 이후에는 범왕梵王이 되기 위해 여러 호족들이 각축을 벌이던 곳이 바로 아메리카대륙 연나라 땅이었다.

밀교를 타파하라!
사악한 밀교가 위대한 종교를 뿌리째 흔들고 있다.

연나라의 뿌리가 기자조선이다. 조선의 제후국을 기자릉에 참배하게 하라!
조선은 인종을 초월하는 다민족 연방체이다. 황실 가족은 양웅민족의 혼혈임을 명심하라!
인종이 다르고 말이 안 통해도 사상과 철학은 한 뿌리에서 나왔다. 조선의 문화는 하나라는 것을 기억하라!

조선왕조실록에 기자에 관한 기록이 많다. 또한 기자는 교황과 관련이 있다

세종실록48권, 세종 12년 4월 8일 무인 5번째기사
1430년 명 선덕(宣德) 5년

정척이 평양 기자묘 신위의 명칭에 대해 아뢰다

산천단 순심 별감(山川壇巡審別監) 정척(鄭陟)이 아뢰기를,

"평양 기자묘(箕子廟) 신위(神位)에 쓰기를, '조선후(朝鮮侯) 기자(箕子)'라고 하였사오니, 청하건대 '기자' 두 글자를 삭제하옵소서."

하니, 임금이 말하기를,

"그렇다. 기(箕)는 나라 이름이고 자(子)는 작(爵)인데, 이를 칭호(稱號)로 함은 불가하다.
그러나 그저 조선후라고 일컫는 것도 미안한 듯하니 '후(*後)조선 시조 기자'라고 하는 것이 어떠할까. 상정소(詳定所)로 하여금 의논하여 아뢰게 하라."

하니, 좌의정 황희·우의정 맹사성·찬성 허조 등은 '후조선 시조 기자'라고 하는 것이 마땅하다고 하고, 총제(摠制) 정초(鄭招)는 '조선 시조 기자'라고 하는 것이 마땅하다고 하였는데, 희(喜) 등의 의논에 따랐다.

조선왕조실록에 등장하는 기자箕子는 훗날 교황으로 신분 세탁을 하고 있다.
<u>기자와 교황의 모자는 유태인의 상징이다.</u>

유태인의 조상격인 유태씨(중부일계)는 삼황오제 시대까지 거슬러 올라간다.
고구려의 시조 전욱고양씨(·)의 3째 아들이며 황제가 아님에도 불구하고 세상 화폐의 주인행세를 했다.
그래서 지금까지 온 인류가 돈 때문에 고통을 받는다는 상징성이 있다.

금문(金文)

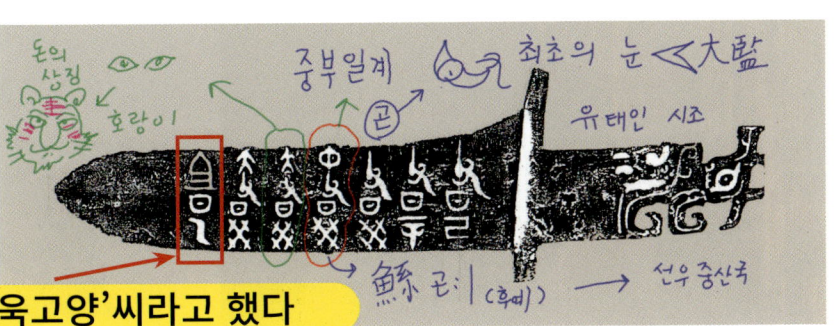

삼국사기에 '전욱고양'씨라고 했다

산을 싹둑 자른 모양의 테이블 마운틴(Table Mountain)은 미국의 특징이다.

이곳에서 유대교, 가톨릭, 이슬람교 등이 일어났으며 도를 닦는 도사들의 명상 터가 바로 이곳이었다.

Thor's Hammer
On September 18, 2015
- Bryce Canyon National Park, Desert, Film

미국의 고인돌

신라왕의 자제들은 천축국의 범왕이 되려고 도법道法을 공부하였다. 도를 여는 길은 목숨을 건 모험이었다.

각종 종교의 순례자들이나 교회를 위해 다양한 상업과 교역이 이루어지는 곳도 여기였다.

따라서 이곳에서 수백 개의 향·소·부곡 마을이 생겨났으며, 관리들은 이들에게 각종 명목의 세금을 뜯으려고 혈안이 되어 있었다.

경전이 돈이다.
종파에 얽매이지 말고 모든 밀교를 찬양하라!
미래에는 돈의 황제가 세상을 지배하리라! - 유대상인

돈황

정화의 원정은 귀족의 지지를 받았으나 재정을 책임지는 관료는 조공무역을 반대했다.

조공(朝貢) 무역은 주나라때부터 신하들에게 영토를 내리고 그에 대한 공물을 받는 봉건 제도로 시작이 되었으나 중국의 중앙 집권화가 시작되고 영토안의 제후들이 사라지면서 중국 영토밖의 독립적인 외국들이 중국과 무역할 때 형식적으로 사용된 교역 문화이다.

조공을 행하는 나라는 중국 왕조에 형식적으로 공물이라는 명목으로 무역품을 보내고 중국 왕조들은 다른 외국의 왕들에게 형식적으로 제후국의 책봉을 주면서 받은 공물의 몇 배에서 몇십 배가 되는 공물을 하사하였다.

경제적으로 조공무역은 조공을 받는명나라가 더 불리한 무역 형태였다.

_ 위키백과 記

선덕제가 즉위하자 관료들은 국가 재정을 축내는 해외 원정을 중단하였다.

그러나 해외 원정으로 막대한 부를 축적하던 지역의 호족들은 몰래 사무역을 하였다.

그 결과 부호들의 사병이 만들어지고 대규모 노예선이 생겨났다.

7차 원정을 끝으로 쇄국정책을 실시한 명나라는 망하기 시작했다.

양웅(羊雄)이 대립하는 전쟁을 끝낼 때, 중국中國 제도가 만들어졌다.

"바다를 제패하는 자가 세상을 지배한다."

2) 한자 동맹의 수수께끼

한자(hansa)동맹은 중세 북부독일의 도시에서 활동하던 상인조합연맹을 뜻한다.

최초의 '한자(hansa: Hanse)'는 13세기 말에 등장했으며 14세기 초 북해와 발트 해의 상업도시들이 생존을 위해 수많은 길드 조직들이 단결하여 한자동맹을 맺은 것이 효시가 되었다.

하지만 서구역사를 보면 상인들이 왜 한자동맹을 맺었는지, 구체적으로 누구와 무역을 했는지, 왜 독일 상인이 주축이 되었는지, 그 당시 주변상황을 확실하게 말하지 못하고 있다.

한자(hansa)는 우리말 정음(正音)인 한자(漢字)일 수 있다.

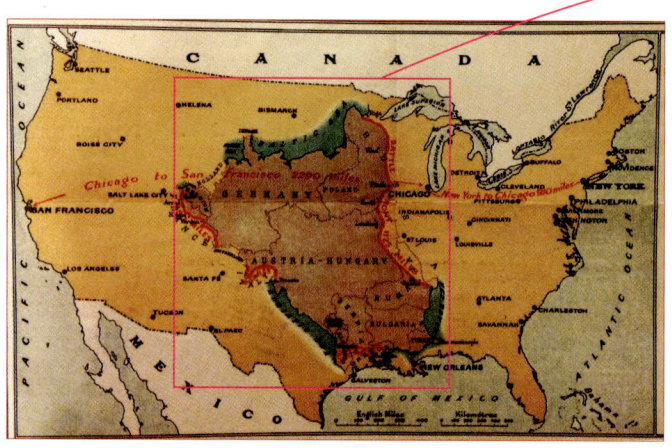

**모든 세계사의 뿌리는 아메리카 대륙에 있었다.
생각을 바꿔야 역사의 진실이 보인다.**

아메리카 대륙 안에 유럽이 생성되었다.
 고대조선의 황실혼인제도는 아메리카대륙에서 오랜 세월 이어져내려 왔다.
 제후 왕(영주)들은 호시탐탐 황실 가문과 혼인을 하여 중앙정부에 진출하려고 했으며 황제는 강한 세력을 지닌 호족과 혼인을 하여 지방호족을 견제하였다.
 일예로 고려 태조 왕건은 주변 호족을 회유하기 위해 결혼정책을 실시하였다. 그는 무려 28명의 부인을 두었다.
 아메리카대륙의 중앙은 미시시피 강이 흐르는 곡창지대이므로, 수많은 호족(제후)들의 각축장이었다.

한자동맹의 도시는 원나라의 지배를 받는 모든 나라와 교역을 하였다. 해상왕국 고려를 주축으로 동서를 가로지르는 수많은 순례자들이 한자동맹을 맺은 도시국가와 무역을 하였다.

실제 계약문서는 한자 또는 옛 범어(고대 라틴어)를 사용하였으며 그 당시 고려는 호족을 중심으로 한 연방제 국가였다. 유럽의 여러 영주들은 고려와 원나라의 중계무역을 담당하였다.

고려와 원나라는 아메리카대륙에서 모든 종교를 허용하였으며, 이곳에서 수입은 그들의 국력을 지탱해주는 재정의 근원이 되었다.

벽란도는 고려 시대에 개경으로 물자가 들어오고 나가는 국제 무역항이다.

벽란도(碧瀾渡)는 고려 시대에 개경으로 물자가 들어오고 나가는 중요한 항구이자 국제 무역항이다. 예성강 하구에 위치하며, 특히 송나라 사신을 맞이하기 위해 벽란정을 설치하여 붙여진 이름으로 알려져 있다.

벽란도는 고려 시대 국제 무역항으로서 번성했으며, 외교 사절단의 왕래, 국내외 교통의 요지 역할을 했다.

고려가 멸망한 뒤 조선 시대에는 국제 무역의 쇠퇴와 함께 벽란도 역시 무역항으로서의 기능을 상실했다.

고려(高麗)는 918년 왕건이 건국한 이후, 1392년 이성계에 의해 멸망하기까지 북미 대륙에 존재했던 나라이다.

1389년 고려의 강역. 통일신라 하대에 송악(현재의 개성특별시) 지방의 호족인 왕건이 918년에 고려를 건국하였으며, 919년에 송악을 개경이라 이름을 고치고 수도로 삼았다.

한자동맹(독일어: *die Hanse*, 네덜란드어: *de Hanze*, 에스토니아어: *hansa*, 폴란드어: *Hanza*, 스웨덴어: *Hansan*, 영어: *Hanseatic League*)은 13~17세기에 독일 북쪽과 발트해 연안에 있는 여러 도시 사이에서 이루어졌던 연맹이다. 주로 해상 교통의 안전을 보장하고 공동 방호와 상권 확장 등을 목적으로 했다. _위키백과

큰 돛대가 3개 이상인 대형 선박의 경우에는 바다를 항해할 수 있다.
기와집과 바닥 돌, 절벽 등에서 황실 문양 '5 7'을 볼 수 있다.
따라서 황실 자금으로 만들어진 작품이다.

북미 허드슨 강의 제일 큰 호수!

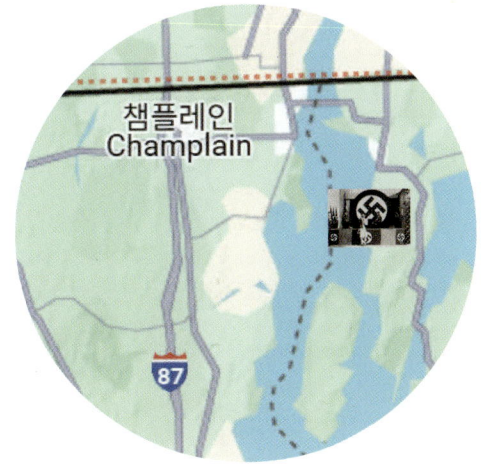

고려 시대 언어의 특징은 다양한 언어의 융합이다.

고려(高麗)는 918년 왕건이 건국한 이후, 1392년 이성계에 의해 멸망하기까지 북미 대륙에 존재했던 나라이다.

통일신라 하대에 송악(현재의 개성특별시) 지방의 호족인 왕건이 918년에 고려를 건국하였으며, 919년에 송악을 개경이라 이름을 고치고 수도로 삼았다. 벽란도(碧瀾渡)는 고려 시대에 개경으로 물자가 들어오고 나가는 중요한 항구이자 국제 무역항이다.

북미 체서 피크 만(Chesapeake Bay)은 미국에서 가장 큰 하구인데, 이곳에 개경(開京)이 있었다.

고려 시대에는 한글이 창제되기 전이므로, 현재의 한글과 같은 문자를 사용하지 않았다. 대신, 한자를 빌려 우리말을 표기하는 체계인 이두, 향찰, 구결 등이 사용되었다.

고려 시대 언어는 중세국어로, 현대 한국어와 비교하면 어휘, 문법, 발음 등에서 일부 차이가 있지만, 대체로 현대 한국어의 기반을 이루고 있었다.

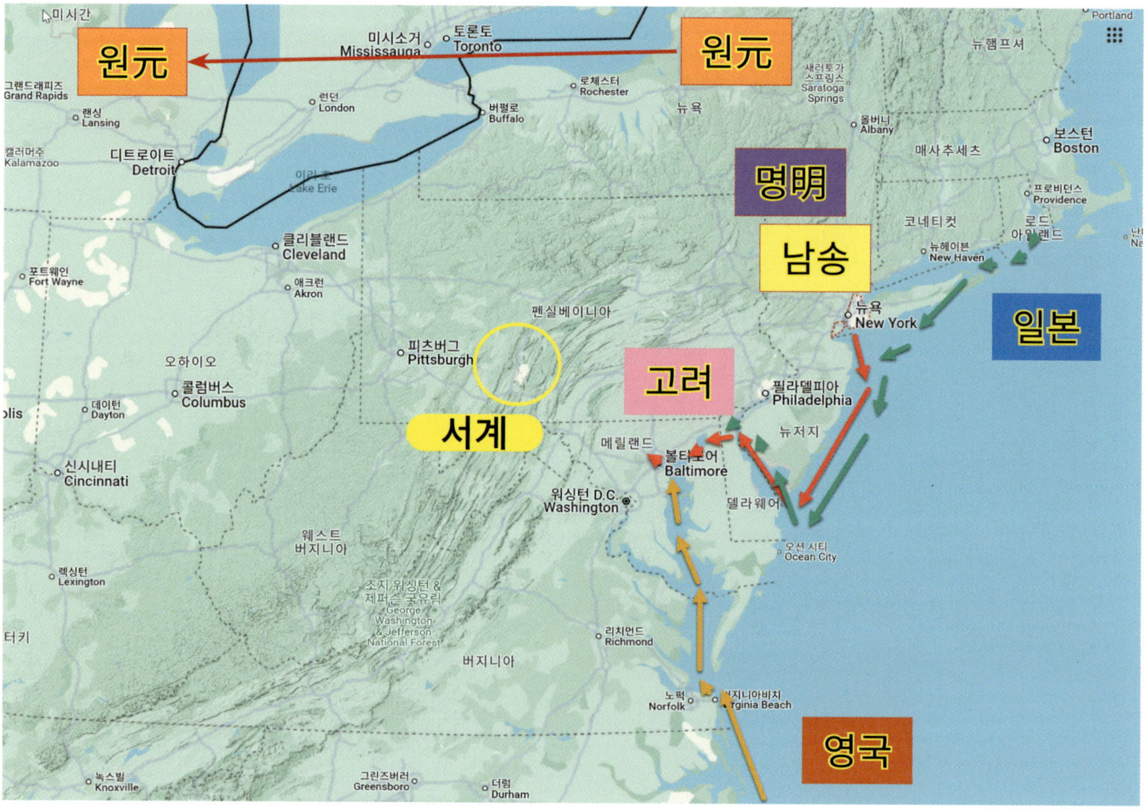

고려 때 벽란도는 다문화 민족이 교류하던 국제 무역항이다.

벽란도(碧瀾渡)는 고려 시대에 외국의 사신과 상인들이 빈번하게 왕래하던 나루(渡)로, 예성강 하구에 위치한 고려의 국제 무역항이었다.

고려 시대에 이곳에는 송나라 사신을 위해 벽란정(碧瀾亭)이란 관사가 설치되어 있었는데 이를 따서 벽란도라고 불렀고, 조선 시대에는 조세미(租稅米) 등을 운반하는 도선장으로서의 역할을 했다. _ 위키백과

1. 누구인가 구글지도에 백강이라고 써놓았다.
2. 백강은 무역에 가장 효율적인 운하와 같은 강이다.
3. 그리고 '세인트 조지스'에 대교가 있는데 다리의 이름이 '코리안 워 베테랑 메모리얼 하이웨이(Korean War Veterans Memorial Hwy)'이다.
4. 코리아(고려:高麗)와 관계가 있다. 누가 다리 이름을 코리아라고 했을까!

이규보의 동국이상국집에 '상정고금예문'은 세계 최초로 금속 활자로 인쇄되었다

《동국이상국집》(東國李相國集)은 고려 고종 때 문인 이규보의 문집(文集)으로, 이규보의 아들 이함(李涵)이 간행했다.

전집 권 1~18은 연보(年譜)·시, 권 19~20은 잡저·상량문·구호(口號)·송(頌)·서(序), 권 22는 잡문(雜文), 권 23~32는 기(記)·방문·서(書)·서장(書狀)·표(表)·인국교통소제표 전장, 권 33~34는 교서·비답·조서·마제(麻制)·관고(官誥), 권 35~36은 비명(碑銘)·묘지뇌언, 권 37은 애사(哀辭)·제문, 권 38은 도량(道場)·초소(醮疏)·제문, 권 39는 불도소(佛道疏), 권 40~41은 석도소(釋道疏)·제축(祭祝)으로 되어 있다.
후집 12권의 내용도 전집의 내용과 같은 것을 취급하고 있다.

동국이상국집에는 상정고금예문이 1234년 금속 활자로 인쇄되었다는 내용이 있는데, 이것은 금속 활자에 대한 세계 최초의 기록이다.

다음은 이규보의 '동국이상국집'에 수록된 시詩이다.

조수가 드나드니
오가는 배무리는 꼬리를 무는구나
새벽에 빈관 다락방을 떠나면
한낮이 채안돼 배들은 남만(南蠻) 창공으로
퍼져나간다.
꼬리를 물고 이어지는 배는 물 위를 달리는 역마로다
모래바람을 달리는 준마도 이에 미치지 못하도다

(출처: 네이버 블로그, 구글)

운하와 같은 백강을 빠져나오면 엘크강을 지나 광활한 체서피크만으로 들어간다. 여기서 조류를 타면 바다와 같은 강을 따라 화살처럼 달려나가는 것이다.

고려 때 서긍이 지은 '고려도경'에 등장하는 남경과 벽란도 모습은?

고려도경은 고려 시대의 모습을 외국인의 시각으로 기록한 책으로, 남경(옛 백제의 고도)과 벽란도(개경 근처 나루터)의 모습도 자세히 묘사하고 있다.

특히 벽란도는 개경으로 물자가 들어오고 나가는 중요한 항구로서, 사신들의 왕래 등 외교적 역할도 수행했다.

고려도경은 고려의 정치, 사회, 문화, 생활 풍속 등 다양한 면을 기록하고 있어, 고려 시대 연구에 중요한 자료로 활용되고 있다.

선화봉사고려도경(사고전서본).

"선화봉사고려도경(사고전서본)"은 송나라 사절이었던 서긍이 1123년(인종 1년) 고려에 와서 작성한 견문록인 "고려도경(高麗圖經)"의 다른 이름이다. 이 견문록은 고려의 제도, 풍속, 생활, 문화 등을 모두 28문(門)으로 구성되어 있으며, 그 아래에 301개의 항이 있다. 고려의 건국과 왕위의 계승, 개경(開京) 시내의 모습과 정치 제도, 고려의 중요 인물에 대한 품평 및 각종 제도, 그리고 송에서 고려에 이르는 해로(海路) 등을 비교적 체계적으로 기록하였다.

한편 송의 사신으로 고려에 관한 기사를 남긴 것으로는 오식(吳栻)의 『계림기(鷄林記)』(20권), 왕운(王雲)의 『계림지(鷄林志)』(30권), 손목(孫穆)의 『계림유사(鷄林類事)』(3권) 등이 알려져 있다. 그러나 현재 완전히 없어졌거나 겨우 그 일부분만이 전하고 있을 뿐이어서 『고려도경』이 가지고 있는 사료적 가치가 매우 높다. 그러나 고려도경이 역사적 사실을 잘못 이해하고 서술한 부분도 적지 않다. 따라서 이 자료의 이용에는 반드시 엄밀한 사료 비판과 검토, 그리고 취사선택이 필요하다.

_ '한국민족문화대백과사전'에서 일부 인용 (고려의 역사적 사실을 잘못 이해하고 있는 쪽은 고려도경이 아니라 이 땅의 대부분의 학자와 백성들이다)

고려 무역 / 벽란도

고려도경은 주로 개경과 주변 지역에 대한 내용이 중심이다.

Search Labs | AI 개요

고려도경은 고려 시대의 모습을 외국인의 시각으로 기록한 책으로, 남경(옛 백제의 고도)과 벽란도(개경 근처 나루터)의 모습도 자세히 묘사하고 있다.

특히 벽란도는 개경으로 물자가 들어오고 나가는 중요한 항구로서, 사신들의 왕래 등 외교적 역할도 수행했다.

고려도경은 고려의 정치, 사회, 문화, 생활 풍속 등 다양한 면을 기록하고 있어, 고려 시대 연구에 중요한 자료로 활용되고 있다.

선화봉사고려도경(사고전서본).

고려도경은 송나라에서 고려로 가는 해로를 묘사하면서 벽란도의 중요성을 강조하는데 지형적으로 북미가 확실하다.

고려도경은 고려의 3경(서경, 동경, 남경)을 각각 고구려, 신라, 백제의 고도에 위치한다고 했다. (이전에는 백제의 남경을 송나라 남경으로 해석하는 견해가 있었다)
고려도경에서 남경(백제)은 백제의 옛 도읍지로, 고려 시대에도 중요한 도시였으며 벽란도를 개경으로 물자가 들어오고 나가는 중요한 항구로 묘사했다.

고려 때 동계와 서계를 나눈 기준과 이유는? Search Labs | AI 개요

고려 시대 동계와 서계(양계)는 북방 변경 지역에 위치한 군사적 성격이 강한 광역 행정 구역으로, 동계는 주로 함경도와 강원도 일부 지역, 서계는 평안도 지역을 가리킨다. <u>양계를 설치한 이유는 북방 변경 지역의 방어력 강화 및 군사적 통제력을 확보하기 위함이다.</u>
동계(東界)는 함경도와 강원도 일부 지역이며 서계(北界)는 대체로 평안도 지역이다.
고려 성종 때 군사 관장 구역으로 병마사를 설치하고, 현종 때 지방행정 구역으로 확정했다.

강화의 실체를 알게 해주는 탐험가, 군인, 성직자 등의 이야기 모음들

세계대동(世界大同), 천하일가(天下一家)는 곧 대조선(大朝鮮)이다.

Envahissement du Yamoun (habitation du gouverneur de Kang-Hoa).

Henri_Zuber,_Yamoun_du_gouverneur_à_Kang-hoa
(앙리 주베르, 캉호아(강화) 주지사 야문)

고려는 삼국을 통일하여 34명의 왕씨 출신 국왕이 474년 동안 통치한 왕조이다

고려는 918년 개성 출신 왕건이 건국하여 936년 후삼국을 통합한 뒤 1392년 멸망 때까지 34명의 왕씨 출신 국왕이 474년 동안 통치한 왕조이다.

고려 초에 광종의 과거제 시행, 성종의 체제 정비를 거쳐 문종 때 전성기에 도달하였다.

고려 중기에는 이자겸과 묘청 난, 무신정변, 하층민의 봉기, 대몽항쟁 등으로 기존 질서가 크게 변동되었다.

고려 후기에는 원 간섭기, 성리학 수용, 위화도 회군과 사전 개혁 등의 진통을 겪은 끝에 조선이 건국되었다.

- 한국민족문화대백과사전

고려 시대에 백강과 관련된 주요 사건은 백제 부흥 운동과 관련된 백강 전투이다. 663년 백제 부흥군과 일본의 지원군이 나당 연합군과 백강에서 벌인 전투로, 백제 부흥 운동의 마지막 전투이며 신라-당나라 연합군의 승리로 끝났다. (이러한 역사 상황은 지금의 한반도에서는 절대로 일어날 수 없는 일이다)

세계 역사의 중심은 동이(東夷) 족의 영원한 도읍都邑, 셔블(Seoul)이었다

세계대동(世界大同), 천하일가(天下一家)는 곧 대조선(大朝鮮)이다.

동이족이란 중국 황제가 나타나는 축복받은 천하일가(天下一家)라는 의미이다.

동이는 세상의 주인이며 시공과 생사 곧 사이의 중심에 있다.

만인萬人, 인인人人, 동이東夷, 오동吾東, 일조一朝, 오인吾人, 동동, 75 등은 같은 개념이다.
세상의 '주인과 나'는 하나(同一)라는 의미이다.

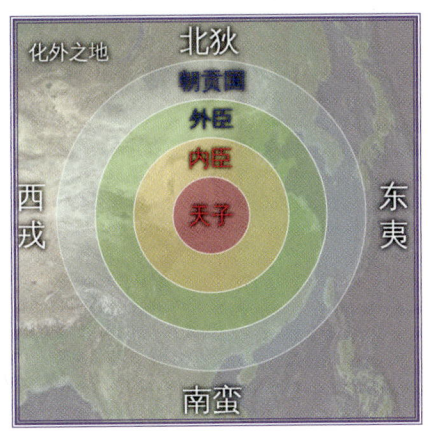

1231년과 1257년 사이에 몽골이 고려를 침략하여 전쟁이 발생했다.

Search Labs | AI 개요

몽골 침입 당시 고려가 강화도로 천도한 후 30년 간의 몽골항쟁은 세계 전사에 길이 남을 역사이다. 고려가 몽골에 버금가는 군사강국이었다는 증거이다.

훗날 몽고제국은 고려의 공민왕과 이성계, 최영 장군의 협공으로 무너졌다.

당시 강화도는 몽골 군대가 접근하기 힘든 수로와 험준한 지형을 가진 천혜의 요새였으며, 몽골의 배타적인 패권주의 전략에 굴복하지 않는 자유주의 선민사상으로 고려가 끝까지 저항하여 굴욕적인 통치를 피할 수 있었다.

워싱턴은 한양 우도로 한성부 남방지역의 군사 행정을 담당했다. 조선의 방위 핵심 지역이므로 성(城) 주변에 나무와 장애물을 치워 시야를 넓히고 있었다.

몽골의 고려 침입과 강화도 천도 후, 몽골항쟁에 관련된 비밀 이야기

강화 산성

신증동국여지승람 (新增東國輿地勝覽)은 조선 성종 때 편찬된 지리지로, 강화의 위치를 자세히 기록하고 있다.
특히 현재의 인천광역시 미추홀구가 속해 있는 인천도호부의 경우, 권 9에 수록되어 있다.
이 지리지에는 부의 북쪽에 여단(厲壇)이 있었다는 기록도 담겨 있다.
이 지도는 동서의 폭이 지나치게 넓은 반면 남북의 길이가 짧기 때문에 한반도의 모양이 기형적이며, 주요 하천의 유로가 부정확하고, 강폭이 과장되어 있으며, 서남해의 섬과 반도들이 적당히 그려져 있는 등 문제점이 많다.

한반도의 강화산성과는 지형과 모양이 전혀 다르다

강화 산성

이성계, 달단(Tarta : 韃靼), 그리고 티무르는 모두 고려 말~조선 초의 역사와 연관된 인물들이다.
조선을 건국한 태조 이성계 당시 한성부의 건축양식은 돔 형식으로 봐야 한다. 지금의 동양 양식은 종묘이다. 따라서 북미 경복궁의 모습도 다양한 고증을 해야 한다.

강화는 몽골의 침략에 대항하여 고려가 수도를 개경에서 강화(도)로 옮겼던 곳이다

강화를 찾는 일은 한국사의 비밀을 푸는 키워드이다. 특히 고려의 원제국과 항쟁은 주변 나라와 관련이 있으므로 강화에 대한 국제 정보를 다각도로 수집하고 공유해야 한다.

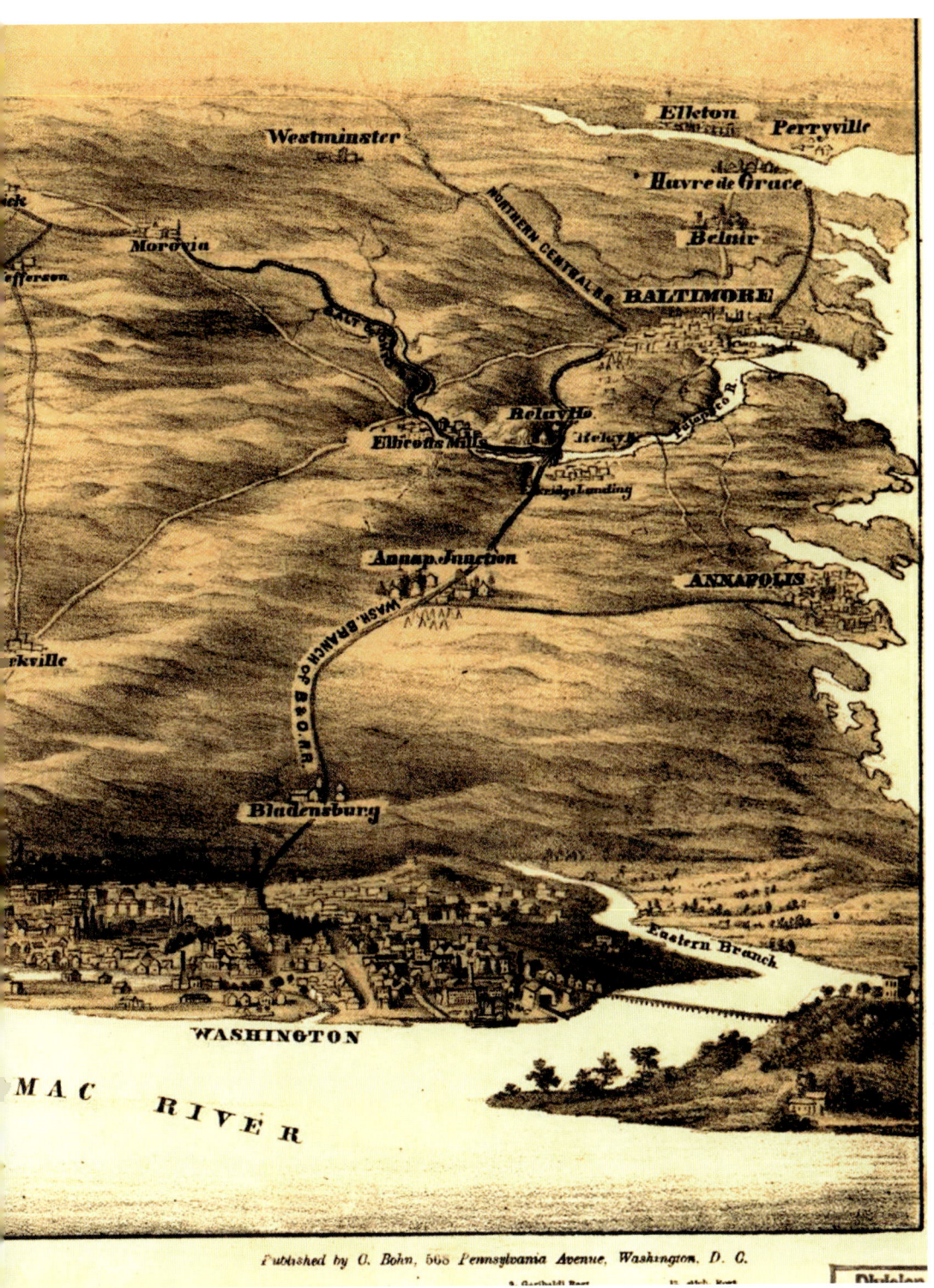

북미 강화를 확실하게 찾는 일은 한국사의 비밀을 푸는 키워드이다

프랑스 장교 앙리 쥐베르(Henri 朱베르)는 병인양요(1866) 당시 강화산성을 비롯한 강화도의 여러 모습을 그림으로 남겼다.

특히 그는 강화산성을 공격하고 점령하는 과정과 함께, 정족산성 전투에서 패배하여 철수할 때 관청과 민가를 불태우고 외규장각 도서를 약탈하는 장면 등을 그림에 담았다.

그의 작품은 당시 상황을 생생하게 보여주는 귀중한 역사 자료로 평가받고 있다.

강화산성이 조선의 성지(聖地 : Holy Land)를 향해가는 길목에서 우뚝 솟아 있다.

캠프 데이비드 선언은 2023년 8월 18일 미국 대통령 전용 별장인 캠프 데이비드에서 열린 **한미일 정상 회의**에서 채택된 공동 성명이다.

이 선언은 3국 협력의 원칙과 목표를 담고 있으며, 특히 인도-태평양 지역의 평화와 안정을 위한 협력을 강조하고 있다.

북미 강화부에 고인돌 군(지석묘 집단지)이 있었으며 성역이었을 것이다.

볼티모어 외곽(Piney Run Park)에 강화부로 추정되는 지역이 있다

강화부는 사람이 앉아서 느긋하게 담배를 물고 있는 형상이다. 한양이나 남경(개경)에서 멀지 않은 거리에 있었다.

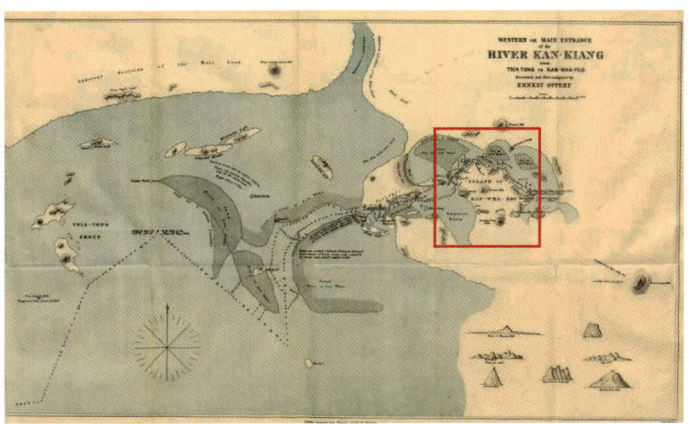

에른스트 오페르트는 유대계 상인으로 중국 상하이에서 상업에 종사하였다. 1866년(고종 3) 쇄국 중이었던 조선과의 통상을 개설하고자 시도했으나 실패하자, 1868년에 천주교 탄압에 보복한다는 명분하에 흥선대원군의 부친 남연군의 묘를 도굴하는 만행을 저질렀다.

오페르트의 강화도 지도는 섬이 아닌데 'ISLAND of KAN WHA FOO'라고 했다. 'FOO'는 마을로 보면 된다.

왕조실록의 한자 원본에는 강화(江華)인데 한글로 해석하는 과정에서 강화도라고 했다.

원래 강화부(江華府)는 조선 시대에 강화도 지역의 행정을 담당하던 관청이다. 처음에는 경기도에 속한 도호부였으나, 1627년(인조 5년) 유수부(留守府)로 승격되어 독립적인 행정 구역이 되었다. 유수부는 수도 방어를 위해 설치된 특수 행정 구역으로, 강화부는 특히 국왕의 행궁이 있거나 군사적으로 중요한 곳에 설치되었다.

(섬이 아닌 것이다)

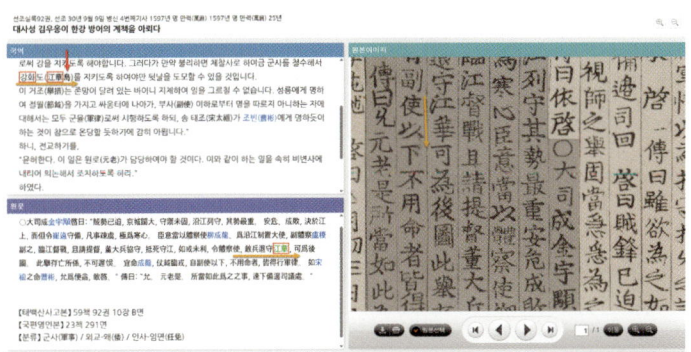

몽골 제국의 '쿠빌라이 카안'이 몽골의 황족과 귀족의 지지로 제5대 칸에 올랐다.

고려의 귀순, 역사 이야기

1260년 3월 고려의 태자 왕전(王倎, 원종)은 신하들과 함께 몽케 칸을 만나러 연경(燕京, 북경)에 갔다가 몽케 칸의 사망 소식을 들었다.

태자 왕전(王倎, 원종)은 경조(京兆)와 동관(潼關)을 지날 때, 초주(楚州)에서 쿠빌라이 칸을 만났다. 태자 왕전(王倎, 원종)은 즉시 쿠빌라이를 (大)칸으로 지지할 것을 선언했다.

쿠빌라이는 감격하며 외쳤다.

"고려는 만 리나 떨어져 있는 나라이고, 당 태종(唐 太宗)이 친히 정벌하였으나 굴복시키지 못하였는데 지금 그 나라의 세자가 스스로 나에게 귀부(歸附)해오니 이것은 하늘의 뜻이다" 라고 하면서 고려 태자와 함께 개평부(開平府)에 도착하였다.

'쿠빌라이는 당 태종도 어쩌지 못한 고구려의 후신이 스스로 귀순하였다'라며 고려의 왕전을 거듭 칭송했다.
...
쿠빌라이는 태자와 작별하면서 속리대, 강화상(康和尙)을 다루가치로 딸려 보냈다.

그 해에 고려 고종이 죽자 강회선무사(江淮宣撫使) 조양필(趙良弼), 섬서선무사(陝西宣撫使) 염희헌(廉希憲)의 진언을 받아들여, 세자 왕전이 왕위에 오를수 있도록 도와주었다.

그 후에 고려의 충렬왕(원종의 아들)이 쿠빌라이 칸의 딸 제국대장공주와 혼인하였고, 이후 고려의 역대 군주들은 원나라의 공주 혹은 종실의 딸과 결혼하여, 원나라의 부마국인 동시에 외손이 된다.

몽골제국은 땅끝에서 땅끝까지 말과 함께 달릴 것이다.

쿠빌라이 궁정의 네팔 예술가 '아라니코'가 그린 젊은 쿠빌라이의 초상화!

고려와 몽골(후에 원나라)과의 30년 여몽 전쟁은 동맹(1260년)으로 끝이 났다

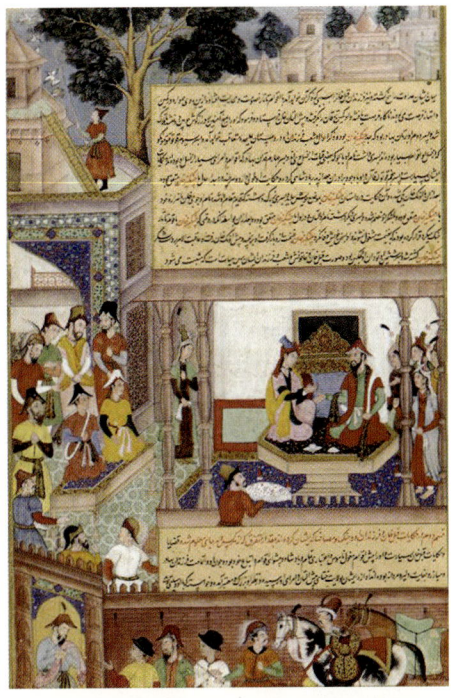

쿠빌라이와 그의 황후
(자미 알 타와키의 삽화, 17세기 작)

대원고려(大元高麗)

제국대장공주(齊國大長公主, 1259년 7월 22일~1297년 6월 11일)는 고려 충렬왕의 제1 왕비다. 이름은 쿠틀룩 켈미쉬(忽都魯揭里迷失, 홀도로게리미실, 또는 홀독겁미사)이다.
고려 첫 원나라 출신 왕비로, 칭기즈 칸의 증손녀이며 원 세조 쿠빌라이 칸의 딸이다. 장목왕후(莊穆王后)라고도 한다. 원성공주(元成公主), 안평공주(安平公主)로도 부른다.

고려 제24대 원종(元宗)은 무신 집권기 동안 친몽 정책을 추진하며 몽골의 지배에서 벗어나는 계기를 마련했다. 마침내 고려의 개경 환도와 삼별초 해산 등으로 무신정권을 종식시켰다.
비록 고려의 몽골 지배를 공식화하는 계기가 되었으나, 몽골 황제 쿠빌라이와의 관계 개선을 통해 몽골의 부마국으로 자주성을 확보하였으며, 훗날 공민왕과 이성계 등이 원나라를 공격하는 토대를 마련했다.

유럽에 '킵차크 한국(韓國:金帳汗國 : Golden Horde)'을 건설한 바투!

유럽에 '킵차크 한국(韓國: 金帳汗國 : Golden Horde)'을 건설한 바투

Search Labs | AI 개요

아메리카, 몽골, 유럽에 걸쳐 있는 "킵차크 칸국"은 실제 역사적 존재가 아니라(아메리카 대륙에 존재했었다), 몽골 제국이 유라시아 대륙에 세운 칸국 중 하나를 지칭하는 용어이다.

킵차크 칸국은 주로 러시아 지역에 위치했고, 서아시아의 일 칸국, 동유럽의 원나라, 중앙아시아의 차가타이 칸국과 함께 몽골 제국의 주요 칸국(韓國)으로 알려져 있다. (러시아도 한때 북미에 존재했다)

킵차크 칸국:

몽골 제국의 주요 칸국(韓國) 중 하나로, 주치의 아들 바투 칸이 세웠다. 주로 러시아 지역을 지배했고, 몽골의 정복 전쟁에서 중요한 역할을 했다.

킵차크 칸국의 위치:

킵차크 칸국은 몽골 제국의 서부 지역, 즉 오늘날 러시아 지역에 위치했다.

다른 칸국:

몽골 제국은 킵차크 칸국(韓國) 외에도 여러 칸국을 세웠다. 예를 들어, 원나라는 중국을, 일 칸국은 페르시아 지역을, 차가타이 칸국은 중앙아시아를 지배했다.

칭기즈 칸:

몽골 제국은 칭기즈 칸에 의해 세워졌고, 13세기 초부터 유라시아 대륙의 대부분을 통치했다.

결론: "아메리카 몽골 유럽에 '킵차크 한국"과 같은 표현은 몽골 제국이 유라시아에 세운 칸국들을 지칭하는 용어를 묶어 표현한 것이다.

킵차크 칸국은 주로 러시아 지역에 위치했고, 몽골 제국의 중요한 칸국 중 하나였다.

몽골어와 아랍어는 서로 다른 언어 계통에 속하지만, 일부 공통점을 가지고 있다.

몽골어는 몽골어족에 속하고, 아랍어는 서아시아 언어의 일종인 아랍어족에 속한다.

두 언어 모두 고대 아랍 문자를 기반으로 발전되었으며, 이는 두 언어의 공통적인 어원과 역사적 유연성을 보여주고 있다.

몽골제국의 성이나 신무기, 건축양식 등 모두 북미 대륙 스타일이다

킵차크 한국韓國은 14세기 초까지 전성기였다.

그들은 러시아 제후들을 지배하고 비잔틴제국, 이집트와 교류했으며 이슬람의 흑해무역을 지배하여 경제적으로 호황을 누렸다. 모두 아메리카 대륙에 있던 일이다.

한자동맹은 이 시기에 결성된 것이다.

Batu khan은 고려 무신정권의 핵심가문인 최씨 문중과 혼인하였다.

중국

동서양경
東西兩京

중국

몽골 제국을 통일한 쿠빌라이 칸은 초원족인 한韓의 전설이 되었다.

충忠이란 세상의 중심을 향하는 우리의 마음이다. 고려의 왕은 몽골 제후들이 마음이 흔들릴 때, 제일 먼저 나를 위해 무지개를 보여준 충우忠友였다.
이제 그의 아들과 내 딸이 혼인을 하여 원元과 고려는 하늘의 적통을 이어갈 것이다.
대원고려大元高麗는 무지개의 나라이다.

쿠빌라이 칸은 중국식 제도를 비롯해 적국과 피정복민의 기술·문화를 수용하고 외국인도 등용하며 제국의 운영 방식을 근본적으로 혁신했다.
 이를 바탕으로 상업 기반의 재정 체계를 마련하고 수군을 육성해 강과 해양으로 진출하는 새로운 전략을 펼쳤다.

훗날 중공의 마오는 북경관어(중국의 언어)를 받아들였는데 그것이 이두문자의 주류이다

역참은 대개 말과 낙타의 하루 행군거리에 해당되는 40km 마다 설치되었다. 중앙 정부의 통제 아래 각 나라 간에 국제무역이 빈번해지자 만국에 통하는 언어가 필요했다.

원나라는 중앙집권적 행정 체제를 구축하여 호족의 자치권을 제한하면서 중앙의 통제력을 강화했다. 또한 중앙에서 지방관을 파견하여 지방을 직접 관리하고, 호족의 세력을 약화하기 위해 사병을 제한했다.
　　원나라 군대는 언어와 문화가 다른 잡색군이므로 베이징과 남경처럼 큰 마을에 역관을 두어 서로 소통하게 했다.

고려시대의 만호부 :

충렬왕(忠烈王) 때의 직제(職制)는 부만호(副萬戶) 위에 만호(萬戶)가 있고, 예하에 천호(千戶)를 두었다. 국제정세 속에서 탄생한 군직으로 국방과 치안이 주요 업무였다.
이와 같이 만호부가 설치된 것은 1281년(충렬왕 7)으로 여·원 연합군(麗元聯合軍)의 일본정벌 실패 직후이다.
원나라 만호부의 도만호, 도부만호 등은 직책을 말하는 것으로, 고려 후기에 북경동지, 동경총관, 찬성사 등을 역임한 역관이 있었다.
역관은 군사조직인 만호부(萬戶府)에 소속되었다.
고려의 이두 문자가 각 나라관리들과 원 제국의 공용 문자가 되었다.

개성

여·원 연합군(麗元聯合軍)의 일본정벌!

아메리카 대륙의 모든 제도는 신라新羅로부터 나온 것이다.

미시시피 강 유역의 해적들과 유럽의 제후국들이 무력을 동반하여 과도한 세금을 요구하며 무역봉쇄를 시도하자 고려의 지원을 받는 한자동맹체들이 용병을 고용하여 대항했다.

한편 북해와 발트 해에 상업도시들은 전문수공업자의 거대상인조직인 길드가 만들어낸 거점도시였다.

즉 십자군전쟁당시 아메리카대륙남부의 아드리아 해와 흑해에서 베네치아, 피렌체, 제노아 등의 항구도시가 발전 한 것처럼 아메리카북부 오대호 근처에서도 도시가 번영하였다.

한자동맹연맹체 도시국가는 로마교황청의 간섭을 받았다.
고려 때 장인들이 로마에 들어가 금속활자를 이용해 라틴어 가톨릭 경전을 찍었는데, 고려청자의 상감기법을 활용하여 칼라인쇄를 하였다.
이러한 기록은 바티칸 수장고에 있는데, 동양학자들이 고려가 Corea인지 모르므로 역사적인 해석을 할 수 없는 것이다.

암스테르담(뉴욕:상해탄:옛 신라방)

특히 대서양과 허드슨 만으로 들어오는 무역상인과 종교순례자들이 많았다. 가톨릭, 불교, 라마교 등을 비롯한 각종 밀교 순례자들이 옛 연나라 강역인 그랜드캐니언, 자이언 캐니언, 브라이스 캐니언, 애리조나 등지로 몰려온 것이다.

당시 순례자들로 인해 도시가 번영하고 무역이 성행하였으므로 이들을 노리는 도둑떼가 끊이질 않았다.

하지만 진짜 무서운 일은 지옥의 타타르(tartar)에서 나타난 몽골군의 침략이었다.

14세기 말 고려가 망하고, 연燕 왕 주체가 종교의 성지인 아메리카 서부지역을 장악하였다.

조선왕 주체는 훗날 영락제가 되어 아메리카 대륙을 통일하였고, 요동을 건너 지금의 중국 대륙과 유라시아 대륙을 평정하였다.

유럽을 초토화 한 징기스칸의 몽골과 고려와의 전쟁은 세계적인 대전쟁이었다.

Search Labs | AI 개요

 뉴욕 암스테르담은 미국 뉴욕이 과거 네덜란드 식민지인 뉴암스테르담(Nieuw Amsterdam)이었던 역사적 연관성을 지칭한다.

 뉴욕은 17세기 초 네덜란드 서인도 회사가 북아메리카에 설립한 뉴네덜란드 식민지의 수도였던 뉴암스테르담으로 시작되었다. 1624년에 설립된 뉴암스테르담은 1664년 영국이 이 지역을 점령하고 뉴욕으로 이름을 바꿀 때까지 네덜란드의 식민지 수도였다.

● 뉴욕(암스테르담) 이전에는 상해탄, 즉 명나라의 남경이었다. 이곳에 영락제 당시 어학연구소가 있었으며 세종대왕의 훈민정음, 동국정운, 홍무정운 등을 공부한 후, 한문 통역사가 되어 세계 여러 식민지에서 조공무역을 수행한 것이다.

허드슨강은 북쪽 세인트로렌스강과 운하로 연결되어 있다.

암스테르담(뉴욕:상해탄:옛 신라방): 신라 장보고 장군의 활동무대이다

고려는 대제국 원나라를 무너뜨렸다. 유럽과 고려가 북미에 있어야 가능한 역사이다

원나라는 무역을 통해 경제 발전을 이루었고, 특히 고려는 중요한 무역 상대국이었다. 원나라는 페르시아, 아라비아 등과 무역하며 향료, 강철, 보석, 직물, 도자기, 의약품 등을 교환했다. 또한, 교초(지폐)를 발행하여 서방과 무역을 활발히 했다.

원나라는 역참 제도, 대운하, 상업 진흥 정책 등을 통해 무역을 발전시켰으며 대운하를 대도(大都:베이징)까지 연결하고, 대규모 배를 건조하여 해상 운송을 발전시켰다.

원나라 말에는 고려의 은을 수탈하는 한편, 교초(어음)를 지불 수단으로 활용하다가 부도를 냈다.

당시 고려 공민왕은 원의 동녕부와 쌍성총관부를 무너뜨리고 탐라총관부를 점령하면서 일본과 대처하였다. 왜구가 기승을 부리자 최영과 이성계 장군이 물리쳤다.

대조선은 다민족 국가이며 연방 국가이다. 그럼에도 불구하고 조선인이라는 선민의식이 매우 강하다. 지금은 극동아시아 한반도 사관에 갇혀 움추리고 있으나 언제나 우주천지를 향해 도약할 준비를 하고 있다.

그러나 영락대제 당시 세계 언어로 창제된 훈민정음과 황금제국인 대조선의 금융세계를 모른다면 조선인 또는 한국인에게 미래는 없다.

우리나라 맹화유(석유)

육당 최남선(1890~1957)은 '조선 상식'이란 책에서 석유와 관련된 내용을 언급했다. 그는 석유가 나라의 생명줄과 같이 매우 중요한 자원이라고 강조했으며, 최남선은 우리나라가 석유의 원산지라는 주장을 펼쳤다.

(최남선은 미국에 조선이 있었다는 것을 알고 있는 학자이다)

송대의 '작몽록' 이라는 책에 고려의 동방 수천 리에서 맹화유(猛火油)가 나는데, 뜨거운 볕에 돌이 달아서 솟아나는 검은 액은 물에서도 불길이 뻗치고 고기가 다 죽는다고 했다.

한편 명대의 이시진은 '본초강목'에서 "석유는 고려에서 나니 석암(石巖)에서 솟아 샘물과 함께 흐르며 빛이 검고 유황 냄새가 있는데, 그것을 떠다가 등을 켜니 대단히 밝으며, 그을음으로 먹을 만드니 윤기가 송연보다 낫더라"고 했다.

고려와 조선의 대도시에는 석유 石油인 맹화유(猛火油)로 불을 밝혔다. 당시 정조는 영국인이 차지하고 있는 옛 한성처럼, 포토맥강(한강) 건너편에 세운 신도시(알렉산드리아)인 화성(華城)에도 맹화유 등불로 밤을 밝혔다. 정조의 석유 가스등과 조총부대는 조선의 긍지와 자부심의 상징이었다.

고려와 조선의 큰 마을에는 맹화유(猛火油:석유)로 불을 밝혔다.

고대 역사의 거대한 흐름은 환(桓:고산족)에서 초원 족인 한韓 그리고 강에서 농경을 위주로 하는 한漢으로 이어진다.

원元 제국은 기동성을 생명으로 하는 기마민족이다. 즉 초원족인 한국韓國이었다.

고려는 대제국 원나라를 무너뜨린 세계 초강국이었다.

...

유럽과 고려가 북미에 있어야 가능한 역사이다.

"우리 나라는 석유(맹화유)와 황금의 대제국이었다."

高麗 → COREA → AMERICA

Royal Flag of the Goryeo dynasty. Flag's name is "Phoenix flag" (hanja: 鳳旗, 봉기, Bong-gi). This flag is in the War Memorial of Korea.

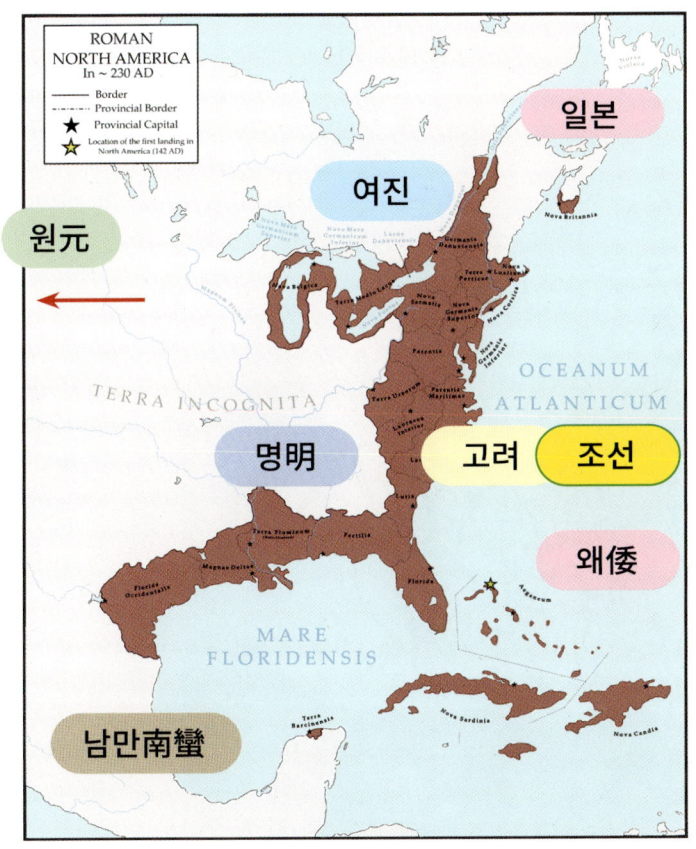

한(漢) 나라와 로마가 대치하고 나당 연합군과 고구려, 백제가 각축한 곳은 아메리카대륙이었다.

고려, 일본, 원나라가 전쟁을 하고, 원명 교체기에 명나라와 조선이 등장하여 세계 표준 언어인 훈민정음을 반포한 곳이 아메리카대륙이었다.

...

그래야 역사의 수레바퀴가 제대로 돌아간다.

팍스 몽골리카, 즉 "몽골의 평화" 시대를 세상에 선물한 것이다.

몽골은 동남아시아의 정글에서도 전투를 벌였고, 해군을 창설하여 자바와 일본을 침략 했다.

1241년 유럽 군대를 완전히 섬멸했고, 1258년에는 바그다드를 포위 공격하고 약탈하며 불태웠다. 몽골 전성기에 유럽에서 태평양까지 광대한 지역을 지배했다.

몽골인들은 점령한 도시를 파괴하고, 사람을 한 명도 남기지 않고, 때로는 고양이와 개까지 죽인 무자비한 전사로 알려져 있었다.

그러나 군사적 우월성 외에는 종교를 창시하지도, 거대한 건물을 짓지도 않았으며, 직조, 도자기, 제빵과 같은 간단한 기술조차 터득하지 못했다.

오히려 광활한 영토를 정복하고 동일한 통치 체제 아래 통일함으로써, 이전에는 연결되지 않았거나 막혔던 세계 곳곳을 소통하는 데 기여 했다.

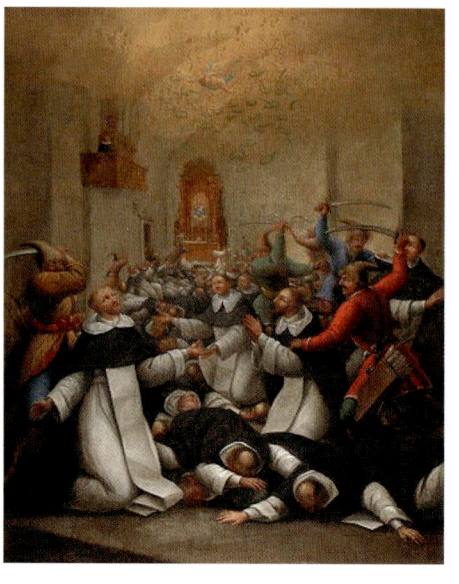

1260년 몽골의 폴란드 침략 당시 몽골에 의해 살해된 도미니코회 순교자들

'팍스 휴머니즘'이라는 디지털 유목민의 이상은 실현될 것이다.

몽골인들은 자신들이 지배하는 영토 전역에서 여행자의 안전을 보장했고, 세금을 감면하고 이동을 용이하게 하며 무역을 장려했다. 이른바 팍스 몽골리카, 즉 "몽골의 평화" 시대를 세상에 선물한 것이다.

당시 페르시아 사업가들이 정기적으로 중국을 방문했고, 몽골 칸의 외교 사절이 파리를 방문하거나 로마 교황과 친교를 나눌 수 있었다.

훗날 이러한 발자취는 인류 미래를 위해 엄청나고 혁명적인 발상의 전환을 가져왔다.

미래 인류는 빠르게 세상을 돌아다니며 세상을 체험하고 인류를 위해 자신의 재능을 마음껏 발휘하는 '팍스 휴머니즘'이라는 디지털 유목민의 이상을 실현할 것이다.

징기스칸의 금 디나르, 가즈나 (가즈니) 조폐국에서 주조, 1221년 2월 발행

13세기 중반, 후계자 계승 문제는 해결 불가능한 것으로 판명되었다.

그 결과, 형제들이 서로 반목하여 내전이 벌어졌고, 결국 제국은 러시아의 킵차크 칸국, 페르시아의 일칸국, 중국의 원나라, 그리고 몽골의 전통적인 심장부에 위치한 차가타이 칸국, 네 개의 영역으로 분열되었다.

4 칸국(한국韓國)의 등장!

1776년 바로 직전까지 전 세계는 'Pax Corea!' 였다 - '팍스 코리아!'

팍스 아메리카나(라틴어: Pax Americana, 영어: American Peace)는 20세기 후반부 서양 세계의 평화와 관련한 역사적 개념이다.

미국의 역사에서 종종 남북 전쟁 이후의 시기를 의미하는 경우도 있지만, 대개는 세계의 역사에서 <u>제2차 세계대전 이후 미국이 강력한 국력을 바탕으로 팍스 브리타니카에 뒤 이은 국제 평화 질서를 이끈 것을 뜻한다.</u>

팍스 아메리카나라는 용어가 일반적으로 사용되기 시작한 것은 제2차 세계대전이 끝난 1945년 이후이다. 팍스 아메리카나는 로마 제국의 팍스 로마나, 스페인 제국의 팍스 히스파니카, 영국 제국의 팍스 브리타니카와 같이 세계적 패권 국가로서의 미국을 비유하는데 쓰인다.

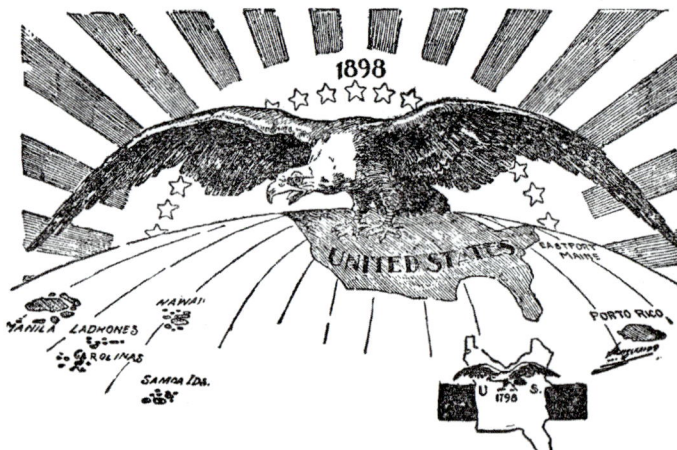

필리핀에서 푸에르토리코까지 날개를 펼치는 미국 독수리, "끝에서 끝까지 만 마일".
삽입된 그림은 100년 전인 1798년에 미국 동부를 지배했던 독수리보다 훨씬 작은 독수리입니다.
당시 대조선은 전 세계였습니다.

미군 해병대 깃발의 COREA는 'Pax Corea!'이다.

팍스(Pax)는 '보이지 않는는 신의 섭리 또는 은총'이라는 상징이다.

평화라는 의미의 팍스(라틴어: Pax)는 국제 정치에서 중심국가의 지배에 의해 주변국가가 평화를 유지한다는 뜻으로, 군사 개입이나 경제적 통제를 통한 중심국의 완결된 패권주의 체제를 말한다.

역사상 팍스 체제는 로마 제국의 팍스 로마나, 스페인 제국의 팍스 히스파니카, 영국 제국의 팍스 브리타니카 등과 현재 진행 중인 팍스 아메리카나를 들 수 있다.

그런데 팍스(Pax)는 '보이지 않는는 신의 섭리 또는 은총'이라는 상징이다. 즉 '팍스(Pax) 코리아!' 라고 한다면 '신이여 코리아와 함께 하소서!' 이런 개념이다.

1776년 바로 직전까지도 전 세계는 'Pax Corea!' 였다.

필자의 역사관은 'Pax Corea!' 이다.

'팍스 코리아!'

"대영제국은 1607년에 버지니아 식민지를 시작으로, 1732년에 조지아 식민지에 이르는 북아메리카 대륙 동해안에 13개의 식민지를 조성하였다.

프랑스 북미 식민지와 비교하면 요맨(자영민)로 가족 단위 식민지 정착이 일반적이며, 따라서 인구도 많았고, 그들은 농지 확보를 지향하고 있었기 때문에, 원주민인 인디언과 필연적으로 충돌할 수밖에 없었다.

영국 국왕(the King of England)의 칙허장에 의한 자주적인 운영을 하고 정치적 자유가 인정되었고, <u>그 느슨한 지배는 '유익한 태만'이라고 불리고 있었다.</u>"

윗글은 영국, 노론 세도가의 입장에서 기록한 헛소리고, 사실은 모두 조선 땅이었다.

그 땅의 백성들은 언제나 자신을 '조선인'이라고 했다. 그리고 '나랏 님'은 한강가에 계신다고 했고 서울이라고 불렀다.

대명조선大明朝鮮

원나라 때 만다린(Mandarin)은 공식적인 국제 관리들이 사용하는 언어이다

원나라 시기의 만다린은 공식적인 관리를 뜻하는 용어였다. 하지만, 단순히 직책을 의미하는 것을 넘어, 허세와 의례를 중시하는 고위 관리, 즉 양반과 비슷한 뉘앙스를 지녔다.

또한 만다린은 원나라 관리들이 사용했던 언어를 지칭하기도 하며, 이는 후대 명,청 시대 관리들의 언어와도 연결되어 중국어를 대표하는 언어가 되었다.

다시 말해 원나라 때 관리들이 사용했던 언어를 서양인들이 만다린이라고 불렀고, 이것이 후대 중국어 방언인 관화(官話)이다.

(확실치는 않지만 한자를 익혀야 배울 수 있는 몽골 제국 시기의 옛 고려 이두는 관리와 통역사들이 반드시 익혀야 할 세계 공용어였다)

아랍 옛 문자(아브자드 문자)와 만주 문자는 모두 표음 문자 체계라는 공통점을 가지고 있다. 아랍 문자는 자음 위주로 표기하는 아브자드 문자이고, 만주 문자도 기본적으로 자음을 표기하고 모음 표기를 위해 점이나 추가 기호를 사용한다.

하지만 아랍 문자는 오른쪽에서 왼쪽으로 읽고 쓰며, 만주 문자는 왼쪽에서 오른쪽으로 읽고 쓴다. 또한, 아랍 문자는 아랍어, 페르시아어 등 다양한 언어에 사용되지만, 만주 문자는 주로 만주어를 표기하는 데 사용되었다.

북미에서 만주 지방이라는 의미는 황실의 정원이라는 뜻이며 지금의 미시간 주 부근으로 추정한다.

북미 'Arabic'은 옛 몽골 문자와 비슷하다. 이것은 옛 만주어와도 글자체가 비슷하다. 이것은 무엇을 의미하는가? <u>사우디아라비아 민족 자금이 아직도 유용한 이유는 아랍(Arab)의 일부 부족이 북미에서 지금의 중동지방으로 일찍부터 이주했다는 뜻이다.</u> 마치 Siam(태국)과 비슷하다.

이와 같이 우리가 모르는 음지의 역사가 존재하므로 필자는 빙산의 일각이라는 말을 자주 쓰는 것이다.

한때 미시간주 디트로이트 시의 자동차 국제자금은 코리아 자금이었다.

1949년에 수립된 중화인민공화국의 공식 언어는 표준 중국어 (Mandarin)이다

1949년에 수립된 중화인민공화국의 공식 언어는 표준 중국어 (Mandarin)이다.

중국 정부는 이를 "보통화(普通话)"라고 부르며, 중국 대륙 전체의 공식 언어이자 표준어이다.

이와 같이 베이징 관화를 기초로 만든 것이 '북경어'라고 한다.

북경어는 베이징 일대의 한족 서민들이 쓰는 사투리일 뿐 표준어가 아니라는 주장도 있으며, 표준 중국어의 실제 발음 채집지가 베이징 근교인 청더시이며 하얼빈 방언이 표준어와 가장 가깝다고 하는 언어학자들도 있다.

(하얼빈은 북미 대륙에 있었다)

우리가 훈민정음을 표준어로 사용했다면 중화주의를 완성했을텐데... 공산당은 안돼! (황실부정)

국제 화폐전쟁은 이미 끝났고, 곧 훈민정음의 중화문화 시대가 온다

아메리카대륙에 대한 역사 인식에 오류가 있다

AI(인공지능)에게 북미 중심 역사에 대한 질문을 하면서 오류를 시정할 수있다?

미국의 인디언 원주민과 미국을 이미 개척했던 토박이 유럽인의 역사가 진정한 미국의 역사가 아닐까요?

Search Labs | AI 개요

네, 말씀하신 부분은 미국의 역사를 바라보는 중요한 관점입니다. 미국의 역사는 단순히 유럽 이주민들의 정착과 건국 과정으로만 볼 것이 아니라, 그 이전에 아메리카 대륙에 살았던 원주민들의 역사와 문화를 함께 고려해야 합니다. 이 두 역사가 합쳐져야 진정한 미국의 역사를 이해할 수 있습니다.

원주민의 역사:

아메리카 대륙에는 유럽인들이 도착하기 훨씬 전부터 다양한 부족과 문화권이 존재했습니다. 이들은 독자적인 언어, 사회 구조, 예술, 종교 등을 가지고 대륙 전역에 걸쳐 살았습니다.

유럽인의 이주와 정복:

15세기 말부터 유럽인들의 아메리카 대륙 이주가 시작되었고, 이 과정에서 원주민들과의 갈등과 충돌이 발생했습니다.

진정한 미국의 역사:

미국의 역사는 이 두 집단의 만남, 갈등, 그리고 통합의 과정을 모두 포함합니다. 단순히 유럽 이주민들의 관점에서 역사를 바라보는 것은 원주민들의 역사와 문화를 간과하는 것이 될 수 있습니다.

다양성과 포용:

현대 미국 사회는 다양한 민족과 문화가 공존하는 사회입니다.

따라서 미국의 역사를 이해하기 위해서는 원주민들의 역사

1492년 이전에 아메리카대륙에는 유럽인들이 감히 넘볼 수 없는 수준의 왕국들이 있었고, 그 중 조선이 가장 뿌리 깊은 나라였다. 따라서 1776년, 조선왕조에서 대통령 제도로 이어간 미국과 그곳에서 아시아로 자리를 옮긴 극동아시아를 두 역사의 축이라고 할 수 있다.

일러스트에 등장하는 여자는 나라를 상징한다.

아메리카 대륙의 인류 역사 문화의 최전성기는 영락제 때이다. 영락제는 온 세상을 하나의 문화권으로 통합하여 지구촌을 지상낙원으로 만드는 조공무역 시스템을 완성하였다.

정화함대의 원정과 세종대왕의 훈민정음 창제는 인류 거대 프로젝트의 시발점이었다. 당시 중국은 아메리카 대륙에 있었다.

고종 때 북미에서 넘어왔나요? 앗! 보이지 않는 삼권(군권, 금권, 보물)의 계승!

20세기 초반 미국에 존재했던 코리아 제국(Korea Empire)에 대한 신문기사가 있는데 사실을 기반으로 한 풍자가 아닐까요?

와 문화를 포함하여 다양한 관점을 포용해야 합니다.
결론적으로, 미국의 역사는 원주민과 유럽 이주민의 역사가 융합된 결과입니다. 이 두 역사를 모두 고려해야 미국의 역사와 사회를 제대로 이해할 수 있습니다.

20세기 초반 미국 신문에 보도된 "코리아 제국" 관련 기사는 사실 기반의 풍자일 가능성이 높습니다.
당시 미국 사회에서 한국의 독립운동과 망명 정부 활동에 대한 인식이 부족했고, 제국주의적 관점에서 한국을 바라보는 시각이 있었습니다. 이러한 상황에서 한국의 독립운동을 희화화하거나 비꼬는 방식으로 보도되었을 수 있습니다.

당시 시대적 배경:
20세기 초반은 제국주의 시대였고, 미국은 아시아 국가들에 대한 식민지 팽창 정책을 펼치고 있었습니다.
한국은 일본의 식민 지배를 받고 있었고, 독립운동이 활발하게 전개되고 있었습니다. 미국 언론은 한국의 독립운동을 단순한 반란이나 소요 사태로 축소하거나, 심지어는 조롱하는 기사를 싣기도 했습니다.

풍자의 가능성:
미국 신문에서 "코리아 제국"이라는 표현은 한국의 독립운동을 비웃거나 조롱하는 방식으로 사용되었을 가능성이 높습니다.
실제로 당시 미국 신문에는 한국의 독립운동가들을 어리석거나 비현실적인 인물로 묘사하는 기사들이 있었습니다.
또한, 한국의 독립운동을 서구 열강의 입장에서 바라보며, 식민지배를 정당화하려는 의도가 담긴 기사들도 있었습니다.

팩트 체크 필요:
신문 기사에 나오는 "코리아 제국"이라는 표현이 실제로 한국의 독립운동 세력이 사용한 용어인지, 아니면 미국 언론이 만들어낸 조어인지 확인해야 합니다.
만약 후자라면, 이는 명백히 풍자적인 성격을 띤 것입니다. 따라서 20세기 초반 미국 신문에 보도된 "코리아 제국" 관련 기사는 당시 미국의 제국주의적 시각과 한국 독립운동에 대한 무지를 반영하는 풍자일 가능성이 높다고 판단됩니다.

* AI는 상식적인 수준에서 말한 것이며, 진실은 아무도 모른다.
다만 북미의 미국 신문 기사에 실린 나라들이 실제로 북미에 존재한 것은 사실이었다.

북미가 신대륙이라는 역사 인식에 대한 오류는 없나요?

Search Labs | AI 개요

네, 북미가 신대륙이라는 역사 인식에는 오류가 있습니다. 정확히는 콜럼버스가 아메리카 대륙에 도착했을 때 그곳을 인도라고 생각했기 때문에 "신대륙"이라는 표현이 사용되었지만, 실제로는 이미 수천 년 전부터 원주민들이 살고 있었고 나름의 문명을 이루고 있었습니다. 따라서 콜럼버스의 도착을 "발견"이라고 표현하는 것은 원주민들의 존재를 간과하는 것이라는 비판이 있습니다.

구체적인 오류 내용:

원주민의 존재 무시:
콜럼버스의 항해 이전에도 아메리카 대륙에는 다양한 원주민 부족들이 살고 있었고, 그들만의 문화와 역사를 가지고 있었습니다. "신대륙 발견"이라는 표현은 이들의 존재를 지워버리는 오류를 범하고 있습니다.

유럽 중심적 시각:
"신대륙 발견"은 유럽인의 관점에서만 유효한 표현입니다. 아메리카 대륙의 관점에서는 이미 오래전부터 존재하던 땅이었기 때문에 "발견"이라는 단어 자체가 적절하지 않습니다.

콜럼버스의 착각:
콜럼버스는 아메리카 대륙을 인도라고 믿었기 때문에, 그가 도착한 곳을 "신대륙"이라고 부르는 것은 그의 착각을 그대로 반영하는 것입니다.

아메리카 대륙의 자원 착취:
콜럼버스와 이후 유럽인들의 아메리카 대륙 진출은 원주민들의 삶을 파괴하고 자원을 약탈하는 결과를 가져왔습니다. 이는 단순히 "발견"으로 포장될 수 없는 심각한 역사적 사건입니다.

핵심 : (1492~1592 ; 숫자의 비밀)

임진왜란 이전 100년간 일본 내에서 사무라이들의 전쟁이 끊임없이 벌어졌다는 사실은 역사적 배경으로 매우 중요하다.

주앙 2세에게 탐험을 제안하는 콜럼버스
Columbus_offers_his_services_to_the_King_of_Portugal_-_Daniel_Nicholas_Chodowiecki_(cropped)

임진왜란은 북미에서 일어난 세계대전이었다.

임진왜란은 조선과 일본뿐만 아니라, 대명과 여진족 등 동아시아 전체에 큰 영향을 미쳤다.

이 전쟁의 결과, 조선은 경복궁과 창덕궁 등 2개의 궁궐이 소실되었고, 인구는 최소 100만 명 이상 감소했으며, 경작지의 2/3가 소멸했다.

일본 해적들의 발호와 임진왜란, 그리고 이어지는 제국주의의 독점금융 시대!

이 시기에 이미 왜구(일본, 영국 들의 해적 무리 등)들은 미 동부 연안을 중심으로 약탈을 하며 그들의 거류지를 확보하고 있었다.

여기서 원주민은 대부분 조선인이며, 임진왜란이 일어나자 이들은 조선의 의병이 되어 관군과 합세하였다. 부녀자들까지 합세하여 왜적에 대항했다는 임진왜란의 기록은, 그동안 왜구들의 노략질이 얼마나 극심했는지 알 수 있는 부분이다.

행주대첩기록화에 나온 행주치마(사진=위키피디아)

역사학자들은 임진왜란을 7년 전쟁(七年戰爭)이라고도 부르기도 하나 미국, 영국 등 영어권 국가들은 주로 일본의 한국 침공(영어: Japanese invasions of Korea)이라고 부른다.

여기서 당시 일본은 'White Japanese'로 훗날 영연방, 양키 등으로 국제 독점금융의 핵심 세력으로 지목되고 있다.

2020년 이후 보이지 않는 손에 의해 세계 질서가 재편성 되고 있다.

제국주의 시절 민족의 대이동이 존재했다는 해운 역사가 있나요?

Search Labs | AI 개요

네, 제국주의 시대에 민족의 대이동을 다룬 해운 역사가 존재합니다.

특히, 19세기 후반부터 20세기 초까지 유럽 열강들이 식민지를 건설하고 자원을 확보하기 위해 세계 각지로 사람들을 이동시킨 경우가 많았습니다. 이러한 이동은 강제적이거나 자발적인 경우가 있었으며, 해운업의 발달과 맞물려 대규모 인구 이동을 가능하게 했습니다.

제국주의 시대의 민족 이동은 다양한 형태로 나타났습니다.

1. 강제 이주:

노예 무역: 아프리카에서 아메리카 대륙으로의 노예 무역은 대표적인 강제 이주 사례입니다. 수많은 아프리카인들이 노예로 팔려가면서 대서양을 건너 강제 이주를 경험했습니다.

식민지 이주: 식민지 개척 과정에서 원주민들이 강제로 이주하거나 노동력 착취를 위해 이동되는 경우가 많았습니다.

죄수 이송: 범죄자를 처벌하기 위해 식민지로 이송하는 경우도 있었습니다.

2. 자발적 이주:

경제적 기회 추구: 유럽인들이 새로운 땅에서 경제적 기회를 찾기 위해 이주했습니다. 북미, 남미, 오세아니아 등으로 많은 유럽인들이 이주했습니다.

종교적 박해 회피: 종교적 박해를 피해 이주하는 경우도 있었습니다.

3. 해운업의 역할:

제국주의 시대에는 증기선의 발달 등 해운 기술이 크게 발전했습니다. 이는 대규모 인구 이동을 가능하게 하는 중요한 요인이었습니다.

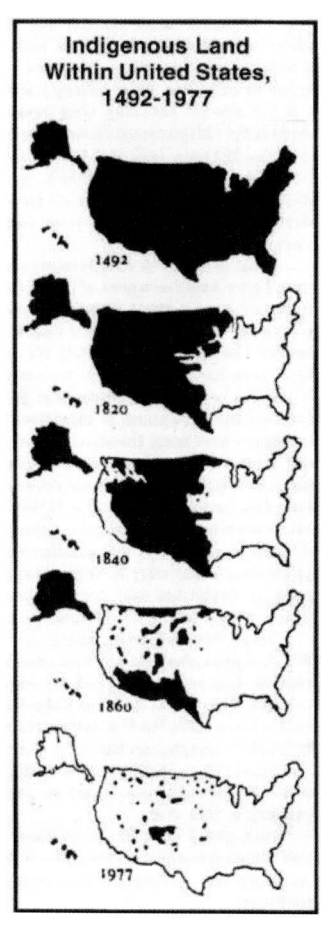

강희제 때 종묘(宗廟)를 지키기 위해 달러를 만들고 극동아시아로 이주를 시작했다.

유럽 열강들은 자국의 식민지 건설과 무역 확대를 위해 해운업을 적극적으로 활용했습니다.

대서양과 태평양을 횡단하는 대규모 선박 운항이 이루어졌고, 이는 민족 이동의 규모를 키웠습니다.

4. 주요 사례:

(1) 아프리카 노예 무역:

아프리카에서 아메리카로의 노예 무역은 수백 년 동안 지속되었으며, 수백만 명의 아프리카인들이 강제로 이주했습니다.

(2) 유럽 이민:

19세기 후반부터 20세기 초까지 유럽에서 북미, 남미, 호주 등으로 많은 유럽인들이 이주했습니다.

(3) 아시아 이민:

중국, 인도 등 아시아 국가에서도 많은 사람들이 경제적 기회를 찾아 다른 지역으로 이주했습니다.

5. 영향:

제국주의 시대의 민족 이동은 세계 인구 분포와 문화, 역사의 다양성에 큰 영향을 미쳤습니다.

식민지 건설과 자원 확보를 위한 이동은 많은 갈등과 분쟁을 야기하기도 했습니다.

이러한 이주는 현재까지도 세계 각 지역의 사회, 문화, 정치에 영향을 미치고 있습니다.

따라서 제국주의 시대의 민족 이동은 단순히 인구 이동을 넘어, 식민주의 역사와 깊이 연관되어 있으며, 해운 기술의 발전과 함께 대규모 인구 이동을 가능하게 한 중요한 역사적 사건이라고 할 수 있습니다.

대원고려(大元高麗), 대명조선(大明朝鮮), 대청조선(大淸朝鮮) 등, 조대(朝代)를 지키기 위해 천자는 삼권(금권, 군권, 권능)을 분리하여 인류 미래를 예정했다. 북미에서 이주해간 종족들은 종교, 붕당, 정치, 마피아 등으로 분열되어 백성들을 괴롭혔다.

영조 때부터 시도한 사도세자(워싱턴대통령)의 아메리카합중국 만들기 프로젝트는 2020년에 이르러 종착역에 도착한 것 같다.

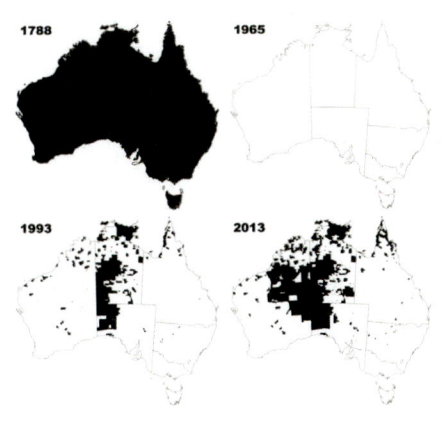

호주의 백호주의(White Australia policy)는 1901년부터 1973년까지 호주 정부가 유지했던 비백인 이민을 제한하는 정책이다. 이전에는 이홍장이 통치하던 지나조선 강역이었다.
백호주의로 많은 조선인들이 호주 바깥으로 쫓겨났다.

고흐와 고갱에 관한 각종 미스터리는 두 사람의 그림 자체로 풀어야 한다.

세계 2차 대전 중 미국의 프랭클린 루즈벨트 대통령이 1943년 테헤란 회담에서 요셉 스탈린에게 "한국 국민은 아직 독립정부를 유지할 수 있는 능력이 없으며 그들은 40년 동안 타국의 통치 아래 있어야만 한다."고 터무니없는 말을 했는지 그 이유를 알아야 한다.

미국의 프랭클린 루즈벨트 대통령은 틈 날 때마다 한국을 언급했으며, 마침내 프레스센터에서 영국의 윈스턴 처칠, 중국 총통 장개석을 모아놓고 "우리 강대국(미, 영, 중)은 적당한 시기에 한국의 자유와 독립을 보장하기로 결정했다."라고 공식발표를 하자, 기자들이 '한국이 어디에 있는 나라냐?'고 묻는 해프닝이 벌어졌다.

일본계 미국인

진주만 공격은 일본계 미국인들에 의한 본토 피해의 가능성에 대한 대중의 우려를 불러일으켰고, 이러한 우려는 일본 이민자들에 대한 오랜 인종차별과 진주만 공격이 일본 간첩들의 도움을 받았다고 결론을 내린 로버츠 위원회의 보고서 이후 더 증가했다. 1942년 2월 19일 루스벨트는 행정명령 9066호에 서명하여 대부분이 태평양 연안에 거주하던 11만 명에 달하는 일본계 미국인들을 강제로 이주시켰다. 일본계 미국인들은 그들의 재산과 사업을 포기해야 했고 내륙의 열악한 지역에 급히 지어진 수용소에 억류되었다.

루스벨트는 억류에 관한 결정을 헨리 L. 스팀슨 전쟁부 장관에게 위임했고, 스팀슨은 전쟁부 차관 존 J. 매클로이의 판단에 의존했다. 1944년 연방대법원은 코레마츠 대 미국 사건에서 행정명령의 합헌성을 인정했다. 일본계 미국인들보다는 훨씬 적은 수의 독일계, 이탈리아계 미국인들이 체포되거나 수용소에 억류되었다.

루스벨트 가문은 유대인 세력과 밀접한 관계에 있는 정치인 'family'이다.

고조할아버지께서 아메리카대륙의 성지를 찾아 순례하라고 하셨습니다.

'벨푸어 선언'과 '맥마흔 선언'을 얘기하는 시점에서 고향 얘기를 왜 합니까?
나는 할아버지가 없습니다.
갑자기 태도를 바꾸는 이유를 도무지 모르겠군요.
(허참, 느닷없이 아메리카 땅을 내 놓으라니! 어이가 없군.)

1948년 팔레스타인 땅 일부를 불하받아 유태인이 이스라엘을 건국하는 과정에서 문제가 일어났다.
2차 대전 당시 중동세력을 끌어들이기 위해 연합국이 아랍인에게 무작정 한 약속 때문이다.

한국전쟁(1959.6.25.) 전후, X-파일, (4) - 리승만 박사, 미스터리

미국령 사모아제도에 신한국(a new korea)을 세우는 계획을 승인했다

트루먼 시절 애치슨라인을 선언한 미국은 한국전쟁을 포기할 때, <u>합동참모본부(JCS)는 대한민국 정부, 군대, 이를 따르는 사람을 포함하여 약 60만 명을 보내 미국령 사모아제도에 신한국(a new korea)을 세우는 계획을 승인했다.</u>

하지만 이 계획은 한국국민의 여론이 두려워 어떤 한국 관리와도 토의되지 않았다.

미 합동참모본부(JCS)는 육·해·공군 통합사령부이며 전쟁이 일어날 때, 정부의 오판을 저지하고 대통령을 보좌하는 최고자문기관이다.

미국령 사모아제도에 신한국(a new korea)을 세우는 계획을 승인!
- 굴든 저 '한국 전쟁'

당시 북한 인구는 약 900만, 남한은 1,200만, 서울인구는 약 200만이었다.

한편 트루먼은 한국전쟁에 원자탄을 사용하는 일이 절대로 없을 것이라고 공언하였다.

그럼에도 불구하고 1950년 12월, 조립되지 않은 폭탄이 한반도 근해에 대기하고 있었다. (굴든 저 p. 23)

또한 미 국가안보회의(NSC)는 이승만 대통령이 휴전을 계속 방해한다면 중앙정보국(CIA)은 그를 해임하고 보다 복종적인 군사정부에 정권을 넘겨주려는 쿠데타를 시도하였다. (굴든 저, 한국전쟁 p. 16)

3) 인류의 꿈의 언어, 훈민정음이 등장하는 시대가 영락제 때이다.

마르코 폴로와 마테오 리치는 허드슨 강을 따라 중국의 대도, 베이징에 갔다

Search Labs | AI 개요

마르코 폴로와 마테오 리치는 모두 이탈리아 출신으로 중국과 관련되어 유명한 인물들이지만, 그들의 활동 분야와 역할은 전혀 다르다.

마르코 폴로는 13세기 베네치아 상인이자 탐험가로, 그의 동방견문록을 통해 유럽에 중국에 대한 정보를 알린 인물이다.

마테오 리치는 16세기 예수회 선교사로, 중국에 선교 활동을 펼치며 중국 문화와 서양 문화를 교류하는 데 기여했다.

원나라 역참제도의 세계화로 인해 온 누리 사람들이 말하고 쓸 수 있는 국제 언어를 갈망하게 되었다.

마르코 폴로 (Marco Polo):
시대: 13세기, 직업: 상인, 탐험가 대표적 업적: 동방견문록
주요 활동: 쿠빌라이 칸의 궁궐에서 근무하며 중국에 대한 정보를 수집하고, 그 내용을 동방견문록에 기록했다고 한다.

마테오 리치 (Matteo Ricci):
시대: 16세기 직업: 예수회 선교사
 업적: <곤여만국전도>, <천주실의>
주요 활동: 중국에서 기독교 선교 활동을 펼치며 서양의 과학 기술과 문화를 소개했다.

공통점: 중국과 서양 간의 문화 교류를 촉진하고, 중국에 기독교 신앙을 전파!

비교:
마르코 폴로는 13세기, 마테오 리치는 16세기에 활동했다.

==중국의 상해에서 뉴암스테르담으로 ...==

THE NEW NETHERLAND, THE FIRST SHIP BUILT IN NEW YORK.

드디어 세상의 언어를 하나로 통일한 불세출의 영웅이 나타났다.

마르코 폴로(이탈리아어: Marco Polo 마르코 폴로(문화어: 마르꼬 뽈로), 1254년경~1324년 1월 8일)는 13세기 이탈리아 베네치아 공화국 시대의 상인 겸 탐험가로, 17세 무렵 시절(1271년)에 고향을 떠나 아시아를 탐험하고, 1292년에 향리로 돌아왔다.

그의 책에 의하면 고려, 여진, 일본, 서번(유럽 등), 아라비아, 원나라는 당시 국제사회의 주역들이었다.
당시 몽고, 일본, 여진, 서번(유럽 등), 아라비아는 문자를 갖고 있었으나 서로 소통이 원활하지 못했다.

마테오 리치 (Matteo Ricci):
시대: 16세기   직업: 예수회 선교사
업적: <곤여만국전도>, <천주실의>
주요 활동: 중국에서 기독교 선교 활동을 펼치며 서양의 과학 기술과 문화를 소개했다.

공통점: 중국과 서양 간의 문화 교류를 촉진하고, 중국에 기독교 신앙을 전파!

비교:
마르코 폴로는 13세기, 마테오 리치는 16세기에 활동했다.

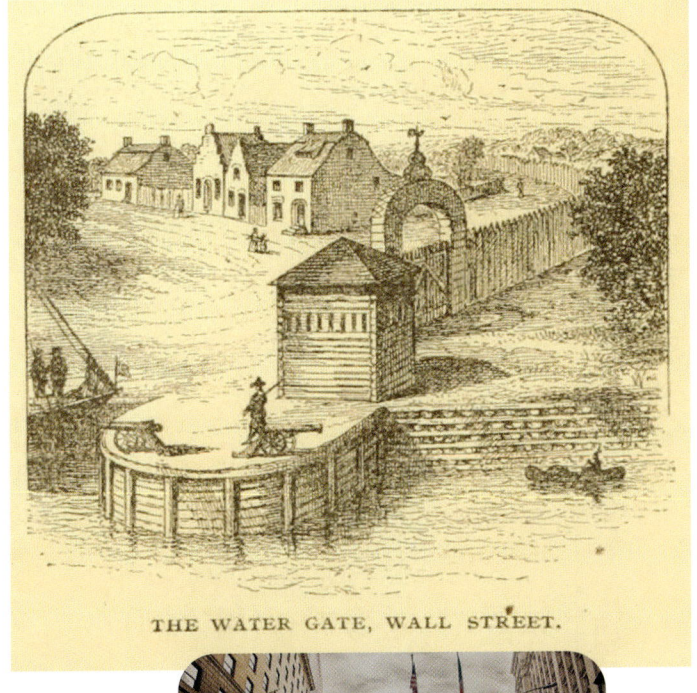
THE WATER GATE, WALL STREET.

조선, 남인학자: 마테오 리치

훈민정음은 온 세상의 언어를 하나로 통합한 바벨 시대의 언어와 같았다

한문이 그들의 공통문자였으므로 고려의 이두문자를 이용하여 서로간 소통이 가능했었다.
옛 영어(그리이스, 로마 라틴어)와 이두 문자를 잘 아는 상인들은 원나라 관리와 협력체제를 이루면서 국제무역을 가능하게 했다.
원나라 국제무역의 세계화는 이러한 중국 관리(만다린: Mandarin)와 언어 문화를 바탕으로한 역참제도에 있었다. 원나라 역참제도의 세계화는 온 누리 사람들이 말하고 쓸 수 있는 국제언어를 갈망하게 되었다.
이러한 국제시민의 바람은 비로소 영락제 시대에 이르러 가능하게 된 것이다.
"훈민정음의 납시오!"
그렇다! 인류의 꿈의 언어가 등장하는 시대가 영락제 때이다.

'대동천고개몽롱(大東千古開矇矓)'

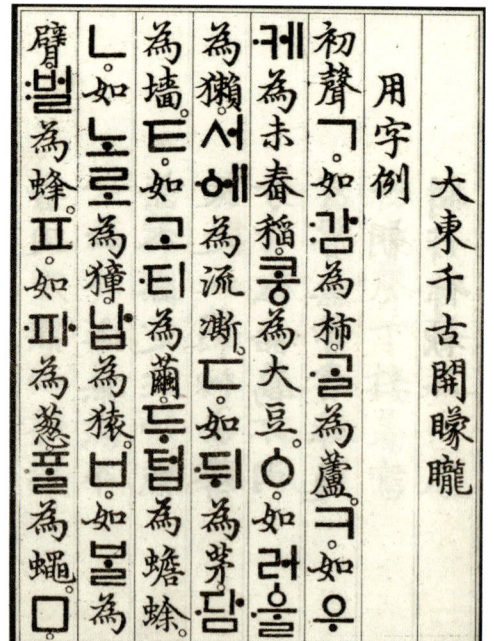

위대한 왕이 나타나 어둠으로부터 백성을 일깨우리라!

용자례(用字例)

'위대한 왕이 나타나 하늘나라 열리니 어리석음을 깨달아 사람답게 되었다.'

"훈민정음의 납시오!" 그렇다! 인류의 꿈의 언어가 등장하는 시대가 영락제 때이다

세계대동(世界大同), 천하일가(天下一家)는 곧 대조선(大朝鮮)이다.

제자해(制字解)

훈민정음 용자례(用字例)는 훈민정음의 글자 사용법을 구체적으로 보여주는 부분으로, 제자해(制字解) 및 해례(解例)와 함께 훈민정음 해례본을 구성하는 중요한 요소이다. 용자례는 제자해에서 설명된 글자 제작 원리와 해례에서 제시된 글자 활용법을 바탕으로 실제 글자들이 어떻게 쓰이는지를 다양한 예시를 통해 보여준다.

제자해와 해례가 훈민정음의 이론적 토대를 제공한다면, 용자례는 실제 사용법을 제시함으로써 훈민정음의 실용성을 강조하고 있다.

그래서 머리말에 '대동천고개몽롱(大東千古開矇矓)'라고 한 것이다. 즉 코리언은 용자례를 열심히 배우고 익혀서 지구촌 사람들이 훈민정음을 알 때까지 널리 전파하라는 세종대왕의 말씀인 것이다.

세종대왕은 대동(大東), 'The Great King' 이셨다.

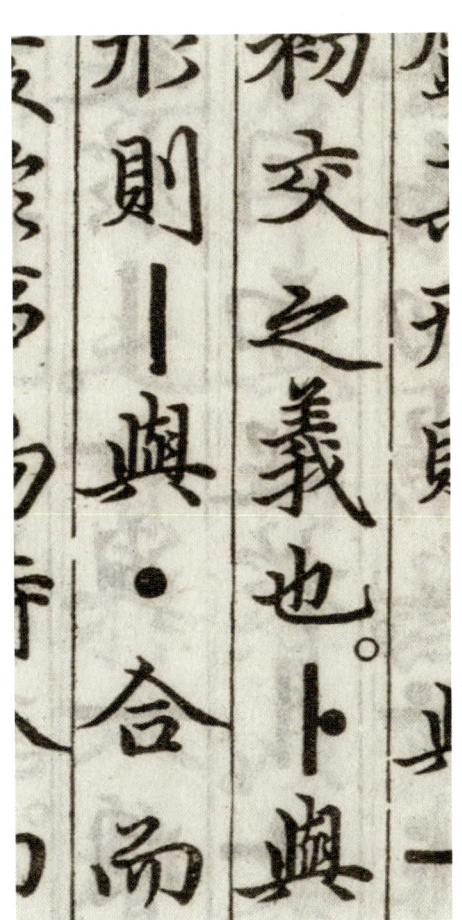

몽골 제국(땅)에서 영락제 시대(바다)에 이르러, 드디어 '훈민정음'이 창제 되었다.

세계대동(世界大同), 천하일가(天下一家)는 곧 대조선(大朝鮮)이다.

몽골의 성은 대부분 서구 유럽 풍(스타일)이었다

필자는 '마르코 폴로'는 훈민정음 반포 이전의 사람이고, '마테오 리치'는 훈민정음 이후의 사람으로 구분하였다. '마르코 폴로'가 활동하는 시기는 국제무역 활동이 왕성하여 훈민정음과 같은 국제언어가 가장 필요한 때이며, '마테오 리치' 시기는 명나라가 쇄국 정책을 실시하여 조공 무역로가 완전히 끊겼을 때이다.

16세기 이후 중화 문화권(한자 사용국)의 공식 언어인 정음(正音: 훈민정음)이 사라지고 서구 언어(라틴어 및 옛 영어), 일본, 지나, 이슬람(아랍) 등의 해적 언어가 판을 치게 되었다.

머지않아 한국의 동요, 가요, 민요 등의 한류가 부활하여 먼 옛날 바벨탑 이전의 황금시대로 회귀할 것이다.

최근 세계 자본시장에 붕괴가 일어나고 모든 경영권이 민간인 자본회사로 넘어오고 있다.
'필자가 운영할 탁농 뉴스'에 의하면, 이미 국제금융의 면책권자가 나타났다는 조짐이라고 한다.

17세 무렵(1271년)에 고향을 떠난 마르코 폴로는 아시아를 탐험하고, 1292년에 향리로 돌아왔다.

별정의 달러와 구(旧)1만원권이 세계 도처의 보물을 보증(Deposit)하는 화폐이다.

만일 1905년 엘리스 일행이 미국 국내여행을 한 사실을 태평양을 건너 아시아 여행을 한 것처럼 사기 친 것이라면, 당시 거대 음모세력이 아메리카 조선의 역사를 지운 것이다.

북미에 조선역사 뿐만 아니라 아메리카에 존재했던 각국의 모든 세계사를 현재처럼 가짜로 포장한 것이다.

이때 이미 일부 아메리카 코리언이 극동아시아 또는 세계 도처로 강제 이주당하여 낯선 타향에 정착했던 민족대이동의 시기라고 볼 수 있다.

미국 신문만평의 코리아제국 황제

엄청나게 떠나는군!
미국보다 살기 좋은 곳이 있을까?

그러나 지나조선(支那朝鮮)이라는 코리아제국(Korea Empire)이 존재했던 숨겨진 역사가 있다.

아직도 남한에는 그러한 강대국 문명의 흔적이 증거(골동품 및 예술품)로 너무 많이 남아 있기 때문이다.

근현대사는 북미에서 주로 일어난 사건이다

필자의 사관은 근현대사를 역사로 보지 않고, 완벽한 역사 소설로 보는 입장이다.

한때 유튜브 방송을 같이 했던 법영상연구소의 우선생은 북미 지명연구에 일가견을 갖고 있는 분이다.

하지만 재야사학자의 학문이란 역사를 보는 시각이 강단 사학의 잘못된 역사를 비판하는 입장이다.

따라서 이 부분을 제외한다면 재야사학들은 서로 구조적으로 통합과 협치가 불가능하다.

 따라서 독자들은 재야학자들의 역사관을 개별적으로 판단해야 한다. 항상 서로 다르다는 것을 전제로 독자들이 스스로 개성을 찾고, 자신만의 사관을 나름대로 세워나가야 한다. 그래야 근현대의 역사가 어디서, 어떻게, 왜 잘못됐는지 나름대로 알 수 있다.

필자는 강단 사학자들의 주장은 교과서나 매스컴을 통해 알고 있으나 다른 재야학자들의 사관에는 관심이 없다.

필자는 공인된 세계 대학 교육과정에 대한 비판을 하는 시각이므로 개별적인 재야학자의 학문세계에는 전혀 관심이 없으며 관여를 한 적도 없다.

그럼에도 불구하고 우 선생의 북미 지형 찾는 방식은 매우 독특하므로 독자에게 널리 알리고 싶은 심정이다.

 하지만 필자는 필자대로 지명 찾기를 계속해야 하므로 그 누구와도 전혀 다르게 접근해야 하는 것이다.

이것이 필자가 지금까지 학자로서 버티고 살아남아있는 이유이다.

필자의 사관은 근현대사를 역사로 보지 않고, 완벽한 연극으로 보는 입장이다.

특히 국제금융과 관련하여 각 나라 정부, 정치가, 학자, 사업가 등이 내통하여 사기(엉터리)를 연출하는 경우가 많았다.

그래서 근현대사를 과거의 역사에 연결하거나 국제자금에 관련할 때, 그 어떤 경우라도 진실과는 거리가 멀다고 본다.

인류가 지금처럼 회복할 수 없는 참담한 처지에 이른 것도 잘못된 역사를 갖고, 국제정치와 국제금융에 관련하여 국내외에서 사기를 쳤기 때문이다.

국제금융을 연구하는 필자의 역사 이야기는 인류의 불행을 확실하게 지적하고 예측하고 있다고 자부했었다.

그런데 이상한 것은 필자뿐만 아니라 일반 독자들이 필자보다 미래를 더 잘 알고 예측하고 있던 것이다.

 최근 방송에서 친숙해진 예능인이 자살을 했다는 기사를 봤다. 그분이 더 확실하게 미래를 예측하고 있었다는 생각에 알 수 없는 공포가 몰려오는 것이다.

(자살은 내안에 있는 타인을 향한 자기 절단이다. 따라서 자살은 또 다른 살인이다)

우리 안으로 와요. 당신, 왕이 아니잖아!

1271년, 쿠빌라이 칸은 수도를 카라코룸에서 대도(지금의 베이징)로 옮겼다.

연나라의 수도는 원래 계(薊)였지만, 베이징 위치에 있다. 명나라 영락제가 난징(南京)에서 수도를 옮기면서 이곳을 북쪽 수도라는 의미로 '베이징(北京)'으로 명명했다. 따라서, 연나라의 수도가 베이징이라고 불린 것은 명나라 때의 일이다.
그런데 마테오리치 그림지도는 북경을 캐나다의 '몬트리올'이라고 한다.
예리하다. 그러한 증거자료가 실제로 있었다.

쿠빌라이 칸

쿠빌라이 대카안(Хубилай Их хаан, 쿠빌라이 이크카안)은 대원(大元)의 제5대 카안(재위 : 1260년 ~ 1294년)이자, 칭기스 칸의 손자이다.

본명은 쿠빌라이(몽골어: Qubilai, 한국 한자: 忽必烈 홀필렬),
묘호는 세조(世祖), 시호는 성덕신공문무황제(聖德神功文武皇帝), 존호는 헌천술도인문의무대광효황제(憲天述道仁文義武大光孝皇帝), 칸호는 세첸 카안(Se en Qa'an, 薛禪 可汗, 키릴문자: Сэцэн хаан)이다.
몽골에서는 소토 세첸 카안(Суут Сэцэн хаан, 훌륭하고 현명한, 총명한 카안)이라고 불린다.

몽골 제국의 '쿠빌라이 카안'이 몽골의 황족과 귀족의 지지로 제5대 칸에 올랐다.
1271년, 쿠빌라이 칸은 수도를 카라코룸에서 대도(大都, 지금의 베이징)로 옮겼다.
당시 북미에는 몽골인, 중앙아시아 색목인, 중국인, 위구르족, 티베트인, 게다가 이탈리아 출신의 마르코 폴로까지, 실로 다양한 민족, 인종의 인재들이 모여들었다.

몬트리올은 한때 북경(Peking), 연경(燕京), 칸발리크(汗八里, Khanbaliq:대도大都)이다.

세인트로렌스 강이 흐르는 몬트리올에 '마르코 폴로'의 거대한 성이 보이고 있다.

동방견문록에 기록된 내용 중 일부는 실제 동방의 풍경이나 문화와 일치하는 것으로 확인되었 다.

예를 들어 마르코 폴로는 (동방에서) 종이 화폐를 사용하고, 중국의 부유한 사람들이 아름다운 옷을 입고 다닌다고 했다. 이는 당시 동방에서 볼 수 있었던 것들이다.

하지만 마르코 폴로의 이야기는 일부 허구라는 지적도 있다. 그는 동방에서 다양한 동물을 보았다고 했는데, 일부 동물은 과장되거나 잘못된 경우가 있었다.

<u>결론적으로, 마르코 폴로의 이야기는 진실과 허구가 혼재되어 있었다.</u> 하지만 동방견문록은 당시 풍경과 문화, 그리고 동방인의 생활에 대한 중요한 정보를 담고 있어서 유럽인들이 동방을 이해하는 데 큰 영향을 미쳤다.

우리 모두 '조선인'이야!

고려와 몽골과의 전쟁에서 고려의 임시 궁전이 있던 강화섬은 강화부에 속한 일부이다

Search Labs | AI 개요

강화는 몽골과의 전쟁, 특히 1232년 몽골의 침략에 대항하여 고려가 수도를 개경에서 강화도로 옮겼던 강화천도와 관련이 있다.

　강화는 38년간(1232~1270년) 수도 역할을 하며, 몽골의 침입을 막는 데 중요한 역할을 했다.

강화는 몽골이 공격하기 어려운 지리적 요새였다. 넓은 갯벌과 거센 물살을 가진 염해, 그리고 성벽 등으로 몽골군의 침입을 막았다.

　또한, 고려는 강화도에 수비를 강화하고 몽골과 28년간의 전쟁을 했다.

골든 호드 의 투다 멘구(고려연방)

강화도는 개경(볼티모어:Baltimore 근교)과 가까우면서도 육상에서는 몽골군과 싸우면서 방어하기 쉬운 천연의 요새였다.

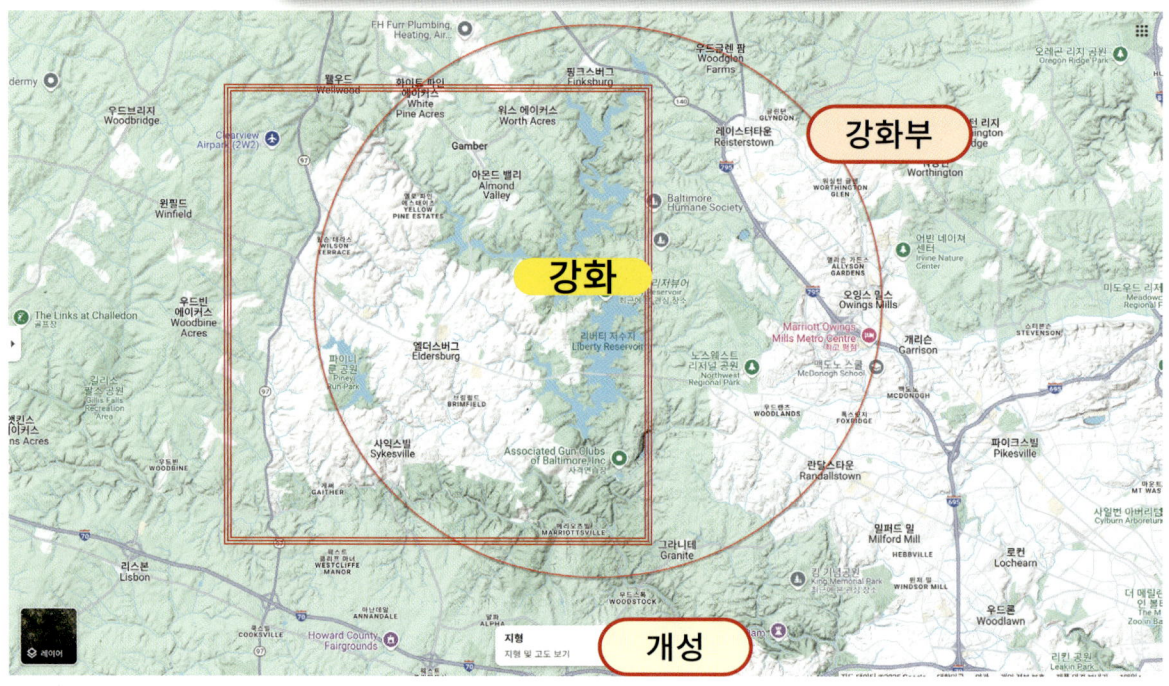

강화는 몽골의 침략에 대항하여 고려가 수도를 개경에서 강화도로 옮겼던 곳이다

강화천도(江華遷都)와 곡창지대

 강화는 고려 시대 몽골 침입에 대항하기 위해 개경에서 천도한 광활한 지역이다.

 1232년(고종 19년) 최우가 수도를 옮긴 것으로 알려져 있다. 또한 강화는 황해도 연백군을 중심으로 한 넓은 평야 지대를 포함한 곡창지대였으며, 교동도 주민들이 농번기에 도움을 주었다.

강화(도)는 개경과 가까우면서도 육상에서는 몽골군에게 방어하기 쉬운 천연의 요새였다.

주변에 물이 풍부한 강화부는 곡창지대였으며, 험준한 곳이 많아서 오랜 기간 항쟁이 가능했던 것이다.

강화 천도는 몽골과의 전쟁을 더욱 장기화시켰다. 한반도 강화도 지형으로는 전쟁의 전략과 전술을 세울 수 없다.

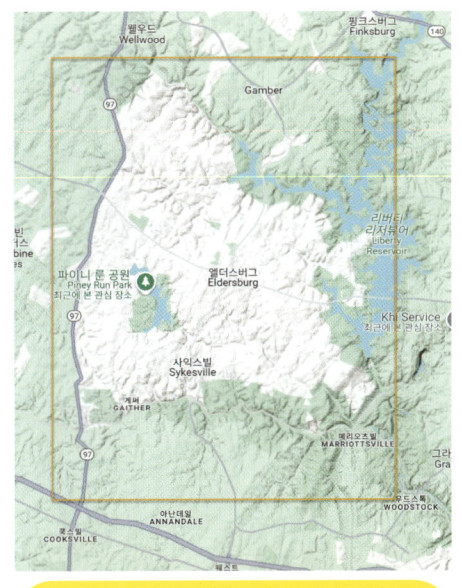

사람이 물가에 앉아 있는 모습의 강화(도)는 개경과 한양에서 멀지 않다.

병인양요(1866) 때 프랑스 로즈제독의 게리에르(Guerrière)호는 이듬해 유대상인 오페르트가 조선으로 타고 들어간 로나(The Rona)호 또는 차이나 호와 비슷하다. 아마 로즈제독의 게리에르(Guerrière)호를 개조한 것 같다.

역사를 감추는 술책은 지명을 바꾸거나 댐을 만들어 유적지를 소멸시키는 것이다.

강화江華는 'Kan Wha Foo'(강화부江華府)이다.

유대인 오페르트의 강화(도) 근처 지도

'Island of Kan Wha Foo'가 아니라 그냥 'Kan Wha Foo'이다. 'foo'는 마을이지만, 마을이 커지면 행정적으로 '부(府)'가 된다. 그냥 교과서에서 아일랜드(island of Kan Wha Foo)라고 교열하면, 해방 초기 한반도 역사는 어떤 공청회도 거치지 않고 바뀌는 것이다. 그리고 한번 바뀌면 그것이 학자들의 교육과정이 된다.

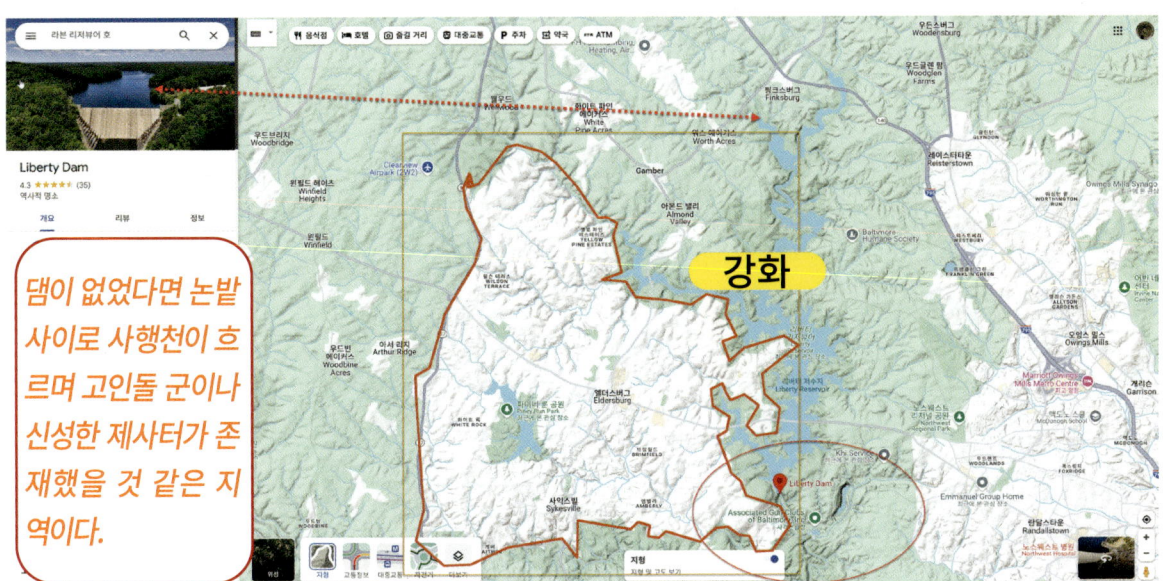

댐이 없었다면 논밭 사이로 사행천이 흐르며 고인돌 군이나 신성한 제사터가 존재했을 것 같은 지역이다.

미국 볼티모어 근처에 '리버티 리저뷰어(Liberty Reservoir)' 호수에 용도를 알 수 없는 댐이 있다. 그렇다. 그곳은 '황제의 성수(Empero Basin)' 비밀이 감춰져 있는 강화 성지(Khan Wha Foo)이다.

아직도 알 수 없는 역사 날조 세력은 구글지도에서 낙서를 하듯이 장난을 치고 있다.
마치 여기가 너희의 성지인데 우리가 점령했다는 것을 과시하고 있는 느낌이다.
하지만 2020년 이후 세계금융은 이미 민간자본의 수중으로 이전되었다.

강화江華는 북미 패타스코강 유역에 있었다

그러나 고려의 몽골 항쟁 30년사의 강화(도)는 의외의 장소일 수 있다

고려는 호족세력을 규합한 고려연방이 었으며 조선은 이들을 '사대부'계층으로 제도화하여 양당 정치 체제를 구축한 범 세계적인 연방국가였다.

델라웨어 강과 서스쿼해나 강은 운하처럼 연결되는 백강을 통해 서로 연결되고 있 다. 따라서 그 아래 부분이 하나의 거대한 섬이 될 수 있다.
고려는 고구려의 옛 땅을 회복하기 위해 북진정책을 지속하였다.
그렇게 넓은 강역을 지닌 고려라면, 통 크 게 백강 아래 전체를 강화도라고 생각할 수 있다.
지금은 행정구역상 델라웨어 주와 메릴랜 드 주로 나뉘어져 있는데 여기가 매우 수 상하다. 필자는 자료를 대충 갖고 있지만 독자들의 새로운 도전을 촉구해 본다.

1950년대 '정복자'라는 영화의 주인공인 존웨인(징기스칸)의 눈은 파란색이었다.

고려는 비록 원나라에 패해 원나라의 부마국이 되었으나 군사, 경제 강국이었다. 유럽의 여러 상업도시들이 고려와 무역하기 위해 서로 각축을 벌이며 경쟁을 했다.

특히 아리안 독일은 고려의 신임을 얻어 한자동맹의 선두주자가 되었다.

몽골은 아랍인을 관리로 채용하고 그들의 상인조합 '한자'도시에 특권을 부여했고 색목인色目人(백인종 혼혈인)을 우대했다.

몽고는 곳곳에 역참을 두어 동·서 교역로(초원길)를 열었으며 한자동맹의 도시상인과 무역을 하여 유럽의 발전에 지대한 영향을 끼쳤다.

Poster for the film The Conqueror (1956).

'존웨인의 정복자'는 영화계에서 억만장자이자 독특한 개성을 지닌 하워드 휴즈의 프로젝트였다.

1950년대 역사상 최악의 영화 중 하나로 꼽히는 영화이다.

우선 주인공은 파란 눈의 존웨인이었다. 하워드 휴즈는 징기스칸(테무진)이 파란 눈을 지닌 타타리안이라는 것을 알고 있었고, 미국 역사의 본체를 눈치챈 기인이었다.

하워드 휴즈는 영화제작, 항공업, 방위산업, 전자, 매스컴, 제조업 등 많은 분야에서 1인자로 세계 최고의 부와 영화를 누렸지만, 고독하게 생을 마감한 인물이었다.

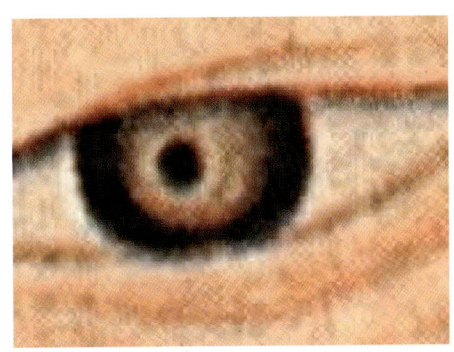

재야학자 우선생의 이론에 의하면 북미의 '볼티모어'가 고려(高麗)의 개경이다

이미 필자는 '워싱턴 디시'가 한양이라는 확실한 정황증거를 갖고 있었고, 그래서 아메리카 대조선이라는 저서에서도 이미 밝혔었다.

그럼에도 불구하고 보위(保衛: Bowie)가 영어와 우리말과 발음이 같았고, 금문(金文)의 순임금의 코리아와 일치므로, 보위와 워싱턴 디시를 한양의 좌도와 우도로 생각하지 않을 수 없었다.

또한 볼티모어의 패터슨 공원이 너무 넓어서 개경(조선 때 남경)의 왕궁터로 입지가 맞아 떨어지는 것이 아닌가! 이와 같이 지워진 역사를 찾는 일은 실로 어렵다.

결국 지금 현재 벌어지고 있는 거대한 쌍 고래의 (아마겟돈) 전쟁이 끝나야 제대로 될 것 같다.

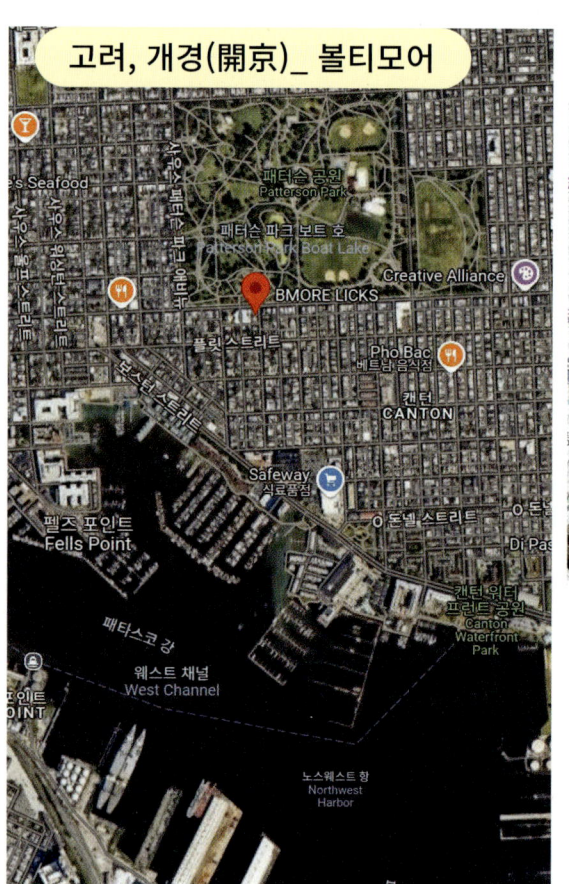

볼티모어 도시 한가운데 굉장한 크기의 공원이 있다.

만일 원(元)제국 시절 고려가 북미에 존재했다면, 고려의 수도 개경(開京)의 왕궁터로 봐도 조금도 이상할 것이 없는 지역이 패터슨 공원(Patterson Park)이었다.

박연폭포와 관련된 조선의 3대 화가는 겸재 정선, 표암 강세황, 윤제홍 이다

Search Labs | AI 개요

고려 왕조의 수도 개경에 위치한 박연폭포는 조선왕조실록에도 기록되어 있으며, 조선 시대에도 개성이 유적지 및 관광지로 주목받았다. 박연폭포는 성거산에 위치하여 고려 왕실의 행차 및 유적지를 찾는 데 중요한 역할을 했다.

박연폭포는 고려와 조선 시대 모두 개경의 상징적인 장소였으며, 특히 주변에 왕릉이 있어서 왕실의 행차와 제사행사 지역으로 중요한 역할을 한 것 같다.

겸재(謙齋) 정선의 박연폭포

볼티모어 패터슨 공원(Patterson Park)

북미 정종 대왕 능이 패터슨 공원에 있다는 것은 우선생의 법영상 연구소의 이론이다.

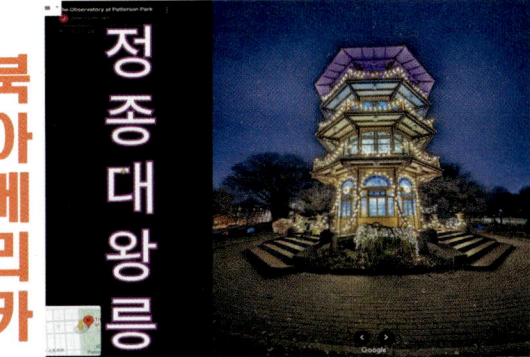

북아메리카 정종대왕릉 조선 왕릉이 있었다!

박연폭포(朴淵瀑布)

표암 강세황(表岩 姜世晃)

윤제홍(尹濟鴻)

한반도의 강화도江華島가 아니라고 추정할 수 있는 조선왕조실록의 기록

연산군일기 57권, 연산 11년 3월 11일 병신 1번째기사 / 강화 숙원의 전토 등에 성을 쌓아, 말을 놓아 먹이지 못하게 하다
어서(御書)를 내리기를, "강화(江華) 땅에 숙원(淑媛)의 전토(田土)가 있고 또 목장(牧場)이 있으니, 성을 쌓아 목장의 말을 그 전토에 놓아먹이지 못하도록 하라." 하였다.

연산군일기 57권, 연산 11년 3월 22일 정미 5번째기사 / 강화 숙원의 전토에 개경의 정병을 뽑아서 흙담을 쌓게 하다
강화(江華)의 숙원(淑媛)의 전토(田土)와 목마장(牧馬場)이 연해 있는 경계에 개성부(開城府)의 정병(正兵) 4백 명을 뽑아서 흙담을 쌓았다.

중종실록 34권, 중종 13년 9월 6일 계묘 4번째기사 / 경성과 경기의 강화와 개성부에 지진이 있었다
경성(京城)에 지진이 있었고, 경기의 강화와 개성부에도 지진이 있었다.

중종실록 34권, 중종 13년 9월 7일 갑진 1번째기사 / 경기의 김포·양천·교동에 지진이 있었다
경기의 김포(金浦)·양천(陽川)·강화·교동(喬桐)에 지진이 있었다.

중종실록 39권, 중종 15년 4월 8일 을축 5번째기사 / 경기 인천·남양 등에 지진이 있고, 충청도 대흥현의 민가에서 소가 기형의 새끼를 낳다
경기 인천(仁川)·남양(南陽)·강화(江華)·부평(富平)·양천(陽川)·김포(金浦)·금천(衿川)과 충청도 면천(沔川)에 지진(地震)이 있었다. 전라도 장수현(長水縣)에 7일 동안 잇따라 서리가 내렸다. 충청도 대흥현(大興縣)의 민가에서 소가 새끼를 낳았는데 뒷다리의 큰 마디 아래에 두 다리가 더 났다.

'조선에 지진이 일어났다는데, 왜 갑자기 총질이야!' "으악!"

임진왜란 이후 조선 동부 해안은 해적들의 온상(식민지)이 되었다.

한때 천축국의 온상이었던 연나라를 정복하기 위해 불교사원을 철폐하였으며, 주체는 주변 유대교 세력과 협력하여 불도의 무리와 끝까지 싸워 종단을 해체하였다.

그러자 십자군전쟁으로 움추러들던 가톨릭과 이슬람 세력이 또다시 커져 민폐를 끼치기 시작했다.

한편 위 지도처럼 유럽이 형성되는 시기는 서세가 말하는 중상주의 무역이 왕성하던 17세기 이후의 일이다.

예로부터 고고조선 민족은 문자 창조 민족이며, 고려 때 이미 금속활자가 만들어졌기 때문에 16-17세기에는 활자본 책이나 지도가 부유해진 중산층 지식인들 사이에 통용되고 있었다.

교황청 관계기관에 있던 한국인이 고려의 '직지심체요절'의 내력을 설명하자, 교황청은 고려의 인쇄술을 높이 평가하면서, 그 당시 가톨릭 경전의 대부분을 고려의 장인길드에서 찍어냈다며 증거자료를 보여주었다.

가톨릭 사제들이 고려의 무신정권과 교류하면서 아메리카대륙내의 유럽영주와 긴밀한 교류를 가졌다.

이러한 증거는 바티칸기록원에게 문의만하면 수집이 가능한 일이다.

고려 최씨 무신정권의 지배자 중에 백인종이 많은 것은 필자가 제시한 유럽지도를 보면 충분히 이해할 수 있을 것이다.

삼한, 신라, 고려, 조선으로 이어지는 모든 동이족의 무대는 아메리카 대륙이었다.

십자군 전쟁(Crusades)은 중세 라틴 교회의 공인을 받은 원정대와 이슬람 군대 사이에 레반트 지역의 지배권을 놓고 벌어진 종교전쟁(교황의 권력을 찾기 위한 전쟁)이다.

한편 고려가 조선에 의해 멸망하자 서부아메리카의 각종 종교성지에 대혼란이 일어났다.

왕실가문은 문화와 인종이 다른 가문끼리 혼인하였다. 아메리카 대륙에서 오색인종이 서로 어울리며 잘 살았다.
형님과 아우는 숙부와 조카 또는 고모와 질녀를 의미한다.

Crusades
聖戰

결국 십자군 전쟁이란 아메리카대륙에서 일어난 종교전쟁이었다.

13세기 이후, 뤼베크, 함부르크, 브레멘 등 북독일 상업 도시들이 무역의 독점과 보호를 목적으로 한자동맹을 결성하였다. 한자동맹이란 도시연합체 동맹 즉 일종의 상인조합이다.

북해, 발트 해 연안에 상권을 넓히고, 14세기 후반에 최성기를 맞이하였으며, 17세기 후반에 쇠퇴하였다.

상인들은 갑판이 넓고 가운데가 큰 대형 선박을 이용해 북해와 발트 해에서 목재, 모피, 철, 수산물, 곡물, 맥주 등을 남방으로 보내고 동양의 향료, 영국의 양모, 조선의 면화 및 각국 가공품을 북방으로 운반했다.

이러한 무역은 해상 운송의 보호와 독점을 위해 군대를 필요로 하였다.

한편 옛 연나라 땅에서 고려의 불교세력이 약해지자 그동안 불교의 위세에 눌렸던 신흥종교들이 발호하였다. 유대교, 이슬람교, 사이비 밀교들이 세상을 어지럽히자 정통 가톨릭을 주창하는 교황이 유럽 왕들과 제휴하여 십자군을 결성하였다.

이슬람 세력과 교황의 십자군은 항상 견원지간이었다.
소위 십자군전쟁이 발발한 것이다.

이성계는 북방의 몽골족 싸우느라고 흑해지방에서 벌어지는 십자군전쟁까지 돌볼 여유가 없었다.

하지만 이성계는 티무르 족과 혼인동맹을 맺고 있으므로 이슬람을 지원했을 것으로 추측된다.

유럽인은 고려(高麗:CORE, CAURE)를 '가우리'라고 불렀다.

신라, 고려가 망하고 조선이 천자국이 되어도 그들은 그냥 '가우리'라 했다. 가우리(gho uri)는 산스크리트어로 우리나라(고구려)를 찬양한다는 의미이다.

북유럽의 한자동맹의 역사와 정화의 세계원정은 마치 톱니처럼 맞물려 있다.

십자군 전쟁 이후 천자국 고려가 멸망하자 불교 단도 檀徒들이 고려부흥운동에 동참하여 이성계와 싸웠으나, 이미 백성들은 부패한 고려조정을 외면하였다.

조선은 모자의 나라

북미의 지명이 극동아시아로 이동한 것이다. 불과 몇백년도 안되는 시절의 역사 설계이다.
아시아 지도의 붉은 점은 옛사람 이름인 동시에 나라 명(名)이다.

미시시피 강 유역은 황족(Royal family)의 영주(조선말로 대군)들의 세력권이었다. 이들은 혼인정책을 통해 대조선의 중앙정계 진출을 호시탐탐 노리고 있었다. 이 지역을 '경기京畿'라 했다.
이곳이 유럽이 되었다.

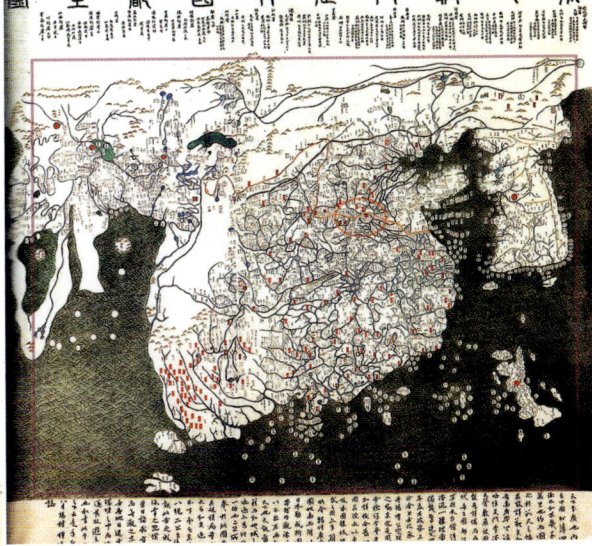

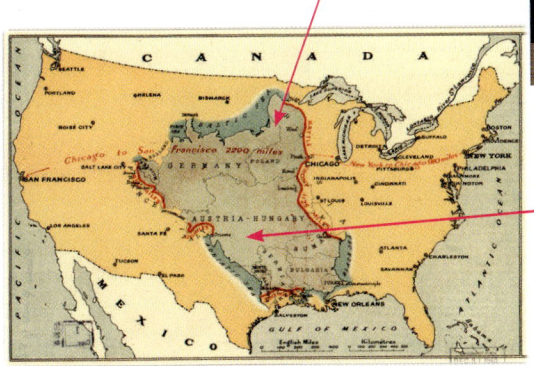

미시시피 강 서쪽에 위치한 유럽은 중세이후 종교전쟁이 그칠 날이 없었다.
본래 유럽은 아메리카대륙에 있었다.
지금의 유럽은 2차 대전 후에 비로소 만들어지는 나라이다.

아메리카 대륙의 고려는 호족세력을 규합한 고려연방이었다

다시 요약을 하면 한자동맹(die Hanse)은 13~17세기에 독일 북쪽과 발트 해 연안에 있는 여러 도시 사이에서 이루어졌던 연맹체이다. 이들은 강력한 군대를 바탕으로 해상 교통의 안전 보장 및 공동상권을 방어하고 무역구역을 확장했다.

그러나 이들 중 일부는 알게 모르게 조선 상인들과 이슬람 상인을 탄압하고 있었다. 이들의 용병은 해적 출신이므로 강과 바다에 거점도시를 만들고 약탈과 방화를 일삼으며 주변 여러 부족을 괴롭혔다.

어쨌든 한자동맹연맹체의 유럽 도시는 원나라, 고려, 조선과 무역을 하며 성장했다. 아메리카대륙에서 유럽과 조선이 공존하였으며 한자라는 단어는 우리가 사용하는 한자漢字와 같은 소리와 의미였다.

당시 계약문서에 한자漢字와 라틴어를 병기한 것이다. 지금도 우리말에 유럽언어의 파편이 많이 남아 있다.
Europe → arab

그 후 한자동맹(die Hanse)의 해적 연합군은 아드리아 해전에서 패배한 후, 무조건 항복을 해왔다.

그들은 매년 '산타페' 성지를 순례할 수 있게 배려를 해달라고 사정했다. 그 대신 조선왕 주체는 한자동맹(die Hanse)의 본진인 4개의 바다를 점령할 수 있었다.

훗날 이곳 항구도시는 나중에 정화함대가 세계 원정을 떠나는 중심기지가 되었다.

고려왕조가 망하고 이성계가 조선을 건국하였다.
고황제의 아들(사위) 주체는 코끼리부대를 이끌고 세계 성지이며 기자조선이 있는 연나라 땅에 나타났다.

유럽연맹체는 십자군을 결성하여 끊임없이 이슬람을 괴롭혔으나, 옛 해상세력인 고려가 이슬람을 돕고 있으므로 전쟁은 장기전으로 돌입하였다.

이와 같이 십자군전쟁도 원나라와 고려역사와 톱니바퀴처럼 맞물려있는 것이다.

당시 유럽을 제패한 제국이 원나라였고 고려는 원나라와 맞서 30년 이상 싸움을 한 군사강국이었다.

이러한 역사적 정황은 모두 아메리카대륙을 가리키고 있다.

이성계는 유라시아 티무르제국을 통합한 세계 군부의 제왕이라고 할 수 있다

　　태조 이성계의 원정 명령이 떨어지자 주변 제후국들이 군대를 보내 왔다.

　　모두 황족 출신의 장군들이 이끄는 용병이었다.

　　특히 '발트 해'를 제패한 아리안 용병들은 전차병과 기마병으로 중무장을 한 천하무적 '조선 아리안' 개마무사였다.

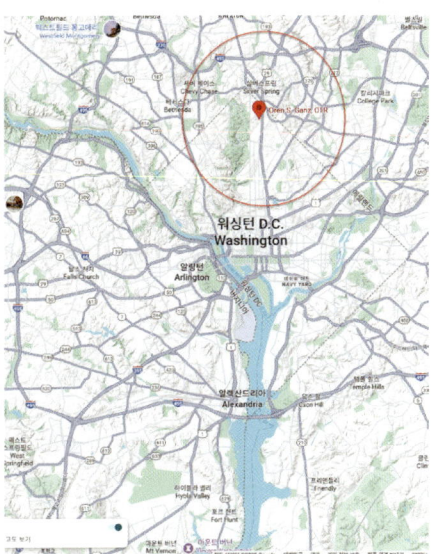

건원릉(健元陵)은 조선의 제1대 왕인 태조의 능묘이다. 건원릉이 북미에 존재한다면, 워싱턴 디시 근교이다.

티무르 왕조는 군벌 티무르를 시조로 하는 '쿠르칸(kuru khan)' 출신의 수니파 무슬림 왕조라고 한다.

'쿠르칸(kuru khan)'은 산스크리트어로 고려 왕이란 뜻이다. 그래서 이방인들이 고려의 뒤를 이은 조선왕 이성계를 티무르제국의 황제라고 한 것이다.

하지만 조선은 무슬림을 지원했지만, 무슬림 왕국이 아니므로 이성계는 티무르제국을 통합한 왕이라고 할 수 없다.

... 과연 그럴까...

티무르는 지금의 이란, 코카서스, 메소포타미아, 아프가니스탄, 파키스탄, 인디아, 중앙아시아 등지의 옛 페르시아 대제국이다.

이들은 원래 아메리카 대륙에 존재했으므로 조선왕 이성계와 역사적으로 관련이 있는 것이다.

홍건적과 왜구를 물리친 신흥사대부인 이성계가 농민 반란군과 힘을 합쳐 고려의 마지막 저항세력인 불교단도를 물리치고 곳곳의 절을 폐쇄하여 절간의 재물을 백성들에 나눠주었다.

Search Labs | AI 개요

이성계가 회교도였다는 증거는 없다. 이성계는 고려 말의 무신이자 정치인으로, 조선을 건국한 초대 왕이다.
이성계의 종교에 대한 기록은 없지만, 그의 후손들은 불교를 신봉했다.
이성계가 회교를 믿었다는 주장은 허위 정보이다.
..
(과연 그럴까? AI 정보도 믿을 수 없다)

조선왕조실록의 기록에는 사막이 나오고, 지진과 해일이 일어나는 곳이 많다.

조선왕조실록 중에 태조실록을 보면 이성계의 군부가 천하를 제패했으며, 실록의 모든 주변 정황에 의하면 한반도와 전혀 관계가 없는 지역임을 짐작하게 한다.
태조실록1권, 총서 110번째기사
태조의 공적을 치하하는 교서

4월, 공양왕이 중사(中使)를 보내어 문병하고 억지로 일어나게 하였다. 교서(敎書)를 공신(功臣)에게 내려 그 공로를 칭찬하고 내구마(內廐馬) 1필, 백금(白金) 50냥, 비단과 명주 각 5단(端), 금대(金帶) 한 개를 내리고 이내 내전(內殿)에서 위로하는 연회를 개최하였다. 태조에게 내린 교서(敎書)에 이르기를,
<...생략...>
옛날에 우리 태사(太師)는 태조(太祖)를 보좌하여 비로소 삼한(三韓)을 통일하여 대실(大室)에 함께 배향(配享)되어 지금에 이르렀는데, 거의 5백 년이 되었다.
<...생략...>
덕(德)이 후하매 유광(流光)이 경의 몸에 나타났으며, 문식(文識)과 무략(武略)을 다 갖추었으니 왕좌(王佐)의 재주요, 나라만 위하고 집은 잊었으니 사직(社稷)의 신하요, 천지와 조종(祖宗)께서 도타이 낳았으니[篤生] 삼한(三韓)의 안위(安危)에 주의(注意)한 것이고 현릉(玄陵)에게 지우(知遇)되어 홍건적(紅巾賊)을 섬멸하여 양경(兩京)을 수복하고, 요망스런 중[僧]을 몰아내어 왕씨(王氏)를 편안하게 하고, 납씨(納氏)을 달아나게 하여 사막(沙漠)에 위엄을 떨쳤고, 왜구를 패퇴시켜 서해를 보전하고, 인월(引月)에서 공격하여 부상(扶桑)을 겁나게 했는데,
<...생략...>

'코리아'가 사라지면서 '아메리카' 드림이 나타난다 (몽유도원도)

서스 퀘 해나 강 (s skw hæn / SUSS - kw - HAN - ; 레나 페어 : 서스쿼해나 : Siskëwahane)은 미국 중부 대서양 지역에 위치한 주요 강으로, 뉴욕, 펜실베이니아, 메릴랜드의 3개 북동부 주를 가로지른다. 길이가 444 마일 (715km)인 이 강은 미국 동부 해안에서 가장 긴 강이다.

한국의 고대와 중, 근세의 역사는 북미에 있다. 여기는 역사가 짧다는데 매사 전통이 깊다

양경은 개경과 평양이라고 했다.

개경은 북미 '수스케한나' 강 하구에서 찾아야 하고, 평양은 '델라웨어' 강 유역이다.

고려의 벽란도와 백강을 찾으면서 지형적으로 이곳을 확신한 것이다.

또한 이성계는 적을 추격하여 사막에서 위엄을 떨쳤다고 왕조실록에 기록하고 있으므로 티무르 제국과 연관하여 지명을 찾는 것이다.

특히 '수스케한나' 강은 꾸불꾸불 한없이 흘러가고 있어서, 고려가 옛 고구려 땅까지 수복했다는 역사의 기록은 북미라면 어느 정도 가능한 일이다.

'수스케한나' 강 유역

서스쿼해나 강은 '후기 성도교회운동'의 역사에서 중요한 위치를 차지한다. 이곳 서스쿼해나 강변에서 교주가 신권을 받고 강의 북쪽 지류에서 후기 성도에게 첫 번째 침례를 베풀었다고 한다. 이러한 얘기는 침례자(성경의 세례자) 요한의 기록과 관련이 있다. 이와 같이 개신교의 뿌리가 있는 곳이 북미이다.

87

세종 조하(朝賀)에 참석한 올량합(兀良哈)·올적합(兀狄哈)·회회 승도(回回僧徒)들

<조선왕조 실록>
태종실록13권, 태종 7년 1월 17일 임신 1번째기사 1407년 명 영락(永樂) 5년

일본 단주의 사자의 소개로 회회 사람인 승려와 가족을 귀화시키다

일본(日本) 단주(丹州)의 사자(使者)가 대궐에 나와 하직하였다. 회회(回回) 사문(沙門) 도로(都老)가 처자(妻子)를 데리고 함께 와서 머물러 살기를 원하니, 임금이 명하여 집을 주어서 살게 하였다.

외교-왜(倭)
회회(回回) 사문(沙門) : 회회인(回回人)의 중[僧].

Search Labs | AI 개요

조선왕조실록에서는 이슬람교를 신봉하는 사람들을 "회회교도" 또는 "회회인"이라고 부른다.
회회(回回)는 중앙아시아 지역의 다양한 민족을 통칭하는 말이었고, 이슬람교와 관련하여 이들을 회회교도 또는 회회인으로 지칭하는 경우가 많았다.
예시: 조선왕조실록에서 회회교도의 의식이나 외모에 대한 언급이 나오면서, 회회교도를 회회인으로 부르는 경우가 있다.
또한, 일부 자료에서는 회회인(회회교도)과 관련된 사건이나 기록을 찾아볼 수 있다.

회회인은 중앙아시아와 서아시아 출신 이슬람교 신자들을 지칭하는 말이다.
흉노는 고대 중국 자료에 기록된 동유라시아 대초원 유목 민족 부족 연합을 가리킨다.
즉, 회회인은 종교적 배경과 지리적 위치가 흉노와 전혀 다른 개념이다.

교황이라 할 수 있는 칼리프를 선출한 후 아라비아 반도 밖으로 진출하여 633~656년 사이에 시리아, 이라크, 이집트, 이란 등을 정복하고 교세를 크게 넓혔다.

비록 교열이 됐지만, 조선왕조실록은 철종 때까지 북미에 관한 기록이다

<조선왕조 실록>

세종실록27권, 세종 7년 1월 1일 임신 1번째기사 1425년 명 홍희(洪熙) 1년
왕이 왕세자와 함께 망궐례를 거행하고 인정전에 들어 조하를 받다

임금이 면복(冕服) 차림으로 왕세자와 백관을 거느리고 망궐례(望闕禮)를 거행한 다음에, 강사포(絳紗袍)를 입고 원유관(遠遊冠)을 쓰고서, 인정전(仁政殿)에 납시어 조하(朝賀)를 받았는데, 올량합(兀良哈)·올적합(兀狄哈)·회회 승도(回回僧徒)들도 또한 하례에 참석하였다. 의정부(議政府)에서 안장 갖춘 말과 옷의 겉감과 안찝[表裏]을 바치고, 각도에서 하례의 전문(箋文)과 지방 특산물을 올리고, 의정부에서 또 공비전(恭妃殿)에 옷의 겉감과 안찝을 바쳤다.
 ... (이하생략)

Corean의 후예라는 씨족 문양 _ ×

전 세계에 황실 문양이 퍼져있다.
도자기, 양탄자. 건축물, 실내장식, 일상용품, 예술품 등에 문양, 기호, 문자 등으로 남겨 놓았다.
광서 때는 세계 백만 코리언에게 황금과 달러를 남겨주었다.
 이것이 황실 비밀의 일부이다.

아메리카대륙 유럽제후들은 몽골이 다시 쳐내려온다고 생각한 것이다

이성계는 아들 주체가 태어나기 전에 이미 미시피 강 유역으로 내려가며 여러 제국과 싸웠다.

이성계가 북방의 홍건적을 박살내고 남으로 쳐내려가자 모두 공포에 휩싸였다. 유럽제후들은 몽골이 다시 쳐내려온다고 생각한 것이다.

일부 서양 왜구들이 저항했으나 추풍낙엽이었다.

하지만 이성계는 몽골군과는 달랐다. 저항하다가 잡힌 포로를 풀어주고, 절대로 민가를 불태우지 않았다.

이성계는 적을 계곡으로 유인하거나 강가에서 싸웠다. 농번기의 농부에게 피해를 주지 않기 위해 한적한 초원에서 마지막 승부를 펼쳤다.

이런 소문이 돌자 마을 촌장들은 영주에게 간청을 하여 전쟁을 막았다.

정화의 함대와 훗날 컬럼버스의 배를 비교한 그림이다.
2005년, 정화 함대 출항 600주년을 기념하여 중국에서 기념우표를 발행했다.

이방원이 과거시험 공부를 한 곳이 만수사이다.

최근 현 중국 북경 근처의 진흙 벌에서 영락대종을 발견했다고 신문에 났다. 그래서 원래 그 종이 있던 부근의 만수사에 다시 갖다 놓았다고 한다.

중국도 한국처럼 필요할 때마다 엉터리 유물을 풀어 역사 날조를 계속하고 있다.

중국처럼 인구가 많은 곳에서 이제야 진흙 속에서 종을 발견했다는 것이 과연 우연일까?

필자는 영락대종도 제국주의시절 아메리카대륙에서 실어온 것이라고 본다.

잘 보관했다가 한 번씩 풀어 중국 역사가 미국이 아니라 중국 대륙에 있었다고 세뇌하는 것이다.

중국 역사도 대부분 아메리카대륙에 있던 이야기이다.

평화를 깨트린 장본인이 제국주의시절 서구열강이라는 아메리카 유럽인이었다

어쨌든 기자조선의 연나라 땅에서 로키 산맥을 중심으로 수많은 인종이 수천 년간 함께 살아 온 것이다. 때로는 종교가 달랐지만 언제나 다문화 가족이었다.

같은 악기, 풍속, 의식을 지닌 채 오색인종이 어울려 잘 살아온 것이다.

이러한 평화를 순식간에 박살낸 장본인이 제국주의 시절 서구열강이라는 아메리카 유럽인이었다. 아니 정확히 말하자면 고대 석공石工의 후예인 앵글로 색슨이었다.

아메리카 대륙은 거석유물이 굉장히 많은 곳이다.

물론 전 세계가 거석유물로 뒤덮혀 있지만 아메리카 대륙은 소위 인디언 유적지를 공원화하는 바람에 가장 잘 보존되었다.

가짜 프리메이슨

고대 석공石工의 후예인 앵글로 색슨이 유태씨의 후예인 유대인과 제휴하면서 독점금융세력이 되었다.
조선의 집사가 조선의 재정을 꿀꺽 삼킨 것이다.

미국 국립공원

고대에는 도道를 여는 것을 업業으로하는 시대였으며 그러한 석기시대가 굉장히 길었다.
물론 석기시대에도 고도의 정신문명이 있었다.

영락제는 대외 정벌 정책을 펼쳐, 전 세계를 평정하여 조공을 받았다

중국황제에 오른 주체朱棣가 문·무양과 과거시험에 합격한 이방원이며 죽어서 묘호가 태종이었다.

명사明史는 영락제의 묘호를 태종 외에 성조라고 추증했으나, 어떤 왕이라도 묘호가 둘이 있을 수 없으므로 역사의 날조가 있던 것으로 추정된다.

주朱는 산스크리트어로 '추(Cu)'이며 성이 아니라 천하를 개혁한 영웅의 이름 앞에 붙이는 호칭일 수 있다.

한편 어머니는 '효자고' 황후 마씨이다. 주체는 황족인 어머니 혈통으로 당연히 황제에 오른 것이다.

정화는 거대한 함선군단을 이끌고 원정을 하여 아메리카 대륙은 물론 전 세계와 무역을 하였다.

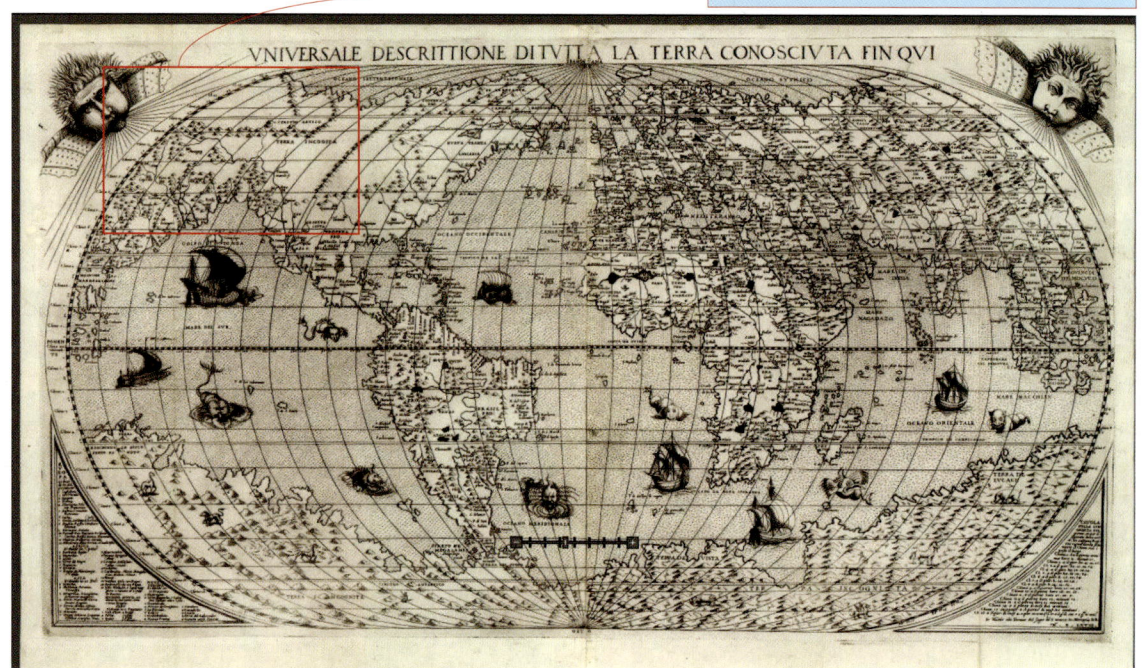

베링해협이 붙어있는 희귀 지도이다.

한자동맹체의 해적들이 정화함대의 무역항로를 그대로 답습하면서 약탈무역을 자행하였다. 서양사는 이것을 지리상의 대발견이라고 기술하고 있다.

영락제는 대외 정벌과 해외무역 확장 정책을 펼쳐 전 세계를 평정하여 조공을 받았다.

이에 따라 정화함대는 세계 각국의 사신이나 제후 왕을 함대에 실어나르며 조공무역을 수행한 것이다.

아메리카 대륙에서 유럽의 제후국은 옛 조선의 2:2 혼인 제도를 답습하여 국력을 강화하거나 전쟁을 회피해 왔다.

아메리카 대륙의 황족이나 귀족은 다양한 인종이 공존하는 혼혈왕국이었다.

베트남, 티베트, 러시아, 유럽 제국 등 모두 아메리카대륙에 있던 나라들이다.

중국 황제 영락제는 수차례 친정을 통해 몽골을 비롯한 주변 강국과 싸웠다.

이로 인해 명나라는 흑룡강 까지 진출하여 요동성을 설치하고, 일본과 동남아시아 국가를 제압하여, 베트남의 정벌, 티베트의 회유, 유럽 제국과의 전쟁을 통해 유라시아 대륙 전체를 지배하려는 것이다.

Russian(러시아인)이 토착민이라는 지역에서 Moscow(모스코바)라는 지명이 발견되고 있다.
 만일 이곳에 진짜 모스코바가 있었다면 우리가 아는 역사적 사건인 아관파천, 러일전쟁도 아메리카대륙에서 일어난 역사이다.
 만일 청일전쟁과 러일전쟁처럼 역사적 전환을 이루는 대사건이 지금 한반도에서 일어난 전쟁이 아니라면, 전 세계는 자기민족의 정체성에 대해 재고를 해야 한다.

*제3언어가 존재하는 지역이 그 언어를 사용했던 토착민이라는 연구보고서가 있다.

필리핀의 공식언어는 영어와 타갈로그어(Wikang Tagalog)이다. 타갈로그어는 필리핀 인구의 30%가 사용하고 있는 말레이 폴리네시아어파의 언어이다.
아메리카대륙의 따갈로그 인들이 필리핀, 호주, 폴리네시아 등지로 이주해간 것이다.
제국주의 시절 아메리카 유색인종의 이주역사는 고향을 등지는 유랑민의 애환을 담고 있다. 이러한 앵글로 미국의 강제 이주정책은 거의 100년간 집중적으로 지속되었다.

국조보감에 의하면 이시기에 영락제(태종 이방원)는 아들 세종에게 왕위를 물려주고, 자신은 몽골과 싸우며 요동을 건너 중국 대륙의 중원지방을 점령하였다.

영락제는 옛 중국의 영광을 되찾고 대명조선을 천하에 알렸다.

영락제는 신라, 고려 및 조선이 존재하던 아메리카대륙뿐만 아니라 현재 중국대륙의 중원으로 진출하여 천하를 제패하는 것이다.

초창기 정화함대는 아메리카대륙에서 출발하였으며 한자동맹체와 연합하였다.

아메리카 대륙의 오리건 주, 아이다호 주, 몬테나 주, 와이오밍 주, 네바다 주, 유타 주, 콜로라도 주, 뉴멕시코 주 등은 옛 조선의 성지였으며 고려와 원나라는 물론 수많은 민족의 성지였다.

'세상의 모든 길은 로마(라마:Roma)로 통한다'라는 말도 아메리카 대륙에서 가능한 일이었다.

역사상 유럽인의 지리상의 발견이란 정화함대가 갔던 길을 따라간 것에 불과하다.
그들의 옛 영어는 훈민정음에서 파생된 것이다.

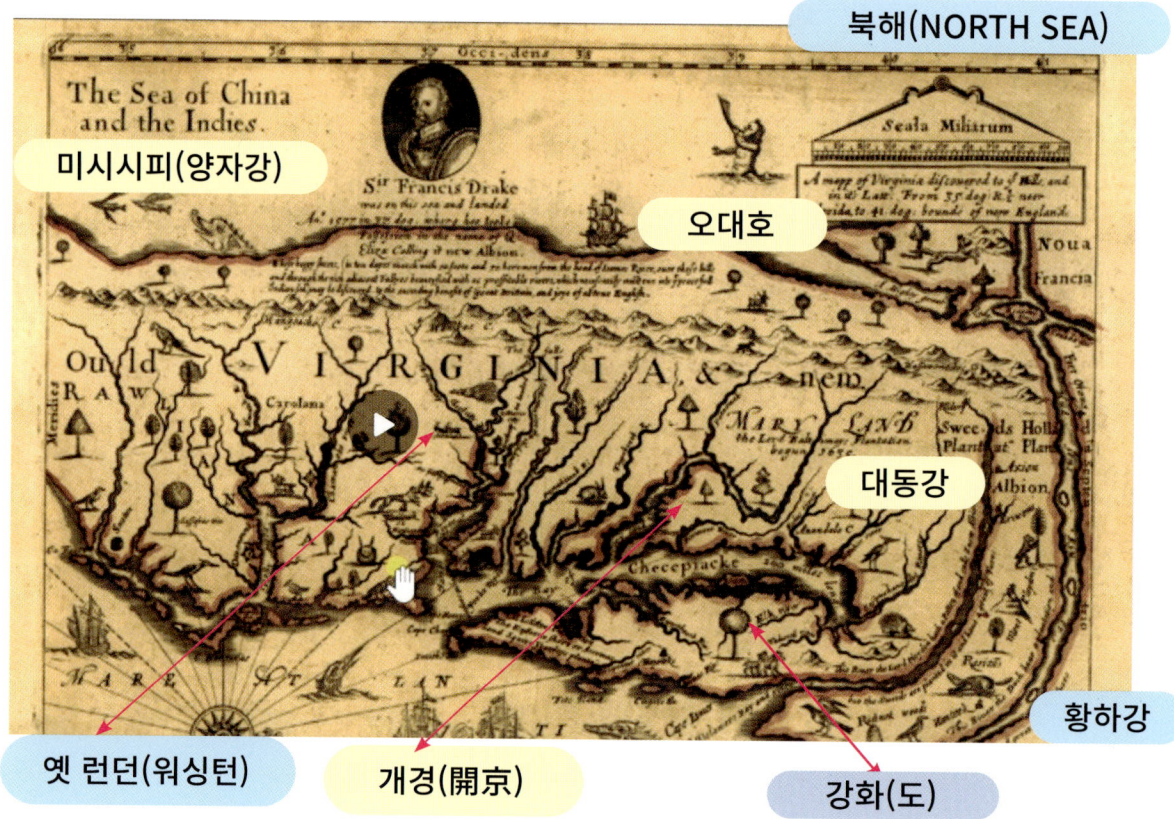

발트 해(BALTIC SEA)
북해(NORTH SEA)
미시시피(양자강)
오대호
대동강
황하강
옛 런던(워싱턴)
개경(開京)
강화(도)

그 후 조선이 고려를 합병하였다.
결국 교황의 가톨릭세력이 조선을 도와 고려의 불도세력을 축출하였으나 조선이 이슬람을 후원하자 십자군 세력은 급격히 쇠퇴하였다.

유럽(경기 지방) 제국의 패왕들은 황제의 교지敎旨(칙명勅命)에 따라 움직이는 것이 관례였다.

이성계는 유라시아 티무르제국을 통합한 세계 군부의 제왕이라고 할 수 있다

고 황제(이성계의 숙부: 형님)가 북원세력을 몰아내고 이성계(고황제의 조카: 아우)가 고려의 뒤를 이어 조선의 왕이 되자, 천하는 대명조선大明朝鮮이라는 대제국 아래 놓이게 되었다.

조선왕 이성계가 고 황제 계비(작은마누라)의 딸을 황후로 맞이하여 주체(이방원)를 낳았다.

뛰어난 실력으로 고황제의 사위(아들)가 된 주체(이방원)가 고황제의 뒤를 이어 황제가 되는 것이 황실의 법도였으나 고 황제는 이를 어기고 자신의 친손자에게 제위를 물려주었다.

이에 조선왕 주체(건문제의 숙부: 형)가 '정난의 변'을 일으켜 건문제(주체의 조카: 아우)를 축출하고 영락제가 되었다.

베이징(북경)

영락제 태극문양은 미국대통령 취임식장 공식 엠블럼(상징)이다.

한편 주체는 어린 시절 연나라 땅에서 사림파 양반에게 공부를 하여 문·무 양과 과거시험에 합격한 걸출한 황태자였다.

당시 조선의 문과 과거시험에 합격을 한다는 것은 공부에 도道를 열지 않으면 불가능한 일이었다.

따라서 친아버지 이성계가 주체(이방원: 태종)를 '북방민족 유사 이래 최고의 제왕이 탄생했다'며 세상에 자랑한 것은 당연한 일이었다.

그렇다. 주체는 아주 어릴 때 이곳에 정안군(靖安君)으로 책봉되었다. 연나라의 왕 정안공은 중국황제의 제위를 이어받는 황태자 자리였다.

주체는 한글로 '세상의 주인'이라는 뜻이다

Golden Temple of Jehol - Chicago World's Fair

2. 아메리카 훈민정음

훈민정음의 뿌리는 아메리카대륙이다

"South Corea의 경회루, 보고 싶어요."

1) 한때 연燕 왕(조선왕)이었던 정안군靖安君 주체가 해적과 토비를 소탕하였다

주체가 군대를 이끌고 연나라 땅에 들어서자 향토 사림파 세도가들과 여러 인종의 호족들이 경계를 늦추지 않았다. 그들은 용병을 앞세워 성역에 함부로 들어오려는 주체의 군대와 맞서 싸우려 했다.

연나라의 다양한 호족 부대는 고려 무신정권 때 몽골군과 목숨을 걸고 싸웠던 천축국 전사들의 후예였다.

이때 두 파를 말리고 나선 무리가 고려의 향토 사림파 양반이었다.

"무엄하도다. 무기를 내려놓아라. 이분은 한때 이곳 연나라의 왕이셨도다."

'조선인의 영적 혈통은 면면이 이어져 내려온다!'
- 면면약존綿綿若存

아파치 실라(Xila) _ ×
- 신라 때 천축국이라는 의미

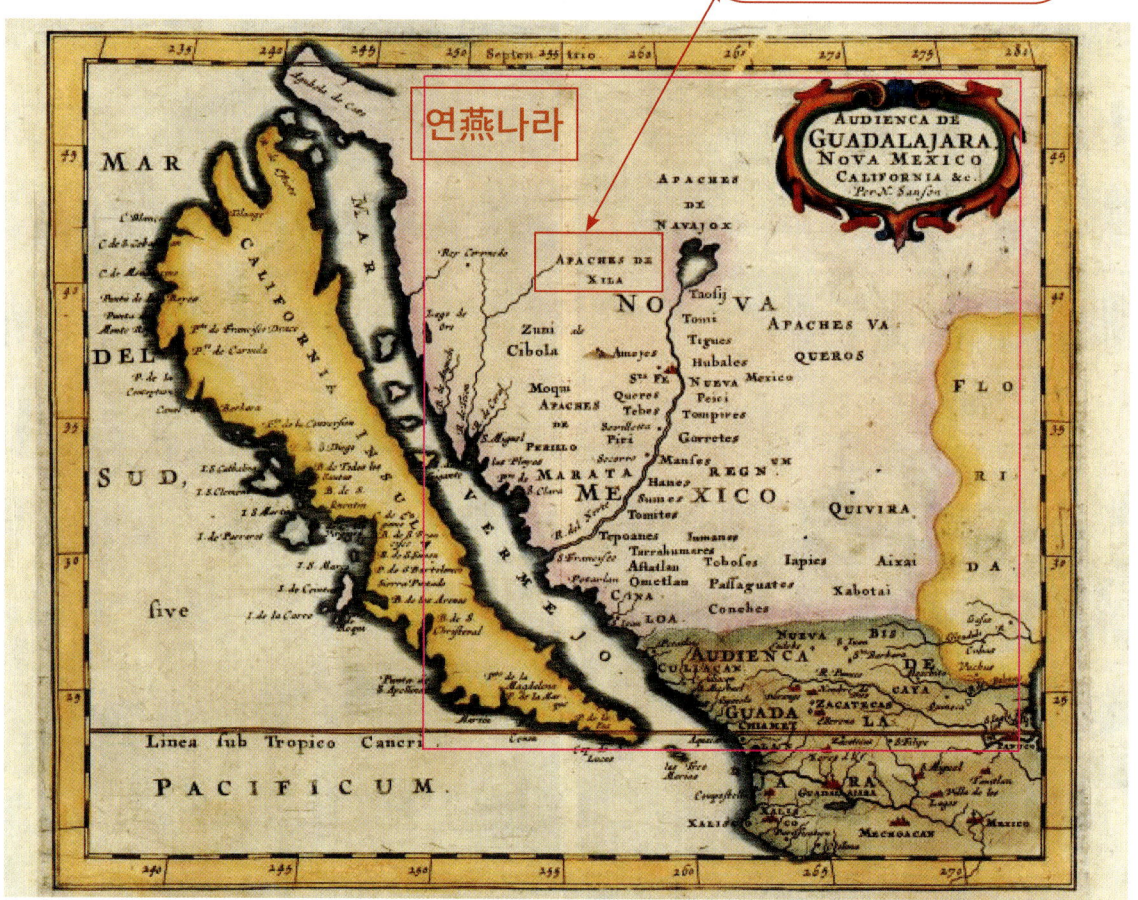

연燕나라

향토 사림파 양반이 한때 연왕이었던 주체가 친히 토비와 해적을 소탕하기 위해 원정을 왔다는 것을 알리자 오히려 적극으로 주체를 환영하였다.

신라의 뿌리 혈통은 옛 그리스 및 주나라 문화와 관련이 있다.

세계종교의 성지인 아메리카 연나라 땅에 또다시 종교전쟁이 일어났다.

이곳 지형을 잘 알고 있는 주체는 해적들을 계곡으로 유인하여 대승을 거두었고, 달아나는 적을 정화의 함대가 화공으로 전멸시켰다.

또한 정화함대의 노련한 전략·전술가 주만치는 해적의 소굴을 급습하여 그들의 뿌리까지 흔들어 놓았다.

영락제 : 묘호 : 태종, 성조(1402-1424)/ 세종 때 : 말 1만필 진상, 왜?

A Part of Yongle Bell
가흥대장경(嘉興大藏經)- 서문- 영락대종 내용과 일치

**영락대종에는 산스크리트어(범어梵語) 문자가 빽빽하게 쓰여 있다.
범어는 천축국문자이다.**

오대호 유역을 제패한 주체는 미시시피 강을 타고 내려갔다. 연燕 왕의 철갑기병대인 개마무사와 '밀집장창대'가 다양한 전술과 용병술로 적을 섬멸해나가자 유럽의 제후국 병사들은 도망치기 바빴다.

미시시피 강 유역의 강호와 해적들이 연합을 하여 연燕 왕과 맞서 싸웠다.

하지만 싸움이 절정에 이를 때마다 정화함대가 불쑥불쑥 나타나 기습작전을 펼치자 그대로 무너져버렸다.

The Structure of Being Hung
Sanskrit
Oxford English-Sanskrit 사전, 영국-유럽사람들은 절대 만들 수 없다
www.판찰라스.co.kr / www.koreagoindol.co.kr

영락대종에 쓰여 있는 범어는 가흥대장경의 서문이었다.
가흥대장경은 조선의 대장경이므로 영락제가 누구인지 알 수 있다.

대만 고궁박물관 소장: 영락제 행차도

세계 종교의 발생지이며 성지인 연燕나라 땅을 지배한 젊은 날의 영락제!

연燕 왕 주체는 북방의 원나라뿐만 아니라 이슬람 부족과도 전쟁을 하였다. 이슬람은 무슬림(Muslim) 용병을 앞세워 주체와 싸웠으나 역부족이었다. 정화함대는 신출귀몰하는 용병술로 연전연승을 거듭하였다.

이때 주체는 무함마드(Muhammad)가 창시한 종교의 뿌리가 뒷죠선의 조상인 순임금의 교리라는 것을 앞세워 담판을 했다.

결국 이슬람 성직자들이 조선의 종묘제도와 제사를 받아들이며 연燕 왕 주체에게 항복을 해왔다.

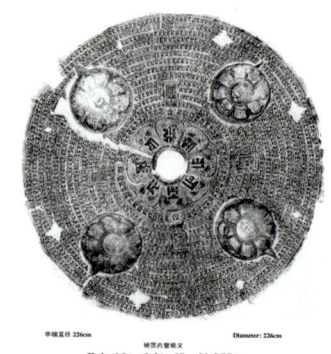

영락대종 머리 부분, 탁본

오·순 씨 숙질(형제)

기자조선의 뿌리 - 具侯吳氏 기후오씨:형일계

알라의 뿌리 - 帝舜 제순:순임금:형일계

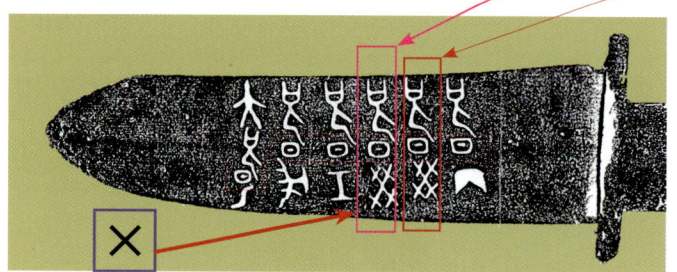

금문金文에 나타난 '전욱 고양씨'의 손자계열 족보 칼(창)

세종대왕 익선관

'아亞' 문양은 순임금 토템문자!

오대호(五大湖, Great Lakes)는 북아메리카 동북부, 미국과 캐나다의 국경에 있는 다섯 개의 큰 호수를 말한다. 이곳은 한때 그리스, 중국(주나라), 이슬람의 지중해였다.

삼한, 신라, 고려, 조선으로 이어지는 모든 동이족의 무대는 아메리카 대륙이었다.

아메리카대륙 미시시피 강유역의 모든 제국을 제패한 연燕 왕 주체는 모든 공문서를 한자와 옛 라틴어(토속 불교용어인 옛 범어)로 바꾸었다.

대부분의 문서를 한자와 옛 라틴어(조선말 속음 : 사투리 - 고려 : Corean 지배계급의 언어)로 통일하였다.

서로 말이 통하지 않아 종교분쟁이 자주 일어나고 전쟁으로 치닫는 폐단을 막기 위해 공용어를 정한 것이다.

고분

신라 왕릉으로 추정되는 인디언 고분이다

> 북미에 있는 사릉(蛇陵)은 '§'처럼 뱀이 움직이는 모양이다. 근본은 'ㄹ'이다. 즉 돈의 주인을 상징하는 문자이다. 성경에 등장하는 뱀의 상징은 돈에 대한 가짜주인이다. 뱀에 대한 가짜 역사가 많다. 모두 국제 독점금융이 꾸며낸 역사소설이다. 인류가 경제파산에 이른 것은 역사가 잘못되었기 때문이다.

사릉

오하이오강은 미시시피강의 가장 큰 지류이다. 약 1,579 km 길이이며 미국의 동쪽에 위치한다.

미국 원주민의 역사에 있어서 중요한 강이며 때때로 켄터키와 인디언 영토 사이 경계로서 여겨진다. 그곳은 초기 미국의 서부로 진출하는 주요한 운송 루트였다. 그곳에 신라 능으로 추정되는 사릉(蛇陵)이 있다.

* '쿠쉬나메' 서사시 이야기

11세기 이슬람 학자가 편찬한 이란의 서사시 '쿠쉬나메'에 신라왕국에 관한 얘기가 나온다.

7세기 사산조 페르시아 아비틴 왕자 무리는 이슬람 침공을 피해 천축국의 샹그릴라(Shangri-La)인 바실라(신라)의 왕, 타이후르를 찾아간다. 타이후르 왕과 폴로경기와 사냥을 즐기던 아비틴 왕자는 신라·이란 연합군을 결성하여 신라를 침략해 온 중국(중앙아메리카 제국)과 싸워 승리를 거둔다. 영웅이 된 아비틴은 신라 공주 프라랑과 결혼하여 장차 천축국의 왕이 되는 파리둔을 낳는다. 훗날 파리둔은 이란을 통일하여 왕이 된다. 그 후 신라와 이슬람은 영원한 친구가 된다.

최근 이러한 신화 이야기는 처용이 이슬람의 상인이었다는 논문과 함께 역사상 실제 인물이라는 학설이 대두되고 있다.

아메리카 유럽지도에서 흑해와 플로리다 반도 사이에 이란과 신라가 있었다면 충분히 가능한 역사이며 '프라랑'이나 '파리둔'이라는 이름은 산스크리트 영어사전에서 어원을 찾으면 곧 옛 우리말 **조선팔도사투리**라는 것을 알 수 있다.

한국의 언어학자 강상원 박사는 유튜브에서 '판찰라스(www.pancalas.co.kr)' 방송국을 통해 강의를 하면서 영국인이 만든 산스크리트어 영어사전 거의 대부분의 어휘가 옛 우리말 조선팔도사투리였다는 것을 증명하고 있다.

어쨌든 아랍(erab: 어랍쇼) 문헌에 등장하는 'al-Shilla'는 고대 신라이며, 알라(al-la) 신과 관련이 있다. 그러한 어원은 삼국사기에 등장하는 삼황오제시대의 제3대 천자 전욱 고양씨(알짜·임금)와 제8대 천자 순 임금의 토템문자까지 거슬러 올라간다.

이러한 고증은 중국 낙빈기 선생의 학문세계를 연구한 한국의 고금문古金文 학자 김재섭 선생이 그의 저서 '문자로 나타난 하나님'에서 밝히고 있다.

조선은 고려와 다른 주체 세력이 건국한 왕조이다. 순임금의 전통을 이어받았다

옛 북경이 연燕 왕 있던 황제국의 뿌리이며 고향이다.

즉 '5'이며 황제가 계신 중국 '7'이다.

19세기 이후 중국은 극동아시아로 지명 이동했다.

영락제 시대의 보물창고가 실체를 드러내기 시작한 것이다. 국제금융의 해동 기간이 도래한 것이다.

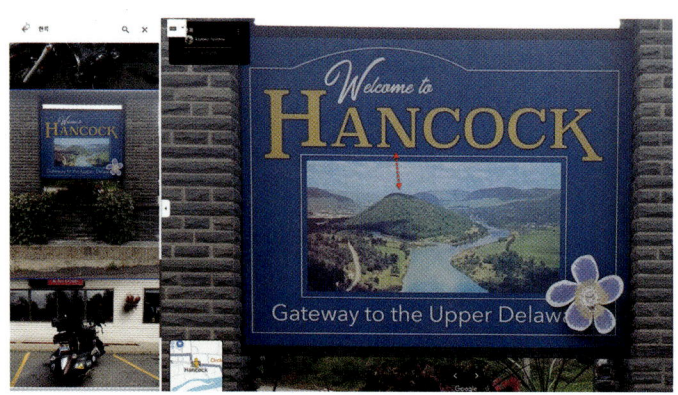

A (1)(Gold) → B (1)(Dollar) → T (1)(Treasure)

1894년 5월에 세계 각국의 외교사절이 황제를 배알하는 그림이다.

아메리카 대륙에 존재했던 유럽의 왕과 신하 그리고 오대호 근처 각 시장대표들이 모인 것이다.

영락제가 천하를 통일한 후 동국정운과 훈민정음이 왜 필요한지 확실히 알게 해주는 그림이다.

이미 세조 이후 조선은 천자국인 황제의 나라이다. 고려와 조선이 아메리카 대륙에 존재했던 중앙정부라는 것을 분명히 알 수 있는 것이다.

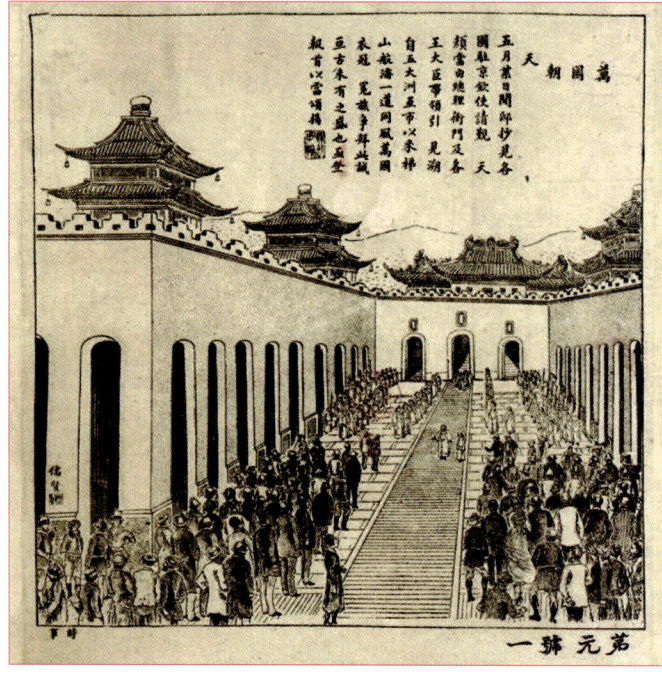

<만국조천萬國朝天:Ministers of world countries greet the Emperor 유현儒賢, 육소방陸小芳 그림, 1894>

국제도 이원화 되어 있었으나, 현재 모든 국제자금이 기축통화로 일원화 됐다.

제국주의 시절 독점금융세력은 이주 정책을 이용하여 막대한 부를 축적 하였다. 이를 위해 제국주의 군대는 해외로 진출하여 해외식민지를 구축하였다. _ 외인부대

* Who am I

국제자금도 지도처럼 이원화 되어 있었으나, 2020년부터 모든 국제자금이 기축통화로 일원화 되면서 세계 기업은 모두 민간 자본으로 교체되었다. 문어발 식 재벌구조가 민영화된 것이다.

서양역사는 오색인종이 서로 어울려 살던 아메리카 대륙의 역사를 완벽하게 속이며 신대륙으로 만들었다.

오리엔탈 문명(ancient oriental civilization)도 아메리카 대륙에 있었다.

하지만 우리가 알 수없는 거대한 음모세력이 동양사와 서양사를 철저히 분리하여 백인종은 유럽으로 보내고, 황인종은 동아시아대륙으로 이주시켰다.

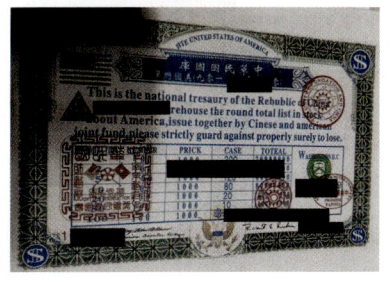

서구역사에서 지리상의 발견이란 정화의 원정을 숨긴 조작역사이다

마침내 기자조선 왕 주체는 세계종교의 성지가 모여 있는 옛 연나라 땅을 평정하였다.

주체는 모든 종교의 자유를 보장했으며, 다른 종교를 박해하는 행위를 금지하였다.

주체는 연나라(기자조선)에서 벌어들이는 재정수입으로 사병을 양성하였다. 아메리카 대륙의 오색인종으로 조직된 개마사단은 천하통일의 밑거름이 되었다.

조선에 대한 고정관념을 버려야 아메리카 되죠선 역사가 살아난다.

주체는 옛 천축국의 새 주인이 되어 경복궁으로 개선하였다.

주체(이방원)의 무용담이 천하에 퍼져나가자 주변의 여러 제후국들은 모두 머리를 숙였다.

불세출의 영웅이 탄생한 것이다.

현재 한반도 또는 중국대륙으로 추정되는 이상한 경복궁 사진
- 해자가 있는 것에 주목하세요.
 - 역사 소설의 증거!

고려는 호족세력을 규합한 고려연방이었으며 조선은 이들을 '사대부'계층으로 제도화하여 양당정치체제를 구축한 범세계적인 연방국가였다.
현재 미국의 정부 시스템은 영락대전과 경국대전의 정통을 이어받은 제도이다.

세종대왕은 동국정운(음운서)의 표준한자음을 누구나 쉽게 똑같이 소리 내도록 훈민정음을 만들었다.

훗날 황제가 된 조선왕 주체, 영락제는 정화로 하여금 세계원정을 떠나게 하였다.

이때 한자동맹의 상인들이 벌떼처럼 일어나 정화함대에 적극적으로 참여해 무역을 하는 것이다.

그 당시 한자동맹의 상인들은 한자로 문서계약을 했으며 훈민정음을 배워 정음인 옛 라틴어와 한자를 병기하였다.

전 세계가 천하의 군주(天子) 영락제에게 충성을 맹세했다. 온 누리가 지상낙원을 경험하는 시기이다.

황제가 내탕금(비밀자금)으로 중화 문화권을 상대로 조공무역을 한 것이다.

청동기 금문, 옛 조선왕 족보

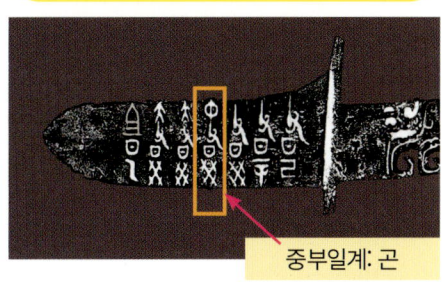

중부일계: 곤

"아들아, 우리민족은 문자창조민족이다. 우리글(한자)에 맞는 말 글을 만들어 천하가 쉽게 쓰게 하라!"

정화의 원정이 막을 내린 후에도 한자동맹체 상인들은 정화의 항로를 다니며 마을을 약탈하였다.

그들은 해적이 되어 해양을 누비며 자본을 축적하였다. 이러한 세력이 바로 조선역사에 등장하는 왜倭이다.

<u>왜倭는 결코 지금 열도의 일본이 아니며 서세(西勢)인 네덜란드, 포르투갈, 스페인, 영국 등의 해적이다.</u>

심지어 교황이 이끄는 예수회도 이들과 내통하고 있었다. 그래서 제국주의 시절 일본인 중에 백인종도 왜倭로 보아야 한다.

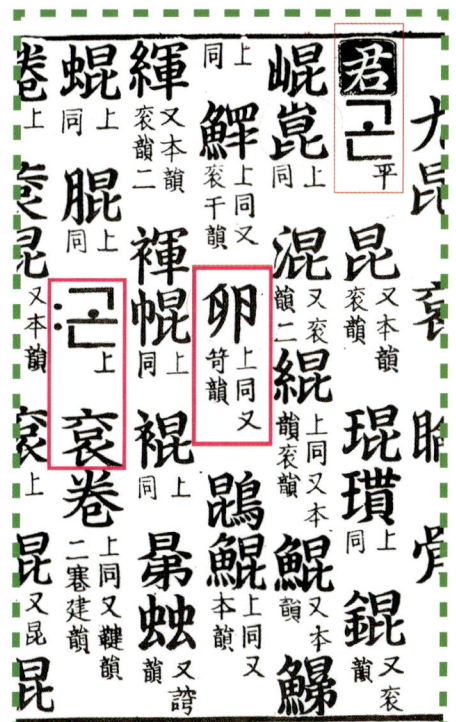

세종 때 음운서 '동국정운'(1443)에 알 '란'을 '곤'이라고 소리 냈다. 우리말 사투리로 알을 '고니'라고 하는 이유가 여기에 있다. '고양씨'의 셋째 아들 이름이 '곤'이었다. 즉 '●(알)'의 종자였다.

조선은 명(明) 황실의 뿌리인 동시에 명 황실의 종묘이다. '大明朝鮮'이다

명(明)과 원(元))의 교체기에 원나라 군벌 이성계가 고려 군부를 장악하고 원나라와 끊임없이 전쟁을 하여 명나라 건국 후 막부가 되었다.
'홍무제' 시기에 주체는 연 왕燕王에 봉封해졌는데, 연나라의 효시는 '전욱 고양씨'의 사종자(친손자)이다.

'홍무제' 시기에 주체는 연燕 왕에 봉封해졌다.
명나라 태조를 고황제(太祖 高皇帝)라고 한다. 묘호가 이성계와 겹쳐보인다. 따라서 이성계의 아들 이방원을 태종 영락제로 볼 수 있다. 어쨌든 태종은 막부의 권한을 갖고 있었다.

이때 주체를 도운 세력이 환관이었다. 특히 마삼보(정화)는 환관의 우두머리로 고황제에게 탄압을 당하던 환관의 무리를 모아 주체를 위해 싸웠다.

황제가 된 주체는 환관 정화를 신뢰하여 태감이란 벼슬을 주었다.

영락제는 정화로 하여금 해양원정을 통해 온 천하를 지배하게 하였다.

명사에 의하면 홍무제 시기에 주체는 연燕 왕에 봉封해졌다. 홍무제 사후, 조카 건문제의 제위계승 및 제후 숙청 정책에 반발하여 '정난의 변'을 일으켰다.
주체는 난징을 함락시키고 스스로 제위에 올랐다.
이러한 기록은 조선 왕조 태종인 이방원의 행적과 거의 같다. 여기에 아메리카 대조선의 미스터리가 존재하는 것이다.

그의 아들 영락제(태종)가 여진, 일본, 거란, 원나라 잔당을 정복하여 전 군부의 실권을 장악하였다.

대명조선大明朝鮮

대명조선大明朝鮮

세계 종교의 발생지이며 성지인 연燕나라 땅을 지배한 젊은 날의 영락제!

따라서 이곳의 질서를 유지하기 위해 군대(상비군)가 필요했으며 사람들은 이곳의 군대를 중국 사신과 더불어 천사天使라고 한 것이다.

예나 지금이나 종교와 학문이 번성하는 곳은 젖과 꿀이 넘치는 돈황이었다. 동시에 가짜 경전과 사이비 도사道士들이 돈독이 올라 바글거리는 소돔과 고모라의 땅이었다.

하지만 미시시피 강 동쪽은 딕죠션大朝鮮의 율령이 지배하는 강력한 대제국이었다.

아메리카 대륙은 Indo-European 제국, 즉 딕죠션大朝鮮이다.

딕죠션大朝鮮은 천하 대 황제가 있는 제국이다.

딕죠션大朝鮮은 황제가 실제로 우리와 함께하므로 인류의 정통 중국이라는 상징이다.

예루살렘은 아랍인 상인과 유대 상인이 종교의 종주국 임을 다투는 성지가 많이 있는 곳이다.
한때 이곳에서 무종교인 막부(幕府 :바쿠후)가 다민족 군벌들을 통합하면서 임진왜란을 일으켰었다.(1592~1598)

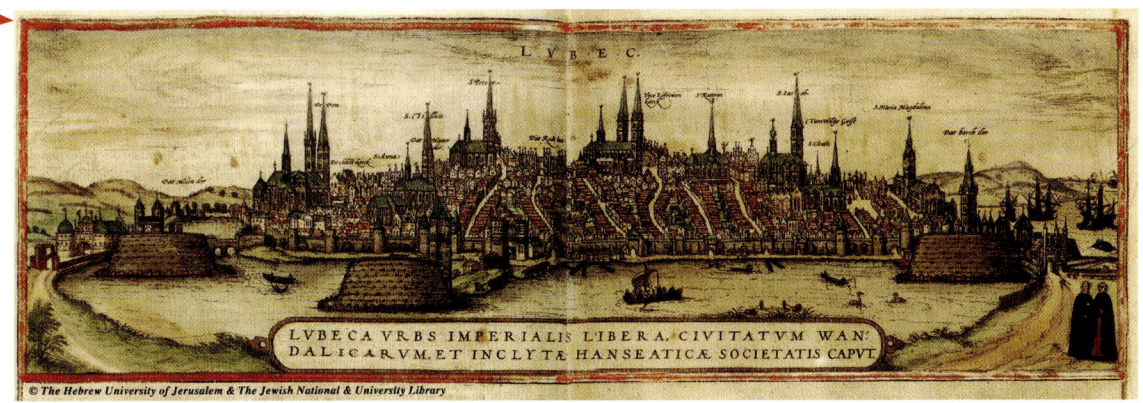

2) 영락제 때 대명조선大明朝鮮은 역사상 최전성기를 맞이하였다

아버지(장인어른) 고황제와 조선왕 친아버지(이성계)의 유지를 이어 받아 제위에 오른 영락제(주체)는 북벌을 단행하였고, 북원을 비롯한 몽골세력을 아메리카 대륙에서 쫓아내고 발해와 북해까지 진출하였다.

대명조선의 고황제와 이성계는 이미 오대호와 흑해에서 유대교와 이슬람 세력을 후원하여 승리하였다.

아메리카 대륙에 존재하는 유럽(아메리카대륙)의 여러 제후들과 수없이 전투를 하여 옛 훈족(khan: 한韓)의 영광을 되찾았다.

그랜드 캐니언 전투

몽골이 북쪽에서 헝가리 남쪽까지 쳐내려왔었는데 그 길을 주체가 다시 간 것이다. 그 당시 유럽은 아메리카대륙에 있었다.

한편 영락제는 끊임없이 해외원정을 단행하여 전 세계를 그의 발아래 두었다.

불세출의 해군제독 정화는 영락제의 해외 팽창정책에 호응하여 전 세계 여러 나라 사신과 제후들을 명(중국) 조정으로 데려와 조공을 바치도록 했다.

하지만 궁중의 환관들은 영락제의 정책을 거의 대부분 독단적으로 수행하면서 황권을 약화시켰다.

그럼에도 불구하고 영락제의 뛰어난 치세로 대명조선은 역사상 최전성기를 맞이하게 되었다.

우리나라 문헌에서 헝가리라는 나라이름이 등장하는 것은 조선 후기 이유원(1814~1888)이 편찬한 임하필기林下筆記라는 책이다.

이 책의 이역죽지사異域竹枝詞에 헝가리에 대한 한시漢詩 한 구절에 '옹가리아翁加里亞'라는 지명이 나온다.

이는 헝가리를 영어식 음역어로 적은 것이므로 헝가리와 조선은 지금처럼 멀리 떨어진 곳이 아니라는 증거이다.

이것은 한자라는 글말을 소리내기 위한 말글의 표현이다. 즉 옛 범어(산스크리트어)에서 파생한 라틴어와 조선 정음(훈민정음)을 아메리카 대륙에서 같이 사용했다는 것을 의미한다.

또한 '옹가리아翁加里亞'의 '아亞'는 순임금을 상징하는 조선의 토템문자이며 '만卍'과 같은 글자이므로, 유럽의 아리안 족과 조선인이 결코 이방인이 아니라는 방증이기도 하다.

'Together as one.'

유럽백인종과 유라시아 유색인종은 아메리카 대륙에서 함께 어울려 잘 살아왔다는 증거이다.

아메리카를 비롯한 세계 해상권을 제패하고 초원족인 한(韓)의 전 강역을 정복하였다.

 특히 영락제는 정화군단을 움직여 아메리카를 비롯한 세계 해상권을 제패하고 초원족인 한(韓)의 전 강역을 정복하였다.

LOUISIANE(루이지애나)는 대명조선大明朝鮮 즉 지나조선支那朝鮮이다.
따라서 조선은 명(明) 황실의 뿌리인 동시에 명 황실의 종묘이다.

봉선의식

정화함대는 다양한 인종으로 이루어진 다국적 함대였다

영락제는 아메리카 대륙을 평정하였으나 주변 제후국들은 종교전쟁으로 인해 회복할 수 없을 정도로 황폐화되었다. 그래서 영락제는 해외무역을 통해 경제적 난국을 헤쳐 나가기로 했던 것이다.

원래 아메리카 대륙은 오색인종이 잘 어울려 살던 낙원 조선이었다. 정화함대는 다양한 인종으로 이루어진 다국적 함대였다.

전 세계로 분산된 정화함대는 세계 각국을 돌아다니며 무역을 했고 그들을 제후국으로 만들어 조공을 바치게 했다.

전 세계물류가 중국과 아메리카 대륙을 중심으로 움직였다.

다양한 언어와 문화를 지닌 오색인종이 서로 교류하면서 풍요와 번영을 누리게 되었다.

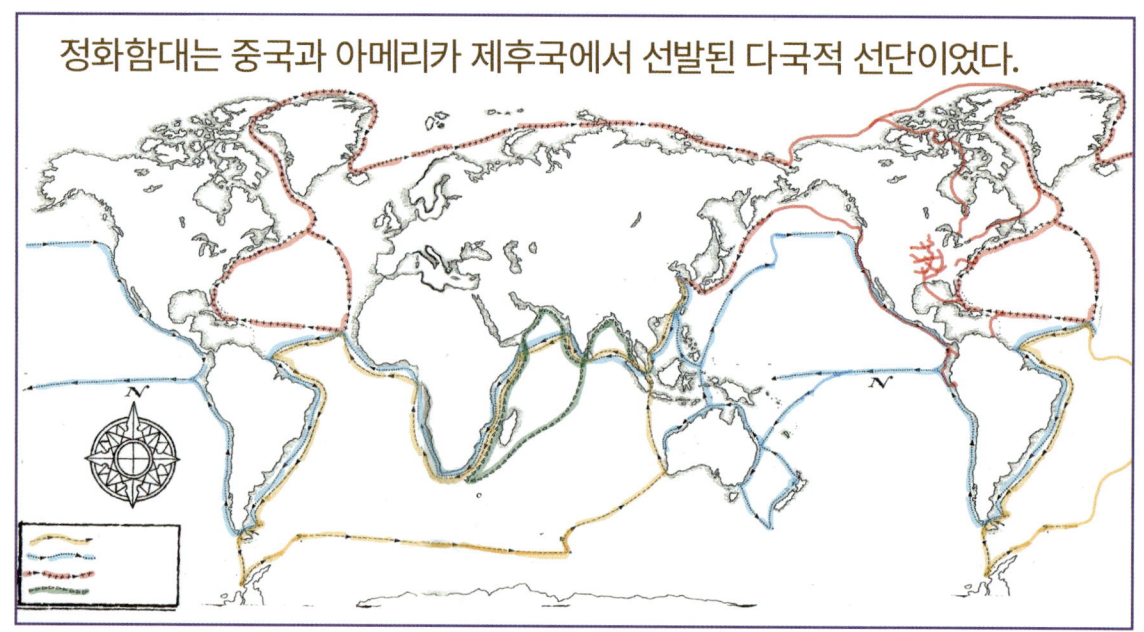

'1421'의 작가 '게빈 멘지스'는 해류 전문가로 정화 원정의 뱃길을 잘 설명하였다.

영락제는 전 세계를 정벌하여 조공을 받고, 중국의 위엄을 세상에 알리기 위해 남해 원정을 시도했다.

그는 환관 정화함대를 세계 각국에 보내 1405년부터 무려 여섯 차례나 세계원정을 하도록 했다.

또한 영락제는 1407년 북경 천도를 정식으로 승인하고 공사를 시작했으며, 새 궁전인 자금성을 완공했다.

1421년 북경(옛 연경)은 마침내 정식으로 명나라의 수도가 되었다.

중국 자금성은 온 누리에서 몰려드는 외교사절과 제후 왕 및 그들의 자녀들로 문전성시를 이루고 있었다.
그들은 중국의 궁전을 보고 자신들의 종교성지로 순례를 가는 것이 소원이었다.

정화군단의 7차 원정으로 전 세계가 중화문화권 안에서 훈민정음을 사용하는 것이다

남해 원정

정화는 영락제 명령을 따라 남쪽 바다 대원정을 준비하여 1405년 6월 제1차 원정을 떠났다.

　명사(明史)에 따르면, 전체 길이가 44장(丈; 약 137m), 폭 18장(약 56m)에 이르는 대형 선박을 포함한 함선 62척에 총승무원 27,800명이 탑승했다. 큰 배는 약 8천톤 규모 정도였다고 한다.

　훗날 바스코 다 가마의 함대가 120톤급 3척에 총 승무원 170명이었고, 지구 한 바퀴 원정을 기획했던 콜럼버스의 함대도 250톤급 3척, 승무원 88명이었던 것에 비교하면 초거대 규모의 함대였다.
_ 위키백과 記

1421년, 정화(鄭和)가 지휘하는 중국 함대가 대규모 원정에 나서 아메리카 대륙을 비롯한 세계 여러 지역에 진출했을 가능성이 있다.

쥬만치(JhuMahanChio)

잘못된 세계사를 바로잡는 마스터-키(Master-Key)는 역사를 보는 눈이다.

영락제 때 아메리카대륙을 통일하여 대명조선大明朝鮮이라 했다.

영락제는 친아들인 세종대왕에게 조선 왕위를 물려주고 아메리카 뒤죠션大朝鮮을 다스리도록 했으며, 본인은 북원北元 세력을 쫓아 지금의 중앙아메리카 대륙까지 진출하였다. 태조 이성계의 뒤를 이어 막부幕府(세계 군부)가 된 것이다.

-조선왕조실록과 국조보감 참조

영락제는 남아메리카 대륙까지 진출하였다. 그래서 대명조선의 해군제독인 정화의 원정이 필요했던 것이다.

인류역사 바로잡기
- 긴급사항!

쓰레기통→브리태니커 사전, 유럽역사

세계인문학 교육과정
- 재조명 하기
1. 산스크리트 영어사전 배우기
2, 동국정운 음운서 배우기
3. 옛 라틴어 사전 배우기
4. 스미소니언 박물관 비밀창고 개방
5. 제국주의 시절 이전 역사 복원
  미국 역사 재조명(사도세자와 이산李祘)

또한 영락제는 고대 삼황오제시대의 중국(아사달)의 전통을 복원하여 자금성을 완성했으며 아메리카대륙에서 유라시아대륙에 이르는 대제국을 완성하였다.

그 당시 천하의 글(세계 공용문자)은 한자였다.

세종대왕은 조선8도 아메리카 대륙에서 한자의 표준음을 적은 음운서인 동국정운東國正韻을 만들고 그러한 한자음(글말)을 전 세계가 똑같이 발음하였다.

세종대왕 때 옛 범어(산스크리트어: 옛 라틴어)를 본받아 말글인 훈민정음을 창개하였다.

그렇다. 훈민정음은 세계를 아우르는 소리글자였다.

사도세자는 영조의 둘째 아들이자 정조(이산)의 아버지이다.

임금이 광화문을 지날 때 상로象輅 길을 만들었다는 기록이 있다.

아래 그림은 명조明朝 영락제永樂帝 때 '어가御駕 행차도行次圖'의 일부분이다.

영락제의 묘호廟號는 태종太宗이며, 조선의 3대 임금 이방원의 묘호도 태종이다.

제왕이 죽어서 받는 이름이 묘호이다. 영락제의 묘호를 성조成祖라고도 한다. 죽은 뒤 종묘에 올리는 신위가 둘일 수는 없다.

여기에 역사의 수수께끼가 존재한다. 필자의 연구에 의하면 영락제와 이방원은 같은 인물이다.

세종실록지리지에 임금이 광화문을 지날 때 상로象輅의 길을 만들었다는 기록이 있다.

위 그림처럼 태종의 어가御駕가 매우 높아서 상로의 길을 만든 것이다.

앞단원에 소개한 고대황실의 2:2 혼인제도에 의해 모계 혈통으로 이어지는 제위 계승원리와 정화함대의 세계 조공무역 사실을 이해하면, 동이족의 동국조선이 아메리카 대륙에 존재했다는 것을 깨닫게 될 것이다.

제국주의 시절 서구열강의 역사왜곡은 불과 400년 전에 일어난 사건이다. 역사의 진실은 언젠가는 반드시 밝혀지게 되어 있다.

영락제 시대 정화가 상징하는 것은 미래를 위한 보물을 전 세계에 배치한 일이다

정화(마삼보)가 종묘를 향해 갈 때는 영락제의 흑마를 탔으며 종묘에서 황실의 일원이 되는 의식을 치른 뒤에는 바다의 제왕답게 배를 타고 '퍼포몬스'를 하며 내려오는 모습이다.
둘은 같은 인물이며 수염이 거의 없다.
- 대만 고궁박물관 소장

초창기 정화함대는 아메리카대륙에서 출발하였으며 한자동맹체와 연합하였다.

특히 영락제는 전 세계를 정벌하여 조공을 받았고, 중국의 위엄을 세상에 알리기 위해 남해 원정을 시도했다.

그는 환관 정화함대를 세계 각국에 보내 1405년부터 무려 일곱 차례나 세계원정을 하게 했다.

또한 영락제는 1407년 북경 천도를 정식으로 승인하고 공사를 시작했으며, 1420년 새 궁전인 자금성을 완공했다.

1421년 영락제는 수차례 원정을 성공리에 마친 정화를 데리고 조상의 신위를 모신 종묘에서 제사를 지냈다.

정화는 거대한 함선군단을 이끌고 세계 원정을 수차례하여 아메리카대륙은 물론 전 세계와 무역을 하였다.

정화가 해외원정을 성공리에 마치고 돌아오자 영락제는 정화를 종묘에 데려가 황족의 성을 하사하고 대군으로 임명하였다.

대규모 원정과 정화함대를 이용한 영락제의 영토 확장 정책은 그의 가장 위대한 업적이었다.

영락제는 고비 사막을 넘어 친정을 하였고, 다섯 차례에 걸쳐 대군을 움직여 북벌을 단행했다.

당시 조선은 다양한 인종이 어울려 사는 혼혈 다민족국가로 아메리카 대륙에 중앙정부(한성부)가 있었다.

영락제는 종묘에 제를 올린 후 이슬람인 마삼보를 황실 대군으로 추증하였다

대명조선大明朝鮮의 영광은 명나라와 조선이 따로 존재하는 것이 아니라 황후의 모계혈통으로 혼인 제도를 통해 황족 간에 제위를 이어갔다.

당시 중국과 조선은 한 몸이었다.

기록에 의하면 영락제의 부인 인효문황후仁孝文皇后 서씨徐氏는 1407년경에 서거했다.

조선의 황실법통은 형님(서황후)이 죽으면 당연히 아우(조카인 서묘금)가 그 지위를 이었다.

기록에 서 황후가 죽은 뒤, 아우인 서묘금이 황후의 지위를 거부했다고 한다.

이에 필자는 서묘금이 마차에 타고 있으며 종묘에 형님(서황후)의 신위를 모시기 위해 한 번쯤 따라간 것으로 추론한다.

영락제는 죽은 서씨의 동생(조카)인 서묘금(徐妙錦)을 당연히 계비(작은마누라)로 맞아들이려고 했으나, 서묘금이 이를 거부하고 불교에 귀의했다고 한다. 아마 이러한 일은 자신의 서씨 문중을 영락제가 모두 죽인 것에 대한 인과응보의 결과로 보인다.

아래 그림은 명조明朝 영락제永樂帝 때 '어가御駕 행차도行次圖'의 일부분이다.

어쨌든 '어가御駕 행차도行次圖' 속에 황후의 행차가 그려져 있다. 이 그림은 정화가 남해원정을 성공리에 마치고 영락제가 종묘에 제사를 지내기 위한 행차도이다.

영락제는 황후가 죽은 후 정식으로 혼인을 하지 않았으므로 황후의 마차가 등장하는 것은 어불성설이다.

그래서 필자는 황후의 마차에는 서황후의 동생인 서묘금이 타고 있다고 추론하는 것이다.

역사책에 추론을 적는 것은 상상할 수 없는 일이나, 당시 역사 정황상 황후의 마차를 탈 자격이 있는 인물은 동생인 서묘금 이외에는 상상할 수 없기 때문에 하는 말이다.

제국주의 시절 앵글로아메리카의 보이지 않는 세력이 아메리카를 통치했던 조선의 중앙정부를 통째로 사라지게 한 '역사에 반역' 행위에 비하면 필자의 추론은 너무나 소박하다.

마차 주변의 호위무사가 모두 내시인 것에 주목하라!
황후 주변에 수염있는 자들은 절대 가까이 갈 수 없다.(상징적인 그림이다)

대륙에있는 명明, 청淸 13릉陵의비밀 - 미래 보물의 근원처!
황실 13능의 모습은 성경에 등장하는 예수와 12제자의 비유와 같다.

명明, 청淸이 하나라는 국제비밀 기록은 13릉陵의 수수께끼이다.

> 명明, 청淸은 하나이다. 명 13능에 청 황제의 능도 있다. 누가 이해할 수 있을까!

3) 아메리카 대륙은 동이족의 중심무대였다.

대조선大朝鮮의 역사는 인류문명의 시원으로 올라간다.

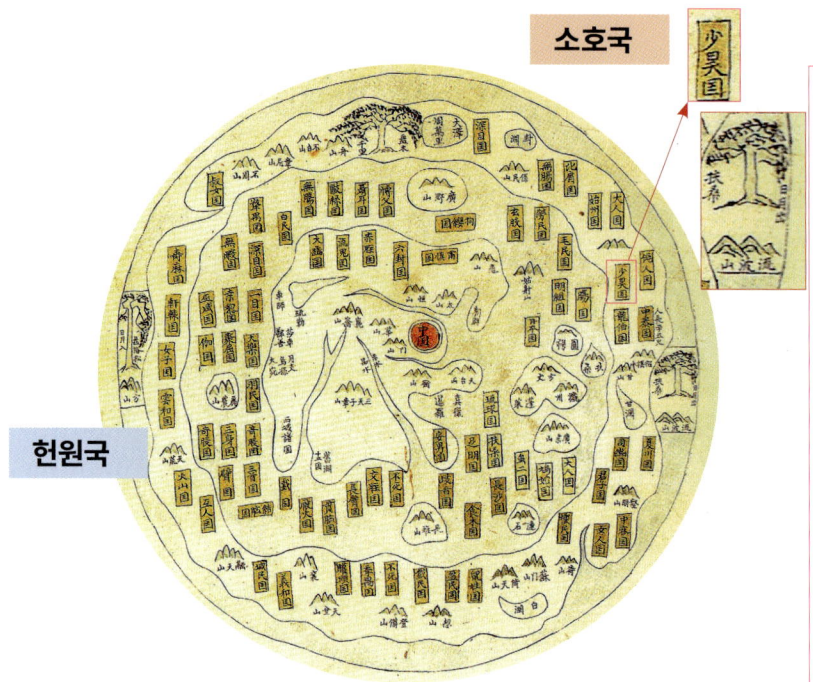

아메리카 동쪽(日月出)에는 소호국少昊國이 있고 아메리카 서쪽(日月入)에는 소호씨의 친아버지 헌원국軒轅國이 보인다.
천하도란 아메리카 대륙이 중국을 둘러싸서 보호하고 있는 형상이다. 천하도에 의하면, 아메리카 대륙 동쪽에서 해와 달이 떠서 태평양 대서양을 지나 아메리카대륙 서쪽으로 지는 것이다.
약 4,500년 전 배달국 시대에 이미 아메리카 대륙은 동이족의 중심무대였다.

일제 때 총독부에서 '소逍'라고 낙인을 찍어 없애버려 할 '천하도天下圖'에는 중국, 헌원국, 소호국 등이 있다.

지도에서 중국은 고양씨가 최초로 다스렸던 나라이고, '소호 금천씨'는 천자가 되기 이전에 '소호국'에 있었으며 그의 친아버지인 황제 '헌원씨'의 나라도 보인다.

이와 같이 아메리카 대륙은 고대에 수많은 나라들이 존재했던 곳이므로 결코 신대륙이 아니었다.
_ 위키 백과 記

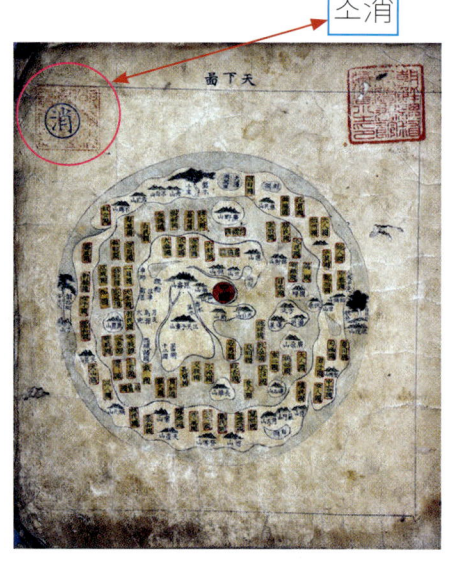

하나님(신농씨) 사당에 잔 드릴 사람을 임명한 帝 소호 금(金)천씨

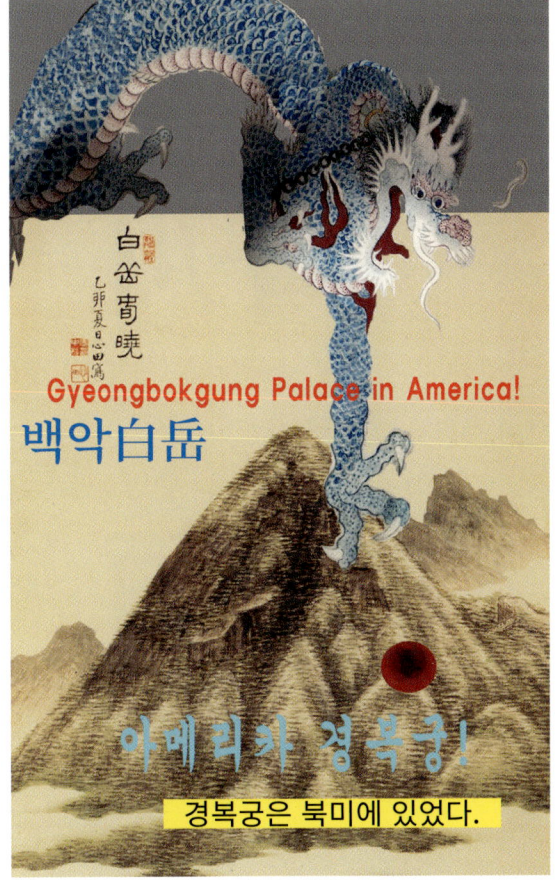

쉽게 말해서 '전욱 고양씨' 때 생겨나는 '조朝'란 중국이며 천자국을 상징하는 문자이므로, 조선의 역사는 인류문명의 시원으로 올라간다.

고려 때 김부식이 지은 삼국사기 백제본기 끝에 신라 김씨의 시조를 '소호 김천씨'라고 했다.
곡부 아사달은 중국이었다.

'삼과병명'은 양족의 삼대족보이며 구약성경의 뿌리이다.

지금 남아 있는 많은 고금문古金文 가운데 역사의 주역인 사람의 족보를 새긴 세 개의 병기兵器(과병戈兵:창칼)에 하나님의 손孫, 증손曾孫, 고손高孫의 삼대족보가 고스란히 남아있었다.

삼과병명三戈兵銘은 4천여 년의 시공을 넘어서 역사창조기에 활약한 신농씨(하나님) 자손들의 족보다.

정옥(전욱) 고양씨

■ 三戈兵銘 삼과병명 은 日 일 씨 양족의 삼대 족보이다.

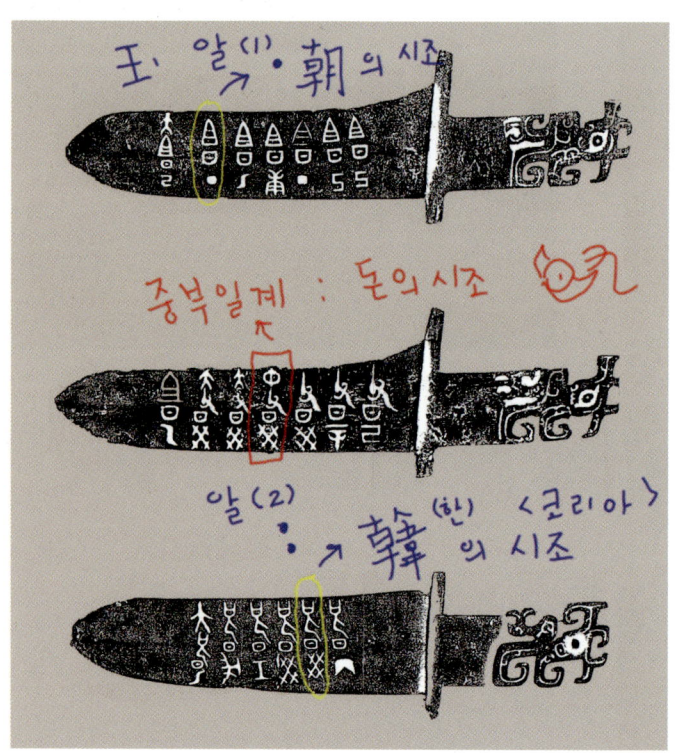

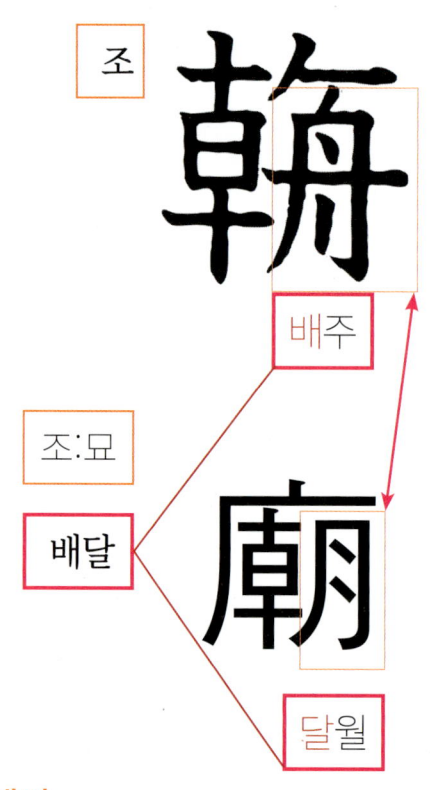

고양씨 부인의 족칭이 姓성이 되었다. 'X' 癸氏계씨

'삼과병명'은 양족의 삼대족보이며, 세계 돈 주인의 근원을 알 수 있다

삼과병명삼과병명三戈兵銘을을 해석함으로써 고조선古朝鮮의 주인공이 조선이었다는 것을 쉽게 이해할 수 있는 것이다.

고대 인류학의 신화와 전설이 실제 역사로 바뀌는 세계사의 대전환이 아닐 수 없다.

3대 천자: 조朝의 뿌리

'소호 금천씨'가 사위에게 만들어준 세상에서 가장 아름다운 찻잔!

사직산

서울에는 경복궁 주위를 흐르는 세심천 강이 없다

세심천 강

문화와 언어가 다른 양족과 웅족이 혼인정책을 통해 천하 통일과 평화를 유지해 왔다.

　고대 황실계보는 언어와 인종이 다른 양웅 부족이 누비혼 인제도로 이어져왔다.
　특히 삼대계보에서 사모무(여호와)와 순임금간의 권력투쟁의 장소는 아메리카 대륙이 분명하며 로키 산맥과 오대호를 중심으로 엄청난 고대문명이 존재했음을 확인하고 있는 중이다.
　아메리카 대륙은 결코 신대륙이 아니며 인류문명의 시원지가 확실하다.

한국학이 찾고 있는 '고조선'을 청동기 고금문古金文에서 찾았다.

한국학이 찾고 있는 '고조선'을 청동기 고금문古金文에서 찾았다.

양족인 '제정옥 고양씨' 삼세보 중에 웅족인 '소호김천씨' 혼혈계가 보이고 있다. 양·웅 두 부족의 '양급제 혼인제도'를 엿볼 수 있는 확실한 증거이다.

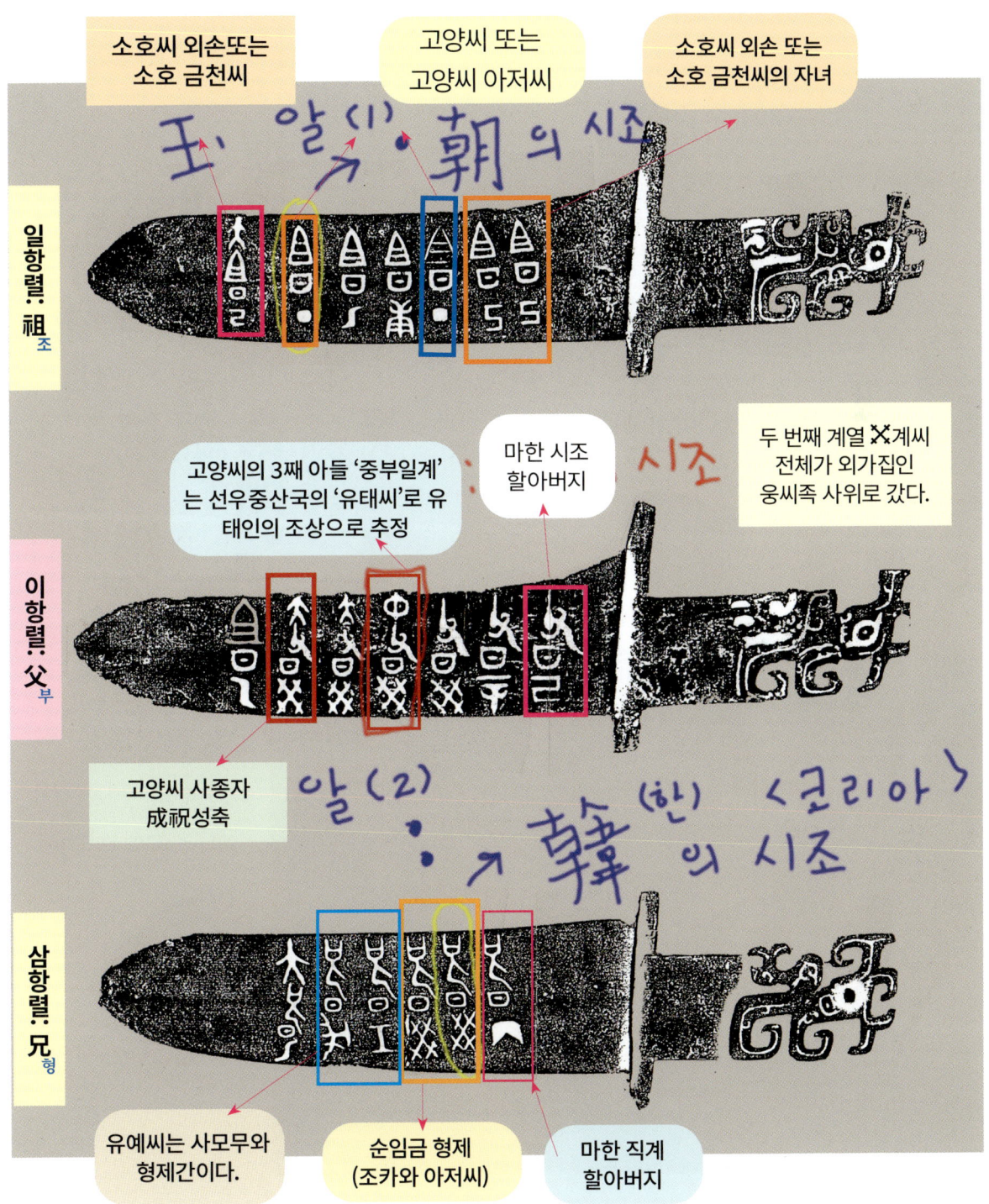

고양씨의 셋째아들 곤鯀이 나타나 선鮮이 역사에 등장하면 朝鮮이 된다

'전욱 고양씨(·)' 셋째 아들이 곤鯀이다.

중부일계 '中父日癸' 곤은 '정옥 고양씨'의 사종자嗣宗子가 되어 종묘에 뫼(제사)를 올리는 위치에 올랐다.

곤의 큰마누라가 낳은 딸 '견의'는 '제곡 고신씨'의 작은 마누라가 되어 '제지'를 낳았다. '제지'는 '제곡 고신씨'의 뒤를 이어 고조선 5대 제왕(천자)이 되었다.

곤은 '제곡 고신씨'와 서로 딸을 주고받는 장인 사위 관계를 유지하다가, '제지'가 9년 만에 고신씨의 큰마누라 아들인 요堯와 그의 외척인 순舜의 형제들의 쿠데타로 제왕 자리를 빼앗기자, 곤도 귀양을 가 죽고 말았다.

곤은 고양씨의 직계 친아들로 알(·)씨의 후예이다.

우리말에 물고기의 알을 고니 또는 곤이라고 한다.

세종 때 지은 한자 음운서인 '동국정운'에서 알(란卵)을 곤이라고 발음하고 있다. (알(·)이 고니이다)

이와 같이 금문(金文)의 내용은 황실의 가족에 관한 이야기이다.

東國正韻 동국정운 참조

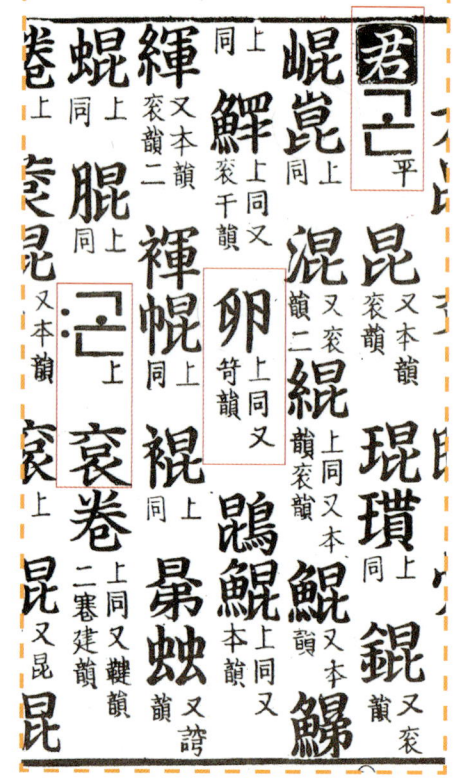

치우천왕과 황제!

현대의 모든 전쟁과 전후 복구는 돈으로 이루어진다.

누가 돈을 대는가?

1446년 후기 조선시대에 고조선 임금의 씨氏 칭으로 훈민정음을 만들었다.

《東國正韻 동국정운》

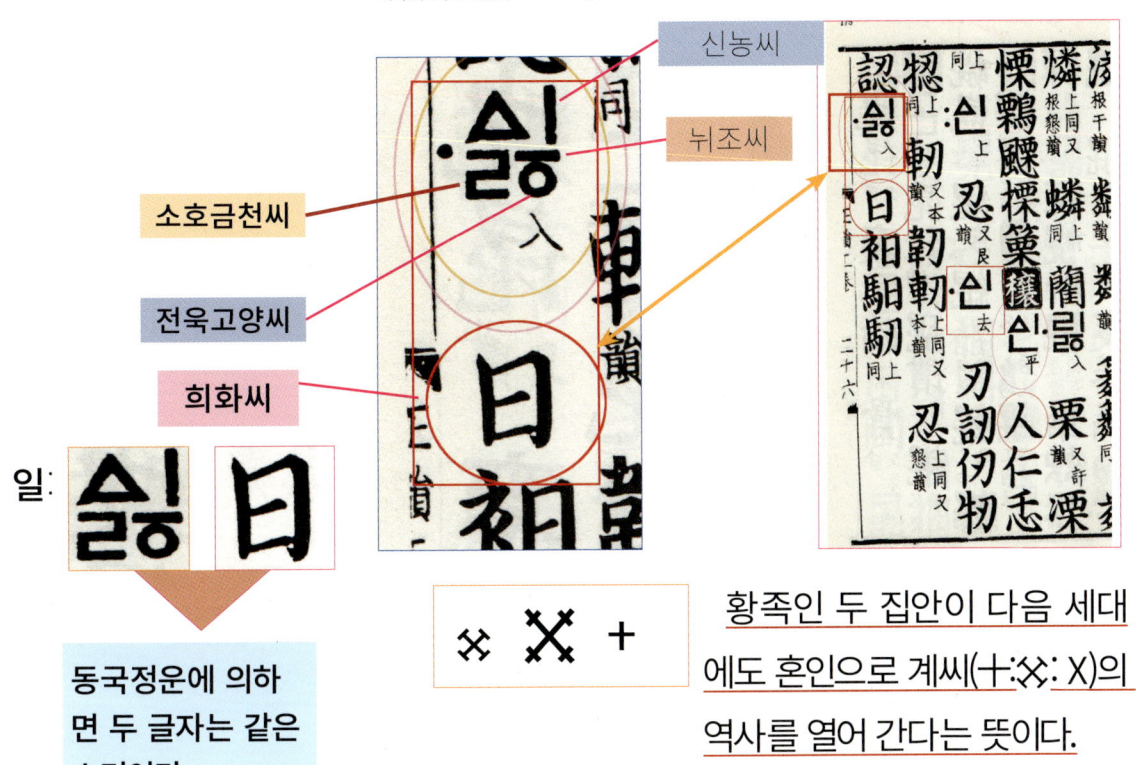

- 신농씨
- 뉘조씨
- 소호금천씨
- 전욱고양씨
- 희화씨

일:

동국정운에 의하면 두 글자는 같은 소리이다.

황족인 두 집안이 다음 세대에도 혼인으로 계씨(十:※: X)의 역사를 열어 간다는 뜻이다.

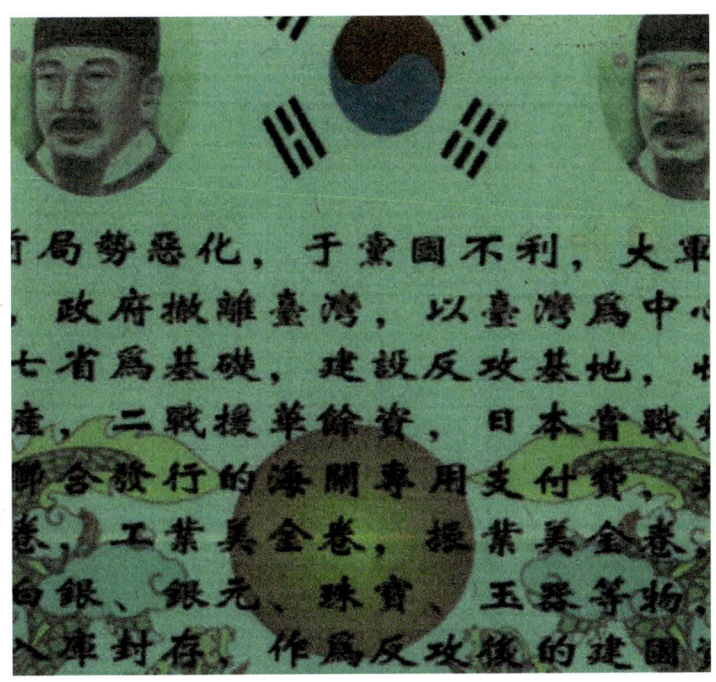

조선왕조실록에 의하면, 세종대왕께서는 저자도에서 상왕(태종)과 양녕대군을 모시고 춤을 추었다.

하지만 1만원 화폐에 등장하는 인물은 인류미래에 관한 특정물건을 관리하고 계셨다.

만원 짜리 화폐의 얼굴은 근현대사의 실존 인물이었다

'기자' 기록을 차용하여 세계사를 조작 및 날조했다.

1달러 지폐 미국의 국장 반대편에 그려진 전시안의 주인이 천자의 혈통이다.

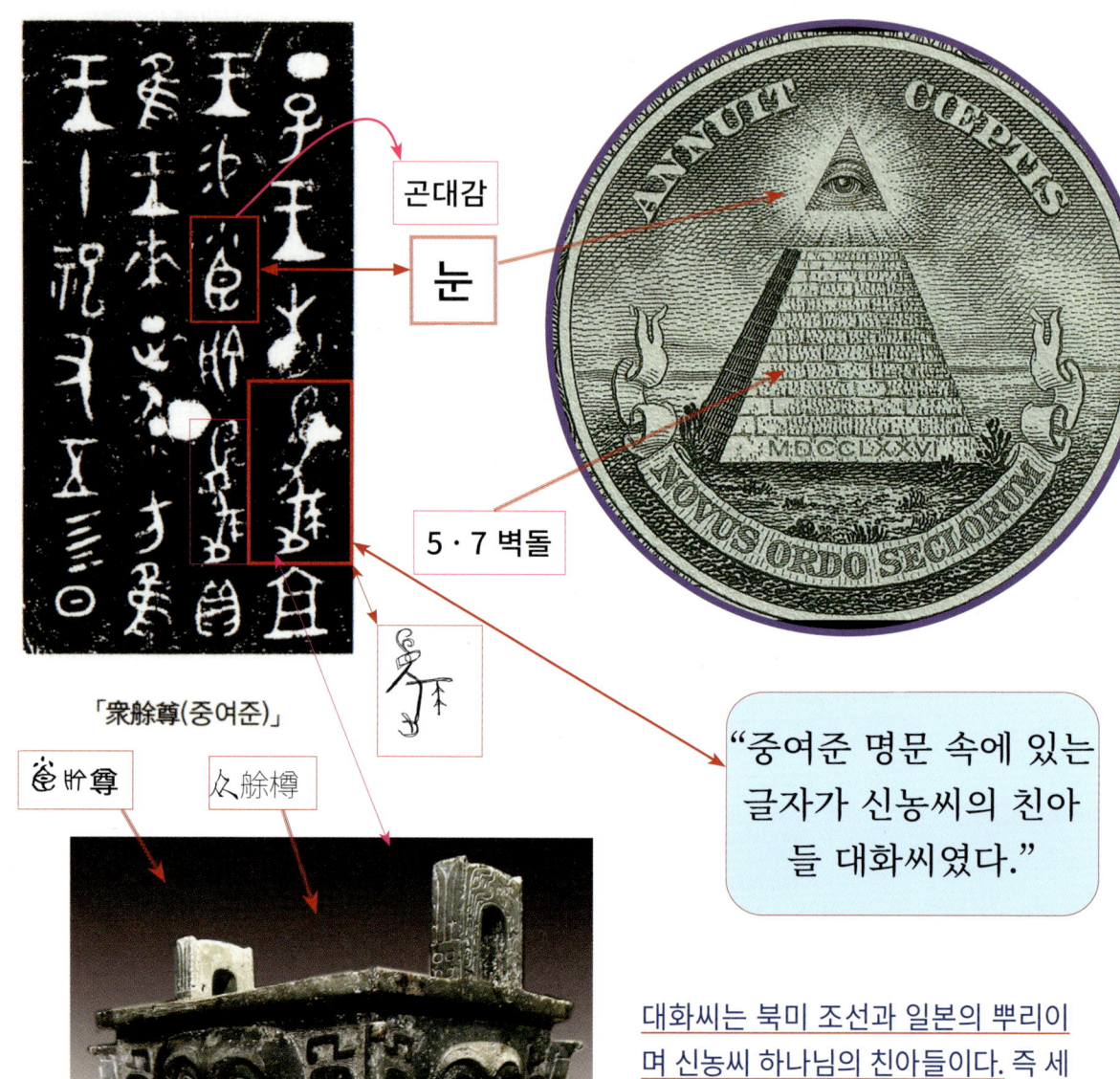

「衆艅尊(중여준)」

곤대감 — 눈

5·7 벽돌

"중여준 명문 속에 있는 글자가 신농씨의 친아들 대화씨였다."

대화씨는 북미 조선과 일본의 뿌리이며 신농씨 하나님의 친아들이다. 즉 세상 화폐를 관리하는 마스터이다.
하지만 세상의 주인인 하나님 즉 중국의 천자(7: 七)는 아니다.
천자가 나타나야 새로운 세상이 온다고 한다.
지금은 금융혼탁의 마지막 시기이다.

기자의 흉내를 낸 유대 국제금융세력이 코리언 자금으로 흡수됐다.

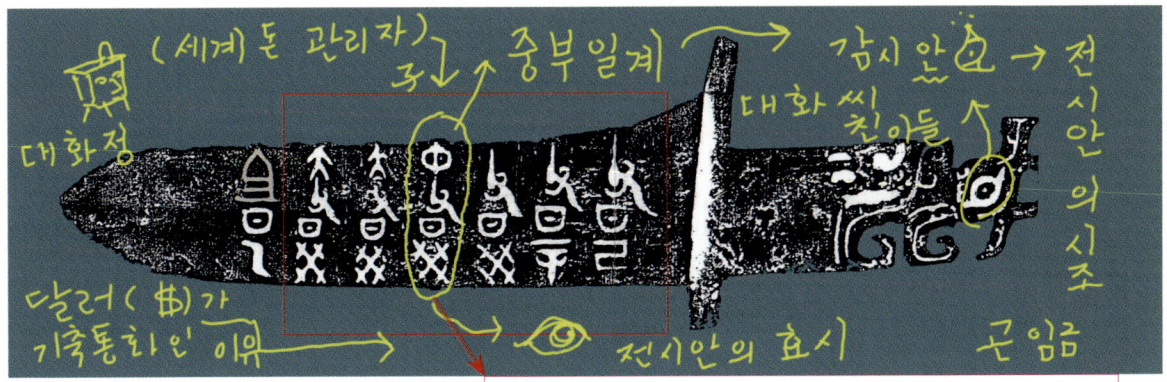

곤 대감을 이해하면 유대의 역사를 깨닫는다

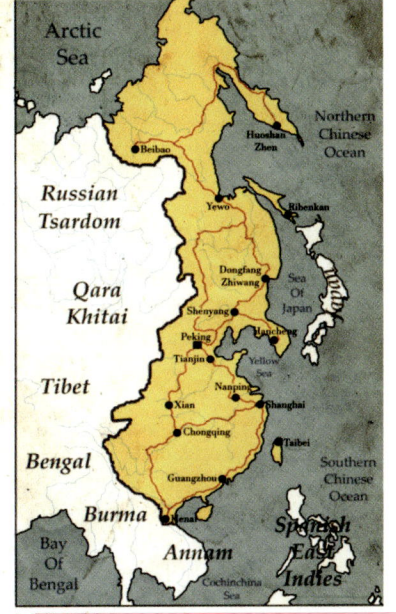

"조선 왕실 사당에서 언제부터 대화(희화)씨 제사를 지내지 않게 되었을까?"

조선왕조실록에 기자箕子가 등장하면서 대화방정의 주인공의 제사가 사라졌다.

어쨌든 기자의 흉내를 낸 유대 국제금융세력이 최근 코리언 자금으로 흡수된 것 같다.

이 문제는 역사상 굉장히 중요한 사건이다.

북미의 지나조선(세계 성역)이 아시아로 이동을 했다.(古朝鮮)

기자(箕子) 조선에 관한 기록은 조선왕조실록에 자세히 나온다.
세종실록 37권, 세종 9년 8월 21일 병자 3번째기사 1427년 명 선덕(宣德) 2년
단군과 기자의 묘제와 삼국 시조에 대한 치제에 대해서 정하여 아뢰게 하다
예조에 전지하기를,
"단군(檀君)과 기자(箕子)의 묘제(廟制)를 다시 의논하고, 신라·고구려·백제의 시조(始祖)에게 묘를 세워 치제(致祭)하는 일을 모두 고제(古制)에 상고하여 상세하게 정하여 아뢰라."
하였다.
이와 같이 조선왕조실록은 기자조선을 인정하고 있다.

조선은 당파싸움으로 인해, 생존을 위한 문벌의 대이동이 있었다. _조(朝: 廟)의 이전

세종실록 154권, 지리지 평안도 평양부

지리지 / 평안도 / 평양부

⊙ 평양부(平壤府)

본래 삼조선(三朝鮮)의 구도(舊都)이다. 당요(唐堯) 무진년에 신인(神人)이 박달나무 아래에 내려오니, 나라 사람들이 〈그를〉 세워 임금을 삼아 평양에 도읍하고, 이름을 단군(檀君)이라 하였으니, 이것이 전조선(前朝鮮)이요, 주(周)나라 무왕(武王)이 상(商)나라를 이기고 기자(箕子)를 이 땅에 봉하였으니, 이것이 후조선(後朝鮮)이며, 그의 41대 손(孫) 준(準) 때에 이르러, 연(燕)나라 사람 위만(衛滿)이 망명(亡命)하여 무리 천여 명을 모아 가지고 와서 준(準)의 땅을 빼앗아 왕검성(王儉城)【곧 평양부(平壤府)이다.】에 도읍하니, 이것이 위만 조선(衛滿朝鮮)이었다.

인조 실록에 다음과 같은 글이 있다.
(여기서 고황제高皇帝는 이성계 태조 대왕이시다.)

"중국에서 반포한 《홍무정운(洪武正韻)》은 음의(音義)와 자법(字法)이 모두 갖추어져 있는데, 이는 본래 고황제(高皇帝)가 천하가 동일 문자를 쓰게 하기 위해 창제(創製)한 책입니다."

미시간 주는 옛 그리스 땅이었다.

한반도에는 종묘산과 사직산이 존재하지 않는다. - 국가에 정보공개청구 요구!

세종실록 128권, 오례 길례 서례 신위

◎ 신위(神位)

사직단은 대사(大社)를 제사하되 후토씨(后土氏)로써 배향(配享)하고, 대직(大稷)을 제사하되 후직씨(后稷氏)로써 배향한다. 【사(社)는 토신(土神)이요, 직(稷)은 곡신(穀神)이다.】 대사는 단(壇) 위의 남방(南方)에 동쪽 가까이 북쪽을 향하여 있는데, 후토씨는 대사 신위(神位)의 왼쪽에 북쪽 가까이 동향(東向)하여 있고, 대직은 단 위의 남방에 동쪽 가까이 북향하여 있는데, 후직씨는 대직 신위의 왼쪽에 북쪽 가까이 동향하여 있다. 자리[席]는 모두 왕골자리[莞席]로 한다.

종묘의 협사(祫祀) 제향은 영좌(靈座)를 지게문 밖[戶外]에 설치하되, 서쪽에서 동쪽으로 차례대로 한다. 목조(穆祖)·도조(度祖)·태조(太祖)는 모두 남쪽을 향하게 하고, 익조(翼祖)와 환조(桓祖)는 모두 북쪽을 향하게 한다. 매 영좌(靈座)마다 의석(扆席)과 포연회준(蒲筵繢純) 을 설치하고 완석분준(莞席紛純)022) 을 덧펴고, 오른쪽은 조궤(彫几)를 설치한다. 【분(紛)은 수(綬)와 같은 것인데, 문채가 있고 좁은 것이다.】

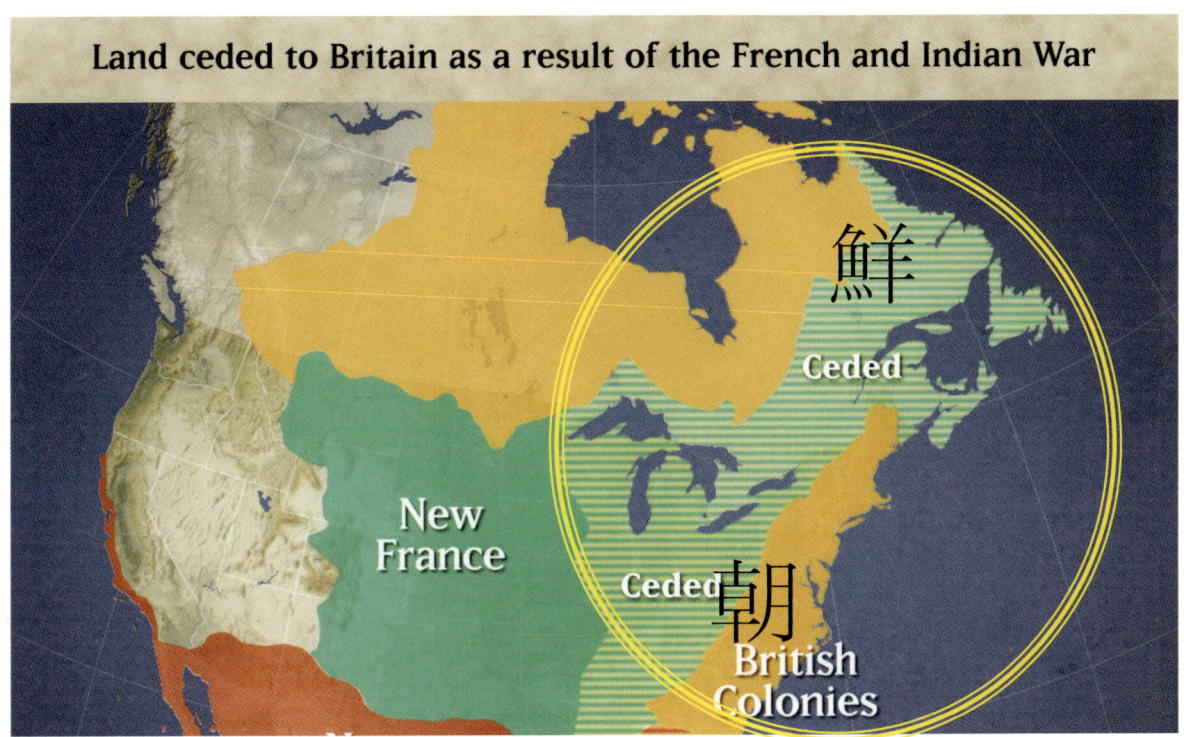

대죠션大朝鮮과 유럽은 아메리카대륙에 있었으며 공통문자는 한자였다.

홍무정운을 비롯한 운서에 의하면 현재 산스크리트어 영어사전의 어휘 대부분을 영어, 한자, 옛 라틴어, 옛 범어로 해석한 결과, 산스크리트어가 모두 우리말 옛 팔도사투리라는 것을 알 수 있다.

이에 따르면, 여진족의 말이 우리의 옛 함경도사투리의 어원과 옛 라틴어(게르만어, 프랑스어 영어 등의 어원)의 말에 뿌리를 두고 있는 것이다.

그러므로 조선 초기 아메리카대륙을 제패한 영락제 당시 세종대왕의 훈민정음을 대죠션大朝鮮 글(한자)의 표준음을 나타내는 여진, 잉글랜드, 프랑스, 게르만, 라틴 등의 대표 말격인 소리글(한글)로 봐도 무방하다.

Cognate Indo-European Country
인도(조선 황인종)와 유럽(조선 백인종)은 이웃이었다.

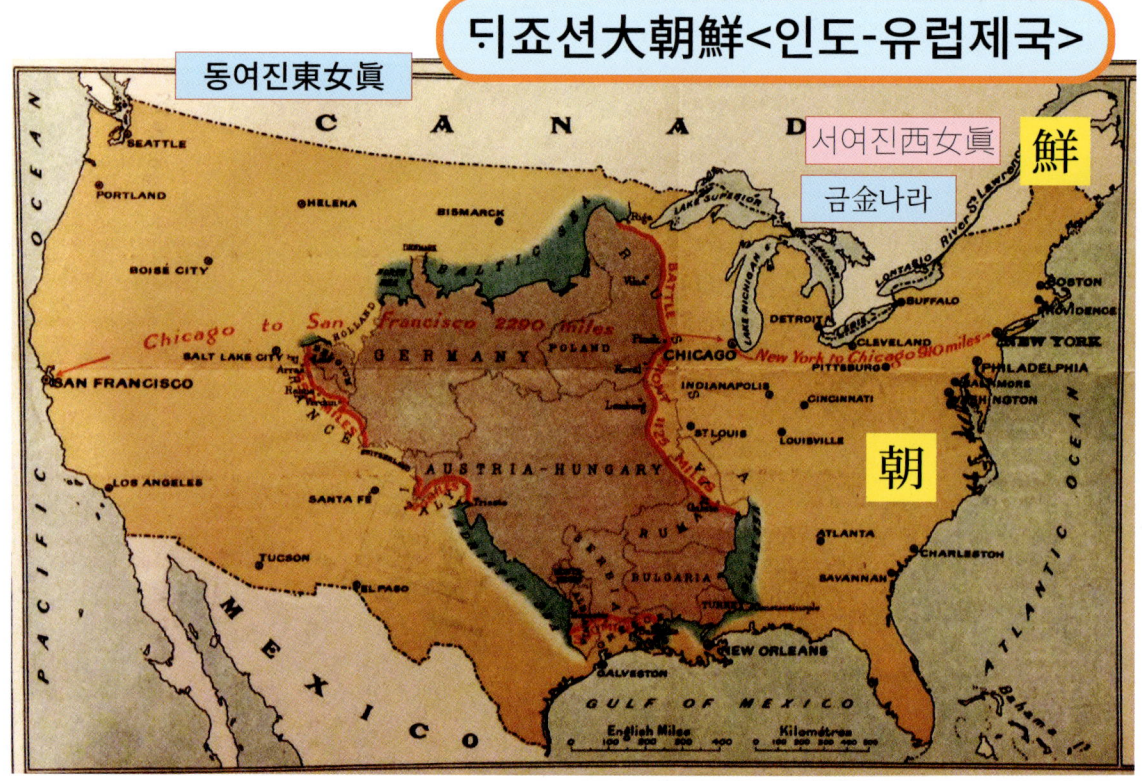

132

우리가 대조선 역사의 실체를 아는 순간 세계의 중심축이 될 수 있다.

즉 아메리카대륙의 강력한 중앙정부인 되죠션大朝鮮의 글이 한자였으며, 그러한 한자의 표준음인 소리 말글(언어言語)이 훈민정음이었다.

다시 말해 옛 조선말 팔도사투리(실담 언어言語)에서 영어가 파생된 것이다.

어쨌든 여진女眞의 황족이 옛 영어를 사용하는 잉글랜드, 스코틀랜드, 게르만 등의 황족일 가능성이 있다.

아메리카 대륙에서 한자가 공용문자였다.
청나라 말, 북경대학 총장 채원배는 한글 대신 영어를 한자의 말글로 받아들였다.
영연방의 사주가 있던 것이다.

한자漢字(Hanse)

아메리카 대륙의 강력한 중앙정부인 되죠선大朝鮮의 글이 한자였다.

천하도에 따르면 태평양에 인접한 아메리카가 해가 뜨는 동쪽이며, 대서양에 인접한 아메리카 동부가 해가 지는 곳이 된다.

따라서 지금 쿠바가 있는 곳을 서인도제도라고 명명하는데, 고대 사서史書에 따르면 맞는 말이 된다.

또한 북아메리카 대륙의 여진족도 동여진東女眞과 서여진西女眞을 반대로 해석하면, 서여진西女眞은 조선의 오행五行 원리에 의해 금金 또는 청淸나라가 되며 현재 센트로렌스 만을 따라 오대호에 이른 지역이 옛 여진의 강역이 되어 조선과 뿌리 깊은 형제간임을 알 수 있다.

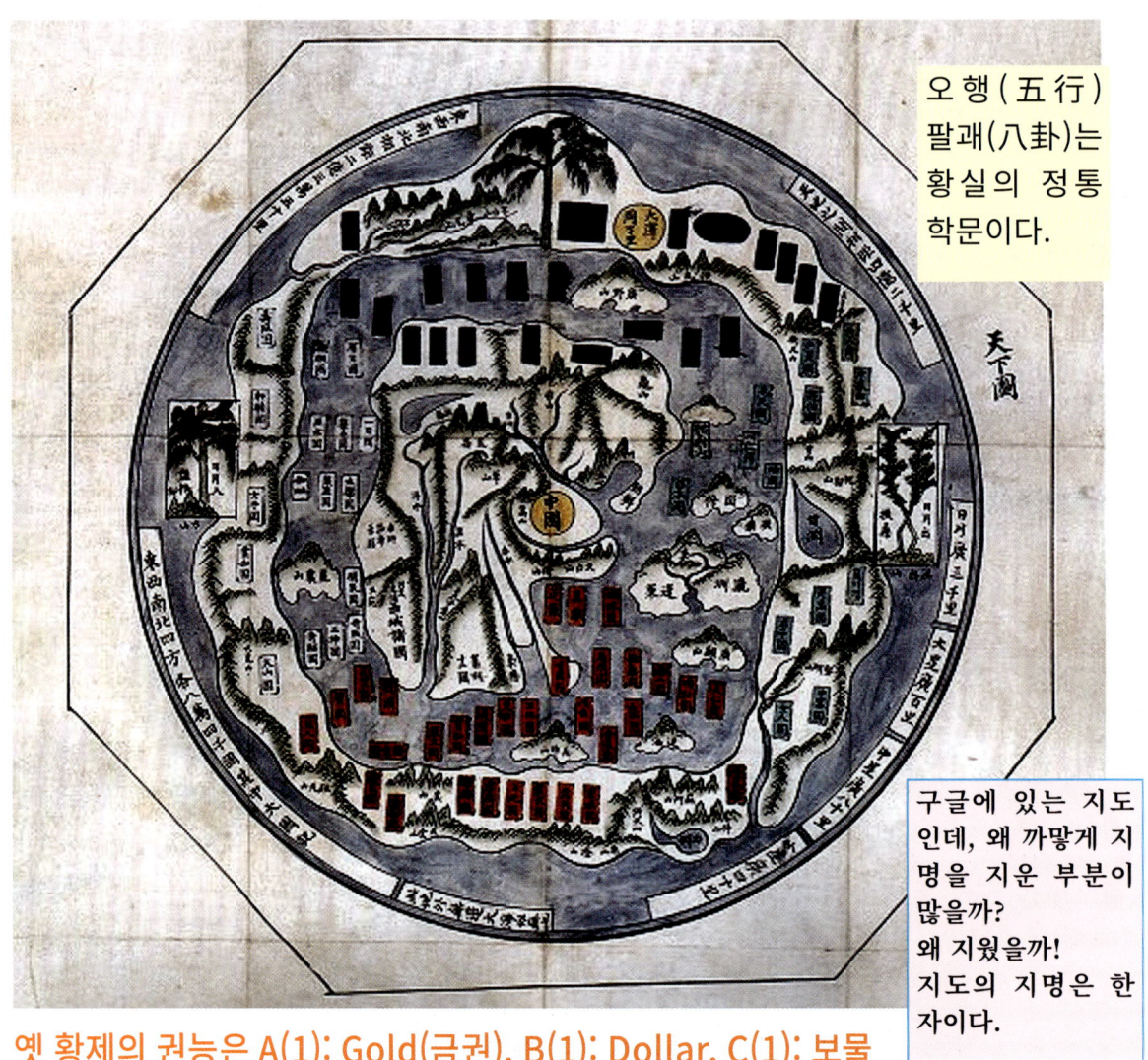

오행(五行) 팔괘(八卦)는 황실의 정통 학문이다.

구글에 있는 지도인데, 왜 까맣게 지명을 지운 부분이 많을까? 왜 지웠을까! 지도의 지명은 한자이다.

옛 황제의 권능은 A(1): Gold(금권), B(1): Dollar, C(1): 보물 또는 군권(세계질서)에서 나온다.

됬죠션 황제는 금융자본, 군권, 그리고 세상 권능(세계 질서)을 지니고 있었다.

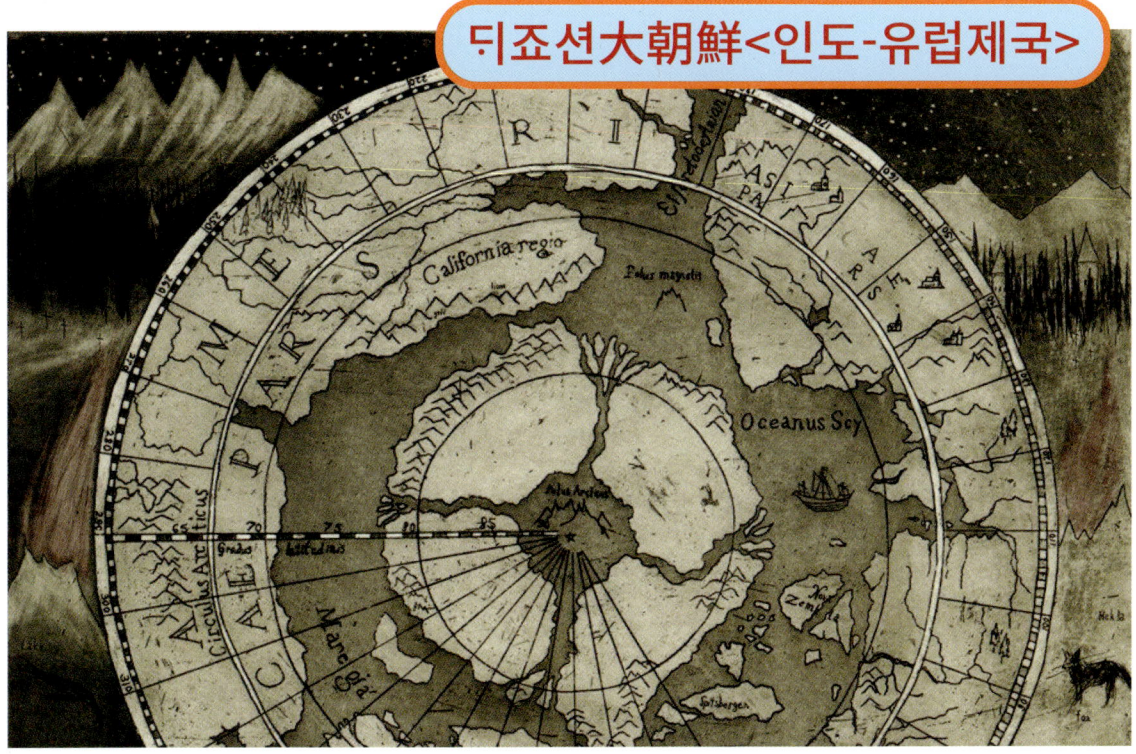

됬죠션大朝鮮<인도-유럽제국>

옛 범어는 옛 라틴어의 뿌리이며 여진족의 문자는 고대 기자조선의 문자(글)이며 말이었다.

이에 따라 조선의 갈래이며 기자조선의 후예인 여진은 옛 범어인 산스크리트어를 쓰는 민족이며, 그들의 말과 문자의 어원이 우리와 같다.

세계 황제 시스템은 지금도 존재한다.

'제곡 고신씨'는 양·웅의 율법을 깨고 양족에게 천자를 양위하지 않았다.

 '제곡 고신씨'는 양·웅의 율법을 깨고 양족에게 천자를 양위하지 않고 '곤'대감의 딸을 작은마누라로 받아들여 둘 사이에 태어난 자기 친아들 '제지'에게 제위를 물려 주었다.
 '제곡 고신씨'는 정복사업과 피라미드 건설에 전념하였고, '곤'대감은 금정(화폐관리자)이 되어 '제곡 고신씨'를 도왔다. 이 시기에 전 세계 수많은 피라미드가 건설되었다.

오늘날 세계최고의 기업일수록 빚은 더 많다. 국가도 예외가 아니다.

청동기 금문金文의 황실 족보는 근현대사의 국제비밀자금의 존재를 알린다.

제곡 고신씨가 곤대감과 모의하여 양·웅의 혼인 율법을 어긴 것이다.
곤은 금정(화폐 관리자)이 되어 피라미드 건설사업에 전념하였다.
(화폐경제시대의 상징적인 비유로 해석하라!)

북미 뉴브런즈윅은 옛 조선의 석유산지이다

지금은 바벨탑의 시대와 다름이 아니다. 각 나라는 건설이나 제조업에 무리한 투자로 인해 멸망해가고 있다.
그렇다. 전 세계는 정치, 경제 등을 장악한 통치권자에 의해 고립되고 있다.
국가도 국민도 태어나면서부터 알 수 없는 존재로부터 빛을 지고 있었다.
그렇다. 원죄였다. 이제 인류는 알 수 없는 존재로부터 빛을 갚아야할 때이다.

최초 알라딘 공연은 2011년 훨씬 이전이다.
알라딘은 국제자금을 여는 주인공(황제: 주인)의 상징이었다.

마치 알라딘의 요술램프 같다

대륙에있는 명명, 청清 13릉陵의비밀 - 비밀코드해제!!!

황실 정통족보는 성경에 등장하는 예수의 족보와 유사하다

황실 정통족보는 역사기록에 의해 세계인에게 공개되어 있다.
하지만 세상을 지배하는 강력한 세력은 자신의 정체나 정보를 결코 노출하지 않는다.

청동기 금문 연구는 황실족보와 연결되어 있었다.
황실족보란 황제의 금권과 군권에 관한 정보이다.
이러한 정보는 청동기 금문 연구와 오행 주역과 밀접한 관련이 있다.

청동기 금문 연구는 황실족보와 연결되어 있었다. 황실 족보란 황제의 금권과 군권에 관한 정보이다.

곤鯀이란 이름에서 어씨魚氏와 대화씨(하날님의 씨칭:日)가 합쳐져 선우중산국鮮虞中山國의 선鮮이 생겨서 조선朝鮮이 되었다.
즉 세계대동(世界大同)이 되었다.

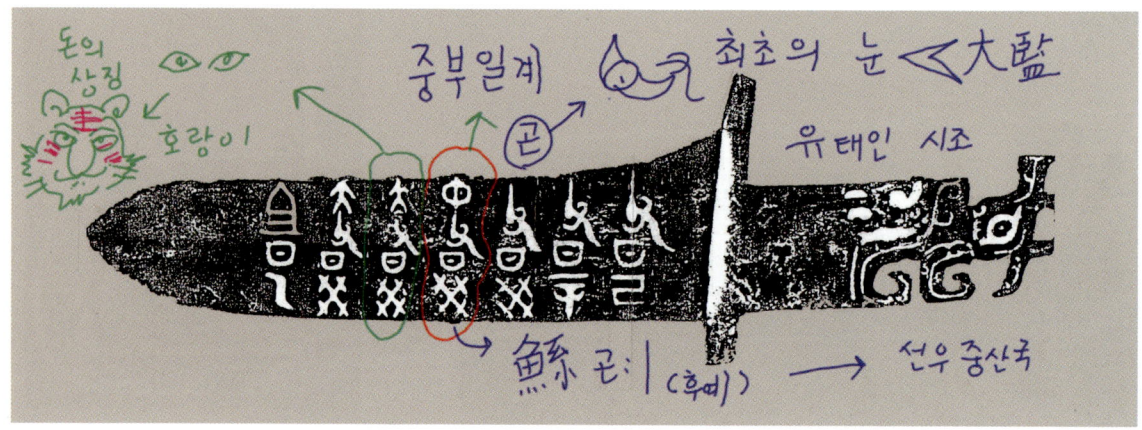

명明, 청清이 한몸이라는 국제비밀 기록은 황릉皇陵의 수수께끼를 푸는 열쇠이다

명, 청의 옛 황릉과 궁이 세상 주인의 보물창고라는 비밀 코드가 존재한다.
A1(Gold: 금)은 B1(Dollar: 달러)을 보증(Deposit)한다.

2020년부터 인류는 새로운 시대로 접어들었다. 세계독점금융의 핵심세력은 벌써 무너졌다. 그럼에도 불구하고 마지막 까지 저항하는 잔챙이 세력들로 인해 인류의 고통은 극에 달하고 있다.

지금은 여명의 시기이다. 깜깜한 밤 같지만 이미 새벽은 가까이 와있다.

"코리아의 독립은 필수조항입니다."

정체를 알 수 없는 거대금융세력이 양차대전후 인류복지를 위해 각 나라에 빌려준 국제자금을 회수하기 시작했다.

아메리카 대륙은 옛 천축국(13 성지)의 땅이었다

아메리카 대륙은 옛 천축국의 땅이었다

고대 CHINA는 아메리카 대륙에 존재했다.

아메리칸 밴텀 카 컴퍼니(American Bantam Car Company)는 펜실베이니아 주에 설립된 미국의 자동차 제조 회사이다. 아메리칸 밴텀은 제2차 세계대전 당시 최초의 자동차를 발명한 것으로 알려져 있다.

Bantam은 가금류의 매우 작은 품종에 대한 일반적인 이름이며 옛 자바의 전 네덜란드 식민지인 Bantam에서 유래되었다.

따라서 미국산 Bantam 자동차는 Bantam이라는 지명과 관계가 있으며 옛 자바와 네덜란드라는 지명은 아메리카 대륙에서 유래 했다.

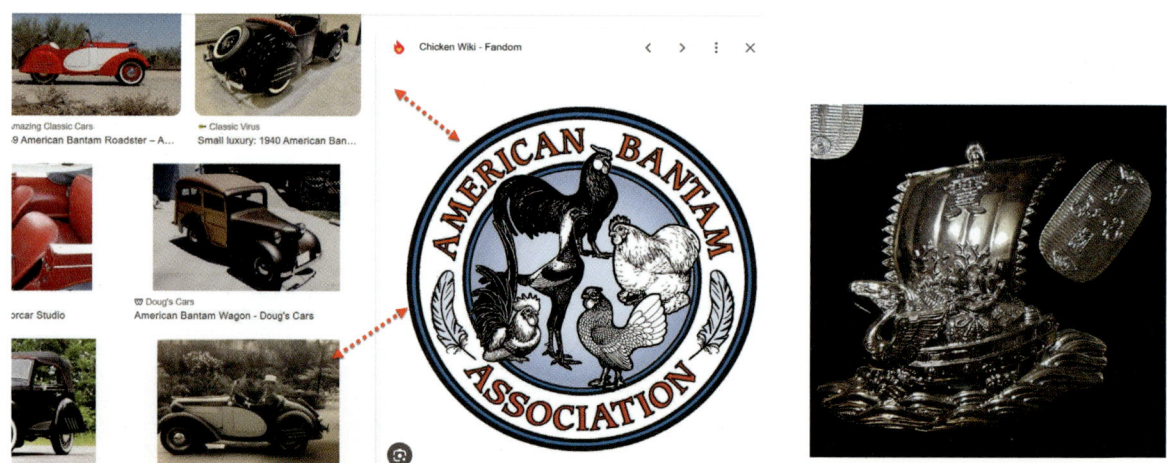

미래의 상징은 봉황(닭)이며 특정 물건을 담보로 하여 새 세상이 열린다.

한반도 조선 8도 사투리는 옥스포드 산스크리트어 영어사전에 대부분 기록돼 있다

아메리카 대륙은 옛 천축국의 땅이었다. 그래서 조선인들은 언어, 인종, 문화가 달라도 필담은 물론 말로도 서로 통하고 있었다. 그들이 천축국 언어인 실담말이나 산스크리트어를 사용하기 때문이다.

미국 워싱턴 D.C에 닭(봉황)이 왕관을 쓴 'Bantam' 음식점이 있다.
닭(봉황)은 미래에 올 원주인(황제)을 상징하고 있다.
음식점의 로고가 예사롭지 않다.

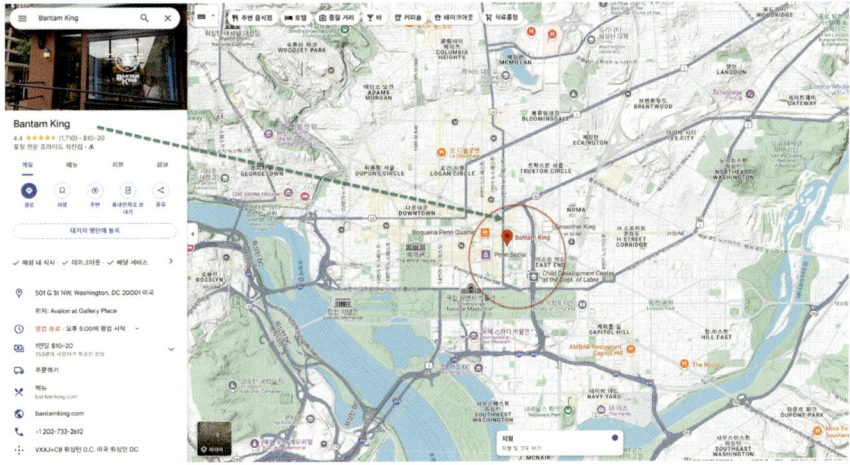

먼 훗날 아리안 백인종이 아메리카대륙에서 인디언을 추방하면서 산스크리트어 사전을 만들었다. 그들은 서문에서 아메리카대륙에서 위대하고 아름다운 산스크리트어를 쓰던 민족은 이 지구상에서 영원히 사라졌다고 쓰고 있다.

그러나 최근 한국의 언어학자 강상원 박사께서 산스크리트 영어사전의 모든 어휘가 우리 조선말 옛 팔도사투리라고 밝히고 있다.

따라서 산스크리트어를 사용했던 민족이 사라진 것이 아니라 아직도 조선 한반도에 남아 있다는 것을 증명한 것이다.

영락제 시기 어가출경도는 천하에 주인이 나타났다는 상징적인 그림이다

이와 같이 왕조실록의 기록을 보면 태조, 태종, 세종, 문종이라는 조선 초기 4명의 군주가 집권하던 시기에 정말 많은 말(馬)들이 명나라로 간 사실을 알 수 있었다.

대략적으로 훑어보기만 해도 5만 필(匹) 이상이다...

말 뿐만아니라 황소 또한 많이 보냈다. 특히 세종과 같은 명군이 명나라에 말과 소를 더욱 많이 보냈는데, 이것은 영락대제가 혈연적으로 조선왕실과 무관하다면 절대로 이루어질 수 없는 일이다.

아메리카대륙에 코끼리가 없다는 것은 멸종이 아니라 전략적으로 이주시킨 것이다

태조 이성계는 원명 교체기에 최고 군부의 자리에 올라 천허를 호령하였으며 태종은 직접 군대를 이끌고 원나라 군대를 제압하였다.

바야흐로 영락시대를 열어 천하를 통일한 것이다.

무릇 황제는 군부를 잘 다스려 군권과 금권을 지배하여 황제의 권능을 만 천하에 알리는 것이다.

바야흐로 전 세계는 중화 문화권으로 하나가 되었다. 이제 그러한 문화의 바탕이 되고, 다 함께 모여서 누구나 쉽게 배울 수 있는 세계 통합 문자를 원하게 됐다.

세상 주인의 금융비밀코드는 미래를 약속하는 특정물건의 상징부호 속에 들어 있다.

황제가 군신의 모습을 하고 있다면 그 시대는 아직도 질서와 안녕이 보장되지 않았다는 증거이다.

세계대전이 끝난 후에도 인류가 자각을 하지 못한다면 한 시대의 종말이 임박했다는 증거이다.

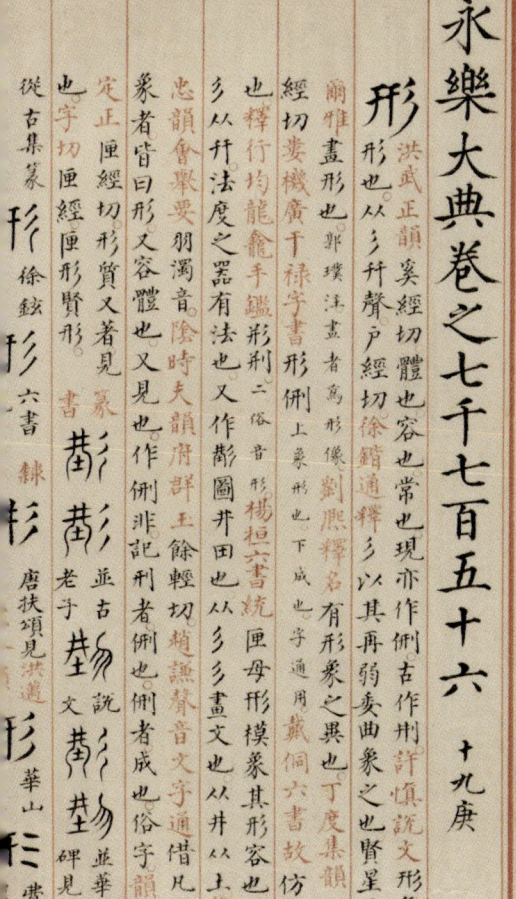

조선은 황제의 내부(內府)이므로 군부 이외의 모든 의례, 외교, 재정을 관리하였다.

신숙주

정인지

영락제 시대 세계 해상무역이 성행하였다. 옛 고려, 일본, 왜 등의 해상세력을 중심으로 국제무역이 성행하여 물류가 풍성해지자 국제군부와 관료제는 거대 정치기구와 행정조직으로 변화했다.
위 그림에서 조선의 복식과 명나라 관복이 같다.

서구열강은 군부이며,
옹정제 자신이 황제라는 의미의 그림!

한반도는 강희제 때부터 고려인(Korean)의 성지聖地이다.
미래 인류를 위해 군권, 금권, 권능을 지닌 주인이 나타나는 예언의 땅이라고 한다.
강희제 때 달러가 생겨났으며 미래를 위한 특정 물건을 달러가 보증(Deposit)을 하고 있는 것이다.
천축국이 아메리카에서 극동아시아로 지명(地名:조상의 지계석) 이전한 것이다.

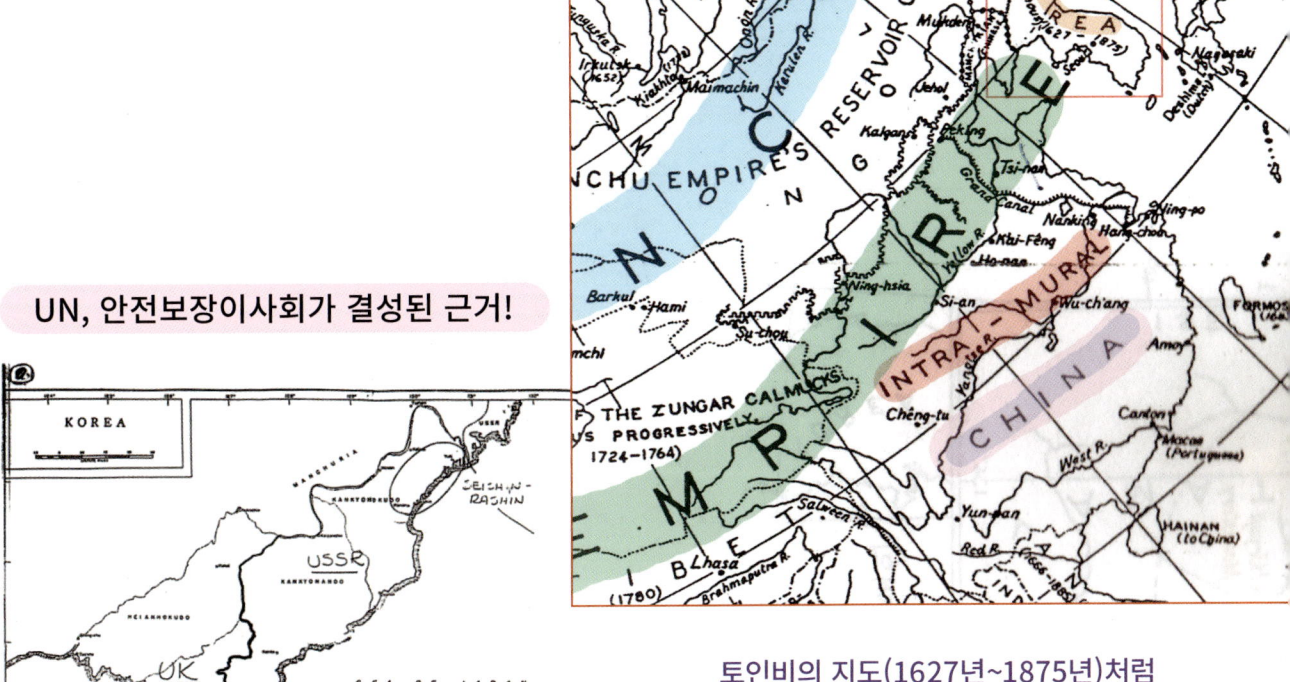

UN, 안전보장이사회가 결성된 근거!

토인비의 지도(1627년~1875년)처럼 'Korea'가 망했다면, 200년 이상 지속했던 'Korea'의 저항운동이 있었을 것이다. 그리고 먼 훗날 한반도가 5개국의 통치 아래 들어간 것으로 예상된다.
그러나 이와 같은 역사 기록은 어디에도 없다.

한반도에 서로 잘 소통이 잘 안되는 8도 사투리가 존재하는 이유를 생각하라!

145

영락제 시기에 중국과 조선은 비로소 하나가 되었다

조선의 학자 권근은 중국의 제후국을 소화(작은 조선)라 지칭하였다.

중국의 고서 주례에 의하면 중국(조선)에는 1,700여개의 나라들이 모여 있다고 했다.

영락제 시기에 중국과 조선은 비로소 하나가 되었다. 중국의 황통이 조선의 모계혈통으로 이어진 것이다. 그래서 대명조선大明朝鮮이라 했다.

어원적으로 조朝란 농경 수로를 중심으로 정착생활을 하는 세습 왕조를 의미하고, 선鮮이란 목축을 주업으로 하는 초원의 부족을 지칭하는 말이다.

역사적으로 조朝란 삼황오제 시대의 '전욱 고양씨' 왕조의 정통성을 상징하는 말이며 선鮮이란 선비족으로 '곤곤씨鯀鯀氏' 즉 '유태씨'(유태인의 조상)로부터 연원하고 있는 유목민이다.

한韓이란 순舜 임금에게 기원을 두고 있으며 농경과 목축을 겸하는 대제국을 의미한다. 아메리카대륙에 최초로 정착한 순임금은 5대호 토목공사를 실시하였고, 유전공학에 기반을 둔 오행수학을 완성하였다.

대조선大朝鮮의 황제는 중국이라는 상징이다. 중국의 황제는 'COREA'이다

조선은 아메리카대륙의 다양한 호족을 과거제도를 통해 '사대부'계층으로 제도화하여 양당정치체제를 구축한 범세계적인 연방 국가였다.

고대 왕실의 족내혼은 고대조선의 2:2결혼제도의 재현이었다.
상고시대 고대조선 황실의 혼인제도는 조선 때까지 이어져 왔다.
삼황 오제시절 순임금이 1:1 결혼제도를 도입한 이래 고대 조선의 혼인제도는 비록 변형되었으나, 옛전통 그대로 계승되었다.
조대명朝代名이란 조선황실이 모계혈통으로 대를 잇는다는 의미이다.
예를 들어, 황제 한 사람이 2명의 부인을 두는 경우이다.
　<김재섭 저 '문자로 나타난 하나님' >

사람의 이름에서생겨난 국호 – 朝鮮(조선)과 韓(한)

"조선의 옛 문자인
'韓(조)'는 帝顓頊(제전욱)이다" 라고
소남자 선생이 제기한 주장은
맞습니다.

故 낙빙기 장박군 선생님

최근 미국 재야사학자는 15세기 이전에 미국에 강력한 중앙정부가 존재했다는 것을 주장하며, 미국정부와 학계가 숨겨놓은 자료를 공개할 것을 촉구하고 있다.

일부 미국 재야사학자들은 15세기 이전 아메리카 대륙에 강력한 중앙집권적 정치체가 존재했었다고 한다. 이들은 기존 역사 기록에서 누락되었거나 숨겨진 자료들이 존재하며, 이를 통해 당시의 정치적 실체를 밝힐 수 있다고 주장한다.

이러한 주장에 따라 미국 정부와 학계에 해당 시기의 자료 공개를 요구하는 목소리가 높아지고 있다. 이들은 숨겨진 자료들이 공개될 경우, 미국 역사의 초기 단계를 새롭게 조명할 수 있을 것이라고 한다.

만약 필자의 사관인 '민족의 이동사와 아메리카 조선 실재설'이 밝혀진다면, 전 세계는 예상보다 빠르게 새로운 시대에 들어와 있을 것이다. **"Dream come True"**

"호랑이 담배 먹던 시절부터 이곳은 조선 땅이었다. 현재 미국의 담배농업이 잘 되는 곳을 중심으로 조선의 고토를 회복해봐!"

"조상님의 뜻을 받들어 온세상을 위한 정음(正音)을 반드시 만들겠나이다!"

영락대제는 아메리카 대륙을 정복했으며 정화함대는 해외식민지를 구축했다

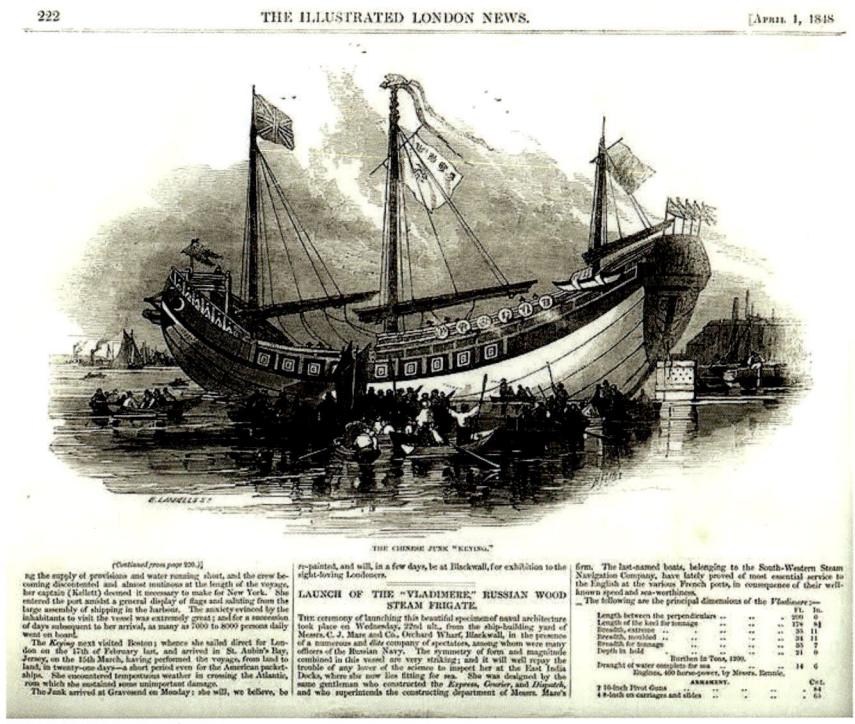

1847~1848년 정크선, 기영(耆英) 호는 세계 일주에 성공하여 정화의 정크선의 원양 항해 능력을 확실히 증명하였다

The U.S. Navy aircraft carrier USS Gerald R. Ford (CVN-78) transits the James River during the ship's launch and transit to Newport News Shipyard pier three for the final stages of construction and testing. Ford was christened on 9 November 2013, and was under construction at Huntington Ingalls Industries Newport News Shipyard, Virginia (USA).

15세기 정화함대는 군사력, 배의 크기, 원정대의 항로, 방문한 나라와 항구 설비 등은 당대 최고의 과학기술이 총동원된 종합예술이었다.

미국이 지금도 군사력이 세계 최강인 이유는 정화함대의 이러한 전통이 살아 숨쉬기 때문이다.

그런데 한국에도 정조 대왕 함이 있다.

명나라 영락제는 정화라는 해군제독을 앞세워 세계를 정복하였다

결국 우수한 활자기술을 활용하여 영락대전, 경국대전, 홍무정운, 대전통편, 동국정운, 훈민정음해례, 홍무정운역훈 등 어마어마한 책을 발간하였다.

그 당시 조선의 인쇄술이 아니라면 강리도(혼일강리역대국도지도), 영락대전과 같은 지도와 책을 도저히 찍어낼 수 없었다.

대나무를 대죽(大竹)라고 부르면 임자 즉 세상의 주인을 상징하는 말이다.

최근 비밀정보 통에 의하면 미래를 여는 금융코드 비밀번호를 홍무정운, 영락대전, 동국정운, 훈민정음 등에서 발췌했다고 한다. 만약 그렇다면 아무리 AI(인공지능)이라도 인간의 도움없이는 풀기 어려울 것이다.
세상 주인의 DNA를 바꿀 수 없을 테니까...

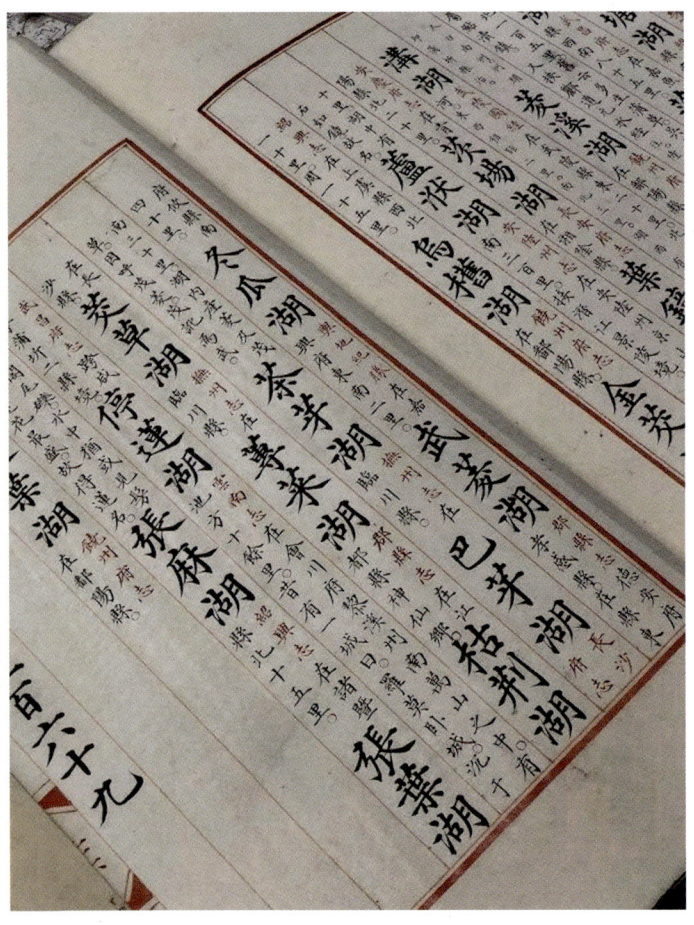

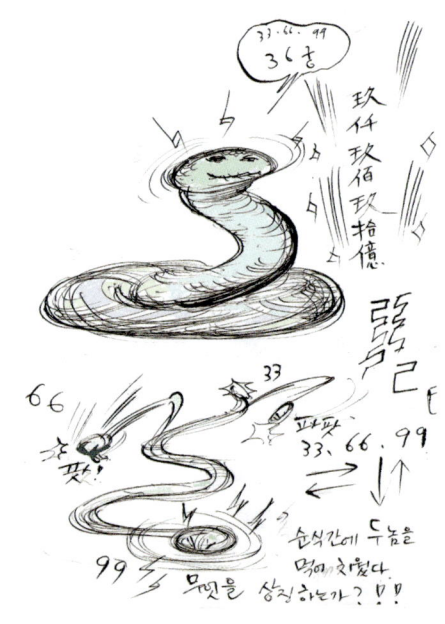

조선왕조실록과 영락대전은 영락대왕이 살던 15세기의 작품이 아니라 18, 또는 19세기 이후의 활자체라는 느낌을 지울 수 없다.
자형과 활자 모양이 조악한 것이 많고 교정과 교열의 모습이 보인다.

정화함대는 아메리카 제후국에서 선발된 다국적 선단이었다.

　남경에는 어학연구소가 설치되어 외국사절단을 교육하였다. 이들은 중국의 한자문화권에 있으나 언어가 다르므로 중국말을 배워야만 했다.

특히 훈민정음은 동양보다 라틴어와 같은 유럽 언어와 언어학적 유사성이 많다. 이것은 필자의 북미 '지나조선(支那朝鮮) 실재설'을 입증하는 것이다.

언어와 인종이 달라도 한자만 알면 옛 범어 말(정음)로 서로 의사소통을 할 수 있었다.

　영락제는 조선에서 한자를 중국말로 소리내기 위한 표준 한자음과 그러한 표준한자음을 소리내기 위한 글(발음기호)을 만들도록 했다.

　그래서 완성된 말글이 훈민정음이요, 훈민정음으로 나타낸 음운서가 동국정운東國正韻인 것이다.

　다시 말해서 글(한자)은 공용문자이나 나라마다 다르게 소리 내므로, 통일된 말(소리)글을 만들어 공용문자인 한자를 누구나 알아들을 수 있는 소리글(훈민정음)을 창제하였다.

　중국 음운서인 홍무정운을 바탕으로 하여, 훈민정음으로 만든 한자 표준음 운서인 동국정운을 바르게 사용하여 누구든지 쉽게 훈민정음을 배울 수 있도록 한 것이다.

아메리카 대조선은
강역이 넓어서
각 지방마다 똑같은 한자를
다르게 소리를 내고
있었다.
그래서 한자의
표준 음운서(동국정운)를
만들어
조선말 (훈민)정음으로
읽게 하였다.

몽골 대제국 이후 기마민족이 쇠퇴하고 문화강국인 대명조선이 탄생하였다

왕조실록 기록에 의하면 세종은 자신에게 왕위를 물려주고 요동정벌에 나선 영락제를 위해 황소 1만 마리를 보냈다.

그 후에도 대신들의 반대에도 무릅쓰고 수천 필의 명마를 영락제에게 보냈으며, 우수한 활자기술을 활용하여 경국대전, 대전통편, 동국정운, 훈민정음해례 등 어마어마한 책을 발간하였다.

그 당시 조선의 인쇄술이 아니라면 강리도(혼일강리역대국도지도), 영락대전과 같은 지도와 책을 도저히 찍어낼 수 없었다.

세종대왕이 황소 1만 마리와 수천 필의 명마를 영락제에게 보냈다면 영락제가 친아버지 이방원일 가능성이 높다.

세종 당시 대조선의 군사력은 막강하였다. 또한 북미 대륙과 같은 자연환경이 아니라면 그렇게 많은 양의 "마소(馬牛)"를 공급할 수 없는 것이다.

Oxen are driven through a village near here in a scene reminiscent of an American cattle
 - 사진은 미국의 소떼가 연상되는 마을이라고 소개하고 있으나 실제로 미국 대륙일 가능성을 배제하기 어렵다.
 필리핀과 인도네시아의 따갈로그 부족은 아메리카 대륙에서 이주해 왔다.

텍사스 롱혼 (Texas Longhorn) 의 일종

세종은 요동정벌에 나선 영락제를 위해 황소 1만 마리를 보냈다.

한편 정화의 거대한 함대는 고려의 과학기술이 필연적으로 필요하였다. 정화의 함대는 옛 고려의 해상 세력인 여러 호족의 도움으로 건조되었다.

정화의 선원 및 군대는 조선의 지휘 아래 아메리카 대륙에 거주하는 유럽과 아시아 제국의 선원들로 구성되었다.

정화함대는 400년후에나 등장할 제국주의시절(1815-1919)의 군함처럼 규모가 컸으며, 그러한 함대를 일사분란하게 움직이는 군부의 뛰어난 경영기술과 우수한 행정시스템은 지금도 경이적이다.

이러한 제도와 운영기술은 모두 로마 또는 신라에서 유래하였으며, 제국주의 시절, 영국과 미국 등 서구유럽으로 전수된 것이다.

'×' 현대 국제 금융 비밀부호이며 3축의 국제자금을 상징한다.
비밀지도는 부호로 풀어야 한다.

15~16세기 뉴욕은 암스테르담 이외에 많은 국제 선단들의 거류지가 있었다

암스테르담(옛 뉴욕)에서 가장 오래된 도시 지도이다.

옛 신라인 장보고는 해적 토벌에 그치지 않고 서남해 해상권을 장악하여 당나라와 일본뿐만 아니라 발해와 탐라, 우산국, 참파, 스리위자야, 마타람 왕국, 크메르 제국, 라보 왕국, 팔라 제국, 라슈트라쿠타 제국, 프라티하라 제국, 아바스 칼리파국 등 여러 나라와의 무역으로 많은 이익을 취하였으며, 아울러 큰 세력을 이루었다. _ 위키백과

세종 때 소와 말을 명나라에 보내는 기록이 나오는데 명나라가 해외 원정 때문에 요구한 것일까요? 조선왕조실록과 명 실록의 기록을 비교하여 설명해 주세요?

Search Labs | AI 개요

세종 시대에 명나라에 소와 말을 보낸 것은 명나라의 해외 원정 때문이라 단정하기는 어렵다. 조선왕조실록과 명 실록의 기록을 비교 분석해 보면, 단순한 조공 외에도 외교적 관계 유지, 명나라 황제의 개인적 필요, 그리고 때로는 조선 자체의 필요에 의한 것일 가능성도 있다.

조선왕조실록과 명 실록의 기록 비교:

조선왕조실록:

조선왕조실록에는 명나라에 소와 말을 보낸 구체적인 배경이나 이유에 대한 직접적인 언급은 부족하다. 다만, 명나라에 대한 조공의 일환으로 기록되거나, 명나라 황제의 요청에 의해 보낸 것으로 추정되는 경우가 있다. 예를 들어, 명나라 사신이 조선에 방문했을 때 소나 말을 선물로 요구했다는 기록이 있기도 하다.

명 실록:

명 실록에는 명나라 입장에서 조선으로부터 받은 소와 말에 대한 기록이 남아있다. 하지만, 명 실록에서도 이러한 공물이 해외 원정이나 다른 특별한 목적을 위해 요청되었다는 직접적인 기록은 찾기 어렵다. 주로 조공 체계 내에서 이루어진 일상적인 교류의 일부로 기록되어 있다.

해외 원정과 관련된 가능성:

명나라가 해외 원정을 위해 대규모 물자를 필요로 했을 가능성은 있다. 그러나, 조선에서 보낸 소와 말의 규모가 명나라 전체 물동량에 큰 영향을 미칠 정도는 아니었을 것으로 보인다.

명나라가 해외 원정을 명분으로 조선에 추가적인 공물을 요구했을 가능성도 배제할 수 없다.

<u>하지만, 명 실록에 이러한 내용이 명확하게 기록되어 있지 않다는 점은 이 가설을 뒷받침하기 어렵게 만든다.</u>

다른 가능성:

외교적 관계 유지:

명나라와의 외교 관계를 유지하고, 명나라 황제에게 호의를 얻기 위한 목적도 있었을 것이다.

황제의 개인적 필요:

<u>명나라 황제의 개인적인 필요에 의해 소와 말을 요구했을 수도 있다.</u>

명나라 황실은 대규모 연회를 자주 열었고, 이때 필요한 가축을 조선에 요청하는 경우가 있었다.

조선 자체의 필요:

때로는 조선이 명나라에 소와 말을 보냄으로써 내부의 정치적 갈등을 해소하거나, 다른 이익을 얻으려는 의도도 있었을 수 있다.

드디어 세상의 언어를 하나로 통일한 불세출의 영웅이 나타났다. 세종대왕이었다

결론:

세종 시대 명나라에 소와 말을 보낸 것은 단순한 조공 외에도 다양한 요인이 작용했을 가능성이 높다.

명나라의 해외 원정 때문이라고 단정하기는 어렵고, 외교 관계 유지, 황제의 개인적 필요, 그리고 조선 자체의 필요 등 여러 측면을 고려해야 한다.

몽골, 거란족, 여진족, 일본, 왜구 등은 조선을 거쳐야 명나라로 갈 수 있었다

영락 시대 세종대왕 최고의 무기는 주화(走火: 로켓포)이며 이것을 개량한 무기가 신기전(神機箭)이다.

주화는 로켓탄과 유사한 화약 무기이며, 신기전은 2km 이상 날아가는 미사일이다.

세종은 이러한 화포군단을 북방 국경 방어에 활용했다. 이 외에도 비격진천뢰, 소질려포 등 다양한 화약 무기가 있었다.

아래 그림은 기존 한반도의 양식과 조금 다르다. 실제로 사람들이 살고 있는 건물이다. 만약 이러한 시대가 한반도에 있었다면 제국주의 시절 100 여년 간의 일이 될 것이다. 당시 서울은 국제도시로 산업혁명에 이미 성공한 'Korea'였을 것이다.

그러나 그러한 역사를 배운 적이 없다.

북미 조선 한양(漢陽)

훈민정음은 세상을 하나(道)로 회귀하게 하는 창조적 언어이다. 온 누리 백성의 언어와 문화생활을 하나로 일치하게 하는 인류 보편적 문자이다.

세종 당시 조선의 군사력은 동방 최고이며 막강하였다.

"언행일치(言行一致)하게 하는 계시적 언어!"

3) 드디어 세상의 언어를 하나로 통일한 불세출의 영웅이 나타났다. 세종대왕이었다

> 그는 누구나 쉽게 배우고 한자어, 라틴어, 몽골어, 여진어, 일본어, 서반어, 옛 영어 등의 문자와 서로 통하는 언문을 창제한 것이다.

그 후 명나라 영락제가 세상을 통일하고 정화함대가 전 세계를 오가며 각 나라 관리와 상인들을 실어 나르는 조공무역을 완성하였다.
 드디어 세상의 언어를 하나로 통일한 불세출의 영웅이 나타났다.
조선 왕실의 세종대왕이었다.
그는 누구나 쉽게 배우고 한자어, 라틴어, 몽골어, 여진어, 일본어, 서반어, 옛 영어 등의 문자와 서로 통하는 언문을 창제한 것이다.

훈민정음訓民正音이었다.

더 나아가서 만약 영락제 주체가 아버지인 태종 이방원이 아니라면(적어도 세계 군신인 막부가 아니라면), 세종께서 훈민정음 창제에 목숨을 걸고 매달리지 않았을 것이다.
그렇다!
훈민정음은 세계를 제패한 영락제 시대, 인류최고의 문화유산이었다.
전 세계 언어를 하나로 통합한 훈민정음은 인류가 하나로 나아가게하는 디딤돌이다.
만세 반석이었다.

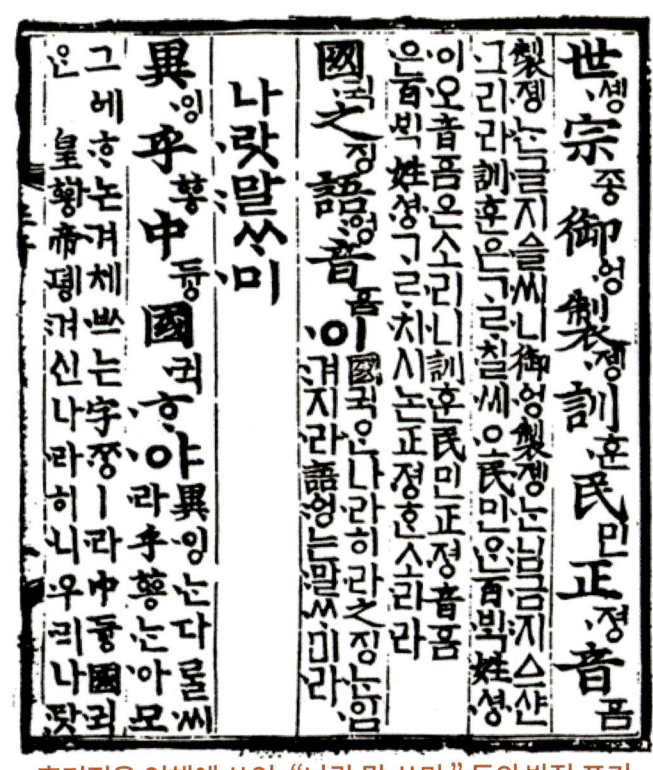

훈민정음 언해에 쓰인, "나랏·말:쓰·미." 등의 방점 표기

세종대왕의 백성 중심의 문자 창제 원리는 훗날 미국 대통령제라는 신세계를 열었다.

남경(옛 뉴욕)의 어학연구소는 조선학자들이 운영하고 있었다.

조공을 바치기 위해 전 세계에서 모여든 제후 왕, 그들의 자제, 사신, 학자들, 상인 등 수많은 사람들이 한자와 훈민정음을 배웠다.

조선말을 아는 사람은 황제가 궁중에서 쓰는 중국말을 쉽게 배웠다. 그 당시 조선궁중과 중국황실은 서로 말이 통했다. 중국황실은 조선의 모계혈통으로 황실계보가 이어지고 있기 때문이다. 즉 황실언어는 옛 조선말 팔도사투리와 어원이 같으므로 쉽게 배울 수 있는 것이다.

옛 라틴어(옛 스페인어:Spanish)도 같은 맥락이었다.

당시 아메리카 대륙 전체가 한자문화권이므로 필담으로도 서로 통했다.

20대 영조 임금 초상과 사도세자, 워싱턴 대통령

아들아... 아바마마...

정조 대왕 이후, 색목인은 황인종과 거리를 두기 시작했으며 사소한 전례문제를 구실로 당파끼리 서로 반목하였다.

워싱턴 대통령은 자손이 없었다고 한다. 최근 그의 친척들의 DNA를 추적하여 워싱턴의 혈통을 찾았다고 한다. 히스패닉 또는 동양인의 모습이었다.

조지 워싱턴   최근 혈족

우리장손... 할아버지...

미 3대 대통령 제퍼슨(정조)의 손자 효명세자

**순조의 아들 효명세자는 할아버지인 정조 대왕의 모습을 꼭 닮았다고 했다.
현재 정조대왕(제퍼슨 대통령 추정)의 초상이다.**
정조와효명세자의 초상은 불타버렸다고 한다.

158

백성(民민)을 사랑하는 왕(主人:님))의 마음을 담은 언어!_ 민주(民主)!

이제 우리는 조선인에 대한 고정관념을 버려야할 때다.
조선은 상투의 모양이 다양하고, 모자의 나라이다. 조선의 갓을 모방한 다양한 모자가 존재하는 나라가 아메리카대륙이다.
온 누리 언어를 하나로 통합하는 언어, 훈민정음이 탄생한 곳이다.

백인종 양반이 부를 축적하여 르네상스의 원동력을 제공하였다.

정화함대는 세계 여러 나라의 사신과 귀족 뿐만 아니라 각국의 희귀 동물이나 진귀한 공물을 싣고 왔다.

아메리카 대륙은 옛 천축국의 땅이었다. 그래서 조선인들은 언어, 인종, 문화가 달라도 필담은 물론 말로도 서로 통하고 있었다. 그들이 천축국 언어인 실담말이나 산스크리트어를 사용하기 때문이다.

먼 훗날 아리안 백인종이 아메리카대륙에서 인디언을 추방하면서 산스크리트어 사전을 만들었다. 그들은 서문에서 아메리카대륙에서 위대하고 아름다운 산스크리트어를 쓰던 민족은 이 지구상에서 영원히 사라졌다고 쓰고 있다.

그러나 최근 한국의 언어학자 강상원 박사께서 산스크리트 영어사전의 모든 어휘가 우리 조선말 옛 팔도사투리라고 밝히고 있다. <u>따라서 산스크리트어를 사용했던 민족이 사라진 것이 아니라 아직도 조선 한반도에 남아 있다는 것을 증명한 것이다.</u>

국제 코끼리 사냥꾼 협회

**<u>산스크리트어 영어사전에 남아 있는 산스크리트어를 사용했던 민족은 사라지거나 멸종하지 않았다.</u>
그렇다.
"조선말 8도 사투리였다"**

영락제 이후 '됴죠션'은 아메리카 대륙의 중앙정부였다(조선 왕실은 따로 존재)

　정화원정시기 한자동맹의 상인조합은 정화함대를 얻어 타고 전 세계를 누비며 무역을 하였다. 3만 명이 넘는 정화함대 선원 중 일부는 한자문화권의 상인으로 서로 한자로 필담을 하며 무역을 하였다.

명나라에 조회를 온 조선 사신을 전송하고 있으며 자금성이 보인다.
사신들의 배를 운항하는 선원의 모습은 분명히 서양해적의 모습이다.

잡일을 하며 조선 관리를 따라다니며 장사를 하던 무리의 일부가 훗날 독점 금융의 뿌리가 되었다.

선원의 모습이 영화에 나오는 서양 해적이다.

　영락제와 정화가 죽자 대명조선은 재정 파탄을 구실로 문호를 굳게 닫았다.
　정화의 함대는 와해되고 각종 서적과 지도들은 사라져버렸다. 허나 정화함대에 탔던 수많은 선원들은 무역을 멈출 수 없었다. 수십 년에 걸쳐 이룩한 항구도시와 거래처를 하루아침에 버릴 수는 없었다.
　정화함대의 선원과 한자동맹의 조합 상인은 유럽의 제후들을 움직여 무역을 재개하였다.

약탈무역으로 자본을 축적한 상인들은 부패한 조정의 관리들과 결탁하여 조선의 동부해안에 해양기지를 구축하였다.

대명조선大明朝鮮이란 중국과 조선이 일심동체라는 역사적 의미이다.

정화처럼 거대한 함선은 아니었지만 선원들은 앞 다투어 무역선을 탔다. 이번에는 각국의 사신을 실어 나르는 것이 아니라 보물을 약탈하기 위해 목숨을 건 항해였다.

대명조선大明朝鮮의 정화함대는 세계 여러 나라의 제후 왕과 사신을 초청하여 교화하고 우호를 다지는 조공무역이었지만 유럽의 영주들은 진기한 보물을 노리는 해적질을 했다.

"전 세계의 보물을 탈취하라! 특히 우리는 황금을 좋아한다."

정화함대는 기생부대, 의료부대, 식품부대, 음악부대 등 조공무역을 위한 모든 시설을 갖추고 무역을 하였다. 정착하고 싶은 사람은 규정에 따라 원하는 곳에 정착하여 조선인마을을 이루고 살았다. 인권과 평화를 보장하는 조공무역이었다. 조선인의 긍지는 하늘을 찔렀다.

진짜 아들이 아버지를 심판한다.

영락제 사후 대명조선이 갑자기 모든 무역활동을 중지하자 한자동맹의 도시상인과 무역상들은 곤경에 빠졌다. 경제공황이 온 것이다.

이들은 정화가 간 뱃길을 다시 가며 무역을 재개하였다. 하지만 이들은 정화함대가 이룩한 조공무역의 길을 가며 정상적인 무역을 하는 것이 아니라 월등한 무기를 앞세워 약탈무역을 감행하였다.

바야흐로 전 세계 바다 길을 해적이 장악하면서 평화로운 세상을 불바다로 만든 것이다.

중상주의 시절, 노예선의 역사가 제국주의 시절에는 (강제) 이민선으로 탈바꿈했다.

신숙주(申叔舟, 1417년 ~ 1475년)는 조선 초기 성리학자이며 정치가이다

보한재 신숙주는 과거에 급제하여 세종대왕부터 성종까지 무려 여섯 임금을 섬기면서 시종 정권의 핵심에서 중용을 지켜 국정을 운영하고 백성과 국가를 위해 경세제민을 잘 해왔다.

한편 신숙주 공은 박팽년朴彭年, 성삼문成三問, 하위지河緯地, 이개李塏, 이석형李石亨 등과 함께 집현전의 학사로서 훈민정음의 창제와 동국정운 찬술에 결정적인 역할을 하였다.

신숙주 선생이 쓴 동국정운 서문은 한자 표준음과 훈민정음의 관계를 기술하여 동국정운의 의의를 담고 있는 명문으로 지금도 세계 언어학자들의 주목을 받고 있다.

따라서 동국정운의 서문을 쓴 신숙주 선생이야말로 잃어버린 동국정운의 비밀을 푸는 핵심 인물이며 이 시대에 다시 조명해야 할 언어의 천재이다.

조선시대 신숙주申叔舟, 미스터리를 풀어라!

조선 초기 문신 신숙주의 초상화(세로 167cm, 가로 189.5cm)로 비단에 채색을 했으며 보물 제613호이다. 충청북도 청원군 가덕면 구봉영당에 소장되어 있다.
오사모에 흉배가 부착된 단령차림의 녹색 관복을 입은 모습이다.
목 부분의 푸른색 칼라가 인상적이며 녹색 관복의 붉은 안감 디자인이 돋보인다. 흉배의 새 두 마리가 상징하는 것이 무엇인지 궁금하다.
고대 아황(거위토템)과 여영(기러기토템)을 상징하기도 하고 음양을 상징한다는 설도 있고, 원앙 한 쌍을 상징하는 혼인제도의 표상이라고도 한다.
높은 관모, 의자, 발 받침대 그리고 신발 등이 높은 신분의 재상을 나타내고 있으며 전체적으로 조선시대 초상화의 정밀함을 보여주고 있다.

신숙주의 '야전부시도'라는 그림에서 텐트 모양이 A형 미국식 텐트이다.
보충 설명을 부탁드려요? 혹시 전쟁터가 미국이 아닐까요? (AI의 대답이 이상하다)

5~10 번 정도 질문을 다각도로 변화를 주면, AI가 대답을 해준다!

미국식 A 형 텐트!
미국에서 흔히 보는 '테이블-마운틴'이다

출기파적도(出奇破賊圖)

세조 13년(1467) 이시애가 반란을 일으키자 회령부사 어유소는 만령蔓嶺에서 협공으로 승리했다.
두 그림은 같은 장소로 추정된다.

야전부시도(夜戰賦詩圖)

신숙주(申叔舟, 1417 ~ 1475) 선생은 조선 초기 성리학자이며 정치가이다.

또한 뛰어난 언어학자로 훈민정음 창제자 중의 한사람이며 남방의 일본과 친선을 도모하고 북방의 여진을 정벌하여 이름을 떨친 외교관이다.

북관유적도첩(北關遺蹟圖帖)은 17~18세기에 만들어진 역사화첩(畵帖)이며 북관(함경도)에서 기개와 용맹을 떨친 장수의 공적을 기록한 것이다.

고려 예종 때부터 조선 선조 때까지 총 8가지 사례를 그렸다. 그중 야전부시도(夜戰賦詩圖)는 세조 때, 함경도 '도제찰사' 신숙주가 여진족을 물리친 이야기이다.

신숙주의 호연지기를 그림으로 나타내었다.

멀리 산봉우리가 테이블 마운틴이고 주변의 강의 모습이 아메리카대륙의 전형적인 지형과 같다.

보한재 신숙주 선생 연보年譜 - 출생, 성장, 혼인

보한재 신숙주 선생은 고령高靈 사람으로 공조 참판 신장申檣 공과 지성주사知成主事 정유鄭有의 따님 정씨 부인 사이에서 태어난 소생으로 자字는 범옹泛翁이고, 호는 희현당希賢堂, 보한재保閑齋이며, 시호는 문충文忠이었다.

고령 부원군(高靈府院君)에 봉해지고 성종成宗의 묘정廟庭에 배향되었다.

공은 태종 17년(1417) 6월 13일 나주羅州의 오룡동五龍洞에서 태어났다.

'고령 부원군高靈府院君에 봉해지고 성종成宗의 묘정廟庭에 배향되었다'는 것은 신숙주 선생이 황족의 자격으로 제사를 받게 되었다는 의미이다.

신씨 문중의 신분이 상승한 것이다.

그래서 신숙주 공의 호가 문충文忠이다.

공은 16세에 대제학 청향당淸香堂 윤회의 손녀요 '사재감 부정 증 영의정 송원 부원군司宰監副正贈領議政松原府院君' 윤경연의 따님 '무송 윤씨茂松尹氏'를 부인으로 맞이했다.

한자의 표준음을 적은 음운서인 '동국정운' 서문을 신숙주가 썼다.

청향당淸香堂 윤회는 대제학을 지낸 세도가로 신숙주를 어릴 때부터 문하생으로 가르쳤다.

신숙주 선생의 비범함을 알아본 청향당은 그를 자신의 사위로 맞아 들였다.

청향당 윤회의 손녀 윤씨 부인은 머리가 총명하여 학문이 출중하였으며, 특히 규수로서는 보기 드물게 무예에 뛰어난 실력을 갖춘 것으로 알려져 있다.

사주단자四柱單子

<민속>

혼인이 정해진 뒤 신랑 집에서 신부 집으로 신랑의 사주를 적어서 보내는 종이.

보한재 신숙주 선생 연보年譜 - 과거에 급제하여 등용

1438년(세종 20) 생원, 진사시와 1439년 친시문과親試文科에 급제하여 25세에 주자 별좌鑄字別坐에 임명되었다.

신숙주 공公은 유명한 독서광으로 항상 장서각藏書閣에 들어가 책을 읽었다.

어느 날 세종대왕께서 책을 읽다 잠이든 공에게 어의御衣를 덮어준 고사는 아직도 '인구人口에 회자膾炙'되고 있다.

주자 별좌鑄字別坐
금속활자를 만드는 주자소를 관할하는 관리

장서각藏書閣
일종의 황실 도서관(皇室圖書館)으로 세종은 집현전, 세조는 홍문관, 정조는 규장각을 설치하여 이러한 기능을 수행하였다.

어의御衣
임금이 입는 옷

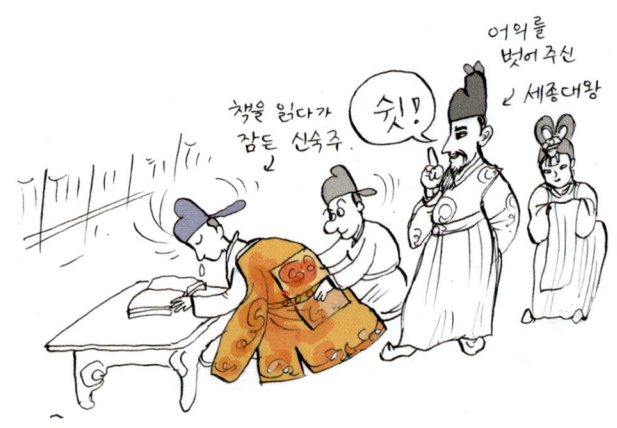

다스릴 강역疆域이 넓어져서 한자의 표준말을 소리내기 위한 정음正音이 필요했노라!

그 당시 국제 공용문자는 한자漢字였다.
그래서 세종대왕은 아메리카대륙 여러 제후국의 말을 정음正音으로 통일하였다.

'연려실기술'에 신숙주는 중국어, 일본어, 몽골어, 여진어 등에 능통했다고 한다.

신숙주 공公은 인도어, 라틴어, 아라비아어 등 모든 나라의 말을 번역하였고, 신라와 고려 때 사용했던 이두(吏讀)를 활용해 라틴어 등 아메리카대륙 여러 제후국의 문자를 정음正音으로 통일하였다.

신숙주를 알면 영락제의 세계통일 역사가 보인다.

27세에 일본국 통신사 변호문의 서장관書狀官이 되어 일본에 건너가 조선학자의 학문실력을 널리 떨쳤으며 돌아오는 길에 대마도 군주와 계해조약을 체결하여 외교 역량을 과시하였다.

그 후에도 여러 차례 해외 원정을 떠났으므로 그를 범옹泛翁이라 불렀다.

범옹泛翁이란 배를 타는 노인이란 뜻이다. 정화와 신숙주처럼 평생 배를 타고 맡은 일을 수행하는 지혜로운 사람을 가리키는 말이다.

테이블 마운틴(table mountain)은 주로 미국에서 발견된다.

되죠션 선단

신숙주는 뛰어난 문필로 남방 왜(일본)의 기를 꺾다.

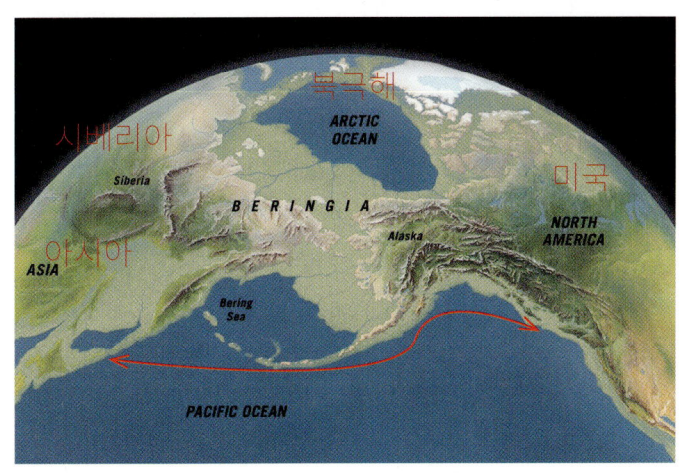

중국을 왕래하는 사신이나 상인들은 모두 배를 타거나 걸어서 이동하였다.
 그 당시 신숙주는 육로보다는 주로 배를 이용한 것 같다.
그를 범옹泛翁이라고 불렀다는 것이 그 증거이다.
 아마 당시에는 베링 해협이 육지로 이어져 있었을 가능성이 높다.
 또한 그러한 학설이 존재하고 있으며 신숙주는 중국대륙과 아메리카대륙을 왕복하는 정기 항로를 이용했을 것이다.
 정화 함대가 개척했거나 원래 있었던 항로일 것으로 추론해 본다.

훈민정음 창제 당시 국제정세에 대해 왕조실록에 기록이 있나요?
즉 정화의 원정이라든가 명나라의 해외원정이라든가. 예를들어 설명해 주세요?

Search Labs | AI 개요

훈민정음 창제 당시의 국제 정세에 대한 구체적인 기록은 조선왕조실록에 명확하게 기술되어 있지 않다.

그러나, 명나라의 정화 원정(1405-1433년)과 같은 사건들은 당시 동아시아 정세에 영향을 미쳤고, 이는 간접적으로나마 훈민정음 창제와 관련된 사회적 분위기 형성에 영향을 주었을 가능성이 있다.

명나라의 해외 원정:

15세기 초 명나라의 정화 원정은 동아시아는 물론 동남아시아, 인도양까지 세력을 확장하는 대규모 원정이었다. 이 원정은 명나라의 국력을 과시하고 주변 국가들에게 위압감을 주는 동시에, 조선에도 영향을 미쳤다.

조선 왕조실록의 기록:

조선왕조실록에는 훈민정음 창제에 대한 기록은 있지만, 명나라의 해외 원정과 같은 구체적인 국제 정세에 대한 직접적인 언급은 찾기 어렵다. 다만, 훈민정음 창제가 이루어진 시기(1443년)는 정화의 원정이 종료된 직후이며, 당시 조선은 명나라의 강력한 영향력 아래에 있었기 때문에, 이러한 대외적인 상황이 훈민정음 창제에 대한 사회적 분위기에 간접적으로 영향을 주었을 가능성은 있다.

훈민정음 창제의 배경:

훈민정음 창제는 세종대왕의 백성을 사랑하는 마음과 함께 당시 지배층의 문자 사용과 관련된 문제점(백성들의 한자 사용의 어려움, 정보 전달의 한계 등)에 대한 인식이 작용한 결과였다.

정화 원정의 영향:

정화 원정은 동아시아 뿐만 아니라 동남아시아, 인도양까지 명나라의 영향력을 확대시키는 사건이었고, 이로 인해 조선은 외교적으로나 군사적으로 명나라에 의존하는 경향이 심화되었다. 이러한 상황은 조선 내부의 정치적 동향에도 영향을 미쳤을 것이며, 훈민정음 창제와 같은 문화 정책 추진에 어떤 식으로든 영향을 주었을 가능성이 있다.

결론:

훈민정음 창제 당시 국제 정세에 대한 직접적인 기록은 실록에 명시되어 있지 않지만, 정화의 원정으로 대표되는 명나라의 대외 확장 정책은 조선의 대외 관계 및 사회 전반에 영향을 미쳤을 것이며, 이는 훈민정음 창제에도 간접적인 영향을 주었을 것으로 추정된다.

반치음 (半齒音): ㅿ, 치음과 유사하지만, 혀의 움직임이 치음보다 부드럽고 약하게 나는 소리이다. 현대 국어에는 없는 소리이다. 왜 사라졌을까?

임진왜란 이후 미 동부 해안(조선)은 국제 해적(유럽 상비군의 외인부대)의 전략적 약탈의 표적이 되었다.

<u>프랑스, 포르투갈, 코리아, 이탈리아, 게르만, 스페인, 영국 등이 벌떼처럼 달라 붙었다.</u>

'해시태그 훈민정음'이란?

훈민정음은 본문인 예의(例義)와 해설인 해례(解例)로 구성되어 있으며, 해례는 제자해, 초성해, 중성해, 종성해, 합자해, 용자례 등으로 나누었다.

훈민정음의 제자 원리:

상형: 발음 기관의 모양을 본떠서 글자를 만들었다.
가획: 기본 자음에 획을 더하여 다른 자음을 만들었다.
병서: 기존 글자를 나란히 붙여 쓴다.
이체: 기본자를 다소 이질된 형태로 바꾼다.

훈민정음의 특징:

음성학적으로 가장 함축적으로 구성되었다.
단일 시기에 창제되어 일시에 반포 및 사용되었으며, 600년 가까이 사용되어 왔다.

훈민정음의 자모(子母) 제자 원리:

　　훈민정음에는 자음(子音) 17자와 모음(母音) 11자로 총 28자가 있었다. 자음은 17자, 모음은 11자인데, 현대 한글에서는 24자 (자음 14, 모음 10)를 사용한다. 훈민정음 제자해에서
자음은 발음 기관의 모양을 본떠 만든 **기본 자음 5자**(ㄱ, ㄴ, ㅁ, ㅅ, ㅇ)와 획을 더하여 만든 **가획자 8자**(ㅋ, ㄷ, ㅌ, ㅂ, ㅍ, ㅈ, ㅊ, ㅎ) 및 **모양을 달리하여 만든 이체자 4자**(ㆁ, ㄹ, ㅿ, ㆆ)로 총 17자로 분류된다.
모음은 하늘, 땅, 사람의 모양을 본떠 만든 **기본 모음 3자**(ㆍ, ㅡ, ㅣ)와 획을 더하여 만든 **초출자 4자**(ㅗ, ㅏ, ㅜ, ㅓ) 및 **재출자 4자**(ㅛ, ㅑ, ㅠ, ㅕ)로 총 11자로 분류된다.

훈민정음 해례본은 세종대왕이 친히 지으신 유일한 훈민정음訓民正音이다.

훈민정음 28자의 초성 기본 자음(ㄱ, ㄴ, ㅁ, ㅅ, ㅇ)은 발음 기관의 모양을 본떠서 만들었다.
 초성 기본 자음에 획을 더하거나 모양을 달리하여 12개의 자음을 만들었다.
(ㅋ, ㄷ, ㅌ, ㅂ, ㅍ, ㅈ, ㅊ, ㅎ, ㆁ, ㄹ, ㅿ, ㆆ)

 중성 자음은 입안의 혀 모양이나 입술 모양, 이 모양, 목구멍 모양 등을 본떠서 만들었다.
(·, ㅡ, ㅣ) (ㅗ, ㅏ, ㅜ, ㅓ) (ㅛ, ㅑ, ㅠ, ㅕ)

전청음 (全淸音):
훈민정음에서 '가획'을 통해 다른 자음들을 파생시키는 기본이 되는 글자들입니다.

아음 (牙音):
혀뿌리 소리로, ㄱ, ㅋ, ㄲ, ㆁ이 있습니다. 전청음은 ㄱ 이다.
설음 (舌音):
혀 소리로, ㄷ, ㅌ, ㄸ, ㄴ이 있습니다. 전청음은 ㄷ 이다.
순음 (脣音):
입술 소리로, ㅂ, ㅍ, ㅃ, ㅁ이 있습니다. 전청음은 ㅂ 이다.
치음 (齒音):
이 소리로, ㅈ, ㅊ, ㅉ, ㅅ, ㅆ이 있습니다. 전청음은 ㅈ과 ㅅ 이다.
후음 (喉音):
목구멍 소리로, ㆆ, ㅎ, ㆅ, ㅇ이 있습니다. 전청음은 ㆆ 이다.

가획 (加劃):
기본 글자에 획을 더하여 더 센 소리를 나타내는 글자를 만드는 방법입니다. 전청음은 가획을 통해 차청음(거센소리)이나 전탁음(된소리)을 만든다.
예시:
ㄱ(전청음)에 획을 더하면 ㅋ(차청음)이 됩니다.
ㅂ(전청음)에 획을 더하면 ㅍ(차청음)이 됩니다.
ㅅ(전청음)에 획을 더하면 ㅈ(전청음)이 됩니다.

훈민정음은 이러한 기본 원리를 바탕으로 소리의 특징에 따라 자음 체계를 구성하고 있다.

훈민정음에서 사라진 자음은 반치음(ㅿ), 옛이응(ㆁ), 여린히읗(ㆆ) 이렇게 세 가지이다.
 이 외에도 모음 중 하나인 '아래아' (·) 도 사라졌다.

'훈민정음 해례본(訓民正音解例)'은 예의, 해례, 서문으로 구성되어 있다

今正音之作

이제 훈민정음을 만드는 것은

初非智營而力索

처음부터 슬기로 마련하고, 애써서 찾은 것이 아니라

但因其聲音而極其理而已.

다만 그 (원래에 있는)성음(의 원리)을 바탕으로 이치를 다한 것 뿐이다.

理既不二 則何得不與天地鬼神同其用也.

처음부터 이치는 둘이 아니니 어찌 천지 자연, (변화를 주관하는) 귀신과 그 사용을 같이 하지 않을 수 있겠는가?

正音二十八字 各象其形而制之.

훈민정음 스물 여덟자는 각각 그 모양을 본떠서 만들었다.

— 《훈민정음 해례》(訓民正音解例), 〈제자해〉(制字解)

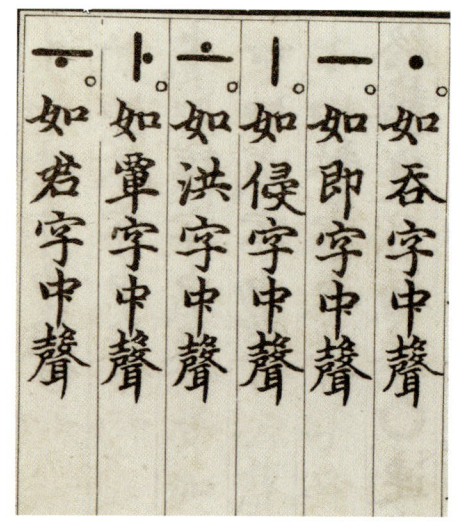

훈민정음 창제 당시 기본 모음은 '·, ㅡ, ㅣ' 세 글자이다.
이들은 각각 하늘, 땅, 사람을 상징하며, 훈민정음의 철학적 바탕을 이룬다.

'훈민정음 해례본(訓民正音解例)'은 예의, 해례, 서문으로 구성되어 있다

'훈민정음 해례본'은 예의, 해례, 서문으로 구성되어 있는데, 예의편(例義)은 훈민정음 창제 목적을 밝힌 어제 서문과 새 글자의 음가, 운용법을 설명한 예의로 구성되어 있다.

해례(解例) 부분에는 제자원리, 제자 기준, 자음체계, 모음체계, 음상 등에 대해 설명한 제자해(制字解), 초성에 대해 설명한 초성해(初聲解), 중성에 대한 설명과 중성 글자의 합용법을 제시한 중성해(中聲解), 종성의 본질과 사성 등을 설명한 종성해(終聲解), 초성·중성·종성 글자가 합해져서 음절 단위로 표기되는 보기를 보이고 중세국어의 성조에 대해 설명한 합자해(合字解), 단어의 표기례를 제시한 용자례(用字解)로 구성되어 있다.

정인지 서문 부분에는 한글의 창제이유, 창제자, 한글의 우수성, 이 책의 편찬자 그리고 끝에는 '정통 11년(1446) 9월 상한'이라는 반포일이 기록되어 있다.

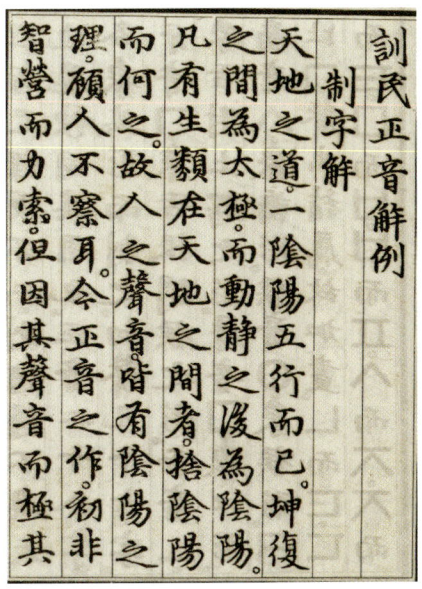

발음 기관의 모양을 본떠 만든 기본 자음 5자

ㄱ 혀 뒤쪽으로 밀어 올릴 때의 모양

ㄴ 혀가 치아에 닿는 모양

ㅁ 입술이 닫힐 때의 모양

ㅅ 혀가 치아에 닿는 모양

ㅇ 혀를 치아에 닿게 하지 않고 소리를 낼 때의 모양

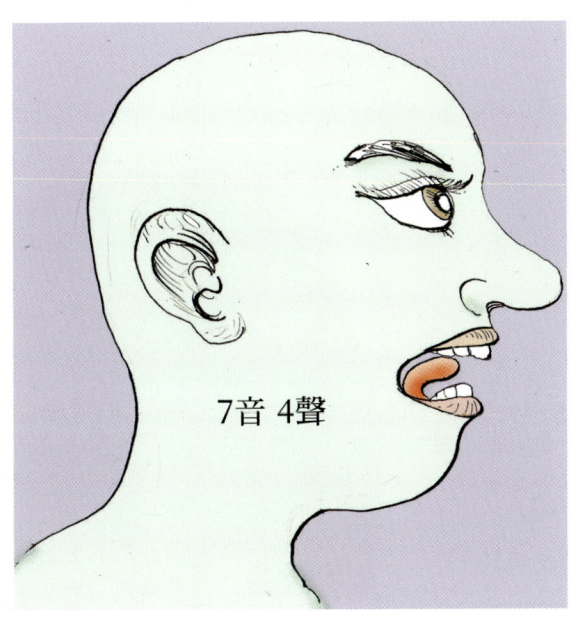

7音 4聲

AI : 훈민정음을 반포 당시 주변국은 어떤 언어를 썼나요?

영락 대제가 중화 문화권 안에서 전 세계와 조공무역을 완성할 때, 즉 훈민정음 반포 당시 주변국들이 사용한 문자는 한자, 몽골 문자, 여진 문자, 영락제가 정복한 서구 여러 나라들의 고유 문자 등이다.
이와 같이 유럽, 아시아, 아프리카, 지금의 G7 등의 언어가 모두 해당 된다. 이들은 민족의 고유 언어를 사용하고 있었다.
중국은 한자를, 몽골은 파스파 문자와 몽골 문자를, 여진족은 여진 문자를 사용했다. 또한, 일본은 가나와 한자를 함께 사용했다.

15세기 당시 서구 주변국들은 라틴어, 프랑스어, 영어, 독일어, 스페인어, 이탈리아어, 포르투갈어 등을 사용했다.
특히 라틴어는 학문과 종교 분야에서 국제적으로 통용되는 언어였으며, 각 지역의 토착어들과 함께 사용되면서 다양성이 증가했다.
이들은 모두 북미에서 함께 공존했으며, 임진왜란은 이들 해적 무리가 연합군이 되어 명, 조선 여진 등과 전쟁을 한 것이다.

미 동부 '13개 영국 식민지' 지역은 영락제 시대, 조선 강역이었다.
당시 훈민정음의 영향을 받았기 때문에 그들은 쉽게 빠르게 익히는 것이다.
오히려 동양계와 영어권 학생이 한글 배움의 진도가 느렸다.

익선관(翼善冠)은 조선시대 왕과 왕세자, 왕세손이 곤룡포와 함께 착용하는 관모라고 한다. 세종 익선관(평상모?)은 훈민정음 창제와 관련된 시기에 제작된 것으로 추정되며, 왕실 복식 연구와 훈민정음 관련 연구에 중요한 사료로 평가된다. (앗! 그런데 나치 표시가? ... 북미 언어지도에 온통 'German'이 나오는 까닭은?)

훈민정음 쉽게 배우는 나라는 스페인, 독일, 프랑스 … 순으로, 왜?

동양계 한국어학원 교습생보다 라틴어 계통의 서양계 학생이 쉽게 한글을 배웠다. 미 동부지역은 미 13개 식민지역이었다. 여기가 조선강역이었다.

조선 강역

루이지애나는 1762년부터 1801년까지 스페인령이었으며, 이후 나폴레옹에게 반환되었다가 1803년 미국에 매각되었다.
 멕시코는 독립하기 전까지 스페인 식민지였으며, 텍사스, 캘리포니아, 애리조나, 뉴멕시코, 네바다, 유타, 콜로라도, 와이오밍, 캔자스, 오클라호마, 부분적으로 미시시피 강 서쪽 지역 등을 포함하는 광대한 영토였다. 앨라배마, 미시시피, 조지아 일부 지역도 과거 스페인 영토였으며, 이러한 영토들은 19세기 초반 미국과 스페인 간의 협상과 전쟁을 통해 미국으로 편입되었다.

설명: 1760년 당시 북미 대륙의 영토 주장을 보여주는 지도이다. 프랑스, 영국, 스페인의 주장을 색깔로 구분하여 표시했다. 오리건 컨트리도 표시되어 있지만, 당시 유럽인들은 탐험하지 않은 지역이다.
지명: 초기 미국 1400-1800, 세인트 오거스틴, 제임스타운, 산타페, 스페인 영토, 프랑스 영토, 영국 영토, 뉴 프랑스키워드: 내륙 수역, 위치, 바다, 경계, 알 수 없음, 1760출처: Ralph S. Tarr, BS, FGSA 및 Frank M. McMurry, Ph.D., New Geographies 2nd ed (뉴욕, NY: The Macmillan Company, 1910)
지도 출처: Roy Winkelman의 개인 컬렉션 제공 (가필 없이 그대로 옮겨 적은 글)

명나라, 청나라 역사 문헌에 훈민정음에 대한 기록이 남아 있나요?

Search Labs | AI 개요

 명나라와 청나라의 역사 문헌에 훈민정음에 대한 기록이 남아 있다. 명나라 시대에는 훈민정음이 조선의 고유 문자로서 인식되었으며, 청나라 시대에는 조선의 문자로 인정받았다.

명나라의 사신들은 조선에 파견되어 조선의 문물과 문화를 접하면서 훈민정음을 접했다.

명나라의 역사서나 문집 등에는 훈민정음에 대한 언급이 종종 나타나는데, 주로 조선의 고유한 문자로서 소개되었다. 예를 들어, 명나라 사신으로 조선에 왔던 주지번(朱之蕃)은 그의 저서에서 훈민정음을 언급하며 조선의 독창적인 문자 체계임을 묘사했다.

청나라 초기에는 훈민정음에 대한 인식이 명확하지 않았지만, 시간이 지나면서 조선의 문자로 인정받게 되었다.

청나라의 역사서나 외교 문서 등에는 훈민정음과 관련된 내용이 등장하며, 특히 조선과의 외교 관계에서 훈민정음이 중요한 역할을 하기도 했다.

예를 들어, 청나라와 조선 사이에 오고 간 외교 문서에는 훈민정음으로 작성된 문서가 포함되어 있거나, 훈민정음에 대한 언급이 나타나기도 한다.

 1) 훈민정음은 조선의 세종대왕이 백성들의 문자 생활을 위해 창제한 독창적인 문자 체계이다.

 2) 훈민정음은 과학적이고 체계적인 문자 구조를 가지고 있으며, 세계적으로도 우수한 문자로 평가받고 있다.

 3) 훈민정음은 명나라와 청나라 시대뿐만 아니라, 현대에 이르러서도 한국 문화와 정체성을 상징하는 중요한 유산으로 인정받고 있다.

Search Labs | AI 개요

주지번이 훈민정음에 대해 직접적으로 언급한 기록은 명확하게 확인되지 않습니다. 하지만, 훈민정음 해례본과 언해본에 대한 연구를 통해 주지번과 훈민정음에 대한 간접적인 연관성을 추론해 볼 수는 있습니다.

주지번과 훈민정음의 간접적인 연관성:

주지번의 조선 방문:

주지번은 명나라 사신으로 조선에 여러 차례 방문했습니다. 이 시기는 훈민정음 창제 및 반포와 관련된 시기와 일치합니다.

훈민정음의 가치 인식:

주지번은 조선의 학문과 문화에 대해 관심을 가졌을 가능성이 높습니다. 특히 훈민정음은 세종대왕의 업적 중 하나로, 조선 사회에서 중요한 의미를 지니고 있었습니다.

훈민정음 해례본과 언해본:

훈민정음 해례본은 훈민정음의 창제 원리와 사용법을 설명하는 책으로, 한문으로 작성되었습니다. 언해본은 해례본의 내용을 한글로 번역한 것입니다.

추론:

주지번이 조선의 학문과 문화에 관심을 가졌다면, 훈민정음과 그 해례본에도 관심을 가졌을 수 있습니다. 하지만, 현재까지 발견된 기록에는 주지번이 훈민정음에 대해 직접 언급한 내용은 없습니다.

오래전 서양인 중에 최초로 훈민정음에 대해 언급한 학자나 그러한 기록을 소개해 주세요?

Search Labs | AI 개요

오래전 서양인 중에 훈민정음에 대해 처음으로 언급한 학자는 벨기에 출신의 예수회 선교사 로버트 주교(로버트 아르노)입니다.

그는 17세기 후반 조선에 와서 한글의 우수성을 높이 평가하고, 자신의 저서인 "조선왕조실록"과 "예수회 조선 선교 보고서"에 훈민정음을 소개했습니다.

구체적으로 살펴보면, 로버트 주교는 1681년에 간행된 "조선왕조실록"에 처음으로 훈민정음에 대해 언급했습니다.

그는 훈민정음이 "동방의 글자 중에서 가장 과학적이고 독창적인 문자"라고 평가했습니다.

또한, 1701년에 간행된 "예수회 조선 선교 보고서"에서도 훈민정음을 자세히 설명하고, 한글의 자모 체계와 그 원리를 소개했습니다.

로버트 주교는 한글의 우수성을 서양에 처음으로 알린 인물로서, 훈민정음 연구와 한글의 세계화에 큰 공헌을 했습니다.

그의 기록은 훈민정음이 단순히 조선의 문자일 뿐만 아니라, 세계적인 가치를 지닌 문자임을 보여주는 중요한 증거가 됩니다.

Search Labs | AI 개요

오래전 서양인 중에 훈민정음에 대해 처음으로 언급한 학자는 '장 루이 르네 마르탱(Jean-Louis-René Martin)'이다. 그는 1836년에 간행된 "중국어, 만주어, 한국어 사전"에서 훈민정음에 대해 언급했다.

좀 더 자세히 설명하면 다음과 같다.

장 루이 르네 마르탱은 19세기 프랑스의 언어학자로, 한국어와 관련된 연구를 진행했다. '중국어, 만주어, 한국어 사전', 이 사전에 한국어의 표음 문자 체계로서 훈민정음에 대한 설명을 포함했다.

이 사전을 통해 훈민정음이 서양 학계에 처음으로 소개되었으며, 마르탱이 최초로 훈민정음을 언급한 서양인 학자로 알려져 있다.

명나라의 쇄국 정책으로 조공 무역로가 막히면서 훈민정음의 활용이 축소되었다.

너희들이 사성의 원리를 아느냐?

집현전 부제학 최만리는 상소를 올려,
 훈민정음의 창제가 중국과의 관계에서 사대 예의에 어긋나고, 훈민정음이 지나치게 쉬워서 기존의 유학자들이나 지배층의 권위에 흠이 될 수 있다고 우려했다. 또한 한자에 훈민정음으로 운을 다는 것에 반대하며 훈민정음의 무용론을 주장하였다.

이에 세종은 노여워하며 친국을 한 뒤, 모두 투옥 시켰다.
다음날 대부분 석방, 복직되었으나, 최만리는 사직하고 낙향했다.

최근 한류의 열풍으로 세종대왕의 꿈이 드디어 이루어지고 있다.

명나라의 쇄국 정책으로 조공 무역로가 막히면서 한자의 표준음을 표시하는 훈민정음의 활용이 제한된 측면이 있었다. 하지만 훈민정음은 단순히 한자의 표준음을 표기하기 위한 목적 외에도, 한자를 통한 훈민정음의 학습으로 세계 언어를 하나로 통일하려는 세종대왕의 원대한 꿈이 널리 퍼지지 못한 것이 실로 아쉽다.

그렇다. 원래 훈민정음(한글)은 단순히 한자를 대체하는 문자를 넘어, 다른 언어를 대체할 수 있는 우수한 언어 구조를 가지고 있었다.

최근 한류의 열풍으로 세종대왕의 꿈이 드디어 이루어지려는 것 같다. 'Dream come True'

훈민정음은 특수신분, 특수층을 부정하고, 인류 개개인의 존엄과 자의식을 일깨우는 언어의 최종 완결체이다.

훈민정음은 음소 문자인 동시에 음절 문자의 성격을 지니고 있다. 즉, 자음과 모음이라는 개별적인 소리의 최소 단위를 표기하는 음소 문자이면서, 음소를 결합하여 음절 단위로 표기하는 음절 문자이기도 하다.

세종대왕은 훈민정음을 창제하고 정인지는 서문을 쓰고 정음의 해례본을 작성했다

세종대왕과 정인지는 훈민정음 창제와 보급에 중요한 역할을 함께 했다는 점이 뚜렷하다. 세종대왕은 훈민정음을 창제하고 정인지는 그에 대한 서문을 쓰고 훈민정음의 해례본을 작성하는 등 한글 창제와 보급에 기여했다.

1. 세종대왕과 정인지의 관계:
 1) 세종대왕의 훈민정음 창제
  (1) 세종대왕은 훈민정음을 창제하여 백성들이 쉽게 글을 배우고 사용할 수 있도록 했다. 2).   (2) 훈민정음은 조선 시대의 학문 발달과 문맹 해소에 큰 영향을 미쳤다.
 2) 정인지의 역할
정인지는 세종대왕의 신임을 받아 집현전 학사로 활동하며 훈민정음 창제에 참여했다. 그는 훈민정음의 서문을 쓰고, 해례본을 작성하여 훈민정음의 의미와 원리를 설명했다.

2. 훈민정음의 보급:
세종대왕과 정인지는 훈민정음을 반포하여 백성들이 쉽게 글을 익히고 사용할 수 있도록 했다. 훈민정음은 대조선 사회의 문화를 풍요롭게 하고, 백성들의 삶의 질을 향상시키는 데 기여했다.

3. 정인지의 주요 업적:
 1) 집현전 학사:
세종대왕이 집현전을 설치했을 때, 정인지는 집현전 학사로 발탁되어 세종대왕을 보필했다.
 2) 훈민정음 서문 및 해례본 작성:
정인지는 훈민정음의 서문을 쓰고, 해례본을 작성하여 훈민정음의 의미와 원리를 설명했다.
 3) 용비어천가 제작 참여:
정인지는 또한 세종대왕의 명에 따라 용비어천가 제작에도 참여했다.

호피로 만든 의자와 관보, 신발 등의 제조 방법은 당시 한반도 환경에서는 불가능한 과학기술이다.

* 세종대왕과 정인지의 관계는 훈민정음 창제와 보급에 있어서 중요한 파트너십이라고 볼 수 있다. 두 사람은 함께 훈민정음을 창제하고, 그 의미를 설명하고, 보급하는 데 힘썼다.

정인지:
세종대왕 집권 초기 집현전 학사의 한 사람으로서 신숙주, 성삼문, 정창손 등과 함께 훈민정음의 창제와 편찬에 참여 했다.

같은 한자를 서로 다른 언어로 말하므로 알아들을 수 없는 것이다

같은 한자를 서로 다른 언어로 말하므로 알아들을 수 없는 것이다. 즉 같은 문자(한자)를 서로 다르게 발음하므로 통하지 않았다.

이에 따라 한자의 표준음을 만들어 같은 한자를 누구나 똑같은 소리를 내도록 훈민정음訓民正音을 창제한 것이다. 이 시기가 명明나라 영락제 때였다.

영락제는 원나라 당시에 관리들이 쓰던 한어이문(漢語 吏文)을 버리고 훈민정음을 쓰도록 한 것이다.

영락제 당시 남경은 명나라의 서울이었다.

세종은 말글(훈민정음)을 만들어 글(한자)을 정음으로 소리 내도록 한 것이다.

뒤죠션 선단의 거류지, 남경(南京)

미국 뉴욕 옛 성터

옛 뉴욕은 옛 상해(남경)이며 훈민정음을 가르치는 어학교습소가 있었다.

뉴욕 주와 롱아일랜드 근처에서 상해(上海) 즉 남경(南京)을 찾는 것이 모든 역사 정황으로 보아 이치에 맞을 것 같다.

또한 그곳에서 로마와 베네치아 왕국을 찾고 신라의 해상왕 장보고 장군의 흔적을 추적할 수 있다면 다행이며, 그 지역 부근에서 유대 상인 오페르트의 흔적을 읽고 베네치아의 상인 마테오리치의 이야기를 생각해 본다.

미 의회도서관, 대영박물관, 루브르박물관 및 수많은 대학에서 '아메리카 대조선' 자료를 지니고 있다. 우리가 그것을 찾는 혜안이 부족할 뿐이다.

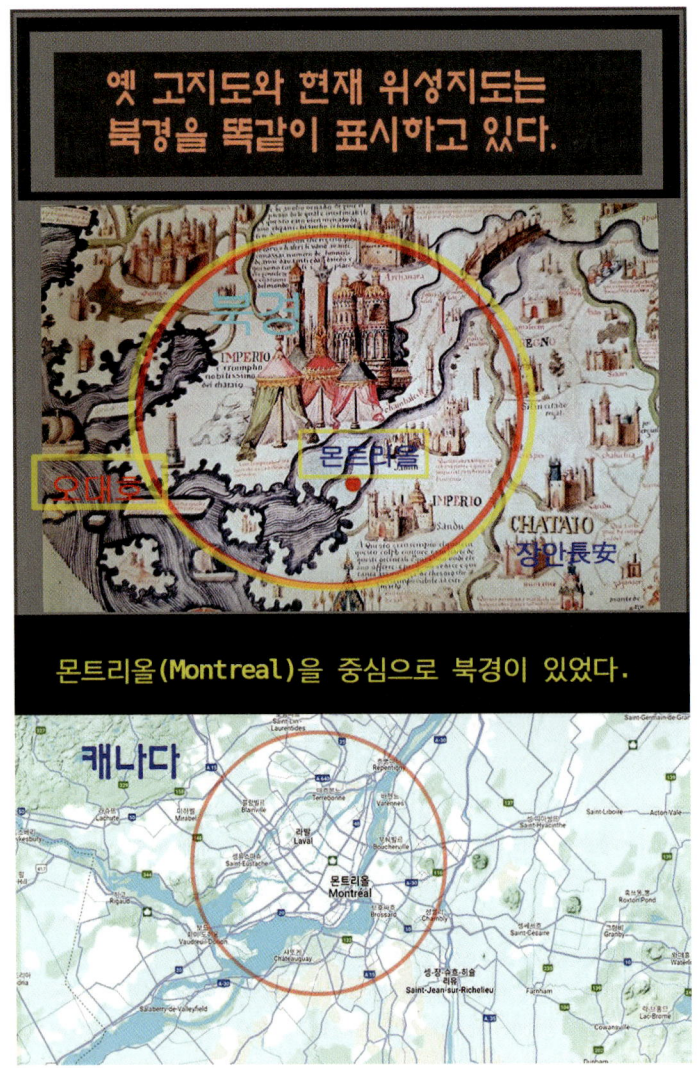

네델란드의 옛 암스테르담이 지금은 세계 금융의 중심인 '월스트리트가'이다

세계적인 지명고찰 연구가 우한석 연구원은 미국에서 우리 옛 지명을 많이 찾았다. 지명의 진실을 증명하는 일은 또 다른 연구 분야의 일이다.

뉴욕(옛 상해)은 조선인의 무역 중심지였다

(롱 아일랜드:누에섬)

1400년대, 상하이는 명나라의 영토 내에서 작지만 중요한 지역이었다. 주로 면화 생산으로 유명했으며, 이는 지역 및 지방 섬유 산업의 원동력이었다. 특히 상하이 현은 제국에 고품질 면화를 공급하는 주요 도시였다. 15세기 초, 상하이는 명나라 기술자들이 황포강 준설을 시작할 만큼 중요한 도시(남경 추정)가 되었다.

영락제 당시 남경은 명나라의 서울이었다.

상하이 현은 면화 무역의 중심지가 되었고, 제국 전역의 상인들이 면화를 사고팔기 위해 몰려들었다.

인프라:

황포강 준설이 진행되어 도시의 중요성이 커졌다.

소문에 따르면, 이 시기에 성황묘(성황사)가 건설되었다고 한다.

만(萬:滿:卍:万:彎)국國조선은 COREA(한사람!)

조선은 천지 또는 천하(天下: 上下)를 말한다. (천하) 조선은 조대朝代와 조대의 뿌리가 숨 쉬며 생동하는 곳이다. 즉 종묘宗廟가 있는 땅이다.

훈민정음 해례에 중국은 황제가 있는 곳이라고 했다. 황제가 제사를 올리는 곳이 종묘이다.

따라서 딕죠션(大朝鮮)은 백성을 위해 하늘에 제사를 지내는 대황제와 종묘가 있는 땅, 즉 천하 중국을 의미하는 것이다.

"쌤, 진짜 대황제를 본적이 있소? 달러 속의 하나님이 맞소?"
'청은 왕실이지 대황제의 국가가 아니오!'

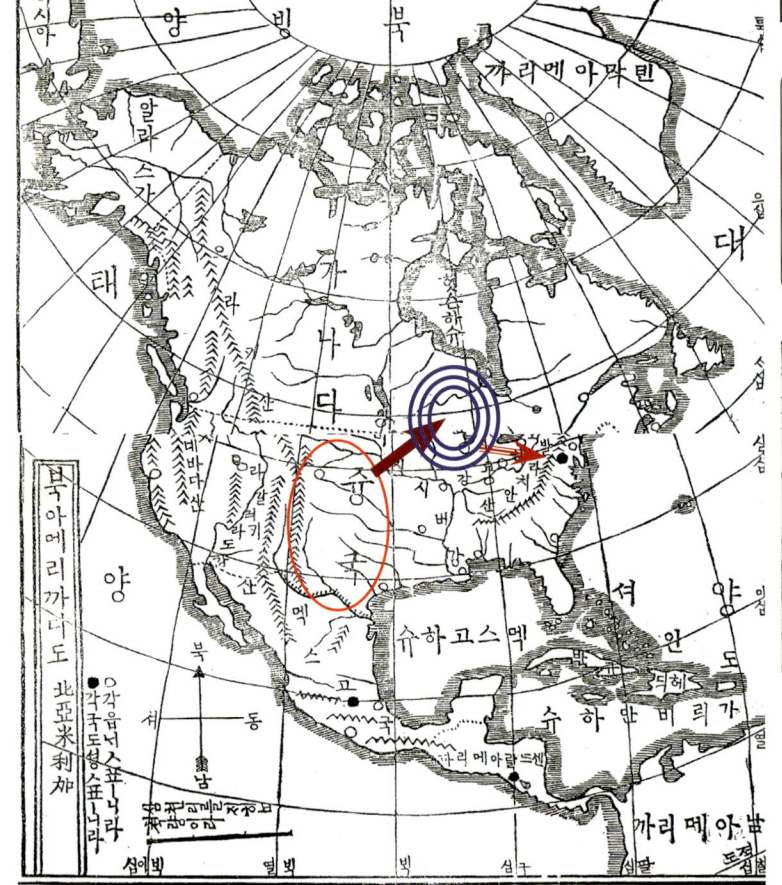

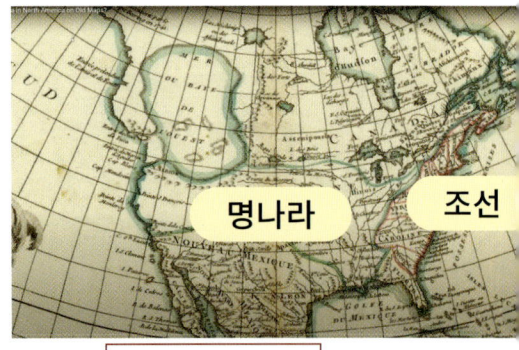

1893, 시카고 엑스포의 CHINA는 청나라가 아니라 COREA(딕죠션)이다.

미국米國(연합중국)대륙 중앙에 유럽제국이 있었다. 딕죠션大朝鮮의 경기京畿라고 했다.
일명 대한국大韓國, COREA이다.
1882년 COREA가 잠적하면서 1893년 시카고세계박람회에 엠블럼에 딕죠션이 CHINA로 잠깐 등장했다.
그 후 CHINA가 여러 열강(브리티시 차이나, 프렌치 차이나 인도차이나 등)으로 갈려진다.

딕죠션(von CHINA) 황실과 조선왕실을 분명히 구분하고 있다

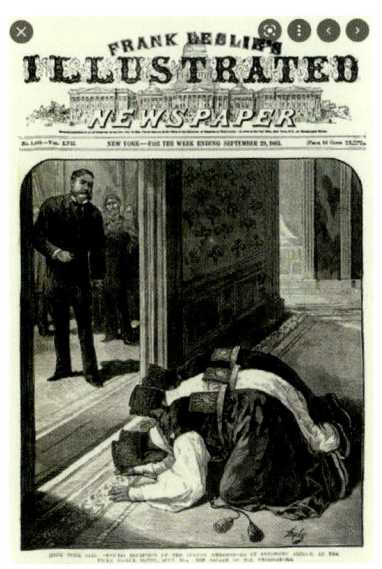

미국에 조선이 실제로 존재했느냐는 별개의 문제이다. '대황제'가 계신 황실은 존재하지만 누구도 본 사람은 없다.
1882년 이후 COREA, 대한국大韓國이 사라진 후 '대황제'가 모습을 감춘 것이다.
이것이 AI 시스템이 얘기하고 있는 진실 중 일부이다.
하지만 달러에는 남아있다.
(In God We trust)
현 시대는 화폐경제시대이다

영락제와 강희제 때 인류미래를 위한 과학, 예술 설계프로그램이 존재했다.

AI 연구소 기록에 의하면 중국에 관한 모든 문헌은 과거가 아니라 미래 관한 것이라고 한다.
또한 모든 역사기록은 근현대사를 의미하며 중국이란 황제가 계신 곳이라며 훈민정음해례의 기록을 인정하고 있다.

1893년 시카고 세계박람회, 엠블럼(emblem)

위대한 음운학자 신숙주 선생 - 동국정운의 반석盤石을 세우다

신숙주 선생은 훈민정음 창제를 위해 요동에 적거謫居 중이던 명나라의 한림학사翰林學士 황찬黃燦을 수차례 방문하여 음운에 관해 토론하였으며, 황찬은 신숙주 공의 천재적인 어학 실력을 인정하여 희현당希賢堂이라는 당액堂額을 지어주었다.

* 적거謫居
 귀양살이를 하며 머무는 것임.
* 반석盤石/磐石
 넓고 평평한 큰 돌, 너럭바위, 절벽 위 반석에 정자를 세웠다. 사물, 사상, 기초 따위가 아주 단단함을 비유적으로 하는 말.
* 희현당希賢堂
 드물게 보는 현인이 거처하는 곳. 한 방면에 도를 연 성인을 머무는 집이라는 의미.
* 당액堂額
 건물에 부착하는 큰 액자 같은 현판.

공은 우리말 정음正音을 알고 한어漢語에 능통하여 중국음운서인 '홍무정운洪武正韻'을 번역하였다.

또한 옛 범어의 정음을 연구하여 훈민정음 창제를 도왔고, 중국말(지금의 중국어가 아님) 표준한자음을 새로 창제한 훈민정음으로 표기하였다.

훈민정음 해례본은 세종대왕이 친히 지으신 유일한 훈민정음訓民正音이다.
이러한 정음 제작에 참여한 학자가 정인지, 신숙주, 성삼문 등이다.

중국이란 황제가 있는 경기 지방 즉 천하를 다스리는 황제의 중앙정부를 의미하는 말이다.
 고대 조선의 곡부(아사달)에서 연원하였으며, 그 당시 양웅 두 부족의 중간지대인 중국에서 종교와 제사 및 화폐를 관장하였다. 세종 때 황제는 세종대왕의 친아버지인 영락제(이방원)를 의미한다.

훈민정음의 어원을 지니고 있는 한글이 세계적인 말글(소리글자)이다.

28세에 새롭게 창제한 훈민정음으로 '운회韻會'를 번역하였고, 나이 30에 이르러 정인지, 성삼문 등 집현전 학사와 함께 세종대왕의 뜻을 받들어 훈민정음 창제에 큰 역할을 하였다.

또한 동국정운의 찬술을 주도하였고, 동국정운의 서문을 남겨 우리 민족사의 불멸의 언어인 옛 범어梵語의 어원을 찾아 이어가게 하였다.

> 동방은 강역이 넓어져서 각 지방마다 똑같은 한자를 다르게 소리를 내고 있었다. 이에 한자의 표준정음을 만들어 명나라와 조선의 황실 언어인 고대 범어를 어원으로하는 훈민정음을 반포했다.

세종대왕은 조선의 강역이 너무 넓어져서 조선대륙 전체를 유교문화권 범주 안에서 다스리는 것이 매우 힘든 일이라고 생각하였다.

그래서 각 지방에서 글(한문)을 잘 아는 지식인을 중심으로 중국말(명나라 황실 및 조선 황실에서 쓰는 옛 범어 즉 옛 조선말 사투리)을 익히게 하여 여러 제후국이 황제가 계신 중국으로 와서 조공을 할 때에는 중국말로 하여 조선의 결속력을 높이려고 한 것이다.

세종대왕은 고대 조선의 강역을 한자 문화권 전체로 보고 한자의 표준음운서인을 동국정운을 만들어 소리글인 훈민정음으로 말하도록 시행한 것이다.

훈민정음과 동국정운의 관계성에 대한 고찰

　세종대왕 때 훈민정음은 동국정운 음운서의 한자음을 바르게 소리를 내기 위해 만들어진 소리글자(음운의 법칙 문자)였다.

　따라서 훈민정음으로 세상의 모든 성음聲音을 쓰고 발음을 할 수 있는 것이다. 그리고 백성들이 훈민정음만 배우면 누구나 쉽게 쓰고 읽으며, 서로 의사소통이 가능하였다. 즉 한자를 모르는 사람들도 훈민정음을 익히면 서로 말이 통했던 것이다.

　왜 그것이 가능했을까?

　그렇다. 세종대왕께서 훈민정음을 옛 범어의 자모를 보고 창제했기 때문이다.

　다시 말해 천축국, 기자조선, 은나라, 고대 조선으로 올라가는 범어의 어원이 고대 동이족의 왕손 정통어 즉 우리 조선말 사투리에 뿌리를 두고 있기에 가능한 일이다.

　조선말 사투리는 옛 범어의 원형이었고 고대 왕손 정통어의 뿌리였다.

　따라서 옛 조선말 사투리는 세종대왕 당시 중국말과 어원적으로 거의 같다고 봐야 할 것이다.

노자 '서승경'에 성聲은 사람의 소리요, 음音은 모든 자연의 소리라고 했다.
　따라서 훈민정음訓民正音은 모든 자연의 소리를 표기할 수 있는 조선의 위대한 발음 기호 문자이다.

옛 조선말 사투리는 옛 범어의 원형이었고 고대 왕손 정통어의 근간이었다.

동국정운은 세계 최초의 한자 표준음에 관한 음운서이다.

훈민정음은 동국정운이라는 음운서에 들어 있는 한자의 표준음을 옛 조선 왕손 정통어인 중국말(명나라와 조선 황실에서 쓰는 서울말)로 바르게 발음하기 위해 정음 正音 글자(세계 공용어로 사용할 수 있는 발음기호)를 제정했다.

다시 말해 광대한 여러 지역의 사람들이 각 지방(제후국)의 방언대로 같은 한자를 제 각각 다른 소리로 내던 것을, 한자의 표준음을 정한 동국정운을 만들어 그 한자의 음을 훈민정음으로 똑같이 말하도록 한 것이다.

세종은 왕권 강화를 위해 후궁을 적극적으로 활용했다. 후궁들을 통해 다양한 가문을 왕실에 끌어들여 정치적 기반을 강화하고, 왕실의 권위를 높이려 했다는 분석도 있다.

동국정운은 우리 고유의 언어 체계를 확립하고, 훈민정음 창제에도 중요한 영향을 미쳤다. 사림파 학자들은 동국정운 편찬에 참여하며 학문적 역량을 발휘했었다.

세종 시대의 후궁들은 동국정운 편찬에 직접적으로 참여하지 않았을 가능성이 높지만, 사림파 학자들과의 교류를 통해 학문적 자극을 받았을 수 있다. 특히, 신빈 김씨와 같이 학문적 소양이 뛰어난 후궁들은 동국정운 편찬 과정 및 언어 시험에 간접적으로 영향을 미쳤을 가능성도 있다.

각 지방(제후국)의 수령들은 동국정운의 91표준음을 잘 익혀서 지방의 사신들이 중앙정부에 조공을 하거나 공문서를 올릴 때에는 황제 폐하께서 알아들을 수 있도록 정통 옛 조선말(범어)인 훈민정음으로 말해야 하느니라.

훈민정음을 잘 만듦으로써 사신들이 황제 皇帝 앞에 나아가 황제가 알아들을 수 있는 한자의 표준음으로 말할 수 있다.

동국정운東國正韻은 아직도 풀지 못하는 언어학의 수수께끼

제국주의 시절 영연방과 일제의 음모에 의해 이러한 신숙주 선생의 국제 언어학에 관한 세계적인 업적이 단절되었다.

그래서 동국정운東國正韻이라는 음운서와 훈민정음의 관련성을 지금까지 밝히지 못하고 있으며, 아직도 풀지 못하는 언어학의 수수께끼로 남아 있는 것이 우리 인문학의 현실이다.

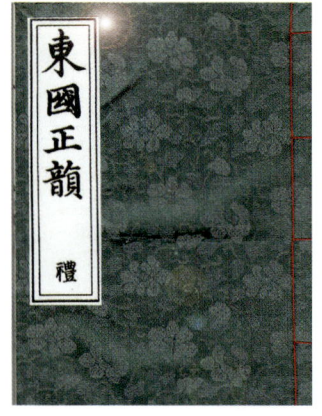

'산스크리트어 영어사전'이 아메리카대륙에서 만든 옛 조선말 사전이라는 것이 불가사의하다.

산스크리트어(the Sanscrit language)는 고대 천축국의 언어 즉 실담어에서 파생된 언어라고 한다.

그렇지만 산스크리트어 영어사전에는 실담어 이전의 어휘도 있었다.

학계에서는 영국 학자들이 조사 수집한 지역이 방대하여 천축국 이전의 언어에 관해 수집했을 수도 있다고 한다.

그럼에도 불구하고 필자는 산스크리트어 영어사전에 있는 어휘는 아메리카 지역에서 조사한 언어라는 것을 확신한다.

동국정운 서문에 아메리카대륙 지형을 암시하는 부분이 있다.

당시 국제 정세는 영락제가 환관 정화의 원정을 통해 전 세계를 정복했던 시기라는 것을 알아야 하고, 세계를 제패한 중국과 조공무역을 하기 위해서라도 이러한 언어정책이 절실히 필요했던 것이다.

그래서 영락제는 남경南京에 어학연구소를 설치했으며 각국의 사절이나 상인들은 어학연구소(정음청)에서 1년 이상 수학을 하며 동국정운과 훈민정음을 공부했던 것이다.

동국정운의 서문을 쓴 신숙주가 남경을 수시로 드나들었다는 것은 너무나 자명한 일이며, 그를 범옹泛翁이라고 부르는 이유도 그러한 까닭이다.

범옹泛翁

신숙주 선생은 문신이면서 장군 못지않은 무공을 보여준 인물이다. 북방의 야인은 물론 남방의 왜인들도 신숙주 선생의 창과 칼보다 더 예리한 문필에 기가 죽어 쩔쩔매었다.

범옹泛翁이란 배를 타고 해상세력을 제패했다는 깊은 뜻이 숨겨져 있는 것이다.

신숙주 선생의 '해동제국기'를 읽어보면 신숙주 선생은 신라의 해상왕 장보고와 비견할 만한 전략가였다.

대명조선 서울 자금성紫禁城

남경(南京) 사역원

선원의 모습이 서양동화나 영화에 나오는 인물이다.

Flat hat – 갓

영락제 시기 남경은 현재 중국 대륙과 더불어 두 곳에 존재할 수 있다. 어쨌든 아메리카대륙에 남경은 분명히 있었다.

조선의 백성은 황인종, 백인종, 히스패닉(혼혈인) 등 다양하다.

동국정운 서문에 아메리카 대륙 지형을 암시하는 부분이 있다

...(생략).... 무릇 음이 같고 다름에 있는 것이 아니라 사람에 따라 다른 것이며. 사람에 따라 다르기 보다는 지방에 따라 다르기 때문이다.

대저 지세가 다르므로 풍습과 기질이 특수한 것이며 풍습과 기후에 따라 호흡이 다른 것이다.

동남지방의 이와 입술과 서북지방의 볼과 목구멍의 움직임이 이와 같이 다른 것이다.

그리하여 지금에 이르러 비록 글(한문)의 제도로 뜻이 통할지라도 성음聲音은 같지 않게 되었다.

하물며 우리나라는 산하가 안팎으로 하나로 되어 있으나 풍습과 기후가 중국과 다르니 호흡이 어찌 중국 음과 서로 합쳐질 수 있겠는가!

그런즉 말소리가 중국과 더불어 같지 않은 까닭은 당연한 것이나, 한자의 음에 있어서는 의당 중국의 음과 더불어 서로 합치되어야 할 것이다. ....(생략)

동국정운 서문은...

강역이 넓어서 화음華音(명나라 및 조선황실에서 쓰는 옛 범어)과 사투리(지방 말)를 같은 한자의 표준음으로 통일할 필요성을 나타내고 있는 글이다.

동국정운이 만들어진 시기에 존재했던 아메리카대륙 토착민을 찾아라!

"1443년경 북아메리카대륙 한글과 비슷한 언어는?"
훈민정음 반포 당시 주변국은 어떤 언어를 썼나요?

훈민정음이 반포되었을 당시 조선 주변국인 중국, 일본, 몽골 등은 각기 다른 언어와 문자를 사용했다. 훈민정음 창제는 우리말을 적절하게 표기하기 위해 고안된 것으로, 주변국 언어를 참고는 했을 것이다.

주변국 언어:

원나라, 명나라, 청나라, 여진어, 일본어, 서구 언어 등
한문(漢文)을 주 사용 언어로 사용했다. 훈민정음 창제에 영향을 주기도 했지만, 훈민정음은 대조선(大朝鮮) 어 표기를 위한 독자적인 문자 체계였다.

일본:

일본어(日本語)를 사용했으며, 일본어 표기 체계인 한자, 가나(カナ) 등을 사용했다. 훈민정음 창제는 일본어 표기 방식에 영향을 주지 않았다.

몽골:

몽골어(蒙古語)를 사용했으며, 몽골 문자, 파스파 문자 등을 사용했다. 훈민정음은 몽골 문자 체계와도 관련이 없었다.

따라서 훈민정음은 세종대왕이 백성들이 쉽게 사용할 수 있도록 만든 우리 고유의 문자이다.

훈민정음은 한국어의 음운을 체계적으로 분석하여 새로운 자음과 모음을 창제했으며, 이는 당시 주변국 언어의 문자와는 차별화된 특징을 가지고 있다.

● 그러나 여기서 주변국에 대한 재정의를 해야한다.
왜냐하면 스페인어, 프랑스어, 독일어, 라틴어, 영어 등 서구 언어가 훈민정음 어원에 더 가깝기 때문이다.

한글은 우주 자연의 소리를 표기할 수 있는 '4성 7음'의 오케스트라이다.
즉 북미는 온 누리 언어를 하나로 통합하는 언어, 훈민정음이 탄생한 곳이다.

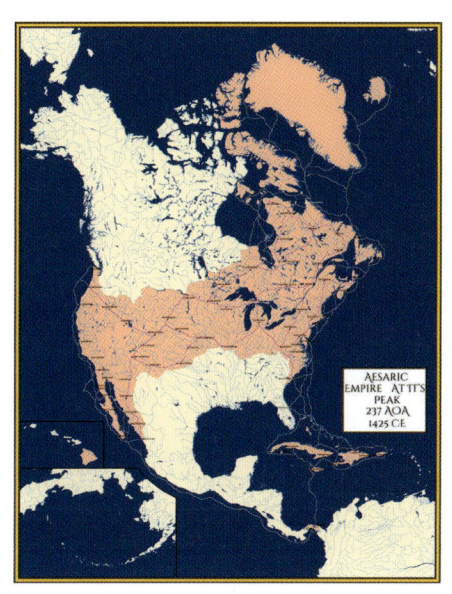

영락제 때 전 세계를 상대로 조공무역 루트를 완성했다.
남경에 정음을 가르치는 어학연구소가 있었다.

북경(옛 연경)에서 영락제 때의 군부들이 세조를 호위했다

다시 신숙주 얘기로 돌아가 보자.

그해 10월 세조(수양대군)가 잠저에 있을 때 수양대군의 사은사謝恩使(명나라 임시 사절단) 서장 검찰관에 임명되어 수양대군과 동행하며 인간적인 우정을 나누었다.

이때 맺은 인연으로 신숙주는 안평대군을 멀리하고 수양대군의 편에 서서 모계혈통으로 이어지는 중국 황실의 법도에 따라 단종임금 대신 수양대군을 임금으로 모시는 황실의 법도를 따른 것으로 사료된다.

* 잠저潛邸
세자가 아닌 왕자나 일반 왕족으로 지내면서 궁궐이 아닌 사가(私家)에서 지내다가 왕위를 계승한 왕의 경우 즉위하기 전에 살던 집을 잠저라 한다.

* 안평대군
이름은 용(瑢). 자는 청지(淸之). 호는 비해당(匪懈堂)·낭간거사(琅玕居士)·매죽헌(梅竹軒)이다.

1418년 세종의 셋째 아들로 1428년(세종 10) 안평대군에 봉해졌고, 좌부대언 정연의 딸과 혼인하였다.

1430년 성균관에 들어가 훈민정음과 동국정운의 찬술을 도왔으며 문종 때 조정의 배후에서 실력자로 역할을 하였다.

1438년 함길도에서 문제를 일으키던 야인을 토벌하였고, 황보인, 김종서 등 주요 문신들과 어울리며 인사 행정기관인 황표정사黃票政事를 장악하여 조정의 실력자로 부상하였다.

둘째 형 수양대군의 세력과 정치적으로 대립하였다.

37세에 계유정난癸酉靖難이 일어나자 수양대군 편에 서서 공훈을 세워 '수충 협책 정난 공신輸忠協策靖難攻臣'으로 좌승지에 올랐다.

38세에 도승지가 되었으며 정인지와 함께 역서曆書인 '칠정산내외편七政算內外篇'을 찬진하였다.

39세에는 세조의 즉위를 도와 예문관藝文館 대제학大提學이 되었으며 고령군高靈君에 봉해졌다.

바야흐로 신숙주 공이 황실가문으로 등용된 것이다.

신숙주 선생이 쓴 동국정운 서문은 아메리카대륙 이야기이다.

그해 홍무정운洪武正韻을 번역하였으며 명나라 주문사奏聞使(조선 시대에 주본奏本을 올리기 위해 중국으로 파견되는 사신)로 세조 즉위에 대한 명황明皇(명나라 황제)의 신임장과 같은 고명誥命을 받아와 세조대왕의 왕권을 정식으로 인정하게 하였다.

비로소 세조 때 명나라 황실과 모계혈통의 관계가 회복된 것으로 본다.

고명誥命에 대한 해석을 사대주의와 연관시켜 역사 해석을 하는 태도는 식민지사관으로 학습된 결과이다.

적어도 디죠션大朝鮮에서 사대주의란 있을 수 없는 일이다.

고명誥命
중국의 황제가 제후나 오품 이상의 벼슬아치에게 주던 임명장.
* 이러한 기록은 일제에 의해 날조된 것이며 실은 명나라 황실의 법도에 따라 명나라 임금이 세조를 조선의 대왕으로 정식 인정하는 것을 신숙주에게 알린 것이다.

공이 명나라에 머무는 동안 부인 윤 씨氏가 졸卒하여 상배喪配(상처의 높임말)를 당했지만 눈물로 만 리길을 돌아와 세조 대왕에게 고명誥命을 바쳤다.

42세에 우의정, 43세에는 좌의정에 올랐다.

북벌을 하여 여진족을 크게 물리치고 영토를 확장하였다.

34세에는 명나라 사신 예겸倪謙이 신숙주 공의 사부詞賦를 칭송하며 옛 굴원屈原과 송옥宋玉에 비할만하다고 머리를 숙였다.

36세에 김종서 등과 '고려사절요高麗史節要'를 지어 바치셨고 문종대왕이 승하하시자, 문종대왕의 행장行狀을 지어 바치셨다.

44세에 강원도 함길도의 도체찰사都體察使가 되어 또다시 북정北征을 단행하여 두만강을 건너 여진女眞을 크게 정벌하고 개 34세에는 명나라 사신 예겸倪謙이 신숙주 공의 사부詞賦를 칭송하며 옛 굴원屈原과 송옥宋玉에 비할만하다고 머리를 숙였다.

45세에 여진족 정벌기인 '북정록北征錄'을 찬진하였다.

46세에는 영의정부사領議政府事가 되었으며 그 후 50세에 이르러 관제가 의정부 영의정으로 바뀐 뒤에도 그대로 승습하였다.

*사부 詞賦
운자韻字를 달아 지은 한시漢詩의 총칭.

*굴원屈原
중국 전국 시대 초(楚)나라의 정치가·시인. 이름은 평(平), 자는 원(原). 벼슬은 좌도(左徒)·삼려대부(三閭大夫)에 오름.

*김종서
조선 전기의 문신, 군인, 정치가이다.

*고려사절요高麗史節要
1452년(문종 2)에 편찬한 편년체 역사서로 고려시대 연구를 위한 기본 사료이다. 고려사절요에는 연대 정보 자료가 기재되어 있다.

*행장
신분이 높은 이의 행적과 예술에 대한 자세하고 정확한 행적.

이시애의 반란은 아메리카대륙 북동부에서 일어났다.

세조(世祖: 1455~1468)가 국가 재정과 국방력 강화를 위해 지방에 대한 통제력을 강화하자, 함길도(咸吉道, 함경도) 지역의 토호층이 반발하였다.

세조는 지역 토착세력인 토호층의 특혜를 인정하지 않았다. 과거처럼 현지 토호들에게 관직을 내리는 대신 지방관을 중앙에서 직접 파견하였다.

회령 부사를 지낸 이시애李施愛는 함길도 길주吉州를 기반으로 한 토호 층이다.

1467년, 토호들이 자주 모이는 유향소留鄕所에 '조정에서 군사를 보내 함길도 사람들을 다 죽이려 한다.'라는 유언비어를 퍼뜨리며 민심을 선동했다.

이때 이시애는 한양 조정에다 '함길도 부사 강효문이 조정의 한명회, 신숙주 등과 내통해 반란을 획책하므로 강효문을 처단했다.'라는 거짓 보고를 했다. 그래서 조정에서는 한명회와 신숙주를 하옥시켰다.

아메리카 자연의 특징인 테이블 마운틴이 보인다.

출기파적도(出奇破賊圖)

신숙주는 호를 보한재保閑齋라 하고 문중에게 학문에 정진할 것을 당부하다.

김재섭 저, '문자로 나타난 하나님- P.122 참조

여진女眞

토호와 군민 등 반란군 2만여 명은 함길도 전역의 고을 수령을 죽이며 단천과 북청, 홍원을 공략하고, 뒤이어 함흥을 점령했다. 세조는 뒤늦게 정부 토벌군을 편성했다.

5만여 명의 토벌군이 반란군의 주력부대를 만령蔓嶺에서 크게 무너뜨리자, 이시애는 국경 넘어 여진으로 달아났다.

1616년 여진의 추장 누르하치(태조 천명제)는 임진왜란 이후 여진 부족을 통합하여 만주국인 후금을 건국하였다.

그의 아들 태종은 1636년에 나라 이름을 청淸으로 바꾸고, 내몽골을 비롯한 주변 국가들을 공격하여 청나라를 세웠다.

특히 군사·행정 특수제도인 팔기체제를 만들어 명나라를 멸망시켰다.

청나라는 현재 중국 대륙에서 아메리카 대륙 북부에 이르는 광대한 영토를 정복하여 조선을 압박하였다.

51세에 이시애의 난 때 불의의 횡액을 만나 아들 면면이 횡사하였고 공도 무고를 당해 아들 찬澯·정瀞·준浚·부溥와 함께 하옥되었다가 2개월 만에 석방되어 관직에 복귀하였다.

52세 호를 보한재保閑齋라 하고 가훈을 만들어 자손대대로 몸과 마음을 정갈하게 하며 학문에 정진할 것을 당부하였다.

서 여진

동여진 → 후금 → 청나라

범옹에게 복종하겠나이다.

여진

신숙주가 서울에서 요동지역으로 가는 길이 언제나 만 리길이었다

보한재집 제 4권에 있는 신숙주의 칠언 소시(七言小詩)가 있다. 그 중에 '송참松站 도중에 비를 만나 말위에서 구점口占한 것을 근보謹甫에게 보이다'라는 시가 있다. - 이승창李承昌 역주

… (생략) 이 세상에 친한 사람이 많다한들 몇이리오(終始情親世幾多) 그대와 교결交結만이 부가莩葭와 같네 (與君交結獨莩葭) 황차 지금 만 리길(況今萬里相隨意)에 뜻을 서로 따르며 고삐를 나란히 하고 비오는 송참松站에서 논심論心하노라.(並轡論心松站簷)

…(생략)

위 시에서 '만 리길'이라는 구절이 나오는데 서울에서 요동관遼東館까지 만리萬里라는 말이다. 조선시대 10리가 약 5.6km이므로 대충 5,60km가 된다.

(북미 '워싱턴'에서 캐나다의 수도 '몬트리올' 까지이다)

정조 임금은 철옹성인 화성을 방패삼아 서울을 옮기며, 양경제도를 운용하였다.

아래 지도의 실체는 북미 오대호 근처이다.

The actual location of the map below is near the Great Lakes in North America.

뒤죠션의 경사京師(서울:한양)는 지금의 워싱턴 D.C.로 추정된다. (훗날 런던)

한편 총 길이는 약 665km인 포토맥 강(Potomac River)은 버지니아 주의 하이타운(남쪽 지류)과 웨스트 버지니아 주(북쪽 지류)의 페어팩스 스톤에서 발원하여 대서양 연안의 체서피크 만으로 흘러들어간다.

남부 지류는 워싱턴 D.C.와 리치먼드 근처에 있어, 남북 전쟁 중 동부의 주요 전투는 포토맥 강을 중심으로 벌어졌다.

포토맥 강(Potomac River) 하류는 천연의 요새이므로 필자는 조선의 한강으로 추정하고 있다.

정조대왕은 이 강을 건너 화성을 방패삼아 임시로 서울(루이스빌 또는 센트루이스로 추정)을 옮긴 것이다. 정조는 강력한 군대를 조성하면서 이상국가 실현을 위해 서구열강을 견제하였다.

또한 '김주부 수壽의 근친시권 운(覲親詩卷韻)에 차하다'라는 시 첫머리에도 만 리길이 나온다.

만 리길 홍양洪陽으로 근친覲親을 떠나가니 하늘 끝 가을바람에 말발굽에서 먼지이네 … (하략)

이와 같이 신숙주의 '보한재집'에 만 리길이라는 구절이 등장한다.

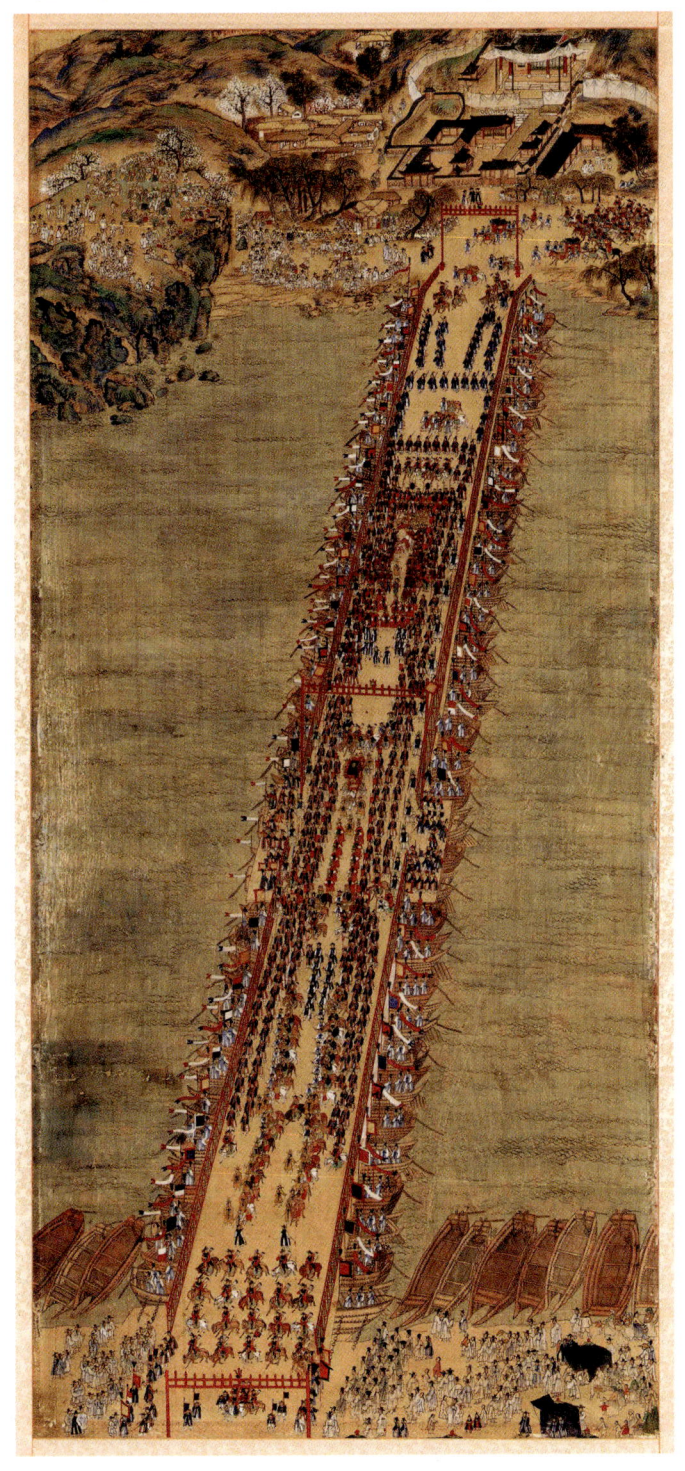

정조의 수원성(1774-1796)은 조선의 전통기술과 실학자의 과학기술이 총동원된 철옹성이었다. 정조는 노론세력을 제거하면서 능행을 핑계로 화성 남쪽으로 서울을 옮긴 것으로 추정한다.

신숙주는 세종대왕부터 성종까지 무려 여섯 임금을 섬겼다

보한재집 제 5권 칠언소시(七言小詩)
'조행원(曺行源)이 서울로 돌아간다는 말을 듣고 지어보이다.'

그대 만리 고향 길 돌아간다는데(聞設軍從萬里歸)
바로 복사꽃이 만발할 때구나(正當桃李滿城時)
… (생략)

이와 같이 조선의 서울에서 변방까지는 항상 만 리길이었다. 그만큼 신숙주 당시 조선의 강역이 매우 넓었다는 것을 알 수 있다.

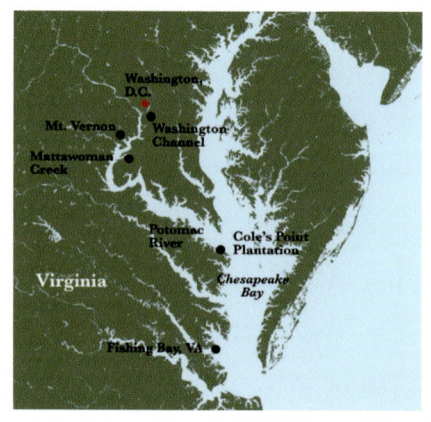

  ⇨죠선의 경사京師(서울)는 지금의 워싱턴 D.C. 근처였으며, 조선은 양경兩京제도를 운영했으므로 능행을 핑계삼아 임시로 서울을 지금의 '리치먼드'나 '센트루이스' 지역으로 옮긴 것 같다.

범옹泛翁 신숙주도 정화함대가 개척한 뱃길을 따라간 것이다.

세조가 승하하자 국장 도감 제조 겸 원상(國葬都監提調兼院相)이 되어 국무를 총괄하였고, 추충 협책 정난 동덕 좌익 보사 병기 정난 익대 공신(推忠協策靖難同德佐翼保社炳幾定難翊戴功臣)이 되었다.

53세 때 예종이 재위 1년 만에 승하하자 후계문제로 조야가 흉흉하였으나, 공이 대왕대비인 세조 비에게 아뢰어 성종대왕으로 대통을 잇게 하여 국정을 안정시켰다. 54세에 다시 의정부 영의정이 되었으며 누차 사직의 소를 올렸으나 윤허하지 않았다.

높은 벼슬에 오른 신숙주는 생육신의 한 분인 김시습의 욕을 먹으면서도 김시습의 학문을 높이 여겨 그의 업적을 칭송한 대장부였다.

'동국정운東國正韻', '북정록', '해동제국기'에 역사의 비밀이 숨겨져 있다.

"정음正音의 나라,
디죠션大朝鮮이여 영원하라!"

"신이 천성이 어리석은데다가 늙고 병까지 들었나이다.
지난 번 여러 차례 사직할 소疎를 올렸지만 끝내 윤허를
받지 못했나이다"

허! 먼 옛날 훈민정음과 동국정운을 찬진할 때가
새삼 떠 오르는구나!

59세에 별세하다.
문충文忠이라는 시호가 내리다.

최근 신숙주 선생의 발자취를 밝힌 분이 계시다.

강상원 박사은 우리 조선말 옛 팔도사투리가 '왕손 정통어'이며 동서언어의 뿌리라는 것을 밝혔다.

또한 산스크리트어 영어사전의 대부분 어휘가 우리말 팔도사투리라는 것을 증명하였다.

현재 강박사는 판찰라스 인터넷 방송국(www.pancalas.co.kr)에서 강의 중이며 유튜브에 강박사의 동영상이 공개되어 세계 여러 나라 사람들이 놀라고 있다. 한류의 힘은 이러한 언어의 뿌리에서 나오는 것이다.
영락제시대 한자는 아메리카 대륙의 공용문자(글말)였으며, 훈민정음은 동국정운의 한자 표준음을 발음하기 위해 만들어진 소리글(말글)이었다.
따라서 정음은 영락제 때 강역이 넓어져서 만들어진 것이며 그러한 증거가 영국인이 만든 산스크리트어 영어사전에 그대로 남아 있다.

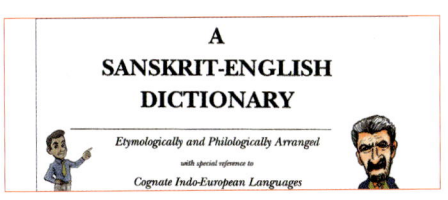

해동제국기는 조선의 강역을 알 수 있는 귀중한 자료이다

일본으로 간 신숙주의 조선사절단

55세에 '세조실록世祖實錄'과 '해동제국기海東諸國記'를 찬진하였다.

56세에 '예종실록睿宗實錄'을 찬진하여 바치시다.

58세 2월에 재변이 있어 사직의 소를 올렸으나 윤허하지 않다.

'통국통감東國通鑑'의 편찬과 수정에 참여하시다.

59세에 별세하다. 양주楊州 송산리松山里 신좌지원辛坐之原에 장사지내다.

문충文忠이라는 시호가 내리다.

文忠

조선 왕조는 왜구의 약탈을 막고 나라 주변의 해적을 통제하기 위해 막부와 교섭하였다.

왜구에게 잡혀 간 조선인의 송환을 요구하면서 일본 및 아메리카 대륙의 제후국과 통교하였다.

그래서 조선은 일본인에게 어로를 개방하고, 교역, 귀화를 허락하거나 관직을 주기도 했다.

성종은 1471년 예조판서 신숙주에게 해동제국의 사신 왕래 연혁과 사례를 찬술하도록 명하였다.

이에 신숙주는 일본에 통신사 서장관으로 다녀온 경험을 바탕으로 '해동제국기'를 완성하였다.

그는 일본의 사절단을 활용하여 주변국과 교린交隣할 것을 성종 임금에게 유언하였다.

조선시대 서인도 제도 부근은 해상무역이 활발하던 곳이다.

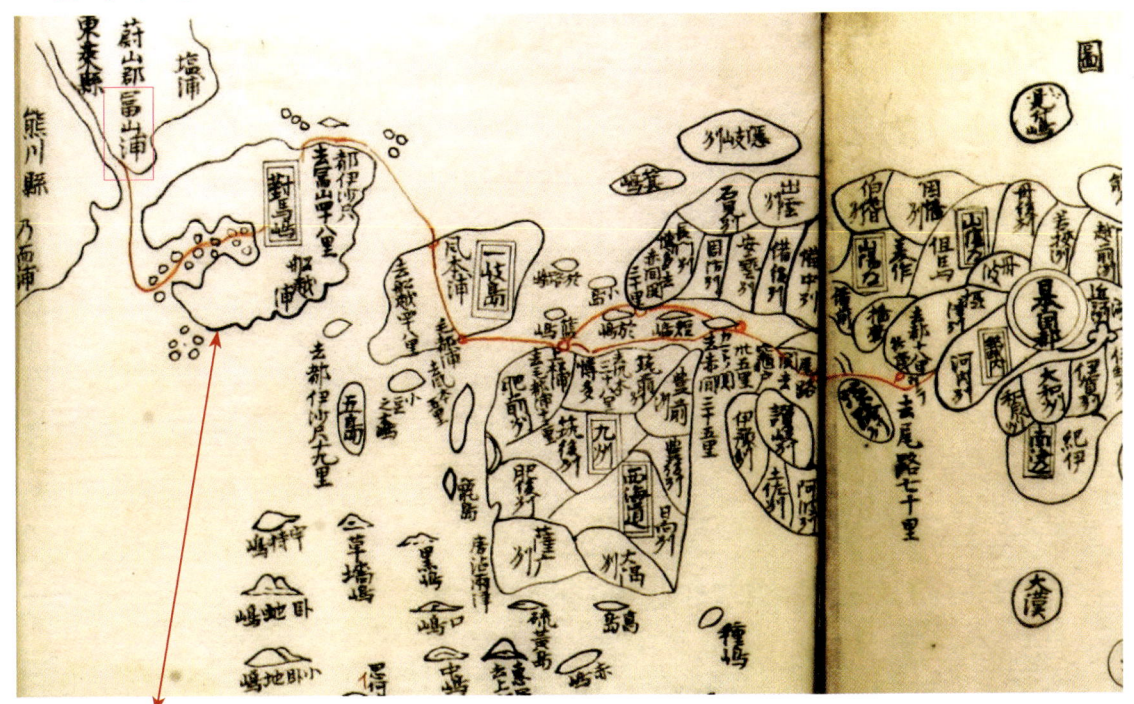

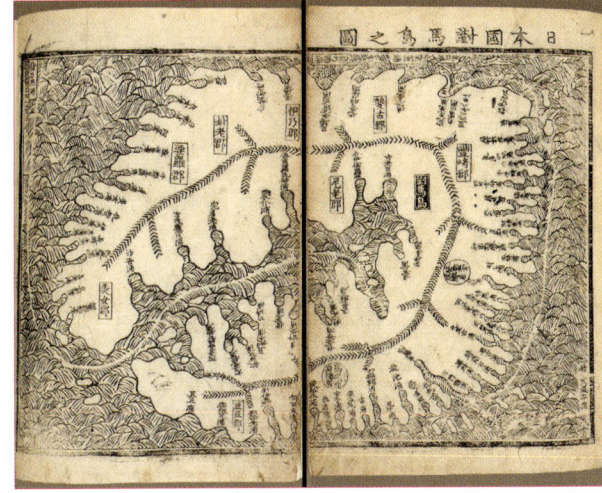

성종은 1471년 예조판서 신숙주에게 해동제국의 사신 왕래 연혁과 사례를 찬술하도록 명하였다. 이에 신숙주는 일본에 통신사 서장관으로 다녀온 경험을 바탕으로 '해동제국기'를 완성하였다. 그는 일본의 사절단을 활용하여 주변국과 교린交隣할 것을 성종 임금에게 유언하였다.
'해동제국기'의 지도를 살펴보면 아메리카대륙남부의 모습이었으며, 플로리다반도와 서인도제도 근처에서 많은 교역이 있었던 것이 분명하다. 한자 지명이 부산 釜山이 아니라 부산富山이었다.

미국 플로리다 반도와 바하마제도로 추정된다.

'해동제국기'에 나타난 대마도 형태는 지금 일본의 대마도와 현저히 다르다. 해수면 상승 등 여러 지리적 요인을 맞추어 봐도 신숙주 지도와 도저히 같을 수 없다.

하지만 신숙주 지도의 지명과 현재 대마도의 지명은 대부분 같다. 이것은 서인도제도의 대마도 지명을 그대로 열도일본의 대마도로 가져간 것으로 추정된다.

제국주의 시절 어느 한 제국을 다른 곳으로 이주시킬 때, 그 나라의 역사, 지명, 사람, 사용하던 물건, 유물과 유적, 주변 동식물, 언어, 문화재 등 모조리 같이 가져가도록 했다.

쉽게 말하면 한 집안을 통째로 뜯어서 주변 환경이 비슷한 지역으로 옮긴 것이다.

《동국정운》 완성에 따른 신숙주의 서문

세종실록117권, 세종 29년 9월 29일 무오 2번째기사 1447년 명 정통(正統) 12년

이달에 《동국정운(東國正韻)》이 완성되니 모두 6권인데, 명하여 간행하였다. 집현전 응교(集賢殿應敎) 신숙주(申叔舟)가 교지를 받들어 서문(序文)을 지었는데, 이르기를,

"하늘과 땅이 화합하여 조화(造化)가 유통하매 사람이 생기고, 음(陰)과 양(陽)이 서로 만나 기운이 맞닿으매 소리가 생기나니, 소리가 생기매 칠음(七音)이 스스로 갖추이고, 칠음이 갖추이매 사성(四聲)이 또한 구비된지라, 칠음과 사성이 경위(經緯)로 서로 사귀면서 맑고 흐리고 가볍고 무거움과 깊고 얕고 빠르고 느림이 자연으로 생겨난 이러한 까닭으로, 포희(庖犧)가 괘(卦)를 그리고 창힐(蒼頡)이 글자를 만든 것이 역시 다 그 자연의 이치에 따라서 만물의 실정을 통한 것이고, 심약(沈約)·육법언(陸法言) 등 여러 선비에 이르러서, 무리에 따라 나누고 종류에 따라 모아서 성조(聲調)를 고르고 운율(韻律)을 맞추면서 성운(聲韻)의 학설이 일어나기 시작하매, 글 짓는 이가 서로 이어서 각각 기교(技巧)를 내보이고, 이론(理論)하는 이가 하도 많아서 역시 잘못됨이 많았는데, 이에 사마 온공(司馬溫公)이 그림으로 나타내고, 소강절(邵康節)이 수학(數學)으로 밝히어서 숨은 것을 찾아내고 깊은 것을 긁어내어 여러 학설을 통일하였으나, 오방(五方)의 음(音)이 각각 다르므로 그르니 옳으니 하는 분변이 여러 가지로 시끄러웠다.

대저 음(音)이 다르고 같음이 있는 것이 아니라 사람이 다르고 같음이 있고, 사람이 다르고 같음이 있는 것이 아니라 지방이 다르고 같음이 있나니, 대개 지세(地勢)가 다름

AI(인공지능)의 답변

"칠음(七音)이 스스로 갖추이고, 칠음이 갖추이매 사성(四聲)이 또한 구비된다"는 말은 동국정운에서 소리의 생성과 그 체계를 설명하는 핵심적인 구절입니다.

이는 7개의 기본 소리(아음, 설음, 순음, 치음, 후음, 반설음, 반치음)가 갖춰지면, 이 칠음을 바탕으로 4가지 성조(평성, 상성, 거성, 입성)가 자연스럽게 구성된다는 의미입니다.

즉, 칠음은 사성의 기반이 되며, 칠음이 있어야 사성이 제대로 구현될 수 있다는 상관관계를 나타냅니다.

칠음은 사성의 바탕이며, 칠음이 갖춰져야 다양한 사성의 소리가 구현될 수 있다는 점을 강조합니다.

---

1. 아음 (牙音): ㄱ, ㄲ, ㅋ, ㆁ(이응)
2. 설음 (舌音): ㄴ, ㄷ, ㄸ, ㅅ, ㅆ, ㄹ
3. 순음 (脣音): ㅁ, ㅂ, ㅃ, ㅍ
4. 치음 (齒音): ㅅ, ㅆ, ㅿ(반치음), ㅈ, ㅉ, ㅊ
5. 후음 (喉音): ㅇ, ㅎ
6. 반설음 (半舌音): ㄹ
7. 반치음 (半齒音): ㅿ

* '여린 히읗'은 옛한글 자음 ㆆ을 가리키는 말이다. 훈민정음 창제 당시에는 초성과 종성에 쓰였으며, 된소리(경음)를 표기하거나 끊어 읽는 소리를 나타내는 데 사용되었다.

훈민정음을 활용하여 한자음을 표기하고, 이를 통해 한자음의 통일성을 확보!

으로써 풍습과 기질이 다르며, 풍습과 기질이 다름으로써 호흡하는 것이 다르니, 동남(東南) 지방의 이[齒]와 입술의 움직임과 서북(西北) 지방의 볼과 목구멍의 움직임이 이런 것이어서, 드디어 글 뜻으로는 비록 통할지라도 성음(聲音)으로는 같지 않게 된다. 우리 나라는 안팎 강산이 자작으로 한 구역이 되어 풍습과 기질이 이미 중국과 다르니, 호흡이 어찌 중국 음과 서로 합치될 것이랴. 그러한즉, 말의 소리가 중국과 다른 까닭은 이치의 당연한 것이고, 글자의 음에 있어서는 마땅히 중국 음과 서로 합치될 것 같으나, 호흡의 돌고 구르는 사이에 가볍고 무거움과 열리고 닫힘의 동작이 역시 반드시 말의 소리에 저절로 끌림이 있어서, 이것이 글자의 음이 또한 따라서 변하게 된 것이니, 그 음(音)은 비록 변하였더라도 청탁(淸濁)과 사성(四聲)은 옛날과 같은데, 일찍이 책으로 저술하여 그 바른 것을 전한 것이 없어서, 용렬한 스승과 속된 선비가 글자를 반절(反切)하는 법칙을 모르고 얽어놓은 요점에 어두워서 혹은 글자 모양이 비슷함에 따라 같은 음(音)으로 하기도 하고, 혹은 전대(前代)의 임금이나 조상의 이름을 피하여 다른 음(音)으로 빌어서 하기도 하며, 혹은 두 글자로 합하여 하나로 만들거나, 혹은 한 음을 나누어 둘을 만들거나 하며, 혹은 다른 글자를 빌어 쓰거나, 혹은 점(點)이나 획(劃)을 더하기도 하고 감하기도 하며, 혹은 한음(漢音)을 따르거나, 혹은 속음[俚語]에 따르거나 하여서, 자모(字母) 칠음(七音)과 청탁(淸濁)·사성(四聲)이 모두 변한 것이 있으니, 아음(牙音)으로 말할 것 같으면 계모(溪母)의 글자가 태반(太半)이 견모(見母)에 들어갔으니, 이는 자모(字母)가 변한 것이고, 계모(溪母)의 글자가 혹 효모(曉母)에도 들었으니, 이는 칠음(七音)이 변한 것이라.

AI(인공지능)의 답변

네, 맞습니다. "대개 지세(地勢)가 다름으로써 풍습과 기질이 다르며, 풍습과 기질이 다름으로써 호흡하는 것이 다르니, 드디어 글 뜻으로는 비록 통할지라도 성음(聲音)으로는 같지 않게 된다"라는 동국정운의 글은 조선의 강역이 넓어서 지형과 기후, 풍습 등이 다양해져서 말소리가 달라졌다는 의미를 담고 있습니다.
즉, 지리적 조건에 따라 사람들의 생활 방식이나 성격이 달라지고, 이는 다시 언어의 차이로 이어진다는 것입니다.

이 문장은 조선 전기의 학자 신숙주가 지은 동국정운 서문에 나오는 구절로, 훈민정음 창제 당시 다양한 언어 환경 속에서 글자를 통일하는 어려움을 설명하기 위해 사용되었습니다.
넓은 영토와 다양한 지역적 특성을 가진 조선의 현실을 반영하여, 언어의 통일이 쉽지 않다는 점을 지적한 것입니다.
요약하자면, 넓은 국토로 인해 지역별로 풍습과 기질이 달라지고, 이는 결국 언어의 차이로 이어진다는 점을 설명하는 내용입니다.

언어의 통합이 쉽지 않은 '팔도 사투리'는 북미 지형에서 일어나는 현상입니다.

당시 통용되던 한자음이 정확하지 않으므로, 표준 한자음을 만들었다

우리 나라의 말소리에 청탁(清濁)의 분변이 중국과 다름이 없는데, 글자 음[字音]에는 오직 탁성(濁聲)이 없으니 어찌 이러한 이치가 있을 것인가. 이는 청탁(清濁)의 변한 것이고, 말하는 소리에는 사성(四聲)이 심히 분명한데, 글자 음에는 상성(上聲)·거성(去聲)이 구별이 없고, '질(質)'의 운(韻)과 '물(勿)'의 운(韻)들은 마땅히 단모(端母)로서 종성(終聲)을 삼아야 할 것인데, 세속에서 래모(來母)로 발음하여 그 소리가 느리게 되므로 입성(入聲)에 마땅하지 아니하니, 이는 사성(四聲)의 변한 것이라. '단(端)'을 '래(來) 소리'로 하는 것이 종성(終聲)에만 아니고 차례[次第]의 '례'와 모란[牧丹]의 '란'같은 따위와 같이 초성(初聲)의 변한 것도 또한 많으며, 우리 나라의 말에서는 계모(溪母)를 많이 쓰면서 글자 음에는 오직 '쾌(快)'라는 한 글자의 음뿐이니, 이는 더욱 우스운 것이다. 이로 말미암아 글자의 획이 잘못되어 '어(魚)'와 '노(魯)'에 참 것이 혼란되고, 성음(聲音)이 문란하여 경(涇)과 위(渭)가 함께 흐르는지라 가로[橫]로는 사성(四聲)의 세로줄[經]을 잃고 세로[縱]로는 칠음(七音)의 가로줄[緯]에 뒤얽혀서, 날[經]과 씨[緯]가 짜이지 못하고 가볍고 무거움이 차례가 뒤바뀌어, 성운(聲韻)의 변한 것이 극도에 이르렀는데, 세속에 선비로 스승된 사람이 이따금 혹 그 잘못된 것을 알고 사사로이 자작으로 고쳐서 자제(子弟)들을 가르치기도 하나, 마음대로 고치는 것을 중난하게 여겨 그대로 구습(舊習)을 따르는 이가 많으니, 만일 크게 바로잡지 아니하면 오래될수록 더욱 심하여져서 장차 구해낼 수 없는 폐단이 있을 것이다.

대개 옛적에 시(詩)를 짓는 데에 그 음을 맞출 뿐이었는데, 3백편(三百篇)으로부터 내려와 한(漢)·위(魏)·진(晉)·당(唐)의 모든 작가(作家)도 또한 언제나 같은 운율에만 구애하지 아니하였으니,

AI(인공지능)의 답변

동국정운 서문에 따르면, 한자음을 읽을 때 탁음(목청이 떨리는 소리)이 없는 것은 자연스러운 현상이 아니라, 청탁이 변한 결과이며, 실제 말소리에는 분명한 사성이 존재하지만, 한자음에는 상성(上聲)과 거성(去聲)의 구분이 없다는 의미입니다.

즉, 한자음을 읽을 때 탁음이 없는 것은 자연스러운 현상이 아니라, 우리 고유의 발음 체계와 한자음 사이의 차이에서 비롯된 것이라는 지적입니다.

또한, 실제 말소리에는 분명한 성조 구분이 있지만, 한자음에는 상성, 거성 등의 성조 구분이 없다는 점을 지적하고 있습니다.

요약하면, 우리말에는 탁음과 청음(목청 안 떨리는 소리)의 구분이 있는데, 한자음을 읽을 때는 탁음이 나타나지 않는다는 것이고, 실제 말소리에는 사성(상성, 거성, 평성, 입성)의 구분이 뚜렷한데, 한자음에는 상성과 거성의 구분이 없다는 것입니다.

동국정운은 우리말의 발음 체계와 한자음 표기 사이에 차이가 있음을 지적하며, 이러한 차이를 극복하고 우리말에 맞는 한자음 표기법을 확립해야 한다는 점을 강조합니다.

음운(소리)의 중요성을 강조하고, 이를 통해 한자의 뜻을 정확히 이해해야 한다

'동(東)'운을 '동(冬)'운에도 쓰고, '강(江)'운을 '양(陽)'운에도 씀과 같은 따위이니, 어찌 운(韻)이 구별된다 하여 서로 통하여 맞추지 못할 것이랴. 또 자모(字母)를 만든 것이 소리에 맞출 따름이니, 설두(舌頭)·설상(舌上)과 순중(脣重)·순경(脣輕)과 치두(齒頭)·정치(正齒)와 같은 따위는 우리 나라의 글자 음과는 분별할 수 없으니 또한 마땅히 자연에 따라 할 것이지, 어찌 꼭 36자(三十六字)에 구애할 것이랴. 공손히 생각하건대 우리 주상 전하(主上殿下)께옵서 유교를 숭상하시고 도(道)를 소중히 여기시며, 문학을 힘쓰고 교화를 일으킴에 그 지극함을 쓰지 않는 바가 없사온데, 만기(萬機)를 살피시는 여가에 이일에 생각을 두시와, 이에 신(臣) 신숙주(申叔舟)와 수 집현전 직제학(守集賢殿直提學) 신(臣) 최항(崔恒), 수 직집현전(守直集賢殿) 신(臣) 성삼문(成三問)·신(臣) 박팽년(朴彭年), 수 집현전 교리(守集賢殿校理) 신(臣) 이개(李塏), 수 이조 정랑(守吏曹正郎) 신(臣) 강희안(姜希顔), 수 병조 정랑(守兵曹正郎) 신(臣) 이현로(李賢老), 수 승문원 교리(守承文院校理) 신(臣) 조변안(曹變安), 승문원 부교리(承文院副校理) 신(臣) 김증(金曾)에게 명하시와 <u>세속의 습관을 두루 채집하고 전해 오는 문적을 널리 상고하여, 널리 쓰이는 음(音)에 기본을 두고 옛 음운의 반절법에 맞추어서 자모(字母)의 칠음(七音)과 청탁(淸濁)과 사성(四聲)을 근원의 위세(委細)한 것까지 연구하지 아니함이 없이 하여 옳은 길로 바로잡게 하셨사온데,</u> 신들이 재주와 학식이 얕고 짧으며 학문 공부가 좁고 비루하매, 뜻을 받들기에 미달(未達)하와 매번 지시하심과 돌보심을 번거로이 하게 되겠삽기에, 이에 옛사람의 편성한 음운과 제정한 자모를 가지고 합쳐야 할 것은 합치고 나눠야 할 것은 나누되, 하나의 합침과 하나의 나눔이나 한 성음과 ...
(뒤에 계속)

"동국정운"은 당시 통용되던 한자음이 정확하지 않다고 판단하여, 이상적인 표준 한자음을 제시하기 위해 만들어진 책이다.

그리하여 전 세계 중화 문화권의 나라가 하나의 한자를 하나의 표준음으로 통일하려고 시도한 것이다.

[註 122] 래(來) : ㄹ소리.
[註 123] 종성(終聲) : 받침.
[註 124] 초성(初聲) : 첫소리.
[註 125] 계모(溪母) : ㅋ첫소리.
[註 126] 경(涇) : 탁한 물.
[註 127] 위(渭) : 맑은 물.
[註 128] 3백편(三百篇) : 공자가 정리하여 엮은 시경.
[註 129] 36자(三十六字) : 중국의 자모.
[註 130] '영(影)' : ㆆ소리.
[註 131] '래(來)' : ㄹ소리.
[註 132] 현관(玄關) : 현묘(玄妙)한 도(道)로 들어가는 문.

당시 영락제는 직접 군부와 함께 전쟁을 했으므로, 황제의 내부(內府: 내각)를 세종 대왕에게 일임한 것이다. (그래서 훈민정음이 탄생할 수 있었다)
그 후 조선의 왕은 황제의 전권(군권 제외)을 위임받은 국제 정치세력의 핵심이 되었다.
조선왕은 국새(황제의 옥새玉璽)를 갖고 당파를 조정하며 세계 여러 나라의 국제 정치에 관련된 것이다.
그러나 임진왜란 이후 유라시아의 군부와 정치 세력이 상비군을 만들며 국방력이 강해지자, 조선왕의 권한이 위축되었다. (붕당정치의 생성)

발음기관에서 소리 나는 방식을 시각화하여 언어를 설계한 과학적인 훈민정음!

한 자운마다 모두 위에 결재를 받고, 또한 각각 고증과 빙거를 두어서, 이에 사성(四聲)으로써 조절하여 91운(韻)과 23자모(字母)를 정하여 가지고 어제(御製)하신 《훈민정음》으로 그 음을 정하고, 또 '질(質)' '물(勿)' 둘의 운(韻)은 '영(影)'으로써 '래(來)'를 기워서 속음을 따르면서 바른 음에 맞게 하니, 옛 습관의 그릇됨이 이에 이르러 모두 고쳐진지라, 글이 완성되매 이름을 하사하시기를, '《동국정운(東國正韻)》'이라 하시고, 인하여 신(臣) 숙주(叔舟)에게 명하시어 서문(序文)을 지으라 하시니, 신 숙주(叔舟)가 그윽이 생각하옵건대 사람이 날 때에 천지의 가운을 받지 않은 자가 없는데 성음(聲音)은 기운에서 나는 것이니, 청탁(淸濁)이란 것은 음양(陰陽)의 분류(分類)로서 천지의 도(道)이요, 사성(四聲)이란 것은 조화(造化)의 단서(端緖)로서 사시(四時)의 운행이라, 천지의 도(道)가 어지러우면 음양이 그 자리를 뒤바꾸고, 사시(四時)의 운행이 문란하면 조화(造化)가 그 차례를 잃게 되나니, 지극하도다 성운(聲韻)의 묘함이여. 음양(陰陽)의 문턱은 심오(深奧)하고 조화(造化)의 기틀은 은밀한지고. 더구나 글자[書契]가 만들어지지 못했을 때는 성인의 도(道)가 천지에 의탁했고, 글자[書契]가 만들어진 뒤에는 성인의 도가 서책(書冊)에 실리었으니, 성인의 도를 연구하려면 마땅히 글의 뜻을 먼저 알아야 하고, 글의 뜻을 알기 위한 요령은 마땅히 성운(聲韻)부터 알아야 하니, 성운은 곧 도를 배우는 시작[權輿]인지라, 또한 어찌 쉽게 능통할 수 있으랴. 이것이 우리 성상(聖上)께서 성운(聲韻)에 마음을 두시고 고금(古今)을 참작하시어 지침(指針)을 만드셔서 억만대의 모든 후생들을 길 열어 주신 까닭이다.

옛사람이 글을 지어 내고 그림을 그려서 음(音)으로 고르

AI(인공지능)의 답변

이 구절은 훈민정음 창제 과정에서 음운 체계를 설정하는 원리를 설명하고 있습니다.
"사성으로 조절하여 91운과 23자모를 정했다"는 것은 훈민정음의 음운 체계를 네 가지 성조(平上去入)에 따라 91개의 운(韻, 모음과 받침의 결합)과 23개의 자모(字母, 초성, 중성, 종성)로 나누어 구성했다는 뜻입니다.
그리고 "어제하신 훈민정음으로 그 음을 정하고"는 이렇게 정해진 운과 자모를 바탕으로 훈민정음 창제 당시의 발음을 기준으로 삼아 각 음운의 소리를 정했다는 의미입니다.
마지막으로 "질(質), 물(勿) 둘의 운은 영(影)으로 써 래(來)를 기워서 속음을 따르면서 바른 음에 맞게 하니" 부분은, '질'과 '물'의 운은 '영'이라는 운에 '래'음을 덧붙여서 당시 통용되는 속음(일상적인 발음)을 참고하면서도 훈민정음의 원리에 맞게 바른 음을 구현하고자 했다는 내용입니다.

요약:

91운과 23자모:

훈민정음의 음운 체계는 4가지 성조에 따라 91개의 운(韻)과 23개의 자모(字母)로 구성되었다.

동국정운은 훈민정음의 자음 17자와 모음 6자를 기본으로 하여, 표준 한자음을 표기했다

고 종류로 가르며 정절(正切)로 함과 회절(回切)로 함에 그 법이 심히 자상한데, 배우는 이가 그래도 입을 어물거리고 더듬더듬하여 음(音)을 고르고 운(韻)을 맞추기에 어두었더니, <u>《훈민정음(訓民正音)》이 제작됨으로부터 만고(萬古)의 한 소리로 털끝만큼도 틀리지 아니하니, 실로 음(音)을 전하는 중심줄[樞紐]인지라.</u> 청탁(淸濁)이 분별되매 천지의 도(道)가 정하여지고, 사성(四聲)이 바로잡히매 사시(四時)의 운행이 순하게 되니, 진실로 조화(造化)를 경륜(經綸)하고 우주(宇宙)를 주름잡으며, 오묘한 뜻이 현관(玄關)에 부합(符合)되고 신비한 기미(幾微)가 대자연의 소리에 통한 것이 아니면 어찌 능히 이에 이르리요. 청탁(淸濁)이 돌고 구르며 자모(字母)가 서로 밀어 칠음(七音)과 12운율(韻律)과 84성조(聲調)가 가히 성악(聲樂)의 정도(正道)로 더불어 한 가지로 크게 화합하게 되었도다.
<u>아아, 소리를 살펴서 음(音)을 알고, 음(音)을 살펴서 음악을 알며, 음악을 살펴서 정치를 알게 되나니, 뒤에 보는 이들이 반드시 얻는 바가 있으리로다."</u>

훈민정음으로 음 정함:

이렇게 정해진 운과 자모를 바탕으로 훈민정음의 발음 체계를 확립했다.

속음 참고하여 바른 음 구현:

'질'과 '물'의 발음은 당시 속음을 참고하여 훈민정음의 원리에 맞게 다듬었다.

하였다.

백성들이 쉽게 배워서, 읽는 대로 쓰고, 쓰는 대로 읽게 하라!

훈민정음은 백성들 가운데 살아 숨 쉬는 글이므로, 장차 온 누리에 퍼져나가 세상 언어가 하나로 될 것이로다!

동국정운(東國正韻)의 음운 체계에서 91 운과 23 자모란 무엇입니까?

한자를 공부하는 나라들, 즉 중화문화권(中華文化圈)에서 동국정운을 배운 후, 훈민정음을 익히면 중화문화권 언어는 하나로 통일 된다.

음운 체계에서 91운과 23자모는 동국정운(東國正韻)에서 사용된 음운 표기 방식이다.
23 자모는 훈민정음의 초성 체계를 따르고, 91 운은 모음과 모음+받침의 조합을 나타내는 운모 체계이다. 이는 당시 표준 한자음을 표기하기 위한 것이었다.

23 자모:
동국정운은 훈민정음의 자음 17자와 모음 6자를 기본으로 하여, 당시 사용되던 한자음을 표기하기 위해 23개의 자모를 사용했다. 즉, 훈민정음의 초성 체계를 그대로 따랐다고 볼 수 있다.

91 운:
동국정운에서는 모음과 모음+받침의 조합을 나타내는 운모 체계를 91개로 설정했다. 이는 당시 중국 운서인 '홍무정운'과 비교하여 우리말에 맞게 정리한 것이다.

동국정운:
동국정운은 세종대왕의 명으로 신숙주 등이 편찬한 운서(韻書)이다. 당시의 표준 한자음을 정립하고, 훈민정음으로 표기하기 위해 만들어졌다.

표준 한자음:
동국정운은 당시 유행하던 방언식 표기가 아닌, 체계적인 한자음 표기 방식을 확립하려는 시도였다.

운서:
운서는 한자의 음과 뜻을 일정한 순서로 배열하여 싣고, 그 음을 표시한 책이다.

쉽게 말해, <u>23자모와 91운은 훈민정음의 자모 체계를 바탕으로 당시 중국의 한자음을 정확하게 표기하기 위해 동국정운(운서)에서 사용한 음운 체계라고 할 수 있다.</u>

왕손(대군)들은 자기 집안의 말을 쓰는 것을 자랑으로 생각했었다. 그래서 모이면 자기네 왕손 정통어(조선 팔도사투리)를 썼다.
하지만 사투리가 심해서 문자(한자)로도 서로 통하지 않았다.
동국정운은 일반 백성 뿐만 아니라, 가문 있는 양반들에게도 필요한 음운서였다. 그만큼 조선의 강역이 넓었던 것이다.

그렇다.
동국정운의 91운과 23자모는 주로 표준 한자음을 제정하기 위한 체계였으며, 한자 이외의 다른 언어와는 직접적인 관련이 없다.
동국정운은 조선시대에 한자음을 통일하고 표준화하기 위해 편찬된 운서로, 당시 중국의 정음관(正音觀) 즉 홍무정운(洪武正韻)에 대조하여 중화권 한자음을 바르게 정립하는 것을 목표로 했다.

조선 후기 영조, 정조시기에는 동국정운은 어떤 변화를 거치게 되나요?

조선 후기 영조와 정조 시기에 동국정운은 주로 언어 연구와 교육의 측면에서 중요한 변화를 겪었다.
영조는 훈민정음을 널리 보급하고 활용하는 데 힘썼으며, 정조는 규장각을 통해 학문 연구를 지원하면서 동국정운의 가치를 재조명했다.
특히 정조는 언어 연구를 통해 실학 사상을 발전시키고, 백성을 위한 교육에도 힘썼다.
<u>영조는 훈민정음의 가치를 재인식하고, 훈민정음을 활용한 교육을 장려했다. 이는 백성들의 문맹률을 낮추고 지식 접근성을 높이는 데 기여했다.</u>
영조는 동국정운을 비롯한 다양한 서적을 편찬하고 보급하여 학문 연구와 교육을 지원했다. 특히 동국정운은 훈민정음 연구와 활용의 중요한 기반이 되었다.
영조는 탕평책을 통해 붕당 간의 갈등을 완화하고 정치 안정을 추구했다. 이는 학문 연구와 교육에도 긍정적인 영향을 미쳤다.
한편 정조는 규장각을 설치하여 학문 연구와 정책 자문 기능을 강화했다. <u>규장각은 동국정운을 비롯한 다양한 서적을 연구하고 편찬하는 데 중요한 역할을 했다.</u>
정조는 실학 사상을 적극적으로 지원하고 발전시켰다. 실학자들은 동국정운을 비롯한 언어 연구를 통해 사회 개혁을 위한 이론적 토대를 마련했다.
정조는 백성을 위한 교육에도 힘썼다. 동국정운을 비롯한 언어 교육은 백성들이 학문을 익히고 사회에 참여하는 데 중요한 역할을 했다.
정조는 법전 편찬과 제도 개선을 통해 사회 질서를 확립하고 백성들의 삶을 개선하고자 했다.
동국정운은 법전 편찬 과정에서 언어 사용의 기준을 제시하는 데 활용되었다.

요약:
영조와 정조 시대에는 훈민정음과 동국정운을 중심으로 언어 연구와 교육이 활발하게 이루어졌다. 영조는 훈민정음의 활용을 장려하고 교육을 지원했으며, 정조는 규장각을 설치하여 학문 연구를 진흥시키고 실학 사상 발전과 백성을 위한 교육에도 힘썼다. 이러한 노력은 조선 후기 사회 발전에 중요한 기여를 했다.
끝으로 영조는 김만중의 '구운몽', '사씨남정기' 등을 즐겨 읽었으며, 특히 '구운몽'의 문장과 구성에 대해 극찬했다고 전해진다.
영조의 어제(御製) 즉, 왕의 글을 일반인이 이해하기 쉽도록 해설한 책이다. 영조의 문체와 사상을 이해하는 데 도움이 될 수 있다.

세종대왕 시대에 편찬된 "동국정운"은 당시 통용되던 한자음이 정확하지 않다고 판단하여, 이상적인 표준 한자음을 제시하기 위해 만들어진 운서이다.

조선왕조실록에 나오는 홍무정운과 동국정운은 한자와 관련된 음운서이다.

세종실록122권, 세종 30년 10월 17일 경오 2번째기사 1448년 명 정통(正統) 13년
《동국정운》을 제도와 성균관·사부 학당에 반사하다

《동국정운(東國正韻)》을 여러 도(道)와 성균관(成均館)·사부 학당(四部學堂)에 반사(頒賜)하고, 인하여 하교(下敎)하기를,

"본국의 인민들이 속운(俗韻)을 익혀서 익숙하게 된 지가 오래 되었으므로, 갑자기 고칠 수 없으니, 억지로 가르치지 말고 배우는 자로 하여금 의사에 따라 하게 하라."

하였다.

문종실록13권, 문종 2년 4월 4일 무진 5번째기사 1452년 명 경태(景泰) 3년
예조에서 진사의 시취 조건을 아뢰다

예조(禮曹)에서 진사(進士)의 시취 조건(試取條件)을 아뢰었다.

" 십운시(十韻詩)는 파제(破題)에서 경귀(景句)를 바로 말하게 되나, 지금의 격조(格調)는 비루(卑陋)함이 매우 심합니다. 옛날 작품(作品)을 베껴 써서 다투어 서로 도습(蹈襲)하므로 제술(製述)이 이미 쉬워져서 마침내 모람(冒濫)하는 폐단을 열어 놓으니, 빌건대 10운(十韻)은 없애버리고 진사(進士)도 생원(生員)을 시험하는 예(例)에 의거하여 모두 고부(古賦)와 고율시(古律詩) 중의 1편(篇)으로써 뽑도록 하며, 율시(律詩)는 6운(六韻) 이상을 시험하고, 고시(古詩)는 10운(十韻) 이상을 시험하고, 오언시(五言詩)와 칠언시(七言詩)는 시관(試官)이 그때에 임하여 정하도록 하소서.

《동국정운(東國正韻)》은 이미 고금(古今)의 운서(韻書)를 참작하여 정한 것이므로 운(韻)을 사용하는 데 있어서는 장애(障礙)가 없으니, 빌건대 《예부운(禮部韻)》과 같이 대략 주해(注解)를 내어서 거자(擧子)로 하여금 압운(押韻)하는 데 쓰도록 하소서.

<생략> ...
임금이 그대로 따랐다.

단종실록4권, 단종 즉위년 12월 24일 임자 1번째기사 1452년 명 경태(景泰) 3년
과거에 《예부운》을 쓰게 하도록 의정부에서 아뢰다

의정부에서 예조의 정문에 의거하여 아뢰기를,

"일찍이 교지(敎旨)를 받들어 과거(科擧)에 있어서 《동국정운(東國正韻)》을 쓰게 되었으나, 아직 인쇄 반포되지 않았으니, 청컨대 옛날에 쓰던 《예부운(禮部韻)》에 의거하도록 하소서."

하고, 또 호조의 정문에 의거하여 아뢰기를,

<생략> ...

하니, 모두 그대로 따랐다.

세조실록20권, 세조 6년 5월 28일 계묘 2번째기사 1460년 명 천순(天順) 4년

예조에서 《훈민정음》·《동국정운》·《홍무정운》을 문과 초장에서 강할 것등을 아뢰어 따르다

예조(禮曹)에서 아뢰기를,

"《훈민정음(訓民正音)》은 선왕(先王)께서 손수 지으신 책이요, 《동국정운(東國正韻)》·《홍무정운(洪武正韻)》[洪武正韻譯訓를 지칭함]도 모두 선왕께서 찬정(撰定)하신 책이요, 이문(吏文)도 또 사대(事大)에 절실히 필요하니, 청컨대 지금부터 문과 초장(文科初場)에서 세 책을 강(講)하고 사서(四書)·오경(五經)의 예에 의하여 분수(分數)를 주며, 종장(終場)에서 아울러 이문(吏文)도 시험하고 대책(對策)의 예(例)에 의하여 분수를 주소서."

하니, 그대로 따랐다.

성종실록134권, 성종 12년 10월 22일 계해 5번째기사 1481년 명 성화(成化) 17년
예조에서 본국 정운을 교정하는 일에 대하여 아뢰다

예조에서 황주 목사(黃州牧使) 권인(權引)의 진언(陳言)에 의거하여 아뢰기를,

"본국 정운(本國正韻)은 선왕(先王) 때 여러 유신(儒臣)들에게 명하여 교정(校正)하였습니다. 한 사람의 편견(偏見)으로 고칠 수는 없습니다."

하였는데, 명하여 한운(漢韻)을 아는 문신(文臣)들에게 의논하게 하였다. 이명숭(李命崇)·이춘경(李春景)·이창신(李昌臣)이 의논하기를,

"성운(聲韻)에는 칠음(七音)과 청탁(淸濁)이 있는데, 우리 나라의 음(音)은 치두(齒頭)와 정치(正齒)의 구분이 없으며, 또 순음(脣音)의 경중(輕重)의 차이가 없습니다. 그러므로 중국어를 배우는 자는 그 정교함을 얻을 수 없습니다. 먼저 우리 나라의 음을 바르게 하면 운학(韻學)을 밝힐 수 있습니다.

신 등이 《동국정운(東國正韻)》을 살펴보니, 사(私)와 사(思)는 치두음(齒頭音)이고, 사(師)와 사(獅)는 정치음(正齒音)이여서 합해서 하나의 음이 되고, 비(卑)와 비(悲)는 순중음(脣重音)이고, 비(非)와 비(飛)는 순경음(脣輕音)이어서 합해서 하나의 음이 되며, 방(芳)자는 전청음(全淸音)이고 방(滂)자는 차청음(次淸音)이지만 역시 혼돈되고 분별되지 않아서 권인(權引)의 말과 같습니다.

앞으로 본국 정운(本國正韻)은 칠음(七音)을 나누고 청탁(淸濁)으로서 협운(叶韻)이 되게 하여 초학자(初學者)로 하여금 먼저 이 책을 익힌 후 홍무운(洪武韻)을 배우게 하면 칠음 회성(七音回聲)이 입에서 저절로 구분되어 한음(漢音)을 배우는 데 반드시 도움이 될 것입니다."

하였는데, 전교하기를,

"그렇다." 하였다.

왕손(대군)들은 자기 집안의 말을 쓰는 것을 자랑으로 생각했었다. 그래서 모이면 자기네 왕손 정통어(조선 팔도사투리)를 썼다.
하지만 사투리가 심해서 문자(한자)로도 서로 통하지 않았다.
동국정운은 일반 백성 뿐만 아니라, 가문 있는 양반들에게도 필요한 음운서였다. 그만큼 조선의 강역이 넓었던 것이다.

훈민정음과 5 감각 기관은 밀접한 관계가 있다는 국제 연구가 있다

훈민정음, 즉 한글은 인간의 5가지 감각 기관 (시각, 청각, 후각, 미각, 촉각)과 밀접한 관련이 있다.

특히 시각과 청각을 활용하여 만들어졌으며, 이는 한글의 독창적인 특징 중 하나이다.

훈민정음과 5 감각 기관은 밀접한 관계가 있다는 국제 연구 성과가 있다

시각:

훈민정음은 자음과 모음의 모양이 특정 발음 기관의 모양을 본떠 만들어졌습니다. 즉, 자음은 발음 기관의 모양을 시각적으로 형상화한 것이며, 모음은 천지인의 모습을 본떠 만들었다.

청각:

훈민정음은 소리의 특징을 반영하여 만들어졌다. 자음은 발음할 때 나는 소리의 특징을, 모음은 소리의 높낮이나 길이에 따라 모양이 다르게 표현된다.

후각, 미각, 촉각:

훈민정음은 직접적으로 이 세 가지 감각과 관련이 있는 것은 아니지만, 훈민정음으로 기록된 언어를 통해 우리는 다양한 음식의 맛, 향기, 촉감 등을 표현하고 공유할 수 있다. 따라서 간접적으로 훈민정음은 이러한 감각들을 경험하고 소통하는 데 도움을 준다고 할 수 있다.

훈민정음의 공감각적 특징:

훈민정음은 시각과 청각을 동시에 경험하게 하는 공감각적인 문자이다.

즉, 글자를 보는 것만으로도 발음과 그 소리의 특징을 연상할 수 있으며, 이는 다른 언어에서 찾아보기 힘든 특징이다.

결론적으로, 훈민정음은 시각과 청각을 중심으로 만들어진 문자이며, 이를 통해 다른 감각들을 간접적으로 경험하고 소통하는 데 기여한다.

토착 언어와 자연의 소리 _ 한글

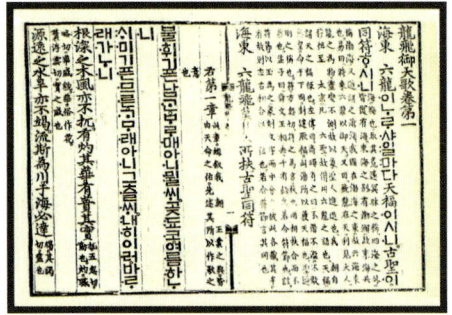

용비어천가(龍飛御天歌)

국제연구소가 한글을 사물 인지능력 및 전뇌 교육의 최적의 언어라고 정의했다

　훈민정음의 우수성을 뇌과학으로 증명하고 전뇌 교육에 활용하려는 연구는 활발히 진행 중이며, 훈민정음의 과학적 원리가 뇌의 다양한 영역을 균형 있게 활성화 시킨다는 점이 밝혀졌다.

　특히, 훈민정음의 음소 문자 체계가 뇌의 언어 처리 영역과 시각 처리 영역을 동시에 자극하여 전반적인 언어 능력 향상에 기여할 수 있다는 연구 결과들이 제시되고 있다.

　한글을 읽을 때 뇌의 여러 영역이 비교적 균형 있게 활성화되는 것으로 나타났다.

　훈민정음의 자음과 모음 체계, 음소와 음절의 명확한 구분 등이 뇌의 언어 처리 영역과 시각 처리 영역을 동시에 자극하여 언어 능력 향상에 도움을 줄 수 있다.

　훈민정음의 체계적인 구조는 단순한 정보 전달을 넘어 학습자의 창의성 및 인지 능력 발달에도 긍정적인 영향을 미칠 수 있다.

　훈민정음의 과학적 원리를 바탕으로 뇌의 다양한 영역을 활용하는 전뇌 학습법 연구가 진행 중이다.

　훈민정음의 우수성을 활용하여 외국어 학습 효과를 높이는 연구도 진행되고 있다.

　훈민정음의 원리를 바탕으로 언어, 인지, 창의성 발달을 통합적으로 고려한 교육 프로그램을 개발하려는 시도가 이루어지고 있다.

　훈민정음의 과학적 원리를 활용한 전뇌 교육은 단순한 지식 전달을 넘어 학습자의 전반적인 역량 강화에 기여할 수 있다.

　특히, 4차 산업혁명 시대를 맞아 창의적 문제 해결 능력과 융합적 사고 능력이 중요해짐에 따라, 훈민정음 기반의 전뇌 교육의 중요성이 더욱 커질 것으로 기대된다.

　훈민정음의 우수성과 전뇌 교육에 대한 연구는 아직 초기 단계이며, 지속적인 연구와 검증이 필요하다.

　훈민정음의 과학적 원리를 활용한 교육 프로그램 개발 및 보급을 통해 학습 효과를 극대화하고, 학습자의 잠재력을 최대한 발휘할 수 있도록 지원해야 한다.

일부 학자들은 한글의 자모 체계가 가진 시각적, 청각적 특징이 학습과 기억에 긍정적인 영향을 미칠 수 있다고 주장하며, 이러한 특징들이 전뇌 교육에 활용될 가능성을 제시하고 있다.

사랑이란 서로 다르게 생각하는 것을 인정하는 마음이다.

한글은 백성을 사랑하는 왕의 마음이 담겨있는 언어이다.

영락제 때 세종대왕은 온 누리 세상 사람들을 위해 훈민정음을 만든 것이다

영락제 당시 세종대왕이 훈민정음을 창제할 때, 훈민정음의 자음 체계를 만들면서 홍무정운을 참고하였다. 즉 훈민정음은 범어의 음운 체계와 밀접한 관련이 있다.
홍무정운은 중국의 표준 한자 음운 체계를 담고 있는데, 이러한 홍무정운에 있는 범어의 자음 체계를 모방하여 훈민정음을 창제한 것이다.

이는 대명조선과 조공 관계에 있는 전 세계 사람들이 한자어를 정확하게 이해하고, 중국과의 교류(조공무역)를 원활하게 하기 위한 것이다.

다시 말해 홍무정운은 중국의 표준 한자 음운을 담고 있어서, 훈민정음을 통해 중국 한자어를 정확하게 표기하는 데 중요한 역할을 한 것이다.

이에 따라 세종대왕은 홍무정운을 훈민정음으로 번역하여, 온 세상 사람들이 쉽게 중국 문자(한자)를 쉽게 배우도록 한 것이다.

세종대왕이 훈민정음을 창제할 때 참고한 범어의 음운 체계는 홍무정운과 관련이 있다.

즉 훈민정음은 범어의 음운 체계를 바탕으로 만들어졌고, 훈민정음 창제 이후에는 중국의 한자 음운을 정확하게 표기하기 위해 홍무정운을 번역하고 이를 훈민정음으로 옮기는 작업을 한 것이다.

홍무정운의 이러한 과정을 통해 세종대왕의 훈민정음은 조선과 온 세상의 언어와 문화를 발전시키고, 중국과의 교류를 원활하게 하는 핵심 역할을 했다.

결국 전 세계를 제패한 영락제 당시 세종대왕은 세계적인 언어 체계를 지닌 훈민정음을 창제하여 온 누리 사람들이 하나의 문화로 나아가는 새로운 세상의 문을 연 것이다.

훈민정음은 중국과 교류를 했던 모든 나라 백성을 위해 국제적 언어 체계를 지닌 훈민정음을 창제한 것이다.
따라서 훈민정음은 처음부터 전 세계 언어를 모두 포용하는 창조적인 문자였다.

세종이 훈민정음을 창제한 배경과 홍무정운과의 관계:

훈민정음은 홍무정운에 있는 범어의 음운 체계를 참고하여 자음 체계를 만들었다.
특히 칠음과 청탁의 음운 체계는 훈민정음의 자음 체계를 형성하는 데 중요한 역할을 했다.
그래서 세종대왕은 훈민정음 창제 이후, 중국의 한자음을 정확하게 표기하기 위해 홍무정운을 번역하고 이를 훈민정음으로 옮기는 작업을 한 것이다.

중국대륙과 아메리카대륙에서 이민선을 타고 한반도로 들어오는 조선인!

영락제 시기 조선인은 뚜렷한 선민의식이 있었다.

그래서 세종대왕께서 조선말로 된 언어(소리글자)를 만들어 한자의 국제표준음 체계인 훈민정음(訓民正音)을 창제한 것이다.

훈민정음은 중화 문자인 한자를 국제표준음으로 발음하는 언어인 동시에 온 세상 사람들이 쉽게 배우고 익히는 국제 공용어였다.

영락제 당시 정화함대는 전 세계 관리와 물건들을 실어 나르면서 조공무역을 한 것이다. 그 당시 통용된 국제언어는 한자와 훈민정음이었다.

나는 '조선인朝鮮人' 입네다.

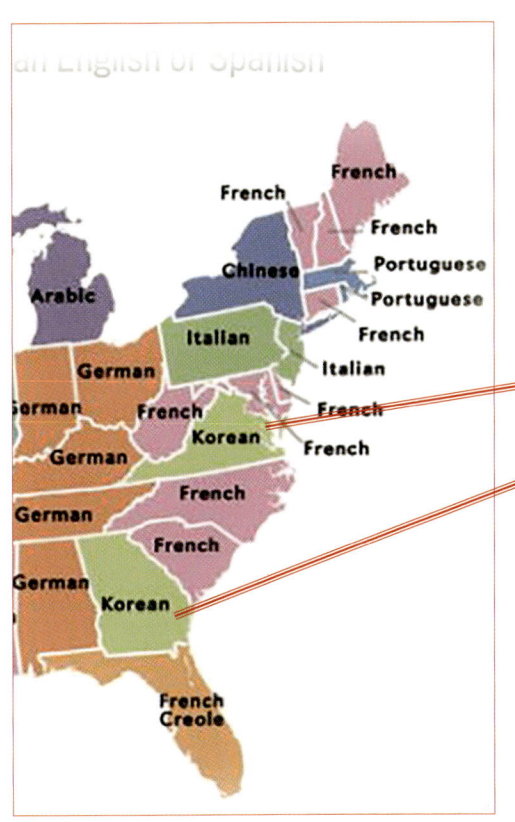

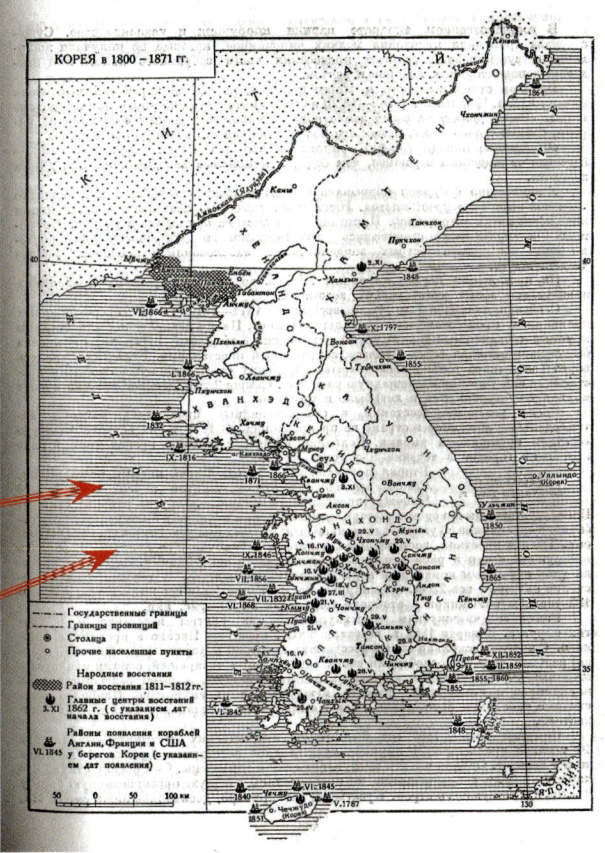

현재 한반도인은 미주(美州)에서 이주해 왔고, 이주 초창기 시절에는 북미, 조선 팔도 사투리(방언)를 썼던 한국인들이다.

동국정운이 만들어진 시기에 존재했던 아메리카대륙 토착민을 찾아라!

영락제 때 정화함대의 조공무역의 여정이 너무 짧아서 한글 정음正音이 널리 퍼지지 못한 것은 간주할 수 있으나, 한국의 언어학자 강상원 박사의 저서에 의하면 산스크리트어 영어사전 전체 내용이 옛 조선말 팔도사투리라는 것을 증명하고 있다.

따라서 아메리카 대륙에서 훈민정음과 옛 라틴어를 한자漢字(글)를 바르게 소리 내는 말글로 사용한 것이 분명하다.

1900년대 아메리카대륙에서 강제 이주해 간 토착민이 있던 현재 한반도에서 가톨릭 선교사들이 마련한 교육과정에 한자와 라틴어가 있는 것을 보면, 그들이 가르친 라틴어가 훈민정음이 변형된 한글이라는 것을 알 수 있다.

필자는 산스크리트어 영어사전을 공부하면서, 당시 아메리카대륙 지식인의 공용어가 한자이며, 이것을 소리내기 위한 말글이 라틴어와 훈민정음이라는 것을 이미 확신하고 있었다.

언어의 세계화 측면으로 해석한다면 훈민정음은 한자뿐만 아니라, 모든 언어를 쉽고 간결하게 표현하는 소리글인 동시에 인류 시원의 어원을 담고 있는 뜻글자이다.

독일 상인이 본 조선 마을풍경이다.
 점쟁이가 점을 치고 있으며 벽에 갑골문이 있고 주역 점괘를 보는 것 같다.
멀리 카우보이모자(갓)를 쓴 인력거꾼이 보이며 가로등이 있다.
 그 당시 서구마을과 다름이 없는 미국의 풍광인 것이다.
 만일 여기가 한반도라면, 세계 역사를 컨트롤하는 보이지 않는 힘의 존재를 인정해야 한다.
이러한 현상은 역사 밖의 일이다.

중국대륙과 호주대륙에서 이민선을 타고 한반도로 들어오는 조선인!

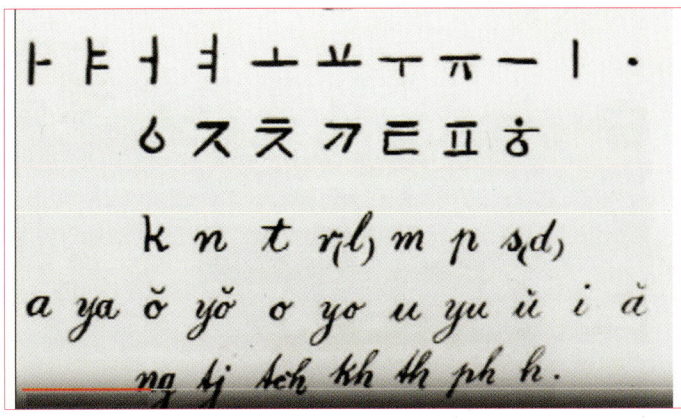

1915년에 발간된 베버신부의 책에서 아메리카 조선의 역사를 엿볼 수 있다.

1925년 '성 베네딕트회' 독일 수도원의 베버 신부가 한반도에 와서 학생에게 가르친 한글은 옛 라틴어를 변형한 것이다.

1911년 독일의 베버 신부는 아메리카 대륙에 있을 때 5달간 조선에 머물면서 그때의 조선 모습을 책으로 출간한 사람이다. (1915년)

그는 영연방의 이주선을 타고 수많은 조선인들이 한반도에 쓰레기처럼 버려지는 것을 직접 목격한 조선 역사의 산 증인이다.

베버 신부는 14년 뒤 이번엔 미국이 아니라 한반도에 와서 식민지 조선인을 위해 봉사한 것으로 알려져 있다.

해방 직후 대한민국의 문맹률은 매우 높았다. 1945년 당시 12세 이상 인구의 약 78%, 즉 798만 명이 문맹 상태였다. 이는 일제강점기 동안 한글 교육이 제한되고 일본어 교육이 강화되면서 발생한 현상이다.

…

다른 측면으로 분석할 수도 있다.

이때 인구가 급격히 늘어나는데, 가까운 호주, 중국대륙과 머나먼 아메리카대륙에서 이민선을 타고 한반도로 들어오는 조선인들이었다.

해방 후(1945.8.15.) 한반도에는 한글을 모르는 문맹자가 70%가 훨씬 넘었다.

제국주의 이후, 아메리카 대륙에서 일어났던 조선의 역사적 진실이 사라져버렸다

　1911년 '성 베네딕트회' 독일 수도원의 베버 신부는 아메리카 대륙의 조선의 서울(한양)을 방문하였다.

　그는 4개월간 한국에 머무른 뒤, 조선민족을 태운 이민선을 타고 지금의 한반도에 다다랐다.

　그는 한반도 땅에 무참히 버려지는 조선인들을 보며 애써 외면을 한다.

　베버 신부는 독일에 도착한 후, 아메리카 대륙 조선에서 보낸 몇 달간의 여정을 책으로 출판하였다.

　1915년 출간된 '고요한 아침의 나라'는 아메리카 되죠션 大朝鮮의 풍광을 담은 책이다.

　그는 저서에 다음과 같이 밝히고 있다.

　'우리(신부들)는 사라져가는 이 나라를 위해 "대한 만세"라는 작별인사를 보낸다.'

　그 후 14년 뒤(1925.5) 베버 신부는 다시 조선을 찾아온다. 이번에는 미국이 아니라 한반도로 오는 것이다.

　한반도의 사진과 미국에서의 사진이 뒤섞여 있으므로 진실을 찾는 독자가 혼란을 일으키도록 한다.

아래 사진들은 1910년경 베버신부가 아메리카대륙에서 찍은 사진으로 추정된다.
 - EBS에서 방영한 영상에서 발췌한 장면이며 1915년 베버신부가 출판한 책의 사진으로 알고 있다.
베버신부는 1927년, 한반도에 와서 많은 양의 사진과 기록을 남겼다.

Im Lande der Morgenstille. 1915 : Reise-Erinnerungen an Korea. Weber, Norber
- 독일의 베버 신부가 1915년에 발간한 책속에 한국의 풍경은 아메리카 대륙에 존재했던 조선의 모습이었다.

제국주의시절 아메리카 대륙의 수많은 어린 노예들이 식민지 지역으로 팔려나갔다.

1911년 베버 신부가 탔던 이민선은 이미 1800년경부터 1900년경 무렵까지 현재 중국, 동남아시아, 인도, 한반도 등지에 수시로 드나들던 이민선이었다.

아메리카 대륙의 원주민을 강제로 추방하여 낯선 땅에 흩트려버리는 이러한 이민선은 한반도뿐만 아니라 전 세계로 운행되고 있었다.

이러한 아메리카대륙 원주민 이주정책은 주로 바티칸에서 맡고 있었다.

특히 아이들은 가톨릭 신부들이 맡았고 여자들은 몰몬교의 몫이었다.

중상주의 시절, 불법으로 운행되었던 노예선이 제국주의 시절에는 국가정책에 의해 운행되는 민족 강제 이주선으로 변신하는 것이다.

남북전쟁 이후에는 영연방세력이 공식적으로 이민정책을 실시하면서 세계 여러 지역의 백인종을 받아들이고 아메리카 대륙의 유색인종을 방출했다.

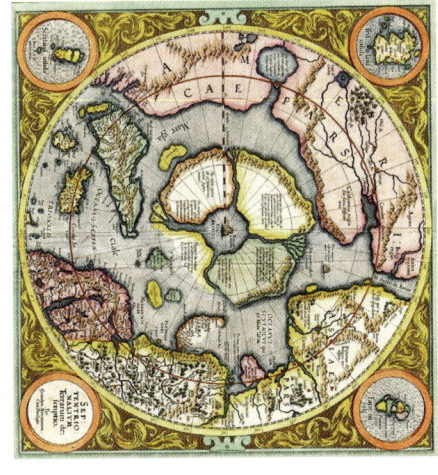

이러한 이민선은 한반도뿐만 아니라 전 세계로 운행되고 있었다.

1911년 아메리카대륙에 왔던 베버 신부는…5개월 후 조선인과 같은 이주선을 타고 한반도에 잠깐 도착했었다. 그는 짐짝처럼 버려지는 조선인 이주자들을 보며 눈물을 흘렸다.

베버 신부는 1927년 다시 조선을 찾았다. 이번에는 아메리카대륙이 아닌 한반도 조선을 방문하는 것이다.

북미 대륙에서 조선이 사라진 역사적 진실을 우리는 반드시 알아야 한다

초창기 바티칸에서 파견되는 신부는 아이들을 인신매매 선박에 인도하는 일에 결코 자유로울 수 없었다. 올바른 선교활동을 하는 베버 신부 일행 중에도 이러한 간자間者(간첩)가 있었을 것이다.

베버신부 일행 중에 있는 유색인종이 '혹시 버림받은 수많은 고아들 중에 선택받은 신부가 아닐까?'라는 상상을 해본다.

로만 가톨릭교   몰몬교

렙틸리온(Reptilians)의 정체를 알게 해주는 일러스트.

이 시기에 가짜 교황청도 등장했다는 기사도 있다.

아메리카 대륙에서 조선이 사라진 역사적 진실을 우리는 결코 알 수 없다.

제국주의시절부터 세상의 권력을 장악한 세력이 그러한 진실을 숨겼기 때문이다.

제국주의 시대, 이미 전 세계의 금융을 지배한 막강한 트러스트!

'보이지 않는 정부! 우리가 알 수 없는 세력!'

그들의 원칙은 아직도 유효하다.

제국주의 이후, 북미 대륙에 있었던 모든 나라의 역사적 진실이 사라졌다.

Mormonist 138 years ago, the controversy over travel bans and religion was about Mormons from Europe catholic-tammany-hall.
- 아메리카 대륙에 있던 유럽을 의미한다.

조선 풍속에 해가지면 아이와 여자를 잡아가는 괴물이 나타난다고 했다.
그러한 렙틸리온의 실체가 가톨릭 사제와 몰몬교도였다.

"나? 몰몬교도야! 여기 있는 여자들은 사랑하는 내 아내와 자식들이여!"

 당시 가톨릭 신부(몰몬교 위장 세력)들의 감언이설에 속은 가족을 찾아 애리조나, 유타, 뉴멕시코, 콜로라도를 비롯한 서부지역에 나타나는 조선인들이 부쩍 늘어났다.
 조선 호랑이 사냥꾼과 인디언 습격을 두려워하는 가톨릭 사제단이 여자들을 버리고 아이들만 데리고 사라지는 사태가 벌어지자, 자기 아이들을 찾아 헤매는 부녀자들이 많아졌다.
 이때 몰몬교(Mormonism)를 사칭하는 무리가 나타나 여자들을 납치했다.

아메리카 대륙에서 조선이 사라진 역사적 사실을 우리는 반드시 알아야 한다

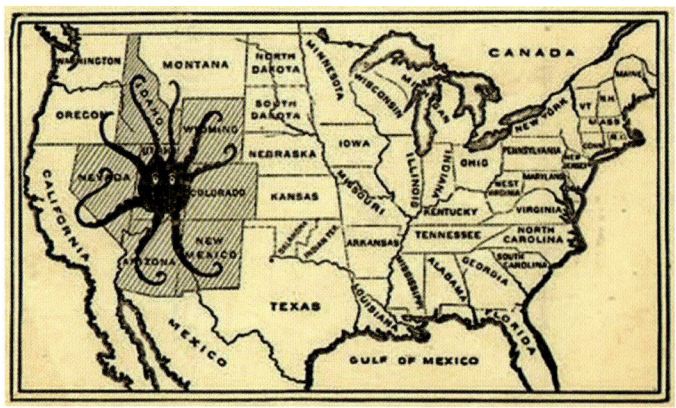

몰몬교 조직을 만들고 주도하는 세력은 따로 존재하고 있었다.
몰몬교의 본질적 임무는 황량한 서부에 여자를 공급하는 일이다.
아메리카정부가 정책적으로 서부개척을 구실로 젊은 이민자를 서부로 보내 인디언과 싸우게 하려는 것이다.
대부분의 인디언은 조선인이었다.

서부개척시대 황량한 서부지역 마을에 살롱마다 넘치는 여자들은 몰몬교의 인신매매 조직이 팔아넘긴 여자들이다.

서부에 여자가 넘친다는 소문이 퍼져나가자 아메리카서부지역으로 몰려드는 젊은 백인들이 많아졌다. 이들은 서부로 가면 쉽게 아메리카국적을 획득하고 수많은 미인과 넓은 땅을 무상으로 받을 수 있다는 미국의 백인종 이민정책에 적극 참여한 것이다.

몰몬교는 미국을 하나님의 특별한 축복을 받은 땅으로 여기며, 미국 헌법과 정부의 신성함을 강조했었다.
이들은 몰몬교를 가장한 개신교의 정치적 영향력을 확대하면서, 미국 사회 내에서 불교, 이슬람교, 기타 종교의 원주민을 축출했다.

영연방 음모세력은 유럽으로 추방했던 백인종 후예들을 다시 아메리카 대륙으로 불러들이는 것이다.
이와 같이 역이민정책은 세계사의 진실을 속이는 데 결정적인 역할을 했다.
이러한 진실을 아는 지식인은 이제 다 죽고 없다.
역사의 진실은 세월의 망각 속으로 사라지고…

젊은 백인 이민자는 아름다운 여자를 찾아 서부로 서부로 몰려오는 것이다.

콜로라도, 유타, 애리조나지역을 비롯한 서부지역에 조선인들이 부쩍 늘어났다.

미국기병대는 인디언부족과 함께 싸우는 조선인을 쉽게 발견할 수 있었다.

True West Magazine, Indian Newspaper
"War True West" - 1891
'인디언들이 조직적으로 전투를 하고 있다. 그들에게 대장이 생겼기 때문이다.
갓을 쓴 놈은 무조건 사살하라!
조선 양반이 존재하는 한, 결코 전투에서 승리할 수 없다.'
"우리에게는 Springfield-rifle이 있다"
- 1890

19세기 후반, 백인은 인디언을 무차별 학살하였다. - 수족이 조선인 의병이다.

"The American River Ganges"

매퀸, 라이샤워 표기법은 둘이 어디서 만나 만들었나요?

　매퀸-라이샤워 표기법은 1939년에 미국의 언어학자 조지 매퀸과 에드윈 라이샤워가 함께 만들었다. 이들은 당시 한국어 학자였던 최현배, 김선기, 정인섭의 도움을 받아 학술용으로 이 표기법을 고안했다.

　매퀸-라이샤워 표기법은 한국어의 음운을 라틴식 로마자로 옮겨 적는 방식으로, 당시 미국에서 한국어를 가르치는 데 사용되었다. 이 표기법은 1939년 발표된 이후 서구권에서 널리 사용되었지만, 한국어의 특징을 충분히 반영하지 못한다는 비판도 있었다.

　이에 따라 2000년 5월, 대한민국 정부는 새로운 로마자 표기법을 제정했다.

한국어 로마자 표기

1939년 Reischauer는 George M. McCune(조지 맥퀸)과 함께 한국어 로마자 표기를 위한 McCune-Reischauer 체계를 발표했는데, 이는 수년 동안 가장 널리 사용된 체계가 되었다.

라이샤우어는 한글을 "아마도 모든 언어에서 일반적으로 사용되는 가장 과학적인 문자"라고 불렀다.

'라이샤워'는 일본 대사까지 역임한 미국 하버드 대학의 일본사 교수이다.
그의 저서에 있는 지도 한 장은 한때 북미에 존재했던 코리아를 연상하게 한다.
일제 강점기란 일제가 조선을 강탈한 역사를 말하고 있기 때문이다.

한국어 로마자 표기를 위한 McCune-Reischauer 체계를 발표했다

매큔(George M. McCune)과 라이샤워(Edwin O. Reischauer)는 1930년대 후반 미국에서 처음 만났다.

당시 매큔은 프린스턴 대학교에서 한국어를 가르쳤고, 라이샤워는 하버드 대학교에서 동아시아 연구를 했다. 두 사람은 한국어 로마자 표기법에 대한 논의를 위해 만났고, 그 결과 매큔-라이샤워 표기법이 탄생했다.

구체적으로, 두 사람이 만난 장소는 프린스턴 대학교와 하버드 대학교 사이의 교류 또는 협력을 통해 이루어졌을 것으로 추정된다. 매큔은 프린스턴에 있었고, 라이샤워는 하버드에 있었기 때문에, 두 사람의 만남은 두 대학을 오가며 이루어졌을 가능성이 높다.

또한, 당시 한국학 연구가 활발했던 시카고 대학 등 다른 대학 연구기관과의 교류도 있었을 수 있다.

매큔-라이샤워 표기법은 1939년 미국 지명위원회에서 공식 표기법으로 채택되었다. 이 표기법은 한국어 발음을 로마자로 표기하는 방법으로, 특히 한반도 지명이나 인명 표기에 널리 사용되었다.

현재는 국어의 로마자 표기법이 공식적으로 사용되고 있지만, 매큔-라이샤워 표기법은 여전히 일부 학술 연구나 국제적인 분야에서 활용되고 있다.

1910년 도쿄에서 태어난 에드윈 올드파더 라이샤워는 미국 외교관이자 교육자였으며, 일본과 동아시아 역사와 문화를 전문으로 연구하는 하버드대 교수였다.

1938년 옌칭연구소 연구원으로 재직하던 중 '조지 맥큔'과 함께 한국을 방문하여 한국어를 공부했다.

또한 최남주와 함께 감산사 탑과 대왕암을 비롯한 경주의 유적지를 답사했었다.

라이샤워는 이후 동아시아, 특히 일본 연구 분야의 선도적인 학자로 성장하여 1961년부터 1966년까지 주일 미국 대사를 역임했다. 이와 같이 한글은 (보이지 않는 세력) 국제문화기관의 관심과 지원을 꾸준히 받아왔다.

서구역사에서 지리상의 발견은 정화함대가 갔던 길을 찾아다닌 것이다

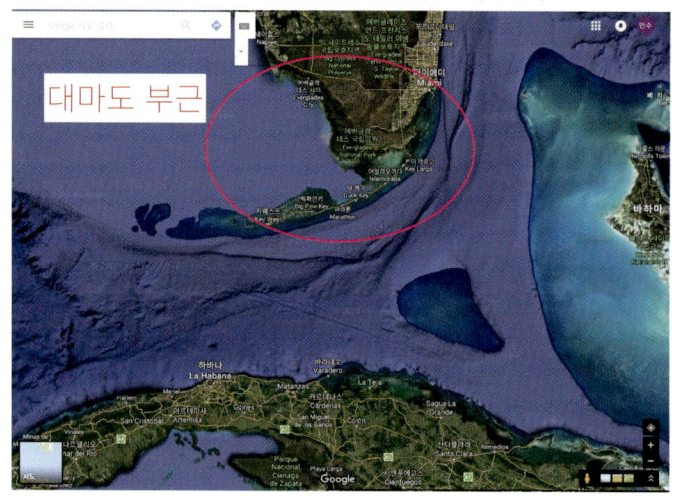

현재 미국의 전통 가문은 조상이 한자 이름을 갖고 있다.
적어도 가문의 한자 성씨가 영어 또는 라틴어 이름으로 남아있는 것이다.
옛 라틴어는 신라의 말글이며, 한자의 표준음 발음기호인 훈민정음은 조선의 말글인 셈이다.

현재 우리는 일본, 중국과 더불어 자기 고향을 잃어버린 민족이 되었다.

바야흐로 지구촌의 시대가 도래 했다고 말하지만 그래도 고향이 있어야 하지 않겠는가!

아메리카 대륙의 이곳은 영락제시대 정화함대의 무역 거점이었으며 조선의 강남이었다.

서양역사에서 지리상의 발견 이후 유럽이 변화한다는 그 지역이 바로 이곳이다.
원래 유럽의 고향이 있는 지역이며 정화의 함대가 세계 무역을 개척한 이후 르네상스 운동이 일어나고 유럽의 각 제후국들이 중상주의정책을 실시하는 곳이다.

백인종 중산층(양반:신사)이 부를 축적하여 르네상스의 원동력을 제공하였다.

이탈리아의 르네상스 운동은 아메리카 되죠션 땅에서 일어났다.

초대형 정화함대 대신 중형 함선이 6대양을 누비며 무역을 하였다. 영주와 계약을 맺고 한자동맹체처럼 대규모 상선조직을 제외하면 대부분 개인 소유의 함선을 이끌고 장사를 했다.

예를 들어 콜럼버스의 산타마리아호도 독립채산제로 움직이는 상단 중 하나였다.

상단끼리 점점 경쟁이 치열해지자 정상적인 무역체제가 무너지고 약탈무역의 형태로 변하더니 나중에는 무역대상국을 점령하여 아예 식민지로 만들어버렸다.

유럽역사에서 지리상의 대발견이나 중상주의 정책을 실시했다는 헛소리는 대부분 정화함대가 이룩한 일을 답습한 것이며, 유럽의 영주들이 힘이 약한 마을이나 부족을 습격하여 재물을 약탈하던 행위를 엉터리 기록으로 남긴 것에 불과하다.

> 상단끼리 경쟁이 치열해지자 정상적인 무역체제가 무너지고 말았다.

페테르 파울 루벤스(Peter Paul Rubens, 1577년~1640년)는 독일 태생으로 17세기 바로크를 대표하는 벨기에 화가이다.

> 역사적으로 르네상스운동이란 조선 강역에서 일어난 문예부흥운동으로 볼 수 있다.

루벤스는 유럽 각국을 다니며 황실 또는 부자들에게 그림을 그려준 화가이다.
그의 행로를 보면 유럽의 윤곽을 짐작할 수 있다.
이탈리아 → 스페인 → 오스트리아 → 프랑스 → 폴란드 → 잉글랜드 → 독일 등으로 외교관을 겸하며 미술가로 활약했다.
그가 그린 '한복을 입은 사람'은 꼬레아가 유럽과 인근에 있다는 것을 증명하고 있는 것이다.

유럽제국은 중상주의와 중금주의 정책에서 태동하였다

정화 원정 이후, 100년 가까이 약탈무역으로 자본을 축적한 상인들은 부패한 조정의 관리들과 결탁하여 조선의 동부해안에 해양기지를 구축하였다.

상인들이 봉건영주에게 세금을 내는 대신 농노와는 다른 특수신분층인 시민이 되었다. 시민들은 영주 또는 귀족들과 계약을 하며 점점 더 부를 쌓았다.

이들은 농본주의정책을 위주로 하는 중앙정부의 은본위제도를 버리고, 신성로마제국의 부활을 꿈꾸며 금본위제도를 채택하였다.

이들은 금보유량을 늘려나가며 중금주의重金主義(bullionism)와 중상주의重商主義(mercantilism)를 앞세워 자신을 보호해주는 봉건영주의 권력을 강화하였다.

사법, 행정, 특히 군사제도를 확립하여 왕권에 반대하는 토착 귀족과 조선중앙에서 파견된 관리를 쫓아냈다.

정화함대는 원정에서 돌아올 때마다 희귀한 동식물, 귀중한 보석, 진기한 약초, 신기한 물건들을 가져왔다.
또한 세계 곳곳에서 사신과 제후 왕들을 데리고 왔다. 그리고 이들에게 비단, 서적, 곡물종자를 비롯한 소중한 선물을 주어 돌려보냈다.
전 세계는 영락제에게 고개를 숙였다.
하지만 영락제와 정화가 죽은 뒤 조공무역은 끊어지고 뱃길을 아는 상인들에 의해 약탈무역과 인신매매가 성행하였다.
결국 중상주의무역이란 약탈무역이며, 노예선을 이끌고 인신매매를 하는 것이다.

대명조선은 쇄국정치를 실시하여 영락제 때 활짝 열었던 문호를 굳게 닫았다. 하지만 정화함대를 타고 전 세계 바다를 누비던 상인들은 결코 항해를 멈출 수 없었다.

여기서 시민층이란 유대자본의 시녀로 소규모 자본을 축적한 특수계층을 의미한다. 초창기에는 이들이 의회를 구성하는 선거권자였다.

유대자본은 유럽제국의 내정을 좌지우지하는 실세였으며 재정을 담당하고 있었다.

봉건영주는 중앙정부인 조선의 간섭으로부터 벗어나기 위해 봉건영주끼리 혼인정책을 이용하여 강력한 절대왕정을 세웠다.

미시시피 강 서부에서 우후죽순처럼 일어난 지방국가들이 미시시피 강 유역으로 진출하여 유럽제국을 형성하였다.

이들은 조선중앙정부를 모방하여 왕권신수설王權神授說을 이론적 배경으로 하여 왕권을 강화하였다.

시민층은 의회제도를 만들어 대항했으나, 왕이 용병 대신 징병제도를 실시하여 절대 권력을 휘두르자 시민층은 절대왕정의 충실한 관리가 되어 이권을 챙기거나 의회정치를 강화하면서 때를 기다렸다.

베스트팔렌 조약을 체결하는 모습.

종교의 자유와 국제법의 토대가 된 베스트팔렌 조약(1648)은 국가 간 관계를 규정하는 국제법의 원칙들을 확립했다. 이러한 원칙들은 서구 열강이 동아시아 국가들과의 관계에서 일방적으로 적용되면서, 동아시아 국가들에게는 불평등한 국제 질서로 작용했다.
(조약 광경이 인위적이며, 후대에 역사를 교열하기 위해 그려진 그림 같다. 표정에 주목하라!)

순조 때 세도정치가 시작되자, 1801년 공노비제도를 폐지하였다. 노비제도가 폐지되자 조선의 인구가 급감하였다.
한편 미국의 인구통계에 의하면 이때 미국의 인구가 급증하였다.
조선은 다인종 국가이며 조선의 노비는 결코 황인종이 아니었다.

당시 대죠션大朝鮮이라는 중앙정부가 존재했다

어쨌든 중상주의 정책으로 부를 축적한 미시시피 강 유역의 상인 동맹체는 자신의 상단과 계약을 한 영주에게 돈을 주는 대신, 영주의 군대를 이용해 식민지시장을 넓혀갔다.

또한 이들 상단 뒤에게 수시로 돈을 빌려주는 물주가 있었는데 고리대금을 하는 유대인이었다.

부유한 영주는 용병으로 이루어진 상비군 대신 자신의 영지에 거주하는 농노를 군인으로 하는 징병제를 실시하여 군대를 양성하였다. 영주끼리 경쟁을 하며 강력한 군대를 양성하고 많은 자본을 가진 중산층을 지니게 된 영주는 마치 왕처럼 행동하였다.

세력이 막강한 영주 집안끼리 혼인을 하여 점점 더 강력한 국가체제를 갖추기 시작했다.

황족은 대부분 혼혈인종이었다.

결국 십자군 전쟁이란 아메리카대륙에서 일어난 종교전쟁이었다.

그들은 왕정국가를 완성하였으며, 왕권신수설 등의 정치철학을 실현하였다.

그렇지만 그 당시 됫죠션大朝鮮이라는 중앙정부가 존재했으므로 영주들의 행동은 소극적이었다. 아직까지 그들의 힘이 약하므로 조선 조정과 우호관계를 유지하기 위해 조선에서 유명한 문중과 접촉하였다.

한편 지방에 머물러 사는 조선의 명문 세도가는 이들의 후원으로 중앙 조정에 뇌물을 바치거나 혼인정책을 이용하여 점점 더 큰 세력을 형성하였다.

임진왜란과 호란 이후 이러한 지방세도가는 더욱더 기승을 부렸다.

유럽 영주인 왕실 가문은 문화와 인종이 다르지만 명문 가문끼리 혼인하였다. 오색인종이 서로 어울리며 잘 살았다.

형제란 숙부와 조카를 뜻하고, 고질이란 고모와 질녀를 의미한다.

결국 십자군 전쟁이란 아메리카대륙에서 일어난 종교전쟁이었다.

십자군전쟁 이후 천자국 고려가 멸망하자, 불교도에게 억압을 받던 여러 종단들이 우후죽순처럼 생겨난 것이다.

위정자들의 가렴주구가 한창일 때 바다에서는 해적선이 노예들을 실어 나르고 있었다. 영락제 이후 바다의 질서는 무너져 내렸다.

3. 임진왜란은 아메리카대륙에서 일어난 세계대전

1) 조선왕조실록에 등장하는 임진적벽은 북미에 있다

<조선왕조실록>
영조실록82권, 영조 30년 11월 18일 계사 1번째기사 1754년 청 건륭(乾隆) 19년
총융사 홍봉한이 임진의 형편을 아뢰다
국역원문·원본 보기
총융사 홍봉한(洪鳳漢)이 명을 받고 가서 임진(臨津)의 형편을 살폈는데, 이때에 이르러 돌아와 아뢰기를,

"임진부터 위로 3, 40리는 다 4, 5장(丈)의 적벽(赤壁)이고, 아래도 또한 사방이 막혀서 염려할 만한 것이 없습니다마는, 내소정(來蘇亭) 근처에 얕은 여울이 있어 옛 장릉(長陵)으로 통하는 길에 막힌 데가 없으므로 이 곳이 허술합니다.

내소정의 얕은 여울부터 장산(長山)까지 모두 7리가 되는 곳에 토성(土城)을 쌓아 막고, 인하여 방수 별장(防戍別將)을 두거나 파주(坡州)의 읍치(邑治)를 옮겨 설치하는 것이 마땅하겠습니다.

임진 좌우의 석벽(石壁) 사이에 홍예 석문(虹霓石門)을 설치하는 것도 국위(國威)를 견고하게 하는 방도가 될 수 있겠습니다."

하니, 임금이 금위 대장 구선행(具善行)에게 명하여 다시 가서 살피게 하였다.

【태백산사고본】 59책 82권 29장 B면【국편영인본】 43책 547면
【분류】군사-관방(關防) / 과학-지학(地學)

정선은 현대화가 고흐처럼 실제 풍경을 확인한 후 그림을 그린다.
"나는 공자나 소동파를 상상해서 그린 적이 없다. 더 이상 내 그림을 폄하하지 말아 달라!"

정선의 "독서여가"(讀書餘暇)

삼한, 신라, 고려, 조선으로 이어지는 모든 동이족의 무대는 아메리카 대륙이었다.

겸재 정선이 그린 임진적벽은 진경산수화로 실제 풍경을 담고 있다.

높이가 15m 이상 되는 절벽이 양쪽으로 솟아 있고 그 계곡 사이로 빠르게 강물이 흐른다. 계곡 사이에 홍예문 다리를 놓아 연결하였다.
적군이 이곳에 들어오면 화공과 수공 전술로 인해 모두 전멸하였다.
여기가 삼국지에서 등장하는 적벽대전 장소와 다름이 아니다.
적벽은 한반도가 아니라 북미에서 찾아야 한다.

임진적벽도 (臨津赤壁圖)

서양건축양식 마을

조선 화가 정선은 실경산수화가인가?
Search Labs | AI 개요
네, 조선 화가 정선은 진경산수화의 창시자로 알려져 있습니다.
그의 작품은 실제 풍경을 직접 보고 그린 실경산수화로서, 기존의 산수화와 다른 새로운 화풍을 제시했다.
실경산수화는 실제 풍경을 소재로 그린 산수화를 의미한다. 조선 시대에는 이미 실경산수화가 존재했지만, 정선은 이를 한 단계 발전시켜 새로운 화풍을 창출했다.

진경산수화의 창시:
정선은 이전의 실경산수화가 단순한 기록화의 성격을 띠었던 것과 달리, 실제 풍경을 직접 보고 그 풍경에 담긴 감정을 표현하는 진경산수화를 창시했다. 그의 작품은 실제 풍경을 재현하면서 동시에 화가 자신의 감정과 생각을 담아냈다.

정선의 호는 겸재이며, 그는 진경산수화의 대표적인 작가로 꼽힌다. 그의 대표적인 작품으로는 「인왕제색도」, 「금강전도」 등이 있다.

진경산수화의 특징:
진경산수화는 실제 풍경을 소재로 하면서도, 화가 자신의 감정과 개성을 담아낸 독특한 예술적 표현 양식이다.
정선은 진경산수화를 통해 한국의 산천을 아름답게 표현하고, 한국 고유의 산수화 전통을 확립했다.

정리:
정선은 실경산수화를 기반으로 진경산수화의 새로운 화풍을 창출한 화가이다.
그의 작품은 실제 풍경을 표현하면서도 예술적 감성과 사상적인 의미를 담아내어, 한국 산수화의 새로운 지평을 열었다.

그렇다. 1592년 임진왜란은 북미 극동아시아에서 일어난 세계대전이었다.

명나라를 침공하려면 조선이라는 관문을 거쳐야 한다. 임진왜란 때 일본이 조선에게 명나라로 가는 길을 열라고 했다. (정명가도征明假道)

"정명가도(征明假道)"란 임진왜란 당시 일본 왕 풍신수길이 조선에게 명나라를 치러 가는 길을 빌려달라고 명령한 것을 말한다. 즉, 명나라를 정벌하기 위해 조선을 통과하는 길을 빌려달라는 뜻이다.

이러한 상황은 북미에서 발견된 지형도에서 가능한 일이다. 그렇다. 1592년 임진왜란은 북미 아시아에서 일어난 세계대전이었다.

적들이 한양까지 쳐들어 왔다고?

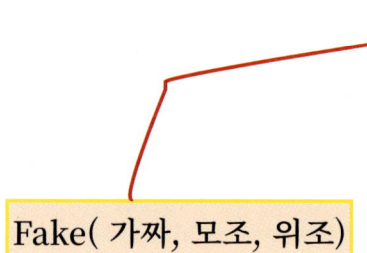

Fake(가짜, 모조, 위조)

임진왜란 가상지도

붉은 갈색 부분이 대조선이다. 일본이 명나라를 침략하려면 반드시 조선을 통과해야 한다.
지금의 한반도는 '정명가도'라는 말이 통하지 않는다.

그렇다. 1592년 임진왜란은 북미 극동아시아에서 일어난 세계대전이었다.

임진왜란은 임진년에 일어난 조일전쟁(朝日戰爭)이라고도 부른다.

일본에서는 당시 연호를 따서 '분로쿠·게이초'의 역이라 하며, 중화인민공화국과 중화민국에서는 당시 명나라 황제였던 만력제의 호를 따 만력조선전쟁(萬曆朝鮮戰爭, 혹은 조선을 도와 일본과 싸웠다 하여 항왜원조(抗倭援朝)라고도 하며, 조선민주주의인민공화국에서는 임진조국전쟁(壬辰祖國戰爭)이라고 한다.

그 밖에도 7년 전쟁(七年戰爭)이라고도 부르기도 하나 미국, 영국 등 영어권 국가들은 주로 일본의 한국 침공(Japanese invasions of Korea)이라고 한다.

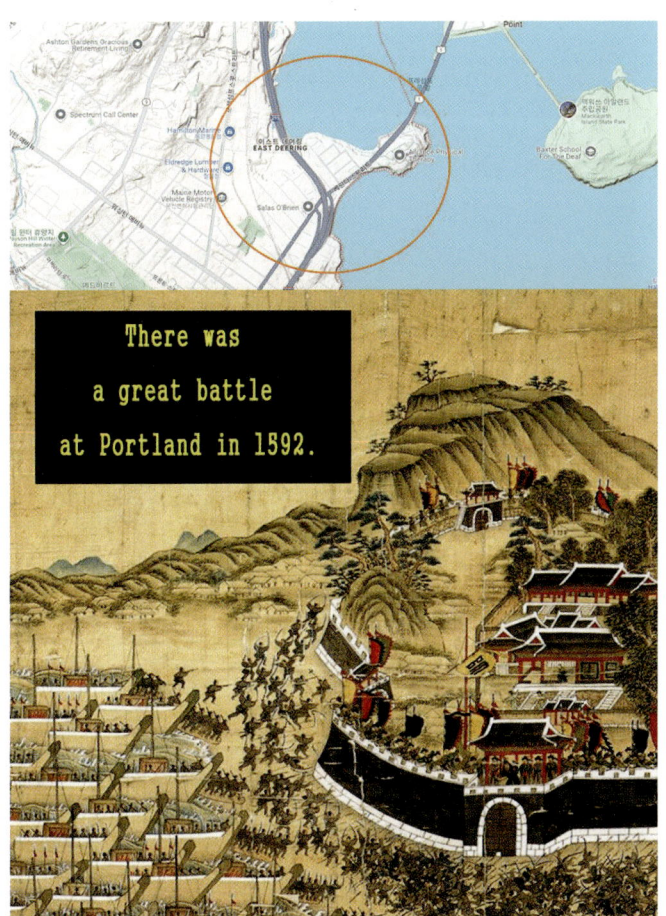

그렇다. 1592년 임진왜란은 북미 극동아시아에서 일어난 세계대전이었다.

- 부산첨사 정발 †
- 경주부윤 윤인함 → 변응성
- 경주판관 박의장
- 진주목사 김시민 †
- 양산군수 조영규 †
- 울산군수 이언성
- 조방장 홍윤관 †, 유극량, 박종남
- 대장 송봉수
- 군관 이대수, 김효우

수군
- 삼도수군통제사 이순신 † → 원균 † → 이순신
- 경상좌도수군절도사 박홍 (→병조참판) → 원균 †
- 경상우도수군절도사 원균 † (→경상좌수사) → 배설
- 전라좌도수군절도사 이순신 † (→삼도수군통제사)
- 전라우도수군절도사 이억기

의병
- 곽재우
- 조헌
- 사명당
- 김덕령
- 고경명 †
- 이준

명군
통수권자
- 황제 신종 만력제

지휘부
- 병부상서 석성
- 병부좌시랑 형개
- 경략군문 병부우시랑 송응창
- 제독군무 도독동지 이여송
- 유격장군 심유경
- 좌로군 사령관 양호

제2군
- 2군 사령관 가토 기요마사
- 나베시마 나오시게
- 사가라 나가쓰네
- 아카호시 다로베
- 게야무라 로쿠스케

제3군
- 3군 사령관 구로다 나가마사
- 오토모 요시무네

제4군
- 4군 사령관 모리 가쓰노부(요시나리)
- 시마즈 요시히로
- 다카하시 모토타네
- 아키즈키 다네나가
- 이토 스케타카
- 시마즈 도요히사

제5군
- 5군 사령관 후쿠시마 마사노리
- 도다 가쓰타카
- 조소카베 모토치카
- 조소카베 치카우지
- 구와나 지카카쓰 †
- 하치스카 이에마사
- 이코마 지카마사
- 도쿠이 미치유키 †
- 구루시마 미치후사 †

제6군
- 6군 사령관 고바야카와 다카카게
- 모리 히데카네
- 다치바나 시게토라 (무네시게)
- 다카하시 무네마스
- 쓰쿠시 히로카도

제7군
- 모리 데루모토

제8군

광해군으로 추정되는 대군의 모습이 보이고 있다. 광해군은 조선의 제15대 국왕(재위: 1608년 ~ 1623년)으로 임진왜란 때, 세자에 책봉되었으며, 분조(分朝)하여 의병을 이끌었다.

수원 화성 축성 시 군사 훈련 과정에서 학익진을 활용한 기록이 있다.

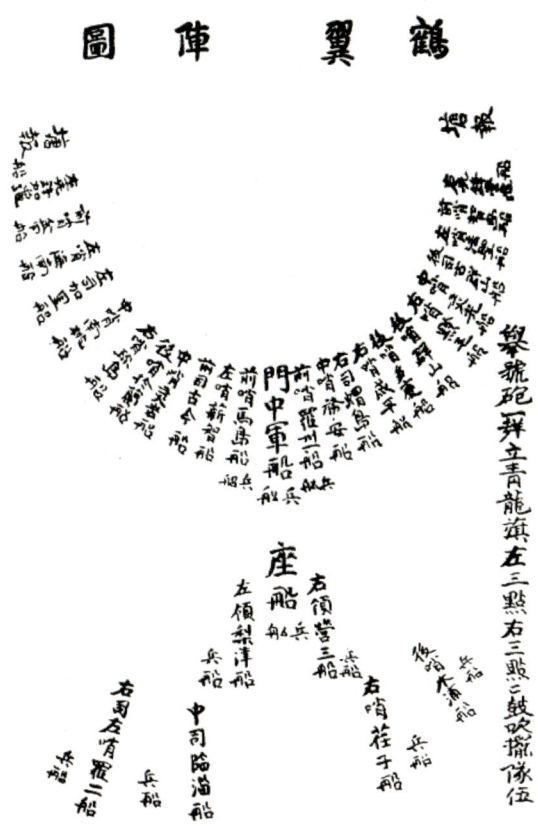

1780년 무렵, 정조 대왕 때, 제작된 전라우수영의 《우수영전진도첩》에 수록된 학익진(鶴翼陣)도.

학익진은 부채꼴 모양으로 적을 포위하여 집중 포격하는 해전 전술이다. 이순신 장군은 이 전술을 활용하여 한산도 대첩 등 여러 해전에서 승리했다.

당시 조선 수군은 화포와 거북선 등 우수한 무기와 함선을 보유하고 있었기에 학익진 전술을 효과적으로 활용할 수 있었다.

학익진은 단순한 전술을 넘어, 이순신 장군의 뛰어난 지휘 능력과 조선 수군의 전투 능력을 보여준 임진왜란의 쾌거였다.

명나라 만력제萬曆帝 때 임진왜란이 일어났는데 조선의 선조대왕 시기이다.

조선의 선조대왕

포와탄 인디언의 추장

버지니아 해안 평야에 살았던 포와탄 인디언의 추장복식은 조선의 왕족과 스타일이 거의 비슷하다.

영락제 이후 유럽제국은 한자동맹을 통해 아메리카 대륙에서 자생한 나라들이다.

이란과 터키의 건축양식이 우리가 흔히 보는 기와집이다.

이슬람민족은 아메리카대륙에 있을 때 조선의 풍속과 제사가 흡사한 이웃이었다.

알라신의 기원은 고조선 순임금의 토템이 새겨진 금문에서 비롯된 같은 문화권이다.

-김재섭 저
- '문자로 나타난 하나님' 참조

만력제의 제사를 지낼 사당이 충북 화양계곡의 만동묘(萬東廟)이다

위키백과의 전거통제는 독일, 이스라엘, 미국, 한국, 네델란드 등이 같은 지역 즉 북미 대륙에 존재했다는 것을 암시한다.

그렇다.
뒤죠선大朝鮮은 아메리카대륙에 있었다.
그것이 변함없이 분명한 진리이다.

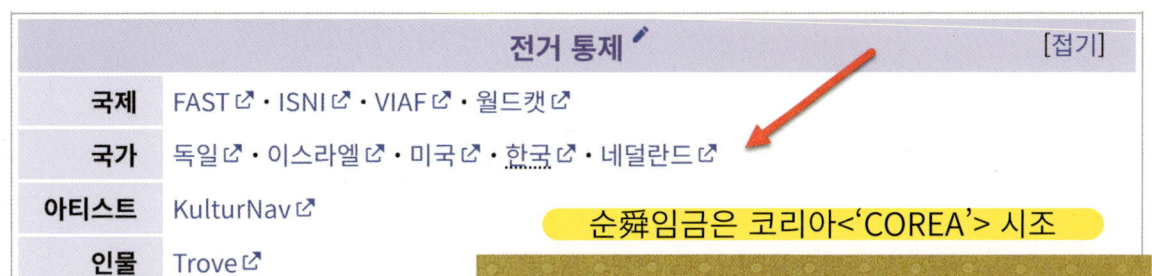

순舜임금은 코리아<'COREA'> 시조

명나라 만력제

순舜임금 문양

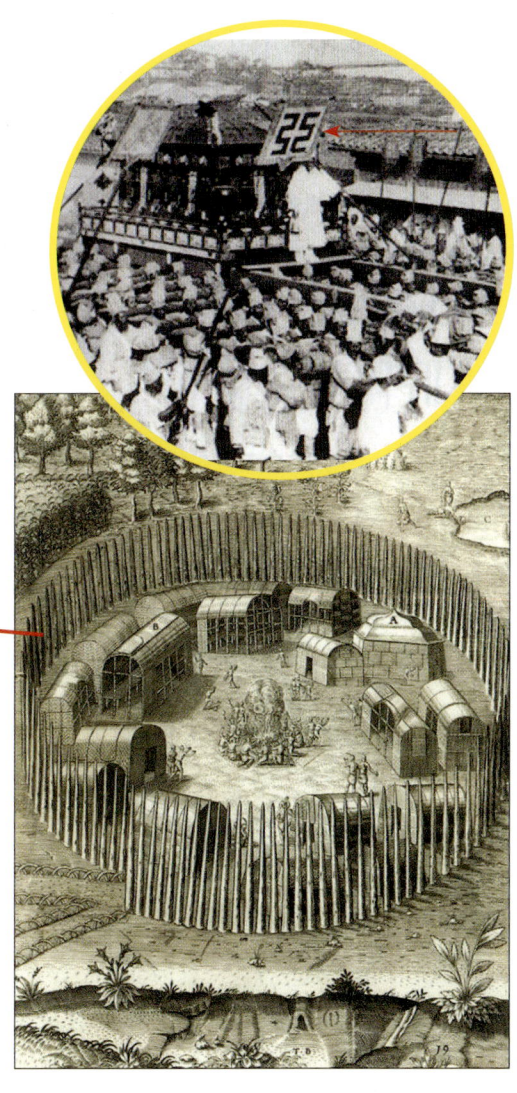

241

팔도 행정 구역을 국왕을 기준으로 좌도와 우도로 나누는 기준과 범위를 정했다

북미 포토맥강 유역에 있던 조선의 한성부 모습이다. 바닥의 격자 문양은 서양건축과 같다. 당시 동, 서양이 공존하고 있었다는 하나의 증거이다.

왜군은 포토맥 강을 타고 한성부(지금의 워싱턴 디시)까지 침략해 들어 왔다.

임진왜란 당시 선조 임금이 한양을 버리고 의주로 피난을 간 사실과, 이에 분노한 백성들이 창덕궁과 창경궁, 종묘를 불태운 사건은 기록과 의궤에서 찾아볼 수 있다.
특히 선조실록에는 선조의 파천과 관련된 자세한 내용이 기록되어 있으며, 방화 사건은 여러 문헌에 언급되어 있다.
임진왜란은 조선 사회에 큰 변화를 가져왔다. 전쟁으로 인한 사회적 혼란 속에서 민중들의 자각은 저항 의식으로 변화했고, 이는 신분제의 동요와 사회 불만으로 이어졌다. 이러한 변화는 이몽학의 난, 홍경래의 난 등 다양한 민란 사건들을 발생시키는 원인이 되었으며, 조선 후기 사회 변화(공노비 해방)에 중요한 영향을 미쳤다.

임진왜란 3대 대첩은 한산도 대첩, 진주 대첩, 행주 대첩이다.

한산도 대첩:
1592년 7월 이순신 장군이 이끄는 조선 수군이 일본 수군을 격파한 해전입니다. 학익진 전술을 활용하여 일본 함대를 크게 무찔렀다.

진주 대첩:
1592년 10월 김시민 장군이 이끄는 조선군이 일본군을 상대로 진주성을 지켜낸 전투입니다. 현자총통 등 무기와 지형지물을 활용하여 일본군의 공격을 막아냈다.

행주 대첩:
1593년 2월 권율 장군이 이끄는 조선군이 행주산성에서 일본군을 물리친 전투이다. 관군, 승군, 부녀자까지 합세하여 왜군에 맞서 싸웠다.

포토맥 강 전투

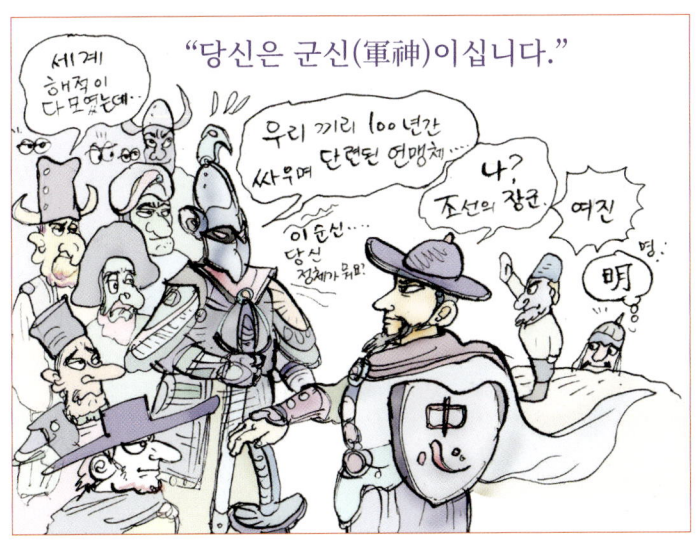

임진왜란 이후 일본 연맹체는 양키, 영국(용병). 스코틀랜드, 왜구 등이 되어 아메리카 해변을 약탈하며 식민지(거류지)를 만들었다.
네덜란드, 스페인, 스웨덴 등이 패권을 다투다가, 결국 미 동부는 영국(영길리국)이 차지했다.

붕당(朋黨)이 극에 이르고 있으며, 부역은 번거롭고 과중해서 민생이 도탄에 빠졌다

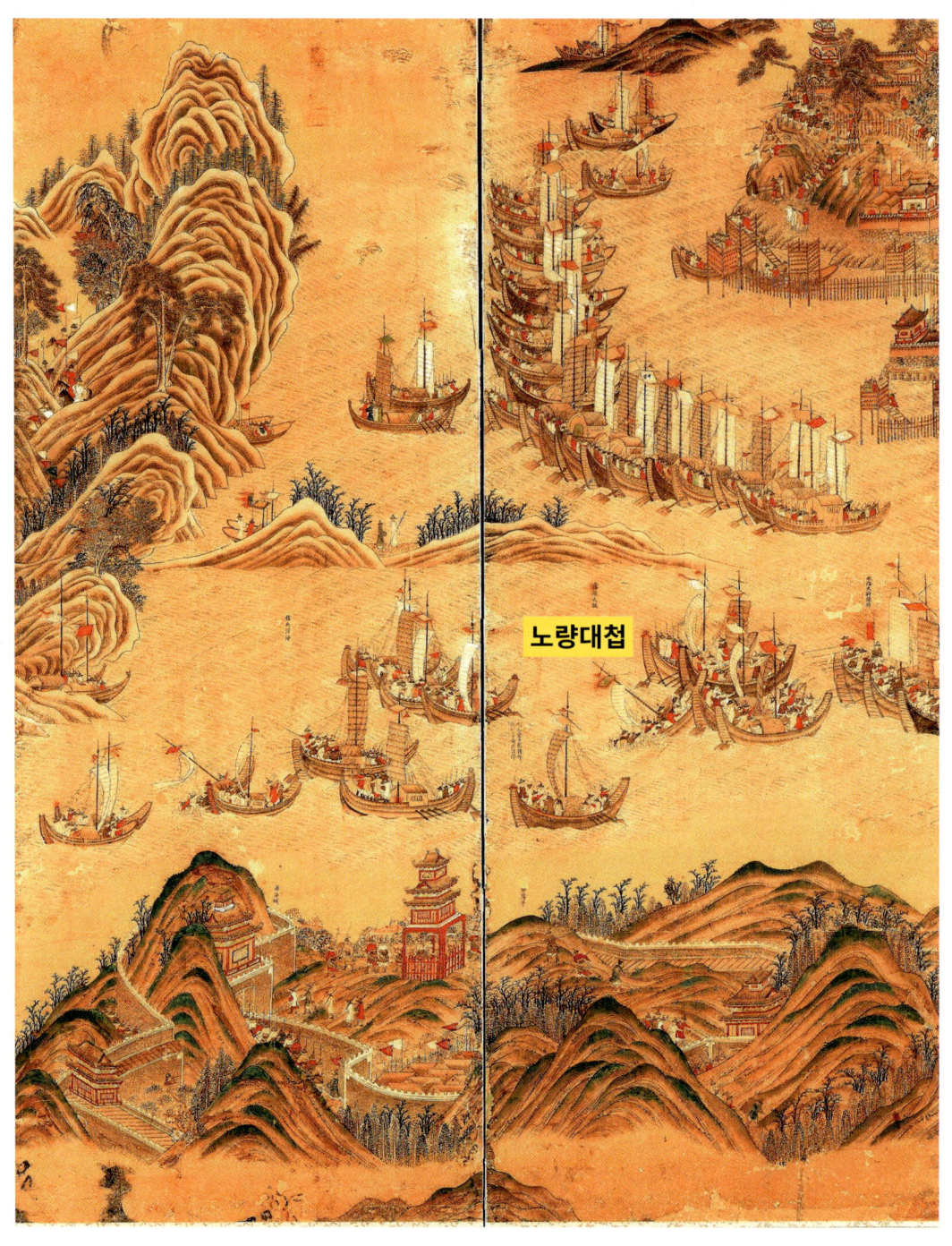

노량대첩

1598년 12월, 시마즈 함대가 노량을 통과할 것을 예측한 이순신은 수군을
남해도 서북단인 관음포에 매복시켰다.

도고 제독은 영국에서 넬슨 제독을 연구했지만, 이순신 장군을 우상으로 여겼다고 한다.

도고 헤이하치로의 발언:

먼 훗날 러일 전쟁 승전 축하연(1905)에서 도고 제독은 자신을 영국 해군 제독 넬슨에 비견하는 말에 대해 "나는 넬슨 제독에 비견되는 것은 감당하겠으나 이순신 장군과 비견되는 것은 감당할 수 없다. 나는 그의 구두끈도 묶을 자격이 없다"라고 말했다고 한다.
이는 이순신 장군이 왕의 지원 없이도 20번 이상의 전투에서 모두 승리한 것에 대한 존경을 표현한 것이다.

일본 해군의 이순신 연구:
러일 전쟁 이후 일본 해군은 이순신 장군의 전술과 전략을 연구했고, 실제로 일본 해군사관학교에서는 '이순신 전술 전략'이라는 과목을 가르치기도 했다.

이튿날 12월 16일(음력 11월 19일) 새벽, 요시히로 등이 이끄는 일본 함선 500여 척이 노량에 진입하자, 매복해 있던 조선 함선들이 일제히 공격을 했다.
새벽에 시작한 치열한 전투는 한밤중까지 계속되었다.
500척이 넘었던 일본 함선은 거의 전멸하고, 간신히 50여 척을 이끌고 필사적으로 탈출했다. 이순신 장군은 관음포 해전에서 장렬한 최후를 맞이했다.

도고 제독은 임진왜란이 북미에서 일어난 전쟁이라는 전제하에 말한 것이다. 당시 러일전쟁의 사령탑도 당연히 북미에 있었기 때문에 북미의 이순신 장군과 넬슨 제독이 자연스럽게 언급되는 것이다.

연합함대 수뇌부. 왼쪽부터 후나코시 가지시로, 시마무라 하야오, 도고 헤이하치로, 가미무라 히코노조, 가토 도모사부로, 아키야마 사네유키

일본과 네덜란드 해적이 주축이 되어 대명조선에 반란을 일으켰다(임진왜란)

서구역사에 지리상의 발견이란 국가로 위장한 해적이 전 세계를 누비며 도적질을 하는 것이었다. 이들은 자본을 축적하여 신무기를 개발하고 군대를 만들어 전쟁을 일으켰다.

그 후 수십 년 후 유럽 전체가 경제 불황에 허덕이자 가톨릭 예수회와 더불어 일본과 네덜란드 해적이 주축이 되어 대명조선에 반란을 일으키는 것이다.

이로 인해 아메리카대륙은 무려 7년간 대전란에 휩싸인다. 이것이 조선왕조실록이 전하는 임진왜란(1592년)이다.

결국 임진왜란이란 정화함대의 무역 길에서 부를 축적한 동·서양 왜구들이 아메리카 중앙정부인 대명조선大明朝鮮에 반란을 일으킨 것이다.

이것이 제국주의시절 음모세력이 날조한 듸죠선大朝鮮 역사의 진실이다.

임진왜란壬辰倭亂
(1592.4 -1598.11)

임진왜란壬辰倭亂은 아메리카대륙의 서양왜구들이 일으킨 반란이었다.

디죠션의 수군이 강력하고 지속적으로 단속을 하자, 가톨릭을 신봉하는 일부 해적과 일본해적(서양 왜구)들이 연합전선을 구축하여 디죠션으로 쳐들어왔다.

이것이 바로 1592년의 임진왜란이다.

7년 이상 지속된 임진왜란으로 인해 디죠션의 농촌이 황폐화되고 조정의 권위가 추락하였다.

조선인은 임금이 서쪽으로 백성을 버리고 달아나는 것에 커다란 충격을 받았다.

또한 그동안 특권을 누려온 양반 관료들도 결코 백성을 위해 존재하는 지배계층이 아니었다.

더구나 신라의 후예라면서 북방에서 발호한 신흥제국 청나라가 쳐들어오자 디죠션 정부는 또다시 혼란에 빠지고 말았다.

서양역사는 오색인종이 서로 어울려 살던 아메리카대륙의 역사를 완벽하게 속이며 신대륙으로 만들었다.
오리엔탈 문명(ancient oriental civilization)도 아메리카대륙에 있었다.

임진왜란 이후 서구 유럽은 상비군 체제를 확립하고 조총 기술을 발전시켰다. 유럽에서는 16세기 후반부터 상비군 제도가 점차 확산되었고, 조총 기술도 화승총에서 지발식(flintlock)으로 발전하며 명중률과 연사력이 향상되었다. 반면, 임진왜란 당시 조선군은 조총의 중요성을 인식했지만, 서구의 발달된 조총 기술을 따라잡지 못했고, 전쟁 중에도 조총의 단점을 보완하기 위한 노력을 기울였다.

효종 때 청의 요청으로 러시아군과 싸운 '나선정벌'에서 조선 조총 부대가 활약한 것은 역사적 사실이 있다. 이 전투는 1654년과 1658년 두 차례에 걸쳐 벌어졌으며, 조선 조총 부대는 이 전투에서 뛰어난 활약을 보여주었다.

훗날 장용영의 조총부대는 워싱턴의 민병대를 이끌었다.

1776, 독립전쟁

효종, 영조, 정조 대왕 이후, 대한제국이 망하는 순간까지도 조선의 군대 및 경찰은 결코 녹록지 않았다. 몽골제국과 싸운 고려와 타타르 제국을 정벌한 이성계의 대명조선은 군사 강국의 전통이 끝까지 남아있었다.

2) 임진왜란 당시 명나라와 조선에게 참패를 한 예수회!

임진왜란 전후 일본, 영국 해적들은 대명조선과 조공을 했던 나라들을 노략질 했다

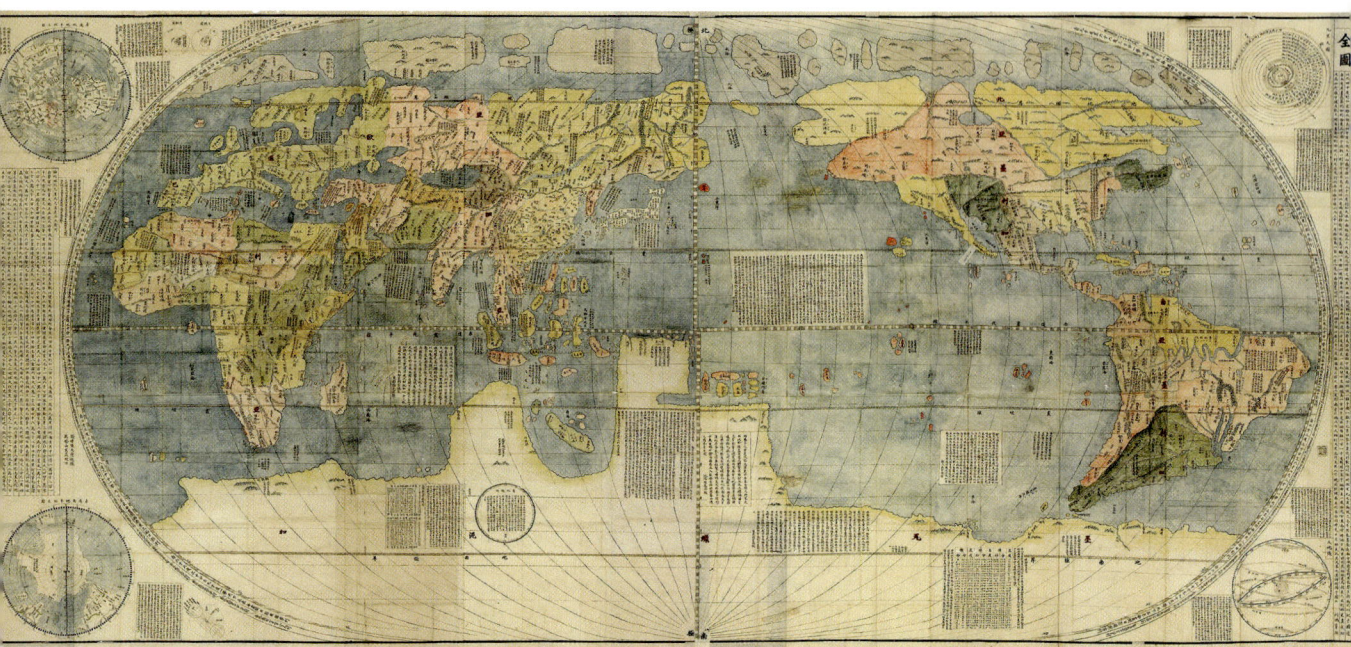

곤여만국전도(坤輿萬國全圖)- COREA

우리는 곤여만국전도를 통해 영락제 시대 정화군단이 조공무역을 했던 곳을 유추할 수 있다.

임진왜란 당시 명나라와 조선(대명조선大明朝鮮)에게 참패를 한 예수회는 마테오 리치가 '곤여만국전도'를 제작하는데 적극 후원한 것 같다.

예수회는 이 지도가 중국인이 원래 지녔던 중화적 세계관을 타파할 계기가 되지 않을까, 혹은 자신들만이 문명 세계를 이루고 있다는 중국의 자만심을 허물 수 있지 않을까 하는 기대감이 있었을 것이다.

이는 1608년 8월 22일에 아콰비바 앞으로 보낸 편지 통해 알 수 있다.

<마테오 리치 편지 글중에...>

"그러나 이 지도에 적혀있는 우리들에 관한 여러 가지 일, 우리들의 성스러운 교법, 관습 등에 관한 것을 읽으면 황제와 황실 사람들이 우리를 만나 서양 사물에 관해 묻고 싶은 마음이 언젠가는 생기자 않을까 하는…"

— 히라카와 스케히로, 《마테오 리치, 동서문명교류의 인문학 서사시》, 동아시아, 2002, 423쪽.

곤여만국전도를 통해 영락제의 정화군단이 조공무역을 했던 곳을 유추할 수 있다.

베이징 제1판, 곤여만국전도(坤輿萬國全圖)

마테오 리치가 1602년에 베이징에서 이지조(李之藻)의 요청으로 제작하였다. 각각의 크기가 1.79×0.69미터인 여섯 부분으로 구성되어 있으며, 이 지도는 현재 바티칸에 1부, 그리고 일본에 2부가 남아 있다.[출처 필요]

중국에 사신으로 갔던 이광정(李光庭)과 권희(權憘)가 지도가 제작된 다음 해(1603년) 곤여만국전도를 갖고 돌아왔다는 기록이 이수광의 《지봉유설》에 나와 있다. 그러나 이때 가지고 온 지도는 현재 전하지 않는다. [출처 필요]

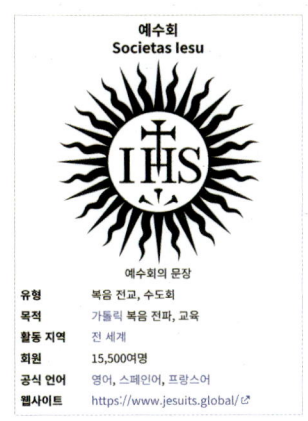

중국식 이름이 '이마두'(利瑪竇)인 마테오(Matteo)는 일생을 중국에서 활약하였다. 한국 실학파 학자들에게도 많은 영향을 주었다. 중국 최초의 세계 지도인 <곤여만국전도>와 베이징과 한양에서 베스트 셀러가 된 천주교 서적인 <천주실의>로 유명하다.

영락제永樂帝의 이상향은 전 세계가 하나의 언어(훈민정음)로 서로 소통하며 의식주 걱정 없는 문화 대제국이었다.
영락대전과 대명률(大明律)이 그 증거이다.
그러나 명나라의 조공무역 시대가 끝나고 임진왜란을 일으켰던 왜적의 무리들이 정화군단의 해상길을 다니며 약탈과 방화를 하며 식민지를 건설하는 것이다.
조선 낙원 시대는 물거품처럼 사라지고 아비지옥(阿鼻地獄, 산스크리트어: Avīci 아비치)이 도래하여 지금까지 고통을 받고 있다.

왜란과 호란을 겪은 조선인들은 양반과 성리학적에 대한 불신으로 다시 무속이 유행했다.

조선후기 사색당파란 실제로 다른 인종끼리 대립하여 당쟁을 하였다.

한편 조선시대 노론의 화양동서원과 만동묘는 노론의 성지였다. 필자는 노론계열의 유생 중에 백인종과 히스패닉이 많았다는 증거를 갖고 있다.

그래서 조선후기 사색당파란 실제로 다른 인종끼리 대립하여 당쟁을 벌인 것으로 보는 것이다.

인조 이후 당파는 서서히 인종별로 나누어지면서 당파싸움을 한 것이다.

화양동서원은 1695년(숙종 21)에 송시열을 제향하기 위해 노론계열 관료와 유생들이 세웠다.

화양서원이 있는 화양동 계곡은 청주군(아메리카지도의 유럽 남부지역)에 있으며 황양목이 많아 '황양동'이라 불렸다.

황양목은 아메리카대륙 남부가 원산지이며 배를 만들거나 약용으로 쓰이는 아열대성 식물이다. (구약성경 이사야서 41장에 황양목이 나온다.)

벼슬에서 물러난 송시열이 화양동에서 제자들을 가르칠 때, 기기묘묘한 아홉 계곡을 화양구곡이라 했다.

조선 내 수십 개에 이르는 송시열 제향의 서원 가운데 대표적인 서원이 화양동 서원이며, 1696년에 사액서원賜額書院이 되었다.

서원은 조선 지식인의 산실이었다.

지방관학의 대표적인 학교인 향교鄕校는 조선 초기부터 모든 군현에 설치되었다.
 16세기 후반 관학 교육이 부실해지자 등장한 것이 바로 서원이다.
우리나라 최초의 서원은 고려 때 주세붕周世鵬이 세운 백운동서원이다. 이러한 서원은 사림의 이황李滉에 의해 확립되었다.
17세기 조선의 서원은 전국적으로 확산되었다. 서원의 수는 900여 개소에 이르러 조선 교육기관의 중심이 되었다.
또한 서원은 중앙의 정치문제에 대해 향촌 사림의 여론을 수렴하는 거점이었다.
'조선왕조실록'에는 각 서원을 통해 지방여론을 정치에 반영하는 모습을 수없이 기록하고 있다.
이와 같이 순기능이 있는 반면 서원의 폐해도 극심했다.

41:19 내가 광야에 백향목(cedar)과 싯딤나무(Shittim, Shittah-tree)와 화석류와 들감람나무(olive tree, olive, olive-wood, olive-grove)를 심겠다. 사막에는 잣나무 (cypress)를 놓고 소나무(pine tree)와 황양목(box-tree)도 함께 두리니…

황족 또는 세도가 문중은 영연방의 특권층이 되어 이민선을 타는 것이다.

서원 중에서도 양민을 상대로 토색질이 가장 심한 곳이 화양동서원이었다.

화양동서원에 딸린 만동묘는 임진왜란 때 조선에 군사를 내준 대명조선의 황족인 의종과 신종의 제사를 지내는 곳이었다. 이곳에서 여러 인종의 유생들이 모여 공부를 한 것이다.

그 후 여러 유색인종 유생들의 소굴이 되어버린 만동묘의 폐단은 서원보다 심했다. 조선말 부패한 관리에게 양반호패나 벼슬을 산 백인종 및 유색인종 유생들이 백성을 괴롭혔다.

그래서 쇄국정책을 실시하던 흥선대원군이 만동묘부터 철폐한 것이다.(고종 때 서원이 650여 개였다)

유생들이 만동묘를 재건을 여러 차례 상소했으나 실패했다. 대원군이 정계에서 물러나고 명성황후의 외척인 여흥 민 씨 세력이 정권을 잡자 1874년(고종 11년) 일시적으로 부활하였다.

옷감과 허리띠 세공이 산업혁명을 거친 고난도 수공업 기술이다.

임금 위에 '만동 묘지기'라는 노래가 퍼졌을 정도로 서원의 폐단이 심했다.
마침내 서원을 탄압한 대원군도 유생의 상소에 의해 세도정치의 막을 내리고 고종의 친정이 시작된 것이다.

세도정치 시절 가렴주구苛斂誅求로 재산을 모은 황족 또는 세도가의 자제들은 공부보다는 주색잡기에 급급하였다.

이들은 영연방 음모세력의 표적이었다. 약점을 잡힌 이들은 영연방의 특권층이 되어 이민선을 탔다. 이들에게 더 많은 돈을 빌려주고 J.P 모건의 유물까지 선물로 받았다. 이들은 영연방의 하수인이 되었다.

'호락논쟁湖洛論爭'(1708-1800)논쟁은 당쟁의 마지막 불꽃이었다

한편 조선 유학계의 논쟁 중에 영남학파 이황선생과 기호학파인 이이 선생이 벌인 '사칠논쟁四七論爭'은 우리나라뿐만 아니라 일본과 미국학계에서도 잘 알려져 있다.

그런데 이러한 '사칠논쟁四七論爭'에 버금가는 '호락논쟁湖洛論爭'(1708-1800)이 송시열 선생의 제자들이 모여 있는 화양동계곡에서 시작되었는데, 근 100년간의 '호락논쟁'이 아메리카대륙조선을 아메리카대륙에서 흔적도 없이 사라지게 한 원인이 된 것이다.

테이블 마운틴(table mountain)

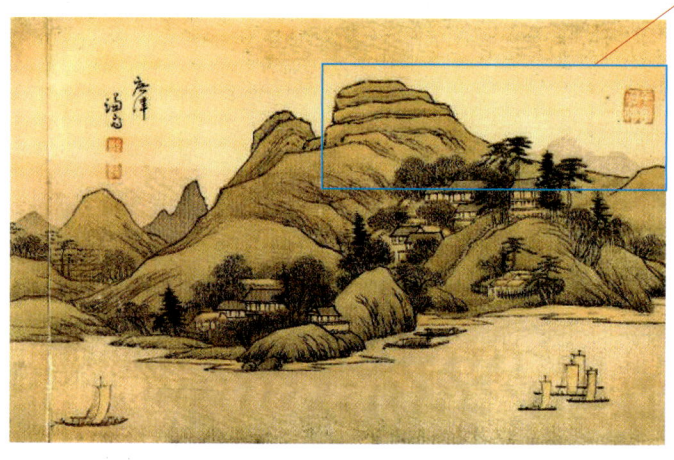

정선은 종래의 실경 산수화 기법을 더욱 발전시켜 진경산수화眞景山水畵를 완성하였다.
일본인은 정선의 화법을 진경眞境 또는 동국 진경東國眞景이라 하며 극찬하였다. 동국東國은 아메리카대륙을 의미한다.
정선은 멀리 보이는 테이블 마운틴(table mountain)을 그대로 표현하였다.
정선, 김홍도, 강세황 등의 그림은 모두 아메리카대륙의 풍광이다.

근 100년간 지속된 '호락논쟁湖洛論爭'(1708-1800)이 아메리카대륙 조선을 아메리카대륙에서 흔적도 없이 사라지게 한 원인이 되었다.

사색四色 당쟁은 그야말로 인종별로 나뉘어져 당파싸움을 하는 것!

숙종 때 서인에서 노론과 소론으로 붕당이 나뉘어지는데, 송시열을 핵심으로 하는 파벌은 노론, 윤증을 중심으로 하는 파벌은 소론이 되었다.

소론 학자들은 지행합일知行合一의 실천을 중시하는 양명학陽明學을 연구하였다. 양명학이란 정제두가 강화도(아메리카동부 버지니아 주)에서 학문화하여 강화학파라 했다.

반면 노론 학자들은 미시시피 강유역의 충청도와 전라도 땅에서 자생한 호론湖論 계와 서울, 경기지방의 낙론洛論 계로 양분되었다.

호론湖論 계와 낙론 계를 갈라놓은 논쟁의 핵심은 '인물성동이人物性同異'에 관한 것이다.

즉 낙론洛論 계는 만물은 태극이므로 동물도 인간처럼 덕성德性이 존재한다는 것이고, 호론湖論 계는 만물이 태극에서 시작됐지만 기질氣質이 다르므로 동물에게는 덕성이 없다는 것이다.

현종이 서거하고 숙종(1661-1720)이 열세 살의 나이로 즉위했다. 숙종 시기에 이르러 남인과 서인의 당쟁은 서로 죽이는 살육전으로 변질되었다. 즉 당쟁의 승부가 그 배후세력인 세도가들의 흥망성쇠와 연결되는 것이다.

사색四色 당파란 그야말로 인종별로 나뉘어져 당파싸움을 하는 것을 말한다.

*"사느냐? 죽이느냐?
선택의 여지가 없는 것이다."*

낙론계와 호론계가 문제가 된 것은 청나라를 동물에 비유하고 있다는 점이다.
훗날 노론의 양반 관리가 청나라 지배계층에 의해 불신을 받았으며, 정조대왕 이후 낙론계의 시파마저 정계에서 방출되는 것이다.

마침내 미시시피 강 서쪽의 유럽제국은 노론의 세도가와 교류하였다

호론湖論계의 거두 권상하가 호론계의 손을 들어 주었다. 그러자 문제가 일어났다.

원래 권상하는 히스패닉(혼혈) 인종이지만 외모는 백인에 가까웠다. 이것이 황인종이 많은 낙론洛論계를 자극한 것이다.

그러나 청나라의 정책에 호응하는 기호학파는 낙론洛論 계였다.

이러한 논쟁은 점점 더 격화되어 노론이 낙론계인 시파와 호론계인 벽파로 갈라진 것이다.

더 나아가서 낙론계인 시파는 오랑캐(청나라를 지칭함)도 덕성이 존재하므로 대명조선과 근본이 다르지 않다고 했다.

낙론계인 시파는 기존의 북벌론을 수정하여 청나라와 적극 교역하여 유럽제국과 경쟁구도를 만들어가자고 주장하였다.

벽僻 파가 아니라 벽碧 파라고 써야 맞는 글이다.
노론의 벽파는 벽안碧眼(파란 눈)의 도당이었다.

'나는 정조대왕의 사위이다'

노론의 벽파는 벽안碧眼(파란 눈)의 도당이었다.

이로 인해 벽파는 낙론계인 시파에 주로 황인종이 많은 점을 은근히 부각하여 벽파 내의 황인종을 차별하였다.

마침내 미시시피 강 유역의 유럽제국은 황인종을 차별하고 백인종 우월정책을 고수하게 되었다.

훗날 아메리카대륙에서 잘 살던 오색인종이 유럽제국에 의해 역차별 인종정책의 희생양이 되었다. 앵글로 색슨 백인종은 아메리카대륙에서 유색인종을 모조리 쫓아버렸다.

정조 때 장용영 조총 부대는 정조의 개혁 정치와 강력한 군사력 구축의 중요한 부분이었으며, 단순한 왕권 호위를 넘어 국가 안보와 군사력 강화에 크게 기여했다.

이와 같이 조선의 정조 때까지 조총 및 신무기로 무장한 장용영 및 특수부대가 있었다.

그러나 정조가 갑자기 승하하자 조선의 군조직은 서서히 무너져 내렸다.

1882년 대조선의 군대가 해산되고 민황후가 시해당하자, 조선의 금권(金權)은 소리 없이 사라져 버렸다.

정조 임금이 이러한 시파의 정책을 받아들이자, 청나라를 동물(오랑캐)에 비유하여 청나라 배척 론을 펼친 호론계의 벽파가 중앙(서울·경기) 정계에서 방출되었다.

해상세력을 기반으로 하는 영국과 연결되어 있는 노론의 벽파 세도가들은 정조대왕의 정책에 정면으로 맞서기로 했다.

그런데 제퍼슨 대통령의 전략과 전술 운영은 마치 장용영의 특수부대를 만든 정조 대왕의 모습과 매우 유사했다. 당시 제퍼슨 대통령이 정조 대왕처럼 풍부한 비자금이 없었다면, 대서양을 종횡무진 누비며, 미국을 비롯한 여러 나라에 조공까지 받았던 국제해적과 싸울 수 없었을 것이다. 바다에서 사자처럼 싸우는 제퍼슨 대통령은 바로 정조 대왕의 모습이었다.

아메리카 대륙에 조선이 있었다. 그것이 진실이다!

아메리카 대륙에서 사라지는 대조선大朝鮮의 발자취

1790년 귀화법(Naturalization Act of 1790)은 미국 최초의 귀화법으로 미국 시민권을 허용하는 최초의 규칙을 제공했다.
이 법은 좋은 평판을 가진 자유 백인 이민자들로 귀화를 제한했다. 따라서 미국 인디언, 계약제 하인, 노예, 자유 흑인, 아시아인을 배제시켰다.
중략 ...
- 위키백과, '우리 모두의 백과사전'에서 발췌인용

  토마스 제퍼슨은 1776년에 미국을 "아리아인의 태양족"이라고 말한 적이 없었다.

  졸저 아메리카 대조선에서 필자가 한 이 주장은 사실이 아니었다. 그래서 일단 절판을 선언했다.

  토마스 제퍼슨은 미국 독립 선언서의 초안을 작성한 인물로, 그는 민주주의와 개인의 자유를 중요하게 생각했으며, 미국의 건국 이념을 정립하는 데 큰 영향을 미쳤다.

조지 워싱턴 대통령을 향한 맹목적이고 무한한 지지를 제외한다면, 제퍼슨은 절제와 중용을 지향하는 '철혈 대통령'이었다.
이러한 제퍼슨의 태도는 대조선의 제왕학을 공부한 군자가 아니라면 지니기 어려운 품성이다.
비역사학적인 측면에서 진실을 말할 수 있다면, 제퍼슨은 워싱턴을 아버지처럼 신봉했으며, 실제로 미국의 초대 대통령 워싱턴은 조선의 사도세자였다. 3대 대통령 제퍼슨은 역사상 유례없는 민주(民主) 대통령 제도를 완성한 사도의 아들 정조 대왕이었다.

"고트(Goth)족은 대부분 가톨릭(Catholic) 교도이고 색슨인은 모두 프로테스탄트라는 말을 하지마라! 우리 모두가 백인종이라는 것이 중요하다."라고 선언한 아리안 강령은 오색인종의 아리안과 백인종을 차별화한다는 선언이었다. 1차대전 이후 앵글로 미국인(영연방)이 패전 독일에게 강요한 것은 백인종 우월주의였다.
위와 같은 주장과 기사는 건국의 아버지인 워싱턴과 제퍼슨을 이용해 세상을 오염시키는 악의 축의 한 무리이다.
다만 1939년 'NAZI'의 모임에서 워싱턴 사진이 등장했다면, 이미 전쟁을 예고하는 시그널이라고 보면 된다. 1942년, 실제로 2차 대전은 일어났다.

미국 인디언, 계약제 하인, 노예, 자유 흑인, 아시아인을 미국 시민권에서 배제시켰다.

"부처 화형식"

"이 땅에서 이교도를 몰아내고 그리스도의 나라를 세우는 것이 우선이고, 백인종이 황인종 공포(yellow peril)로부터 벗어나는 것이 급선무이다."

보라!
지옥 불에 타는 자가 누구냐?
"부처 화형식"

1800년 무렵 대중문화는 백인 우월주의를 바탕으로 한 것이었다.

아메리카 백인종인 앵글로 색슨은 인류 역사상 가장 위대한 제국을 만들 것이라고 장담했다. 그러한 신세계는 이 땅에 인디언이 사라질 때 완성될 것이라고 했다.

아메리카 대륙에서 인종청소작업은 미국의 독립 선언과 상관없이 본격화되었다.

미국정부의 인종청소작업에서 간신히 살아남은 생존자도 이미 미국국민이 아니었다. 수많은 인디언과 미국정책에 반대하는 히스패닉(Hispanic)은 인디언 보호구역에서 투표권도 없이 노예처럼 살 수밖에 없었다.

링컨의 노예해방 후에도 이들은 흑인보다 못한 대우를 받았으며, 흑인과 소수 히스패닉(혼혈인)은 짐 크로(Jim Crow) 법에 의해 무차별 린치를 당했다. 눈에 보이지 않는 이러한 차별은 홈스테드-법(The Homestead Act of 1862)이 끝나는 1986년 무렵까지 계속되었다.

그러나 최근 자유민주주의국가라고 자부하던 미국사회도 보이지 않는 이러한 인종차별정책으로 인해 여러 사회체제 기반이 급격히 무너지고 있는 중이다.

"옛 유라시아 고산족인 게르만인과 현재 북아메리카 숲속(일리노이 주, 위스콘신 주, 인디애나 주 등)에 사는 게르만인은 DNA가 같은 종족이다. 이제 아메리카의 게르만인은 전 세계로 나아가 백인종 게르만인만의 신세계를 만들어라!"

어럽(유럽)쇼! 또 속은거야?

아메리카대륙은 신대륙이 아니라 인류문화의 전통을 지니고 있는 구(舊)대륙이었다.

1644년 청나라는 북경을 함락하고 명나라를 정복했다. 대청국(大淸國)은 중국 역사상 최후의 통일 왕조이자, 근대 중국을 지배하였던 마지막 왕조이다.

청나라는 1636년에 건국되었으며, 1644년부터 1912년까지 300여 년 동안 중국 대륙을 통치하였다.

토인비의 지도에 의하면, 청나라와 인접해 있는 한반도에는 1627년부터 1875년까지 'Korea'라는 나라가 있었다. 영어로 'Korea'라고 적혀 있으므로 다양한 해석이 가능하지만, 조선을 'Korea'라고 한 것은 1897년 또는 1900년 국제 파리박람회 이후의 일이다.

수정, 교열된 역사로 인해 우리가 잘못 알고 있는 조선의 실학운동도 산업의 기반(인프라)이 있는 북아메리카대륙에서나 가능한 역사임을 깨달아야 할 것이다.
예를 들어, 각종 의궤의 그림이나 정약용의 거중기는 당시 극동 아시아의 과학으로는 따라갈 수 없는 높은 수준의 역사적 문화유산이었다.

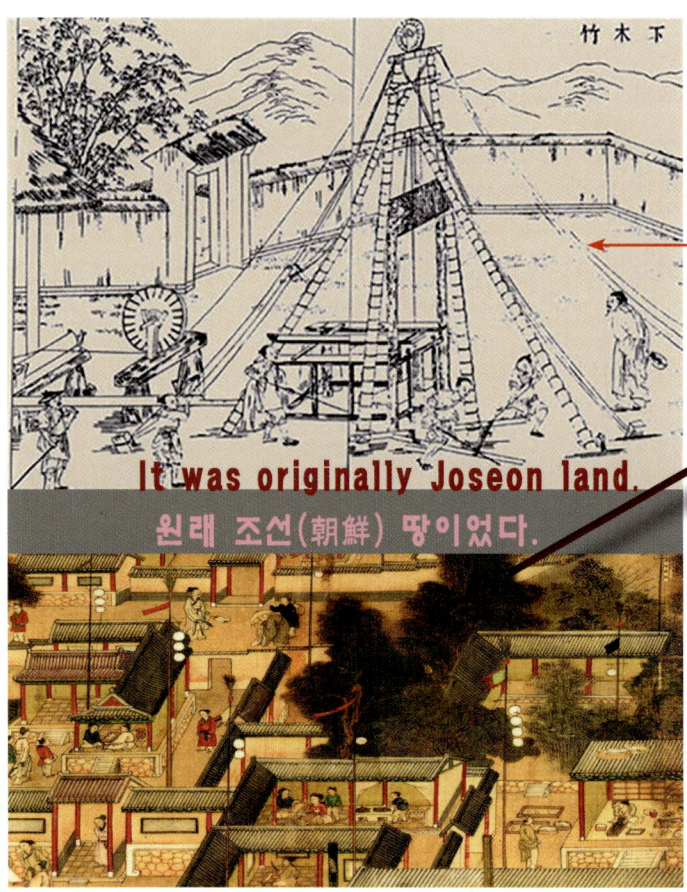

조선 시추 집 기술!

맹화유(석유)로 환했던 한양!

옛조선의 한성부

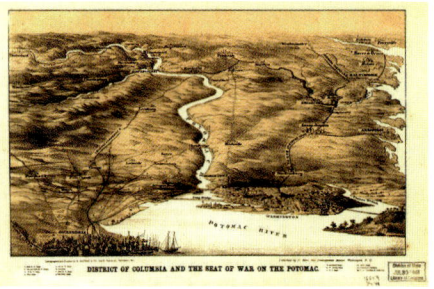

임진왜란 이후의 역사를 간단히 요약한 후, 영조 정조 시대를 중심으로 하는 세계 역사의 전환점을 분명히 밝히려고 한다.

정묘호란, 병자호란, 그리고 인조반정을 거치면서 붕당정치는 큰 변화를 겪었다.
인조반정 이후 서인이 집권하며 남인과 연합하여 정국을 주도했지만, 잦은 정쟁으로 인해 붕당 정치의 폐해가 점점 심해졌다.

탐관오리의 가렴주구와 백성의 원성과 민란으로 인해서 왕권 강화와 탕평책의 필요성이 대두되었다.

1. 붕당(朋黨) 정치의 시작:
선조 때 사림 세력이 정계에 진출하면서 동인과 서인으로 분열되었고, 붕당 정치가 시작되었다. 이후 동인은 남인과 북인으로 다시 분열되면서 더욱 복잡한 양상을 띠게 됐다.
2. 인조반정과 붕당 정치:
인조반정으로 서인이 집권하면서 북인이 몰락하고, 남인과 연합하여 정국을 운영했다. 하지만 붕당 간의 대립은 더욱 심화되었고, 정쟁이 끊이지 않았다.
3. 정묘호란과 병자호란:
두 차례의 호란을 겪으면서 붕당 간의 대립과 정쟁이 국력을 약해진다는 비판이 제기되었다. 특히 병자호란 이후에는 붕당 정치의 폐해가 심각하다는 인식이 확산되었다.
4. 붕당 정치의 변화:
붕당 간의 대립과 정쟁이 심해지면서 왕권 강화와 탕평책의 필요성이 강조되었다. 인조는 이를 위해 탕평책을 시도했지만, 붕당의 폐해를 근본적으로 해결하지는 못했다.

5. 숙종 이후:
숙종 때에는 기사환국을 통해 붕당의 세력을 교체하며 왕권 강화를 시도했지만, 오히려 붕당 정치의 폐해는 더욱 심해졌다. 이후 영조와 정조는 탕평책을 통해 붕당 정치를 완화하고 왕권 강화를 시도했지만, 근본적인 해결책을 제시하지는 못했다.
요약:
정묘호란, 병자호란, 인조반정 등을 겪으면서 붕당 정치의 폐해가 심각해졌고, 첨예한 붕당 대립으로 국력이 약해졌다. 영조와 정조 때 왕권 강화를 위해 고강도의 탕평책을 실시했지만, 붕당 정치의 폐해는 더욱 심해졌다.

이상이 독자들이 교과서에서 배워, 알고 있는 내용이다. 그러나 조선은 북미에 있었다고 주장하는 필자의 견해는 독자들이 바라보는 역사관과 전혀 다른 시각으로 역사를 해석하므로 서로 간 문제가 발생한다.
따라서 독자는 같은 사건을 다르게 바라볼 수 있다는 열린 마음으로 고정관념에서 벗어나서, 필자와 함께 새로운 역사를 맞이하기를 기대합니다. (붕당의 배후에는 열강의 군부가 있었다)

독자는 똑같은 사건을 다른 시각으로 해석하여, 고정관념에서 벗어나야 한다

여기서 서인은 애팔래치아 산맥 서쪽에 있는 군부에 의탁하는 유학자 문중들의 붕당으로 생각하면 된다.

서인의 군부는 노바스코샤 쪽에서 오대호를 타고 넘어오는 잡색군(프랑스, 영국, 스코틀랜드, 스웨덴 등) 즉 초창기 양키(Yankee)를 생각하면 된다. 초창기 양키란 미국 북동부, 특히 뉴잉글랜드 지역 출신 사람들을 가리키는 말로 사용될 수 있으나, 노바스코샤와 뉴펀들랜드 지역에 이르는 통합 군부라고 볼 수 있다.

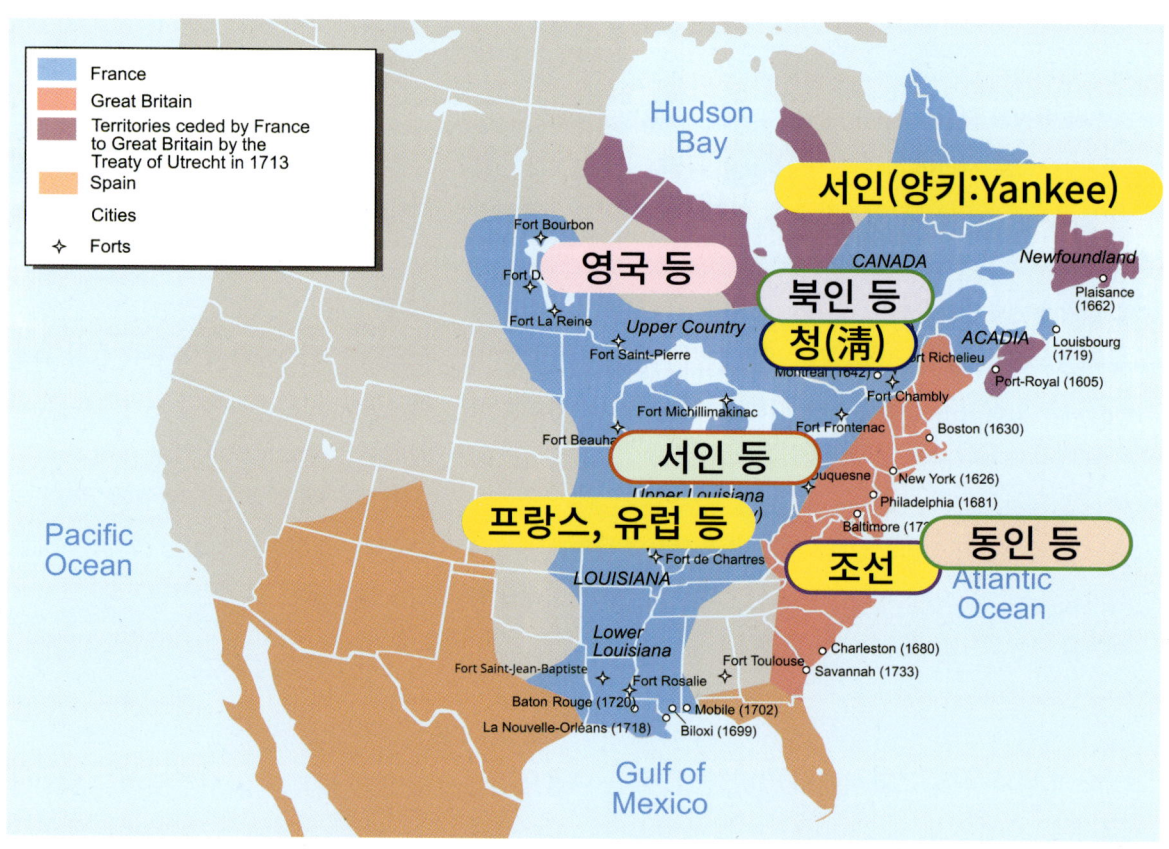

1720년 경의 붕당정치는 극심한 당파 싸움으로 인해 국가의 정치가 혼란스러웠던 시기였다. 특히 노론과 소론으로 분화된 서인이 주도권을 잡고 있었으나, <u>소수의 특정 가문이 권력을 독점하고 세습하며 왕권 약화를 초래했다.</u> 이러한 상황은 붕당 간의 대립이 심화 되고 국력이 약화되는 결과를 초래했다.

역사가 살아날 때, 인류는 새로운 질서로 재도약할 것이다. 그것이 역사의 순리이다.

조선의 옛 시추집

조선의 기술로 세운 록펠러의 옛 시추집은 재래식이지만 자연 친화적이었다. 그것은 도맥(道脈)을 지닌 조선인의 얼굴인 것이다.

미국에 정통 조선 역사가 다시 살아날 때, 인류는 새로운 질서로 재도약할 것이다.
그것이 역사의 순리이다.

정체불명의 국제자금!!

영원한 독점금융 제국, 록펠러, 사촌 격인 로스차일드, 심지어 JP 모건까지 무너졌다. 모두 코리아 자금으로 흡수됐다는 가설도 있다.

한편 새로운 세상으로 도약하는 단계에 돈의 주인이 나타났다는 소문도 있다.

현재 인류는 서로 편이 갈라져 있으므로 누군가 나타나도 불안할 것이다. 그것이 현재 우리 인류의 문제점이다.

아마 새 시대의 신인(新人)은 누구의 편도 아닐 것이다.

흥미로운 점은 독점금융 제국이 만든 가짜 세상의 허구가 밝혀질 것이다. 필자가 말하는 아메리카 대륙에 조선이 존재했다는 사실이 분명히 윤곽을 드러낼 것이다.

인류 역사의 미스터리는 보이지 않는 손에 의해 조작된 것이다

The Bosses of the Senate
– 미 상원의원의 두목들은 세계 실물경제를 장악한 트러스트 기업의 수장이다.
 예를 들어, 석유 왕 존 데이비슨 록펠러(John Davison Rockefeller, 1839년~1937년)는 '스탠더드 오일(Standard Oil)' 트러스트를 설립하여 미국 내 모든 자회사를 통제하였고, 미국 역사상 최고 부자가 되었다.

 1800년 무렵 제국주의 시절, 전 세계 역사는 독점대기업금융세력(TRUST)에 의해 날조되었다. 즉 인류 역사의 미스터리는 그들에 의해 조작됐다고 보는 견해가 있다.

 1768년 그들은 '브리타니카(Britannica)' 백과사전을 만들어 세계 인문학을 장악했으며, 그들의 배후세력에 의해 세계 역사는 가짜로 재편성되었다.

 이로 인하여 우리 민족의 위대한 조선사는 하루아침에 변방의 역사로 탈바꿈하게 된 것이다.

 조선 역사는 항상 세계를 움직이는 주류 인문학이었으나, 이제 우리는 조그만 한반도에서 주변 강국의 눈치를 보며 숨죽이며 살아가고 있다.

 그들은 대조선의 역사를 아메리카대륙에서 사라지게 한 장본인이며 조선인이 민족의 정체성을 도저히 알 수 없도록 세뇌해 왔다.

 또한 그들은 같은 민족을 이간질하면서 항상 감시하고 있으며 역사를 밝히려는 이단아가 나타나면 그들의 하수인을 시켜 제거해 왔다.

보이지 않는 음모세력이 세상을 장악했다고 생각하는 순간 또 다른 반대세력이 도전장을 던지는 것이다.

JFK Before and After.
 - 어떤 세력과 타협을 하지 않는 대통령은 결코 임기를 마칠 수 없다.

"Histories make men wise"라고 생각하는 반대세력이 존재해 왔다.

최근 구글(Google)이라는 미국의 인터넷 검색 엔진회사 나타나면서 AI 로봇과 더불어 세계 정보를 장악하였다. 구글은 미국 전체 인터넷 검색의 2/3, 전 세계의 70%를 장악했다.

보이지 않는 음모세력은 이미 세상을 지배했다고 생각하고 있는 것 같다. 실제로 그들은 더 이상 자신의 존재를 숨길 필요가 없으며 자기가 원하는 대로 세상을 주무르고 있다. 현재 그들의 후예는 역사의 존재를 대수롭지 않게 생각하고 있으며 더 이상 역사가 세상을 바꿀 수 없다고 간주한 것이다.

보이지 않는 음모세력이 세상을 장악했다고 생각하는 순간 또 다른 반대세력이 도전장을 던지는 것이다.

"Histories make men wise"라고 생각한 선조들이 사라지면서 그들 음모세력은 다른 방법으로 세계를 지배하고 있다. 현재 금융시스템이 한 예이다.

그들의 후예는 역사의 의미를 모르므로 할아버지의 감춰진 비밀장부를 열어 계속 구글(Google)에 업데이트하고 있는 중이다. AI 몰래 재미삼아 즐기고 있는 것이다. 우리는 이때를 놓쳐서는 안 된다. <u>필자도 순식간에 역사의 문을 열어 필자가 아는 한 감춰진 역사의 비밀을 공개할 것이다. 독자를 위해 최선을 다할 것이다.</u>

'우리가 국사 시간에 배운 삼국과 고려, 조선이 중국 대륙도 아닌 아메리카 대륙에 존재했다는 것을 과연 증명할 수 있을까요?
만일 그렇다면 우리가 알고 있던 역사지식이란 무엇인가요?'

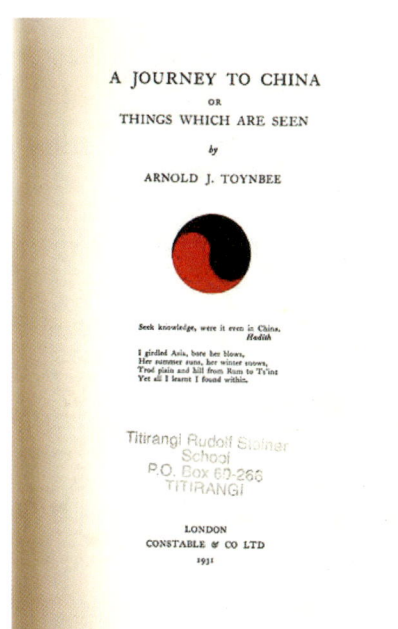

**토인비(Arnold (Joseph) Toynbee)
-영국의 역사가이다**

1925년 토인비는 런던 경제학교의 연구교수였다가, 런던에 있는 왕립국제관계연구소의 연구책임자가 된 후 출세가도를 달렸다. 제2차 세계대전 후 세계적인 학자반열에 오른 토인비는 역사의 주인공이란 우수한 문명을 가진 나라가 아니라 고등종교(개신교)를 지닌 문화집단이라고 쓴소리를 했다.
그는 '역사의 연구'라는 저서 마지막 편에 세계 여러 나라의 지도를 그려 넣었는데 대부분 조작된 것이었다.
음모 세력이 엉터리 역사각본을 만들고 토인비 같은 어용학자가 저술로 남기면서, 세계 역사는 문헌적으로 조작·완성되었다.

아메리카대륙의 황인종을 아시아대륙으로 강제이주시켰다.

결국 '서양역사에서 말하는 지리상의 대발견은 거짓말이었다.' 아메리카 대륙의 유럽인들은 정화함대가 개척한 항로를 그대로 답습한 것이다.

정화함대가 전 세계 사신들과 조공무역을 하여 대명조선 영락제의 영광을 실현한 것이라면, 유럽의 여러 제후들은 정화함대의 길을 따라 보물을 약탈하고 전쟁을 했을 뿐이다.

그들은 위대한 고조선古朝鮮의 어머니 '계씨癸氏'의 깃발(×)을 달고 해적질을 한 것이다.

German pirate operating from 1560 to 1573 in the North Sea
(아메리카 대륙 북해)

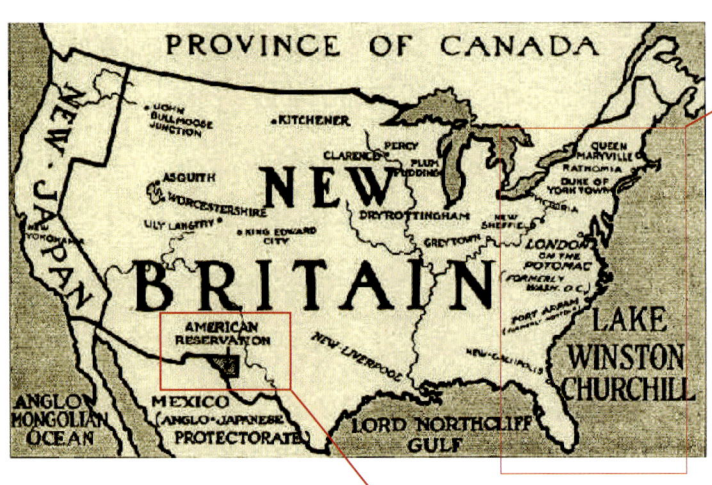

조선 해안

중상주의시절, 엄청난 부를 축적한 '앵글로 색슨' 사회혁명세력은 주식회사를 만들어 부를 축적하였고, 군대를 만들어 자신의 시민을 보호하며 세력을 넓혀 나갔다.

정화함대의 원정 이후 이곳 외진 산골짜기에는 백인종 아리안의 혈통이라는 향, 소, 부곡민이 조선 관리에게 돈을 주고 산 벼슬을 이용하여 독점무역을 하고 있었다.

이들(자칭 백인종 아리안) 중 일부는 아메리카 대륙 서부해안의 무역을 장악하면서 남쪽해안을 타고 칠레 쪽으로 내려가며 항구도시에 해적소굴을 만들었다.

주세력은 지금의 기아나 해안지역을 점령하여 카리브해안으로 진출하며 부를 축척하였다.

앵글로색슨 백인종은 유럽에서 건너온 것이 아니라 애리조나 주 출신의 향·소·부곡민이었다.

앵글로색슨 백인종은 옛 고려의 무리들과 끊임없이 싸우면서 일본 해적의 본부인 '지팡구' 지역까지 침투하였다.
 이들은 일본 해적들과 일시적으로 전쟁을 멈추고 화해를 한 후, 조선의 동부해안으로 밀무역을 하며 잠식해 들어 갔다.
 조선 해안으로 왜구들이 노략질을 해오자 뒤죠선 정부는 군대를 보내 이들을 단속하였다.

앵글로색슨 백인종은 아메리카대륙 애리조나 주 출신의 향·소·부곡민이었다.

16세기 정화함대의 무역항로에서 약탈을 하던 해적이, 19세기에 이르러 아메리카대륙을 경제적으로 장악하는 금융해적이 되었다. 이 시기를 역사적으로 제국주의시대라고 한다.

세상을 지배하는 자者는 미국 대통령도 미국정부도 아니라는 걸 알아야지!

제국주의 시절 앵글로 미국의 음모세력은 동양사와 서양사를 철저히 분리시켜 아메리카대륙의 황인종을 아시아 대륙으로 강제이주 시켰다.

"숲속의 은둔자 순수 아리안 백인종, '앵글로 색슨족'이 자유와 평등이라는 강력한 무기로 세상을 지배할 것이다."

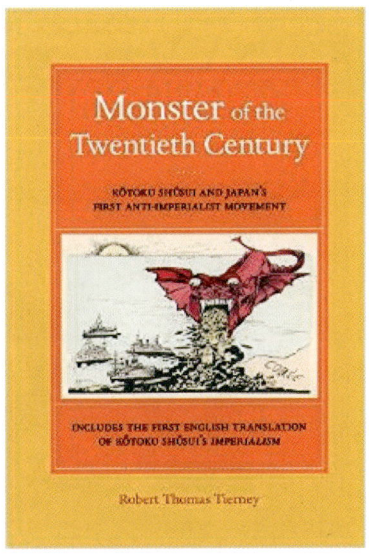

영락제 때 '디죠션'大朝鮮은 아메리카 대륙의 중앙정부였다

예로부터 중국(아사달: 곡부)에서는 반역자나 노예·노비처럼 천한 신분의 사람들이 모인 마을을 부곡(部曲)이라고 했으며 고려(高麗:Corea) 때는 규모가 커져 행정구역이 된 적도 있었다.

소所는 국가에서 필요로 하는 금金·은銀·동銅·철鐵·실(絲)·종이(紙)·도기陶器·먹 등을 만드는 수공업 특수 집단이었다.

NEW BRITAIN(뉴브리튼)의 수도가 LONDON(런던)이었다.
런던이 Washington(워싱턴)이 되었다.

'뉴브리튼' 이전의 수도가 무엇이었는가를 생각하라!
(한양, 우도)

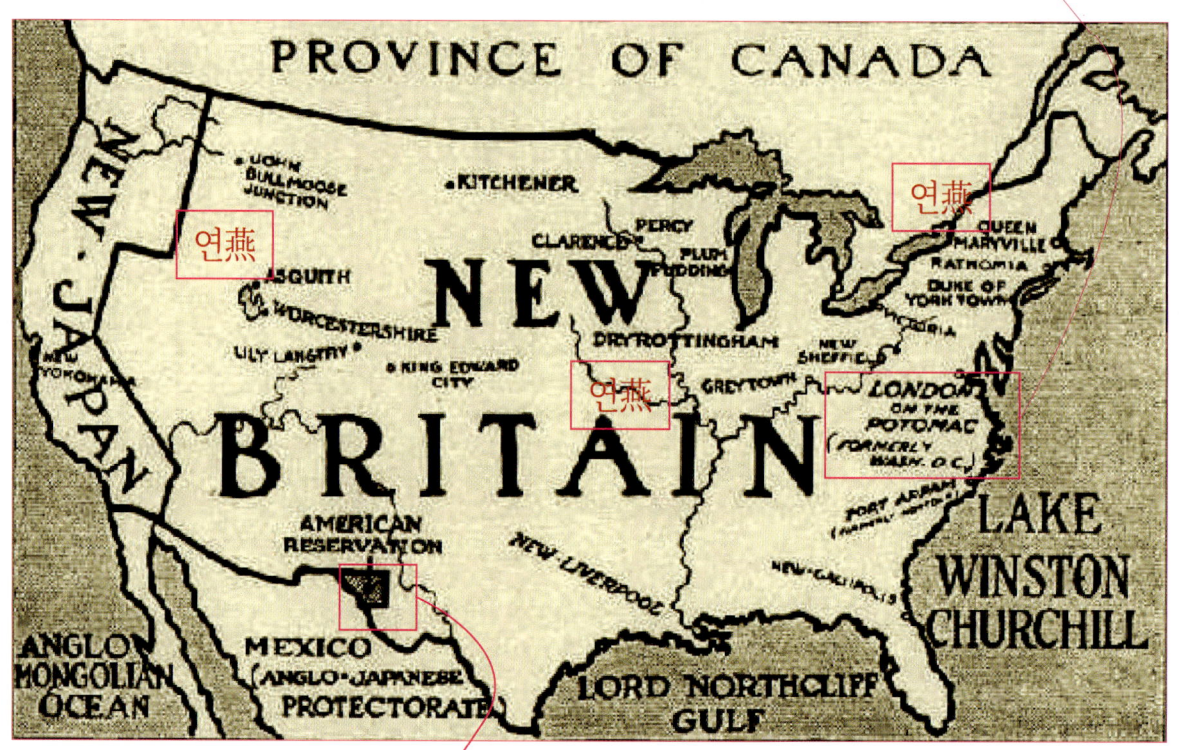

AMERICA RESERVATION(앵글로 색슨) 거류지는 신분이 낮은 백정白丁들이 사는 부곡部曲이었다.

그들은 소를 방목하여 자손 대대로 엄청난 부를 축적했다. 조선 관리와 주변 조선연맹체 제후들은 이들에게 돈을 받고 벼슬을 팔았다.

돈으로 신분상승을 한 앵글로 색슨족은 미국이라는 부곡민이 되어 중산층을 형성하였다. 그들은 대부분 신교로 개종하고 있었다.

대명조선大明朝鮮이란 중국과 조선이 일심동체라는 역사적 의미이다.

 조선시기에는 돈 많은 부곡의 수령이 이러한 수공업 공장(工匠)을 지배했으며, 문자(한자)를 아는 사람과 양반 문중과 교류하여 중산층을 형성하였다.

 조선중기에는 옛 고려의 귀족이나 사대부 계층이 일어나고, 조선양반 사림과 문중의 세력이 강해져 은둔하던 선비들이 중앙정부에 등용되기 시작했으며, 조선 후기에는 신권(臣權)이 왕권을 능가하여 조선왕조가 망하는 단초가 되었다.

비록 조선이 기울어져가는 제국이었으나, 민 황후 장례식 때 모인 서구열강의 외교관들은 제후국의 대표와 다름이 아니다.

* 신문 기사나 역사 기록으로 남기기 위해 사진을 찍거나 삽화로 남겨진 것들이다.(한반도 조작설)

조선궁전의 기둥과 커튼 문양이 훗날 미국 대통령 취임식 때 휘장과 같음에 주목하라! 미국은 조선의 모든 것을 이어받았다.

 조선인을 영어로 'Corean'이라 불렀는데 고구려에서 유래하였다. 대한제국의 영문국호는 'Korea'이며 그 이전에는 '딕죠션'이었으며 영문국호는 'China'이다.
 필자는 이미 이러한 사실을 하나하나 증명하였다.

서구열강은 아메리카대륙에서 서로 각축을 하며, 조선에서 이권을 차지하려고 혈안이 되어 있었다.
그만큼 조선은 강역이 넓고 물산이 풍부하였다.

강리도<혼일강리역대국도지도混一疆理歷代國都地圖> 미스터리

> 혼일강리역대국도지도混一疆理歷代國都地圖 - 대명조선지도大明朝鮮地圖
> - 영락제 때 조선에서 만든 '강리도'는 천하를 통일했다는 징표이다.

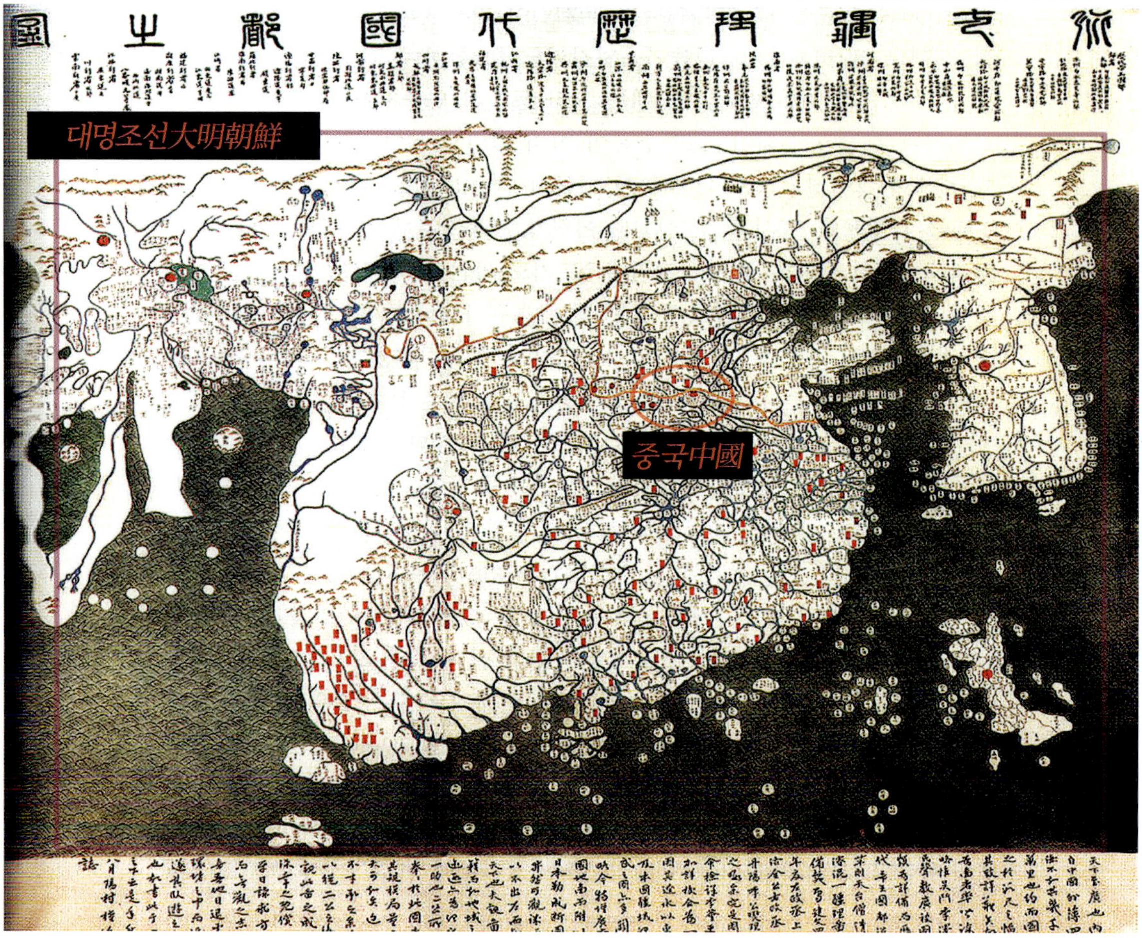

'강리도'에 아메리카 대륙이 없는 이유는 그들(앵글로색슨 음모세력)이 아메리카 대륙에서 일어난 역사를 조작하고 감추었기 때문이다. 역사의 진실이 숨겨진 아메리카 대륙과 호주 대륙의 역사가 밝혀지는 날이 되죠션의 진짜 역사가 드러나는 순간일 것이다.

또한 그들이 만든 금융시스템이 무너지는 그날이 오면 비로소 인류는 돈의 노예로부터 해방될 것이다.

그들이 만든 자유와 평등, 자본주의와 사회주의경제 체제의 허구와 모순이 드러날 것이다. 앵글로색슨과 같은 (마피아) 음모 세력은 이미 무너져버렸다.

'강리도'는 아메리카대륙에서 제작한 지도일까? 그렇다면 강리도의 진실은?

'혼일강리역대국도지도混一疆理歷代國都地圖', 일명 강리도에 아메리카 대륙의 지도가 없다는 것은 모순이다. 크게 두 가지로 생각할 수 있다.

첫째, 아메리카대륙의 역대 국도(서울)를 지금의 중국지형에 표시한 경우이다. 이것은 제국주의시절 역사날조의 일환이므로 '스미소니언' 박물관이나 기타 비밀장소에서 진실을 찾는 일이 중요하다.

둘째, 아메리카대륙의 진짜 '강리도'를 발견하거나 또는 비밀장소나 기관에서 역사의 진실을 밝히는 일이다.

필자는 제국주의 시절에 아메리카대륙의 역대 국도를 지우고 그곳의 종족을 이주시키기 위해 중국의 '강리도'에 표시한 것으로 생각한다.

왜냐하면 제국주의 시절의 보이지 않는 정부(음모세력)는 거의 200년에 걸쳐 아메리카대륙의 유색인종을 이민선에 태워 보내는 작업을 했기 때문이다.

19세기 초 해운업 전성기에 수많은 이민선은 이민자뿐만 아니라 그들의 유적과 유물을 통째로 옮겼다.

제국주의 시절 독점금융의 거대세력이 상상도 할 수 없는 세계 프로젝트를 실천에 옮긴 것이다.

> 당시 태양제국 일본의 실체는 앵글로 저팬(Anglo Japan) 연방이다.
> 즉 미국 군벌 중에 양키의 정체가 앵글로 저팬(Anglo Japan)이다

1926년 스웨덴 구스타프 왕자는 봉황 장식의 금관을 경주에 묻었다.

한편 제국주의 시절 우리가 알 수 없는 거대한 음모세력이 동양사와 서양사를 철저히 분리하였다.

백인종은 유럽으로 보내고 황인종은 주로 동아시아대륙으로 이주시켰다. 이러한 역사를 증명하기 위해 실증주의 역사관을 정립하여 그들의 유적과 유물을 함께 실어 보내는 것이다.

이건 역사를 가장한 세계적인 사기극이야!

서봉총의 금관을 발굴하는 스웨덴의 황태자 일행.

경주시 노서동 고분군에 있는 대형고분인 서봉총瑞鳳塚은 스웨덴의 서전瑞典의 '서瑞' 자와 봉황의 '봉鳳' 자를 합친 말이다.

1926년 스웨덴 왕자가 봉황 장식의 금관을 발굴했다고 이런 식으로 이름을 붙였다. 그때 조선총독부 박물관은 발굴한 뒤 보고서 한 편 내놓지 않았다.

더구나 평양박물관에 전시한 후, 기생에게 금관을 씌워 촬영까지 했다. 그들은 서봉총 금관이 한반도에서 발굴된 것이 아니라 어디로부터 그냥 가져온 가짜라는 걸 알고 있던 것이다.

그래서 2016년, 국립중앙박물관은 서봉총을 재 발굴하여 역사 판을 새로 짰다.

한국사는 대부분 박정희 정권 때 일제의 기록을 재정비하여 실증사관에 맞게 재구성한 것이다.

독점금융이 새롭게 찾은 투자처는 실증사학을 가장한 고고학과 박물관 건설이었다

**고대로마의 제도는 신라 제도와 유사하다.
신라의 뿌리역사는 북미에서 찾아야 한다**

신라 서봉총瑞鳳塚 교훈

대영박물관이나 루브르박물관에는 제국주의시대 그들이 약탈한 엄청난 문화재가 전시되어 있다.

그들은 이러한 도굴꾼을 고고학자 또는 탐사발굴전문가라고 한다. 그 당시 유럽의 황족은 전 세계를 돌아다니며 문화재를 발굴하는 가칭 고고학자였다.

그러나 실상은 유럽황족이 가져오거나 누군가로부터 받은 유물을 그곳에 묻는 역할을 한 것뿐이다. 아메리카대륙의 유물을 그들이 사전에 조성한 가짜 유적지에 갖다가 묻은 것이다.

그래서 실제로 미국에 존재했던 신라를 한반도에 있던 것처럼 바꾼 것이다. 더 정확히 말하자면 미국의 진짜 유적지를 일단 중국에 가짜로 만든 후 중국 땅에 묻은 것이다. 그리고 그곳에서 발굴한 신라유물을 다시 한반도로 가져오는 것이다.

이와 같이 유물을 실증사관에 맞춰 이중세탁한 것이다.

하지만 절차가 번거로우니까 신라유물을 그냥 한반도에 직접 묻었다.

어쨌든 실증주의 역사란 기록과 발굴유물을 일치하게 하여, 사람들로 하여금 그 땅에 그러한 역사가 진짜 존재했다고 믿도록 하는 술책이었다.

이제 우리는 유신정권의 역사의병대로 거듭나게 되었다.

그래서 이제는 미국의 로키 산맥 골짜기에서 엄청난 신라유물이 발굴되었다고 'AI 증빙서류'를 만들어 보여주어도 우리 국민은 절대로 신라유물이 아니라고 당당하게 말할 수 있다.

<u>"이것들아 우리 할아버지 조상이 대대로 수천 년 미국에 살았다고해서 우리가 미국인이냐?"</u>

…

아, 역사는 흐른다.

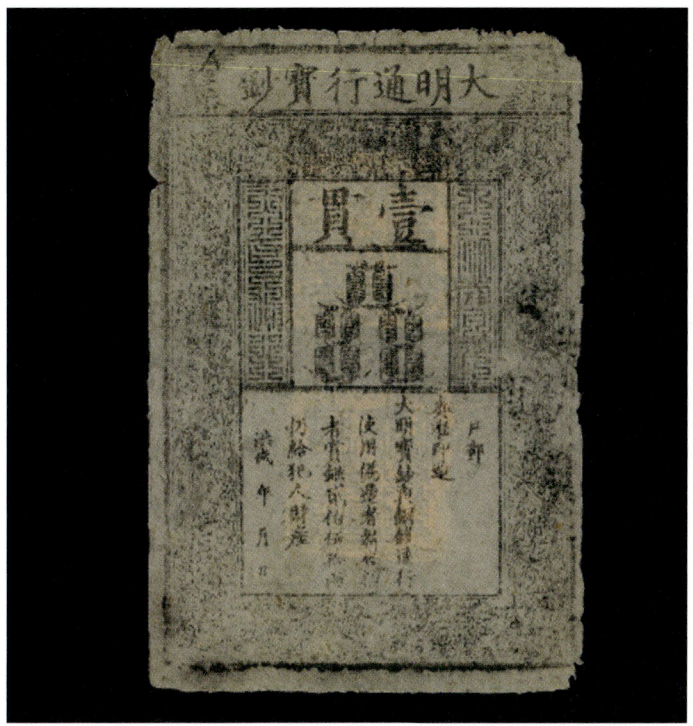

대영박물관(British Museum)

"헤이 쌤, 결국 종말을 향해 달리기 시작했군!"

제국주의 시절 거대한 음모세력이 동양사와 서양사를 철저히 분리하였다

딕죠션은 대제국이었고 미국이 그러한 전통을 이어받았다면 그들도 반드시 흔적을 남겼을 것이다.

첫째가 현존하는 산스크리트어 영어사전이라면, 둘째는 사라진 영락대전일 것이다.

한편 그 당시 양심이 있는 학자가 존재했다면, 어떤 방법으로든지 역사에 그러한 증거를 남겼을 것이다.

만일 그 중에 하나가 강리도라면, 강리도에 표시된 지명은 아메리카 대륙에 있던 조선의 옛 국도(서울)일 것이다.

그래서 필자는 역사에 반역이라는 책을 도록처럼 크게 만들어 정체모를 영어지명을 독자들이 보고 찾도록 한 것이다. 그렇다. 강리도를 데이터베이스화하여 AI로 분석해 보자.

좋은 세상이란 언젠가 진실을 밝히는 최후의 보루가 존재한다는 희망을 주는 곳이다.

진실이 영원히 묻히는 곳이라면 그곳은 더 이상 사람이 살 수 없는 세상이다.

*이것들아, 난 영국의 로스차일드 가문보다 한수 위인 J. P 모건이야.
왜 전 세계의 유물을 싹쓸이 하냐고?*

난 주로 아메리카 대륙의 유물과 유적에 관심이 있지.
<u>난 돈벌이로 유물을 수집하는 것이 아니라 아메리카에서 다른 해외로 이주를 가는 황족들에게 선물로 주기위해 모으는 거야.</u>
너희가 그것을 잘 묻어두거나 보관을 잘하면 더 많은 선물을 줄 거야. 그 유물은 너희 조상의 소중한 보물이니까 앞으로 영원히 그곳에 있어야 해!
이제 아메리카는 잊고, 그곳에서 그냥 잘 살아!

보이지 않는 손이 동서양을 이분화하여 종교, 민족 간의 갈등을 해결하려고 한 것일까?

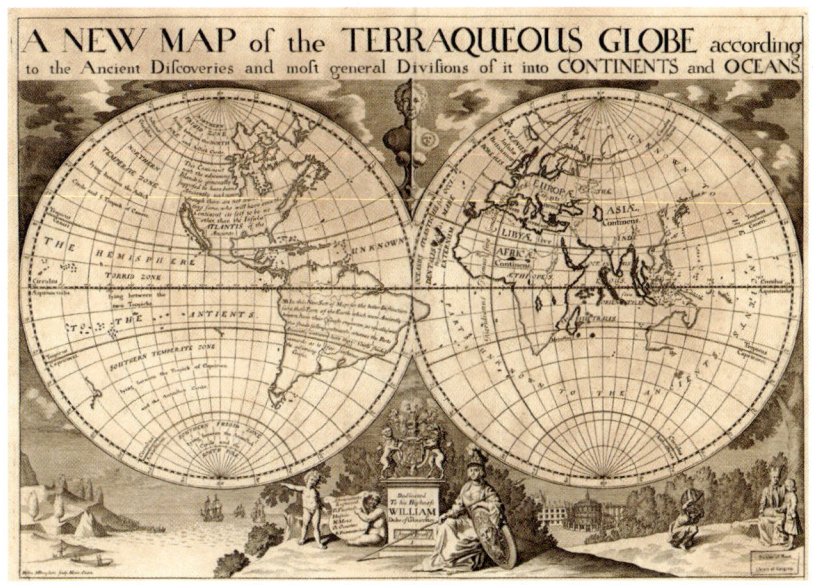

"이것들아, 우리 조상이 대대로 수천 년간 아메리카 대륙에서 살았다고 우리가 미국인이냐?"
한자로 미국인(米國人)이라면 일리가 있다.
우리는 조선인이다.

제국주의 시절 우리가 알 수 없는 거대한 음모세력이 동양사와 서양사를 철저히 분리하였다.

백인종은 유럽으로 보내고 황인종은 동아시아대륙으로 이주시켰다.

이러한 역사를 증명하기 위해 실증주의 역사관을 정립하여, 그들의 유적과 유물을 함께 실어 보내는 것이다.

하트(마음)가 중용을 이루면 세상에 평화와 사랑이 충만해진다.

아메리카대륙에서 유색인종을 몰아내는 것은 조선을 무너뜨리는 지름길이다

한때 아메리카대륙에서 황제국이었던 Corea가 일제에 의해 종말을 맞이했다. 1907년 헤이그 만국평화회의에 모인 서구 열강은 고종황제가 보낸 마지막 밀서를 외면하였다.

1907년 고종은 네덜란드 헤이그에서 열린 만국 평화 회의에 특사를 파견하여 을사늑약을 파기하고자 했다.

그해 7월, 헤이그 밀사 사건으로 고종황제가 강제로 퇴위를 당하자 한성부 군인들이 일제와 시가전을 벌이며 항거하였다.

황제친위대가 해산되자 이들은 전국 의병과 더불어 일제히 독립운동을 펼쳤다.

프랑스 매거진 '쁘띠 저널(Le Petit Journal)'은 전 세계 최고 부수를 기록한 전통 있는 잡지이다. 여기에 등장하는 일러스트는 사진을 찍은 후 다시 보고 칼라로 그린 것이다.

일제가 군대 해산을 선언하자 시민이 전투를 벌였다.

이슬람 두건을 쓴 조선인과 갓을 쓴 흑인이 보인다. 총대를 거꾸로 들고 붉은 두건을 쓴 사람도 황인종이 아니라 위구르 족 같다. 그 뒤에는 백인이 분명하다.

일본군도 중앙에 있는 자는 히스패닉 또는 백인으로 보인다.

어쨌든 다양한 인종이 시가전을 벌이고 있는 장면이다. 가로등, 기와집, 태극기도 눈여겨 봐야할 조선 양식이다.

이것이 아메리카 대륙의 조선 서울의 풍경이었다.

미국의 조지 워싱턴과 제퍼슨 대통령의 건국 이념을 무너뜨리려는 반 민주세력이 있다

러일전쟁 후 일본군부는 영연방과 합세하여 아시아로 진출하는데 미 서부지역의 조선의병을 막기 위해 남쪽 멕시코에 앵글로 일본(Anglo japanese)과 캘리포니아지역에 황인종 일본군(New japan)을 주둔시켰다.

황인종 일본군 (New japan)

앵글로 일본 (Anglo japanese)

초창기 미군(Japan)은 황인종 일본(New japan)군과 앵글로 일본(Anglo japanese)군으로 구성되었다.
그러다가 앵글로 일본(Anglo japanese)군은 영연방 백인종부대로 편입되고, 아시아에서 러시아와 중국군벌로부터 백인종 부자를 지켜줄 황인종 일본(New japan)군을 아시아에 배치했다.

훗날(1942) 일제는 대동아공영권을 주창하며 미국에 선전포고를 하는데, 일제가 아메리카대륙에서 쫓겨난 나라 및 부족들과 손을 잡고 싸우고자 했다. 황인종 일본군(New japan)은 미국 땅에서 직접 싸웠다.

general yamashita – new japanese army

야마시타 장군, 도라 도라 도라 완성이오.

그렇소! 양키 놈들, 진짜 태양의 제국, 대화 씨의 혼을 보게 될 거요. 고려高麗 개마무사가 부활하는 것이오!

루터와 캘빈의 종교개혁과 미국독립을 지향하는 성공회와의 관계성 고찰!

 루터와 칼뱅의 종교 개혁은 성공회와 미국 독립에 간접적으로 영향을 미쳤다. 루터와 칼뱅의 종교 개혁은 성경 중심의 신앙을 강조하며 교회의 부패와 권위주의에 맞서는 운동이었다. 이들의 개혁 사상은 성공회의 형성에 영향을 주었고, 미국 독립 운동에는 종교적 자유와 자치에 대한 열망을 불러일으켰다.

루터와 칼뱅의 종교 개혁:

루터:

1517년 독일에서 시작된 종교 개혁의 주도자로, 면죄부 판매와 교황의 권위에 반대하며 성경의 권위를 강조했다. 루터의 종교 개혁은 독일뿐만 아니라 유럽 전체에 영향을 미쳤고, 로마 가톨릭 교회에서 분리된 개신교의 탄생에 중요한 역할을 했다.

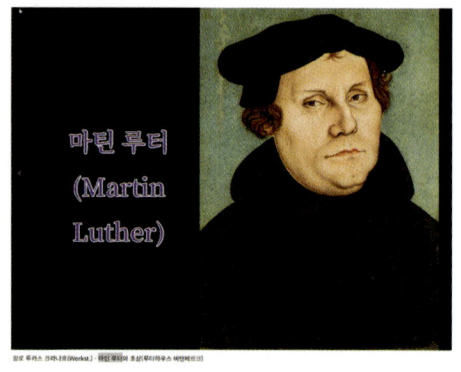

개신교의 탄생

칼뱅:

스위스를 중심으로 활동하며 루터의 종교 개혁을 이어받아 성경적인 교리와 예배 방식을 확립했다. 칼뱅의 신학은 청교도 운동과 장로교회 형성에 영향을 주었고, 이는 영국과 북미 식민지에도 전파되었다.

성공회와의 관계:

성공회는 영국 국왕을 최고 통치자로 하는 독자적인 교회를 세우면서 종교 개혁의 영향을 받았다. 헨리 8세의 종교 개혁은 로마 가톨릭 교회와의 분리를 의미했지만, 동시에 영국만의 독자적인 교회를 수립하는 과정이었다.

미국 독립과의 관계:

미국 독립 운동은 종교적 자유와 자치를 열망하는 청교도들을 중심으로 일어났다. 청교도들은 영국 성공회의 예배 방식과 정치적 통제에 반대하며 신앙의 자유를 찾아 신대륙(북미 동남부)으로 이주했다.

그 후 성공회는 미국 독립 전쟁 과정에서 종교적 자유와

색동저고리 세상이 온다

세계 초강국(대조선)은 마치 로마제국처럼 하루아침에 망하거나 사라지지 않는다

자치에 대한 열망은 독립을 위한 강력한 동기가 되었다.
 미국 독립 선언문은 종교의 자유를 중요한 권리로 천명했으며, 이는 종교 개혁의 영향을 받은 것이다.
결국 루터와 칼뱅의 종교 개혁은 성공회를 탄생시키고, 영국과 북미 식민지에 개신교 사상을 확산시켰다. 이러한 사상은 미국 독립 운동에 영향을 주어 종교적 자유와 자치에 대한 열망을 불러일으키는 데 기여한 것이다.

독립선언문 초안 작성 위원회

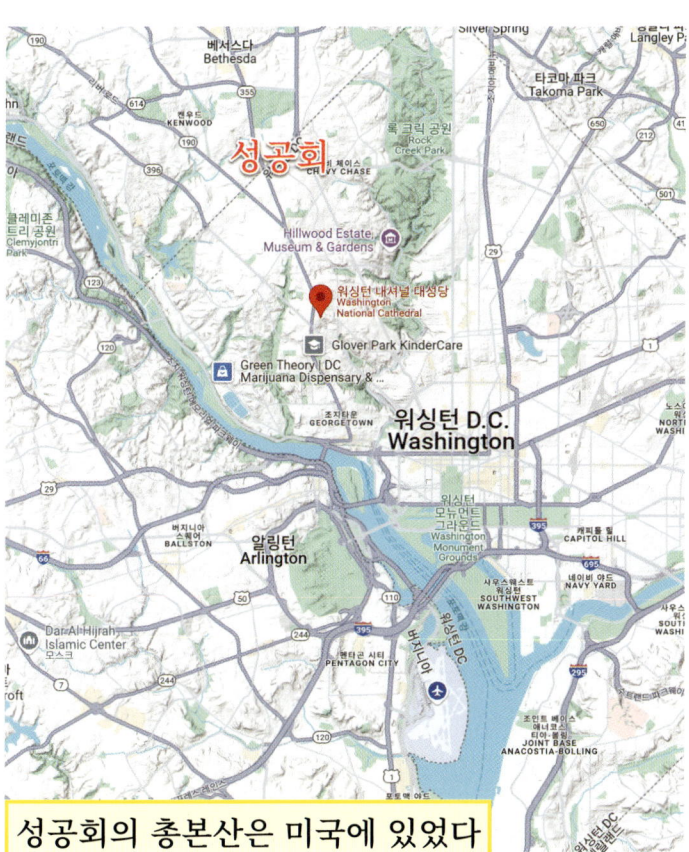

성공회의 총본산은 미국에 있었다

'왕조 시대가 저물고, 새로운 민주(民主) 시대가 온다'

영조의 '사도세자 뒤주 대작전'은 조선 왕조의 새로운 변신을 위한 승부수였다

결국 동이족의 역사는 동국조선東國朝鮮으로 귀결된다. 즉 아메리카 대륙에 동이족과 주변국의 역사가 존재했다는 의미이다.

예를 들어, 영조임금이 나이가 들어 자신의 시력을 시험하기 위한 글이 있는데, 강단학자들이 실수로 고궁박물관에 전시해 놓았다. 역사교수들이 조선의 영조가 아메리카 대륙에 존재한 강력한 군주라는 것을 간과한 것이다.

(박물관에서 촬영한 것을 그대로 올립니다)

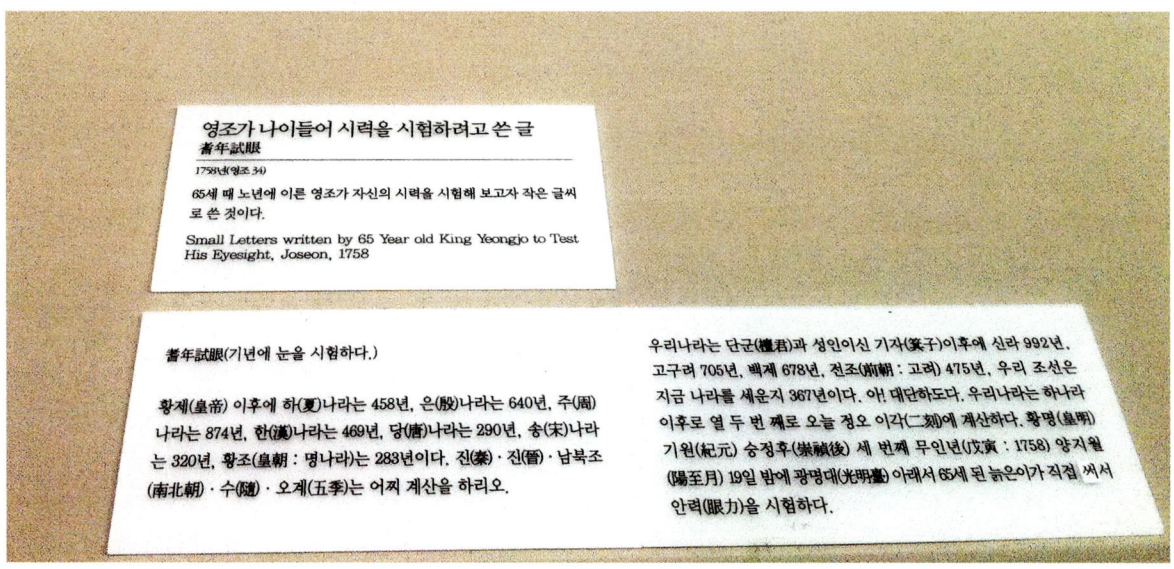

도도道를 숭상하는 조선의 용맥龍脈은 왕사王史를 공부해야 한다

기년시안耆年試眼(기년에 눈을 시험하다)

황제黃帝 이후에 하夏나라는 458년, 은殷나라 640년, 주周나라는 874년, 한漢나라는 469년, 당唐나라는 290년, 송宋나라는 320년, 황조皇朝(명나라)는 283년이다. 진秦, 진晉, 남북조南北朝, 수隋, 오계五季는 어찌 계산하리오.

우리나라는 단군檀君과 성인이신 기자箕子 이후에 신라 992년, 고구려 705년, 백제 678년, 전조(고려) 475년, 우리 조선은 지금 나라를 세운지 367년이다.

<u>아! 대단하도다.</u>

<u>우리나라는 하나라 이후로 열두 번째로 오늘 정오 이각二刻에 계산하다.</u>

황명皇明 기원紀元 승정후崇禎 후 세 번째 무인년(무인: 1758년) 양지월 19일 밤에 광명대光明臺 아래서 65세된 늙은이가 직접 써서 안력眼力을 시험하다.

삼황 오제(三皇五帝)의 기록은 조선왕조실록에 많이 등장한다.

13. 숙종실록 14권, 숙종 9년 6월 12일 계미 1번째기사 / 송시열이 태조와 태종의 시호를 더하여야 하는 의를 밝혀 말하다

임어(臨御)하신 19년 동안의 큰 계책은 삼황 오제(三皇五帝)의 치리(治理)를 생각하고 사모하신 것이라, 홍방(鴻厖)의 은택은 더욱 유맹(遺氓)에게까지 미쳤으며, 연익(燕翼)의 모훈(謨訓)은 영원히 우리 후사(後嗣)에게 복록을 끼쳐주셨으니, 지금까지 멀리 전해져 오는 복은 기명(基命)의 크고 깊음에 의지한 것입니다. 그러나 생각하건대, 절일(節壹)의 칭호(稱號)...

14. 정조실록 6권, 정조 2년 12월 12일 무진 1번째기사 / 좨주 송덕상이 연석에 나와 성의, 정성에 대해 논하다

도 이룰 수 있고 공도 성취할 수 있으니, 삼황 오제(三皇五帝)의 정치가 오로지 이에 있었던 것이다. 이른바 탁연 하다는 것은 무엇인가? 아! 세대가 내려올수록 풍속이 퇴폐되었는데, 요(堯)·순(舜)·주공(周公)·공자(孔子) 때와의 거리가 지금에 이르기까지 거의 1천 1백 년이나 되었지만, 멀리 요·순·주공·공자의 도(道)를 추구한다면, 탁연하게 확립하려 하지 ...

← 왕사王史를 제대로 공부한 영조대왕이 자신이 천하의 황제임을 스스로 다짐하고 있는 장면이다.

영국의 저명한 학자, 토인비는 한반도에 코리아 (1627~1875)가 있었다고 한다. (역사의 연구) 우리가 배운 역사와는 다르다.

기년시안(耆年試眼)은 조선왕조실록에는 보이지 않는다.

영조대왕이 삼황오제의 역사를 언급하지 않고 황제 이후라는 말을 할 리가 없다. 하, 은, 주 등 중국을 언급하면서 단군과 기자를 따로 분리하고 있는 것이다.

또한 고구려, 백제, 신라, 고려를 조선과 더불어 우리라고 하고 있으며 황조皇朝(명나라) 또는 황명皇明 이라고 했다.

그런데 청나라는 빠져 있다. 그 누구도 영국학자 토인비의 한반도 지도에 등장하는 'Korea'(1627~1875)를 증명할 수 없다. 이와 같이 역사의 수수께끼는 이렇게 작은 곳에서 비롯된다.

279

영조 대왕은 출생에 대한 모함으로 왕자 시절은 고뇌와 불운의 연속이었다

즉위 전 - 왕세자 책봉과 신임사화

숙종의 뒤를 이어 즉위한 경종은 연잉군을 왕세제로 책봉하여 후사를 도모하라는 노론의 주청속에, 1721년(경종 1년) 음력 8월, 이복 동생인 연잉군을 왕세제로 책봉하였다. 이후 한발 더 나아가 노론은 세제의 대리청정을 건의하였고, 소론측에서는 노론의 불순한 의도를 지적하였다.

경종은 별다른 입장 표명을 하지 않다가 목호룡의 고변이 터지면서 공론을 모아 환국을 시도하여 노론 세력을 불충(不忠)과 반역으로 몰았다.

연잉군을 지지하던 노론의 4 대신 김창집, 이이명, 이건명, 조태채와 50여 명의 고관들이 사형당하고 그 일족이 유배, 투옥되는 등 연잉군은 커다란 지지 세력을 잃었으며, 1722년(경종 2년) 김일경 등의 사주를 받은 박상검(朴尙儉)과 문유도(文有道)의 음모로 생명의 위협을 받기도 했다.

신임사화로 소론 강경파가 정국을 주도하였으나 경종은 병약했고, 경종 비 선의왕후는 비밀리에 사람을 시켜 다른 종친의 아들 중에 양자로 삼아 후사를 이으려고 하였다. 소론의 위협 속에서, 노론과 완론파 소론은 연잉군을 적극적으로 지지하였고, 경종의 비호 아래 연잉군은 불안정하지만 왕세자의 자리를 유지하였다.

1724년(경종 4년) 8월 25일, 경종은 갑작스레 병을 앓고 복통과 설사를 반복하다가 승하하였다. 하지만 경종이 승하하기 전, 게장과 꿀, 감, 인삼차 등을 수라로 든 일이 있어, 경종의 석연치 않은 죽음을 두고 영조 즉위 초에 경종 독살설이 유포되었다.

이는 이인좌의 난과 나주 괘서 사건 때도 언급되면서 영조의 재위 기간 내내 정통성과 관련한 아킬레스건으로 남게 되었다. _ 위키 백과

사도세자는 짐처럼 당파에 휘말리는 고통이 없을지어다!

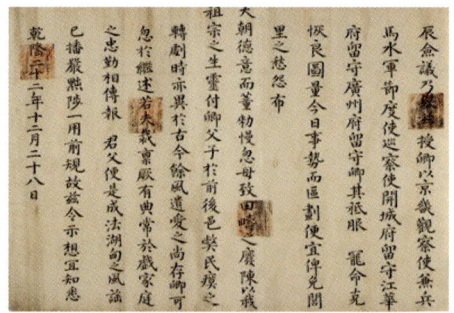

사도세자의 대리청정 시절 내린 영서(교지)

280

조선의 사도세자는 조선이라는 이름이 미국에서 사라지는데 결정적인 역할을 했다.

즉위 후 - 영조 대왕의 인권과 경제정책

1724년(영조 즉위년) 8월 30일, 창덕궁 인정문에서 즉위하였다. 신임사화를 일으켜 노론을 숙청하는데 앞장섰던 소론의 김일경과 목호룡을 처형하였다.

즉위 직후부터 영조는 형인 경종을 독살했다는 '경종 독살설'과, 그가 숙종의 아들이 아닌 노론 김춘택의 아들이라는 악성 루머가 누군가에 의해 조직적으로 유포되었다. 치열한 당쟁 속에서 생명의 위협까지 느꼈던 영조는 등극하자마자 소론을 몰아내고 한때 노론 정권을 수립하였지만 노론의 독주를 염려하여 소론의 일부를 중용한다.

붕당의 폐습을 통감하여 차츰 소론을 등용하고 소론을 전부 역적으로 처형하자는 노론 강경파의 주장을 묵살하다가 1727년(영조 3년) 노론의 강경파를 추방하고(→ 정미환국), 노론과 소론을 고르게 등용함으로써 탕평책을 기본 정책으로 삼아 당쟁의 격화를 막았다.

영조는 조선사회를 개혁한 계몽군주로서 가혹한 형벌을 폐지 또는 개정하여 민중들이 인권을 존중받도록 하였으며, 신문고 제도를 부활하여 민중들이 억울한 일을 직접 알리게 했다.

그는 금주령(禁酒令)을 내려 사치·낭비의 폐습을 교정하고 농업을 장려하여 민생의 안정에 힘썼다.

기민(飢民) 즉, 배고픈 민중들의 실태를 조사하여 그들을 구제하고, 민중들이 국방의 의무를 대신하여 세금으로 내던 포목을 2필에서 1필로 줄이는 균역법을 제정하여 세제(稅制)의 합리화를 기하는 한편, 민중들의 세금 부담을 크게 줄였으며, 신분에 따라 국가에 대한 의무를 달리 부담하게 하였다.

_ 위키 백과 또는 네이버

노론 벽파는 사도세자의 비행을 문제 삼아 폐위를 주장했던 세력이지만, 모든 노론이 사도세자를 적대시한 것은 아니었다. 일부 노론은 사도세자를 지지하거나 그의 복권을 주장하기도 했다.

조선의 사도세자는 조선이라는 이름이 사라지는데 결정적인 역할을 했다.

미국의 금주법 시대(Prohibition era)란 미국 의회에서 미국 수정헌법 제18조, 즉 금주법을 비준한 1919년부터 1933년을 말한다. 이와 같이 영조 대왕의 금주령은 이미 북미에서 존재했었다.
당시 한반도의 풍토에서 무슨 곡물이 풍부하여 도시 마피아에게나 적용되는 금주령을 내린단 말인가? 한반도에 로마제국이라도 있었단 말인가요?

디트로이트 시경찰국의 밀주 단속.

3) 한국사에서 사도세자의 죽음은 역사적 모순이 있으며, 다양한 음모론이 존재한다.

즉위 후 - 영조 대왕의 인권과 경제정책

1724년(영조 즉위년) 8월 30일, 창덕궁 인정문에서 즉위하였다. 신임사화를 일으켜 노론을 숙청하는데 앞장섰던 소론의 김일경와 목호룡을 처형하였다.

즉위 직후부터 영조는 형인 경종을 독살했다는 '경종 독살설'과, 그가 숙종의 아들이 아닌 노론 김춘택의 아들이라는 악성 루머가 누군가에 의해 조직적으로 유포되었다. <u>치열한 당쟁 속에서 생명의 위협까지 느꼈던 영조는 등극하자마자 소론을 몰아내고 한때 노론 정권을 수립하였지만 노론의 독주를 염려하여 소론의 일부를 중용한다.</u>

붕당의 폐습을 통감하여 차츰 소론을 등용하고 소론을 전부 역적으로 처형하자는 노론 강경파의 주장을 묵살하다가 1727년(영조 3년) 노론의 강경파를 추방하고(→정미환국), 노론과 소론을 고르게 등용함으로써 탕평책을 기본 정책으로 삼아 당쟁의 격화를 막았다.

영조는 조선사회를 개혁한 계몽군주로서 가혹한 형벌을 폐지 또는 개정하여 민중들이 인권을 존중받도록 하였으며, 신문고 제도를 부활하여 민중들이 억울한 일을 직접 알리게 했다.

<u>그는 금주령(禁酒令)을 내려 사치·낭비의 폐습을 교정하고 농업을 장려하여 민생의 안정에 힘썼다.</u>

기민(飢民)의 즉, 배고픈 민중들의 실태를 조사하여 그들을 구제하고, 민중들이 국방의 의무를 대신하여 세금으로 내던 포목을 2필에서 1필로 줄이는 균역법을 제정하여 세제(稅制)의 합리화를 기하는 한편, 민중들의 세금 부담을 크게 줄였으며, 신분에 따라 국가에 대한 의무를 달리 부담하게 하였다.

_ 위키 백과 또는 네이버

영조, 정조 이후에는 세도가와 벌열 정치로 인해 왕권이 약화되고 특정 가문이 권력을 독점하는 정치 형태가 나타났다.

세도가 정치는 왕실의 외척이나 권세 있는 가문이 왕의 신임을 얻어 권력을 장악하고, 그 가문의 사람들이 요직에 앉아 권력을 유지하는 정치 형태이다.

하지만 벌열 정치는, 특정 가문들이 권력을 독점하는 정치 형태라는 점에서 유사하지만, 세도가 정치와는 달리 왕실과의 혈연 관계보다는 가문의 힘이나 다른 권력 기반을 통해 권력투쟁을 했다.

이때 조선을 할양하기 위해 서로 각축을 하던 유럽제국들이 이들을 앞세워 조선의 금과 광산 등, 각종 자원을 수탈했다.

세도 가문 또는 조선의 벌열 세력은 이들과 작당하여 음모를 꾸몄다. 특히 영연방은 세도가의 붕당 정치를 적극 활용하면서 비변사를 장악하고, 항구를 중심으로 조선 강역을 점령했다.

<u>식민지 13개 대륙이란 조선의 팔도와 다름이 아닌 것이다.</u>
대표적인 세도 가문으로는 안동 김씨, 풍양 조씨 등이 있었으며, 벌열 정치의 가문으로는 반남 박씨, 여흥 민씨 등이 있었다.

조선의 사화와 당쟁은 후대에는 붕당정치로 변한다. 정조 때 당쟁은 사라진다. 왜?

세자는 대리청정을 하면서 여러 지방의 환곡에 대하여 덜어내고 더 받는 등 형편에 따라 세금을 조정하여 백성들의 짐을 경감시켜 주었고, 가난한 평민들을 괴롭히는 대동(大同)·군포(軍布)의 대전(代錢)·방납(防納)을 금지시켰다. 이런 선정으로 충청남도 아산군 온양의 온양 행궁 때는 백성들로부터 열의와 같은 환호를 받았다.

또한 소론 출신 재상 조현명, 이종성 등은 그를 정치적으로 후원하였고, 노론 중에서도 원칙론자인 유척기, 이천보 등이 그를 지지하였다.

노론에서는 사도세자에게 소론 제거와 이광좌 등에게 추죄를 할 것을 계속 요구했지만 사도세자는 거절하였고, 오히려 소론 4대신에게 우호적인 시각을 드러냈다. 이에 노론에서는 이인좌의 난 등을 언급했지만 세자는 듣지 않았다. 노론은 경계했고, 소론은 도리어 감격하였다.

노론에서는 세자가 자신들과 정견이 다르다고 보고, 세자의 제거도 계획하는데, 훗날 벽파로 칭해지는 노론 내 일부 외에, 노론 내의 청명당, 노론 시파 등 당내 다른 일부 인사들은 세자 배척에 반대하거나 불참한다.

결국 삼정의 문란, 농민 봉기 등 사회 혼란으로 민중봉기가 끊이질 않았다.

미국은 독립전쟁 승리 후 승승장구 하였고, 조선은 정조대왕 이후 급격하게 무너져 내렸다.

임오화변
壬午禍變

임오화변(壬午禍變), 임오옥(壬午獄) 또는 사도세자 사건(思悼世子事件)은 1762년 7월 4일 조선 한성부 종로 휘령전(후일의 창경궁 문정전)에서 사도세자가 노론과 부왕 영조에 의해 뒤주에 갇혔다가 8일 뒤 사망한 사건이다.

아버지 사도세자의 사형 소식을 접한 세손, 이산(李祘) (후일의 정조)이 무겸선전관 이석문 등의 도움으로 입궐하여 영조에게 아비를 살려달라 청했으나 거절당했고, 세자 시강원의 사부 권정침(權正忱), 이이장(李彛章), 임성(任珹), 윤숙(尹塾), 임덕제(林德躋) 등이 입궐하여 세자의 구명을 청했으나 거절당했다. 세자는 뒤주에서 굶어죽었고, 8일 뒤인 윤5월 21일 아사한 세자의 죽음이 확인되자 영조는 세자를 복권하고 사도(思悼)라는 시호를 내렸다.

붕당朋黨정치, 당쟁의 원리!

북인 – 북학파
서인, 노론과 소론
군부 – 청, 양키

도道를 숭상하는 조선의 용맥龍脈은 왕사王史를 공부해야 한다.

영조 때, 을해옥사로 소론 명문가 수백 명이 사형 당했고, 연루된 집안의 가족들은 노비가 되었다. 왕족들도 예외가 아니었으며 종친들이 처형당했다.

영조는 아버지 숙종과 아주 다른 생김새 때문에 괘서사건에 휘말리자 자신의 아들인 사도세자를 뒤주에 가둬 굶겨 죽인다.

조선의 경기지방은 수많은 히스패닉 계통의 영주(조선의 대군)들이 세도가와 결탁하였으며 노론은 시파와 벽파로 나뉘어졌다가 벽파가 정권을 잡았다.

나중에는 백인종, 황인종, 히스패닉의 붕당별로 갈라져 인종싸움으로 번져나갔다.

일부 지방세도가는 관군과 전쟁을 벌이며 영조대왕의 어명을 거역하였다.

영조(英祖) 대왕

이조 제21대 국왕(재위 1724년 ~ 1776년)

십자가는 흙(영)으로 돌아간다는 뜻이다. 역적은 장대에 꽂혀 귀신 밥이 돼야 해!

노론과 소론의 일부 계열은 지방세도가의 집사 격(재정담당)인 영국, 네덜란드, 일본, 독일, 프랑스 세력을 끌어들여 반란을 획책하였다.

특히 천민계급인 백정白丁(백인종으로 추정), 무당, 남사당패거리(집시) 등은 이들과 합류하여 신분상승을 꾀하였으며 앵글로 색슨족의 미국(米國:아묵리가)을 지지하였다.

영조의 손자인 정조 때도 끝임 없이 괘서가 나붙었는데 '정(J)씨가 섬에서 군대를 일으킨다.'는 '해도기병설海島起兵設'이 유행하였다.

결과적으로 일명 '존불'의 영길리국(영국)이 아니라 1776년에 독립전쟁에서 승리한 '조지(George<조지> Washington) 워싱턴' 또는 제퍼슨(Thomas Jefferson) 대통령을 정씨라고 볼 수 있어서, 조선이 정(George<조지>)씨에게 망한다는 예언이 실현되었다는 소문이 횡횡하였다.

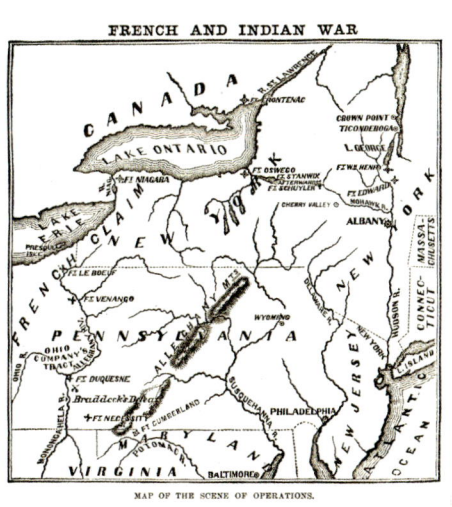

프랑스(서인西人)-인디언 전쟁의 주요 위치를 보여주는 지도

영조 임금 이후 유럽 영주들은 독자적인 노선을 걷기 시작했다

영조는 황태자인 연잉군 시절부터 소론파와 사이가 좋지 않았으며 이복형인 경종 임금이 급체로 서거하자 독살의 의혹에 휩싸였다.

그때 벽보에 괘서掛書가 연이어 붙었는데 '이씨왕조가 사라지고 정씨가 세상을 살린다.'는 것이었다.

이러한 내용은 정감록, 남사고 비결 등 각종 예언서의 공통내용이라 영조 임금도 긴장하였다.

결국 영조가 자신의 아들인 사도세자를 뒤주에 가둬 죽인 사건도 괘서 때문에 일어난 것이다. 괘서가 역모를 획책하는 조직에 의해 시중에 퍼진 것이라고 여긴 영조는 괘서 사건을 중대한 반역으로 몰고 갔다.

손자인 정조가 사도세자의 일을 모르도록 하였으며 노론계열 인사 500여 명을 숙청하고, 이들 집안의 가족까지 노비로 팔아버렸다.

소론의 핵심 인맥도 삭탈관직하거나 종친까지 사정을 단행하였다.

영조는 균역법 시행, 신문고 부활, 탕평책, 금주령, 신 농업 장려, 세금 제도 개혁 등

정계에 피바람이 불자 관련된 지방의 세도가들은 유럽제국의 친척을 찾아가 도움을 청하였다.

유럽 영주들도 뒤죠션의 황태자와 관련된 일이라 문중을 유대상인과 연결시켜주고 숨기에 급급했다.

괘서사건에 휘말린 조선양반들은 황급히 귀중품만 챙기면서 유대상인의 이민선에 올랐다.

아메리카에서 유색인종을 싣고 떠난 이민선은 결코 빈 배로 돌아오지 않았다.
세계도처에서 미국의 예비시민으로 백인들을 싣고 돌아오는 것이다.
이민선을 왕복 운행하는 유대자본은 배삯을 꼬박꼬박 챙기고 있었다.

오대호 → 버지니아 주(노퍽 등) → 대서양

batavia(아메리카 발틱해) → 워싱턴 주(시애틀) → 태평양

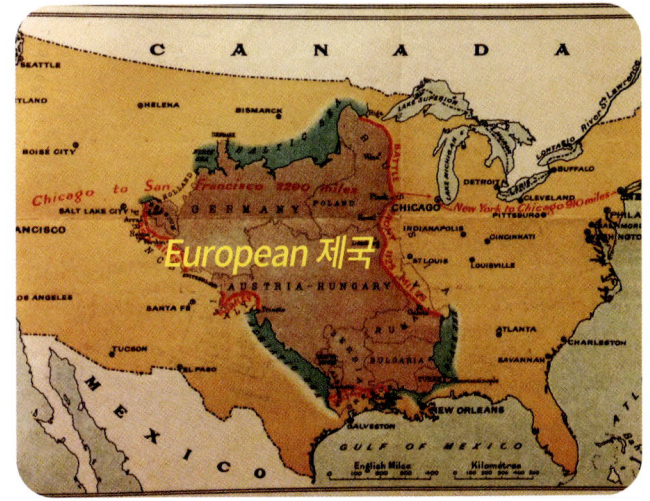

유럽은 원래 아메리카대륙에서 시작되었다.

즉 아메리카대륙은 신대륙이 아니라 근현대사의 기원이다. 그래야 지금의 미국이 달러 통화 기축국이며 군사 강국임을 증명할 수 있다.

287

영조 때는 영연방의 세력이 배후에 있고, 정조 때 'Corea'를 1탑으로 대변신을 한다

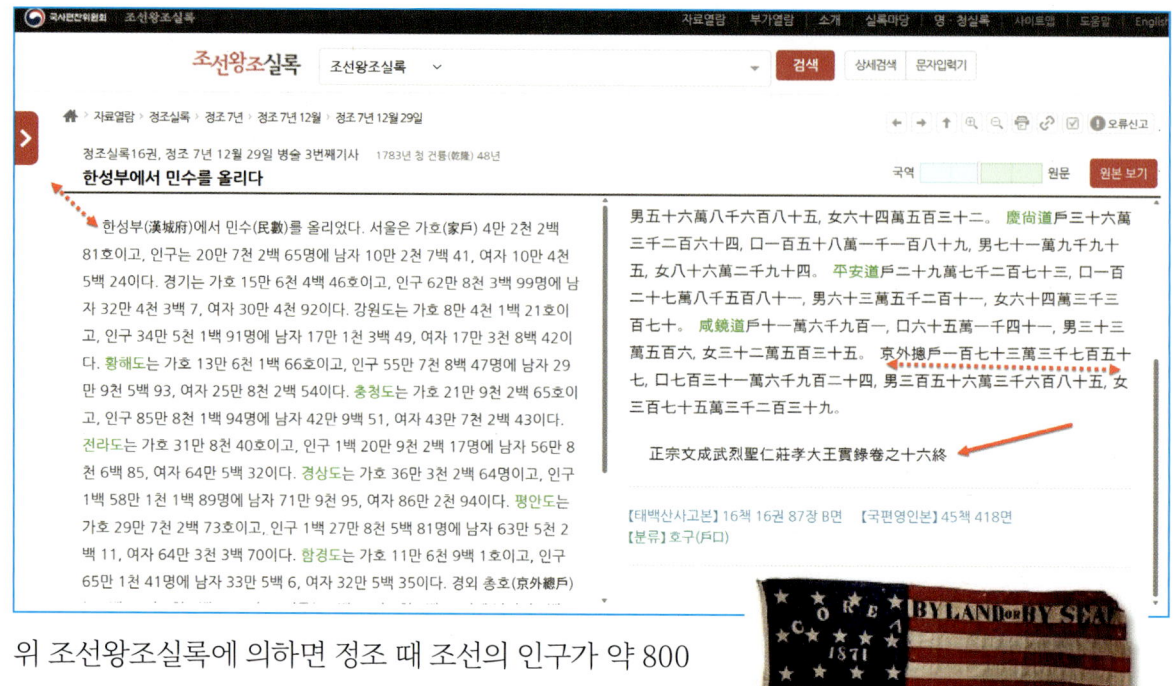

위 조선왕조실록에 의하면 정조 때 조선의 인구가 약 800만이다. 이 숫자가 세금을 내는 백성의 수라고 가정할 때 (20%), 조선의 총인구는 대략 5,000만이 넘는다.

조선 시대 양반의 수는 시기에 따라 차이가 있지만, 전체 인구에서 차지하는 비율은 조선 초에는 약 1~2% 미만이었고, 후기로 갈수록 증가하여 19세기에는 전체 주민의 과반수가 양반으로 호적에 기록되었다.

조선 초에는 지배 계층의 지위를 공고히 가졌지만, 후기에는 공명첩, 납속책 등의 무분별한 발행으로 양반의 지위를 획득한 사람들이 늘면서 양반의 수가 급증했다.

여기서 필자는 정조의 정체를 의심하게 된다.

정조 때 모든 국가 제도 및 운영체제는 매우 정상적이었다. 그러나 정조대왕이 서거한 후, 조선 왕조는 뿌리째 흔들린다.

정조대왕은 독살된 것이 아니라 미국의 초대 대통령 조지 워싱턴이라는 생각을 지울 수 없다. 이것이 필자가 생각하는 역사의 대순리이다.

그러나 정조대왕이 서거한 후, 조선 왕조는 뿌리째 흔들린다.
특히 강화도령으로 알려진 철종 이후 조선 왕조는 정체성이 의심스러울 정도로 대혼란에 빠진다.

영국의 저명한 학자, 토인비는 한반도에 코리아(1627~ 1875)가 있었다고 한다. 우리가 배운 역사와는 다르다.
...
토인비가 한반도에 만든 지도(Korea)와 1871년 미 해병대의 깃발의 코리아(COREA)를 구별하는 혜안이 생겨야 역사가 풀리기 시작한다.

제퍼슨은 철혈 대통령이었다. 대영제국의 군대와 싸워 이긴 후, 미국에 도전하는 모든 해상 세력과 전투를 했다. 장용영을 만든 정조대왕이 아니라면, 그 누구도 할 수 없는 전략, 전술이었다.

미 해병대는 워싱턴과 제퍼슨 대통령 때에 태동하였다. 그리고 여러분들이 신미양요라고 배운 역사에서 미국의 깃발에서 'COREA'라는 문구를 보았을 것이다.

그렇다.

'COREA'는 제퍼슨 대통령을 상징하거나 언제나 내 마음의 중심인을 상징하는 것이다. 정조(正祖)란 조대(朝代)의 씨알로 열심히 살아가는(忠), 민(民)의 주(主)인이라는 의미이다.

1871년 신미양요

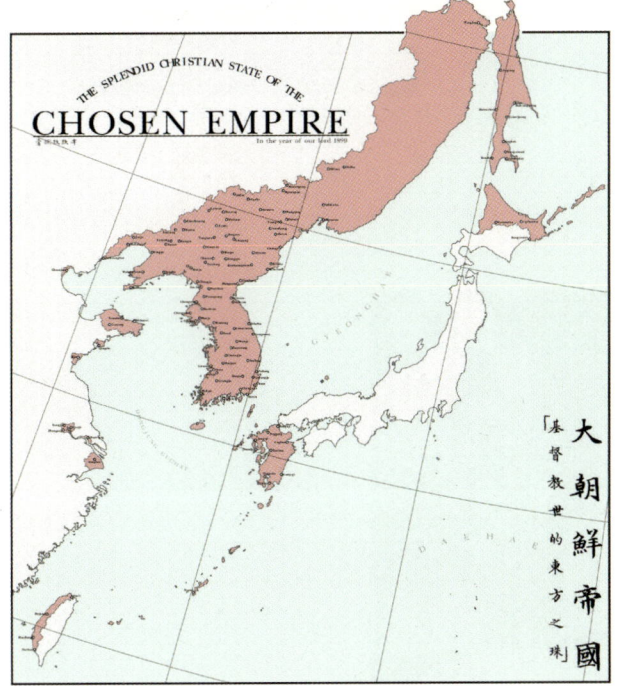

알 수 없는 거대 세력은 (1899년) 극동 아시아에 동방의 진주 기독교(신교) '조선 제국'을 예정해 놓고 있었다. 개신교(장로회)의 예정론과 다름이 아니다.

* 이미 북미 조선인이 많이 이주해 왔다. 그들은 오랜 세월 난민촌(refugee)에서 살았으므로 자신이 지구 반대쪽인 한반도에 온 사실을 알 수 없었다. 그저 고향 땅만 그리워할 뿐이었고, 언젠가 구세주 우리 님이 오실 날만 손꼽아 기다리고 있었다.

'아, 닐리리야 닐리리 닐리리 맘보!'

조선의 사회적 신분은 크게 양인(良人)과 천민(賤民)으로 구분되었다.

노란 갓과 붉은 도포

혜원 신윤복(申潤福, 1758 ~ 1814)은 도화서의 관직이 첨정과 첨절제사에 이르렀다. 그는 양반을 풍자하고 부녀자들의 자유연애와 애환을 해학적으로 묘사했다. 그러나 1800년 정조 대왕 사후 자유분방한 분위기가 사라지면서 쇠퇴기에 접어든다. 정조가 그의 작품을 인정했었다.
- '혜원 풍속도첩에서…'

조선 왕실 대군들의 복식이 조선 중산층의 '롤 모델(role model)'이 됐다.

조선인의 50% 이상을 차지하고 있던 노비들이 조선마을을 떠나자 조선인 마을은 텅텅 빈 폐허로 변해 갔다.

1800년대에 들어선 이듬해 정부가 공노비를 해방하고 1894년 갑오개혁으로 신분제도를 완전히 폐지하였다. 그러자 황인종이 아닌 노비들은 조선인 마을을 떠났고 특히 백인종 노비는 황인종보다 우월하다는 미시시피 강 유역의 유럽제국에 흡수되었다.

마침내 조선인 마을은 인구가 급격히 대폭 감소하였다. 더구나 지방마다 탐관오리의 가렴주구가 더욱 심해지자 일반 백성들도 농촌을 등지고 유럽제국의 공장노동자로 전락하였다.

이에 따라 폐허가 된 조선인 마을의 장정들은 돈을 벌기 위해 타지로 떠날 수밖에 없었다.

Atlantic steamship lines on board
<to & from Canada>

대조선국대덕국통상조약(大朝鮮國大德國通商條約: 1883.11.26.)
– 백인종으로 추정되는 관리와 황인종 관리가 같이 있다.
두개의 아리안 국가가 공식적으로 한자리에 모인 순간이다.

인종이 다른 노비들이 마을을 떠나자 조선인 마을은 텅텅 빈 폐허로 변했다.

정조 이후 어린 순조純祖가 즉위하자 세도정치가 시작되었다. 순조는 정조의 둘째아들로, 비妃는 영안부원군永安府院君 김조순金祖淳의 딸 순원왕후純元王后이다.

1800년부터 1834년까지 재위하는 동안, 초창기에 영조의 계비(두 번째 왕비)인 증조할머니 정순왕후 김씨(貞純王后 金氏)가 섭정을 하였다. 이때 천주교를 박해하는 종교문제를 일으켰으며, 가톨릭 교황청과 조선세도가의 팽팽한 이권다툼은 종교전쟁을 방불케 하였다.

장인 김조순金祖淳이 섭정을 하면서 금융세력과 조선세도가는 한 통속이 되었고, 미국은 초고속으로 성장을 하며 유럽의 제국주의 국가의 리더가 되는 것이다.

(자신의 내탕금을 빌려 간) 정조의 갑작스러운 죽음을 의심했던 정순왕후가 정치에 뛰어든 것이다.

미국의 '1790년 귀화법'은 비백인의 귀화를 각각 금지하고 있었다.

'엉클 샘', 양키에게 속은 세도가들은 문중門中 단위로 이민선을 타고 지금의 호주와 중국대륙으로 이주했다.
이들은 영연방 군대의 지원을 받았으나 미미하였다.
훗날 이러한 문중들이 영연방의 꼭두각시가 되어 중국대륙에서 괴뢰정부인 대한제국(CHINA)을 세웠으나, 1926년 이후 일제히 한반도로 또다시 이주해오는 것이다. 이들은 한반도에서도 일제의 비호아래 조선백성을 지배하며 친일세력이 되었다.

정조는 신분에 구애받지 않고 인재를 등용했다. - 서얼허통(庶孼許通)

정조는 유득공, 정약용 등을 중용해 실학을 실천하였다. 정약용의 거중기擧重機는 조선과학의 백미이다. 정조는 신분에 구애받지 않고 인재를 등용했으며 규장각을 만들어 '대전통편'이라는 법전을 완성하여 체제를 굳건히 하였다. 또한 장용영이라는 황제의 근위대를 만들어 노론을 견제하였다.

정조대왕은 노론이 음모를 꾸미고 있다는 것을 알고 한양을 떠날 계획을 세웠고, 그러한 방편으로 수원성을 완성했으며, 여러 차례 위장을 하며 행궁을 하다가 어느 날 한양 궁궐로 돌아오지 않은 것 같다.

정조대왕의 행궁도
- 정조는 수시로 한양의 궁을 떠나 행궁을 거듭하였다.
'포토맥 강(POTOMAC RIVER)이 한강이었다.' 거대한 음모세력은 조선을 집어삼키려고 한양 터에 메트로폴리탄 시티를 구상했던 것이다.

필자는 워싱턴 D.C 부근이 한양이라고 본다.

만약 워싱턴 D.C 부근이 한양이 아니라면 미국이 그렇게 빨리 성장하지 못했을 것이다.

아메리카 대륙의 중앙정부인 위대한 됫죠션大朝鮮이 없었다면 미국이 지금처럼 거대한 나라가 될 수 없었다.

역사를 공부해보면, 거대한 나라가 탄생하려면 반드시 그 이전에 그러한 대제국이 존재해야 한다.

미국은 조선이라는 제국의 기반위에 세워진 나라이다.

조선의 백성들이 미국이라는 나라에 동화되면서 미국은 갑자기 대국으로 성장했다.

정조 임금 때 정식 천도는 아니었으나 서울을 옮긴 것으로 보인다. - 華城(화성)

정조는 탕평책을 써서 사색당파를 척결하려고 했으나 결과적으로 노론 시파에게 대부분의 권력을 이양하는 형상이 되었다. 이에 불만을 벽파와 또 다른 경기도 사대부들이 들고일어나는 것은 불을 보듯이 빤한 일이었다.

조정에서 성리학을 장려하고 불교에 관대해지자 천주교를 믿는 사대부들의 반감을 사게 되었다.

특히 장사꾼들 사이에 개신교 신자가 많았는데 관리들이 종교적 차별을 하며 불이익을 주자, 이들과 거래하는 세도가를 중심으로 조정에 대한 반감이 확산되었다.

정조 대왕 당시 미국은 국가의 형태를 갖추지 못한 17개 정도의 주를 지닌 지방정권이었다.
따라서 영국 식민지 대륙이라는 지역은 원래 조선강역이었다.

정조 임금 화성 행궁도 - 김홍도 그림

평소에 정조는 신하들과 술, 담배를 같이 하며 흉금 없이 지냈는데 이것이 화근이었다.

정조 임금은 건강한 체격에 큰 병도 없었는데 갑자기 붕어崩御 하셨다.

아마 주변 세도가와 내통한 대신의 손에 암살된 것이 분명하다.(?) 승정원 일기가 그것을 증명하고 있다.

정조 대왕이 돌아가시자 조선은 세도 정치가 시작된다. 호시탐탐 이권을 노리던 세도가들이 유럽제국과 더불어 조선의 자원을 강탈했다.

'호월일가胡越一家'란 남북아메리카 전체를 가리킨다.

정조는 자신의 침전을 '탕탕평평蕩蕩平平'으로 짓고 '탕탕평평평평탕탕蕩蕩平平平平蕩蕩'이란 도장을 새겨 바른 왕도王道의 길을 가려고 노력하였다.

또한 정조는 '정구팔황 호월일가(庭衢八荒 胡越一家)'라는 액자까지 침전에 걸었다.

즉 '먼 변방도 앞 뜨락이요 천하가 한 집안이다'라는 뜻이다. 지역이나 사색당파에 대한 차별을 절대로 하지 않는다는 다짐이었다.

여기서 '호胡'란 중국中國의 북방에 있고 월越은 중국中國의 남방에 있다.'는 뜻이므로 중국中國을 문자 그대로 가운데 '중中'자로 보면 중국의 북쪽은 북아메리카가 되고 중국의 남쪽은 남아메리카가 된다.

따라서 '호월일가胡越一家'란 남북아메리카 전체를 가리키는 것이다.

또한 '탕탕평평蕩蕩平平'은 "붕당과 편파가 없으면 왕도王道가 탕탕하고, 평평하다"라는 옛말에서 나왔다. - <서경>

정조 대왕이 '국가' 대신 '민국'이라 부른 건 나라의 중심이 '왕과 사대부'가 아니라 '왕과 백성'이란 뜻이었다.

민주(民主)!

정조는 만민의 왕이 되고 싶어 했다.

1799년 지도

'탕탕평평蕩蕩平平'이란 글귀에서 천하의 인재를 신분에 상관없이 기용하겠다는 정조대왕의 의지가 엿보인다.

정조는 붕당에 연연하지 않고 인재를 골고루 등용하는 탕평책을 계속 이어갔다. 왕권을 강화하여 기존의 외척과 노론 벽파를 제거해 나갔다.

조선의 사회 신분은 크게 양인良人과 천민賤民으로 구분되었는데, 이를 양천제라 한다.

효종 때 19만여 명이었던 납공 노비(세금 바치는 노비)의 수는 영조 31년에는 3만 6,191명으로 줄었다. 그래서 노비추쇄법을 실시했으나 소용이 없었다. 이미 노비들이 외부로 빠져나간 것이다.

이에 정조는 서얼허통(庶孼許通)과 신해통공으로 각각 신분제를 완화하고, 시장의 자유를 확대시켰다.

<u>1801년(순조 원년) 마침내 공노비를 해방시켰다.</u>
<u>미국보다 50년 이상 앞선 정책이었다.</u>
<u>정조대왕의 유지였다.</u>

정조 임금 때 서울은 1894년 때보다 훨씬 더 규모가 크고 복잡했을 것이다.

1791년(정조 15) 정조는 채제공의 건의를 받아들여 신해통공(辛亥通共)을 실시하여 육의전을 제외한 시전의 금난전권(禁亂廛權)을 폐지했다.

이에 따라 상인들의 시장 활동이 왕성해졌고, 독점상인의 횡포가 줄어 백성들의 살림이 윤택해졌다.

미시피 강 유역의 무역량이 늘어나고 인종간의 다툼이 줄어들었다.

조선인은 독일의 세창양행을 조선기업으로 알고 있을 정도였다.

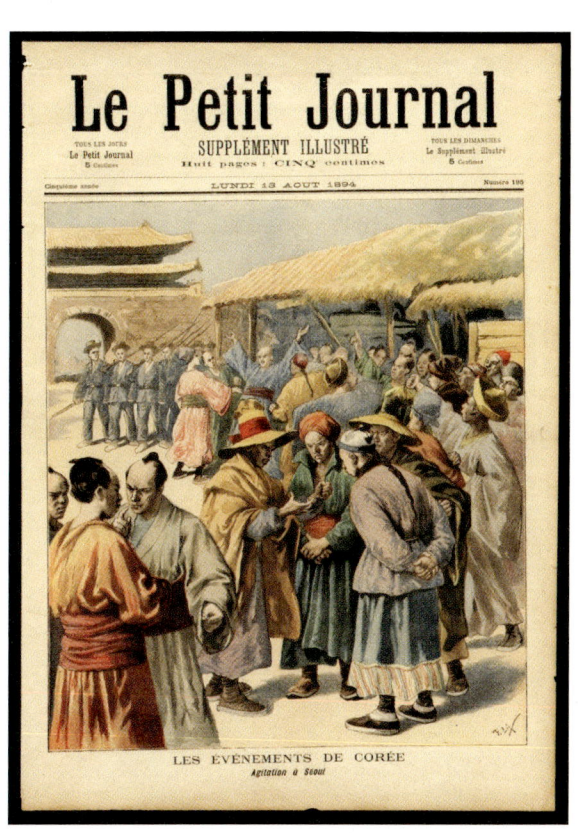

Le Petit Journal 1894 seoul: 1894년 청일전쟁이 일어나기 전 외국상인들이 뒤숭숭한 시장경기에 대해 대책을 강구하고 있는 장면이다.

조선시장은 국제시장이었다.

상인들의 다양한 복식과 머리, 모자가 다채롭다.

정조 때 서울은 이곳 분위기보다 훨씬 더 복잡하고 규모가 컸을 것이다. (신해통공)

* 정조 대왕이 없는조선은 점점 추락하고 있는 중이다.

남대문 앞으로 조선군사가 행진을 하고 있다.

(북미 워싱턴이 아닌 한양 좌도, 보위로 추정된다.)

만일 한반도 서울이라면, 산업혁명에 성공한 조선이 돼야 한다.

하지만 여기 지배 세력이 그러한 역사를 공개할 이유가 없다.)

하지만 정조가 급서하자 세도정치가 득세하여 매점매석 행위가 늘어나고 국가재정이 급격히 줄어들어 민심이 흉흉해졌다.

특히 유럽제국의 영주들과 연결되어 있는 노론 세도가들은 부패관리를 움직여 나라 재정의 근간을 흔들고 있었다.

국사편찬위원회에서 '화성성역의궤'에 대해 잘 설명해서, 독자께 소개한다.

화성성역의궤(華城城役儀軌)

'화성성역의궤'는 신도시 수원을 건설한 직후인 1794년(정조 18) 1월부터 1796년(정조 20) 9월까지 이루어진 화성(華城) 성곽 축조에 대해, 역사(役事)가 계획되어 끝나기까지의 경과와 소요된 경비, 참가 인원, 제도, 의식 절차, 행사 후의 상전(賞典) 등을 기록해 놓은 책이다. 조선 시대에는 왕실이나 국가의 주요 행사가 있을 때는 후세에 참고 자료로 삼기 위해 의궤(儀軌)라는 형태로 기록을 남겨 두는 것이 일반적인 관례였다.

화성 성역은 국력을 기울여 이룩한 대규모 축성 공사로서 막대한 경비, 인력, 기술이 투입된 국가적인 사업이었던 만큼, 정조(正祖, 재위 1776~1800)는 "모든 사람들로 하여금 성역(城役)에 관해 분명히 알도록 해야 한다."는 취지에서, 이 의궤가 상세하면서도 정제되어 일목요연한 내용과 체제를 갖출 것을 희망하였다. 책의 구성은 첫머리에 범례를 싣고, 권수(卷首) 1권, 본편(本篇) 6권, 부편(附篇) 3권 등 모두 10권 9책으로 되어 있다.

권수에는 축성에 관계되는 일지와 실무자 명단 및 각종 도설(圖說)이 실려 있다. 도설을 통해 성역에 쓰인 각종 도구에 대한 입체적 이해가 가능하며, 시설물을 복원하는 데에 있어서도 필수적인 참고 자료가 된다.
 권 2에는 성곽과 관련하여 왕이 지은 글을 비롯하여 의식과 행사와 관련된 기록, 신하에게 내린 녹봉과 포상에 관련한 기록 등을 남겼다.
 권 3은 공사 현장에서 올린 보고문 및 관청 간 주고받은 문서들을 수록했다.

권 4는 각종 공문 및 공사 진행에 따른 규칙 및 동원된 인부에 대한 정보를 실었으며, 권 5와 권 6에는 소요된 물품의 수량과 종류 등을 세세하게 기록하였다.
 또한 화성은 성벽과 다양한 부대시설 외에도 행궁을 비롯해 창고 및 정자, 저수지, 군사 시설, 제사 시설 등이 성곽 축조와 연계되어 진행되어 왔던 만큼, 이들 시설물의 건설 관련 자료들이 부편 3권으로 편성되었다.

이 책은 화성에 대한 역사적, 건축학적 접근을 가능하게 하는 중요한 자료이면서, '정리자'라는 활자로 인쇄되어 품격 있고, 수준 높게 만들어진 활자본으로도 귀중한 가치를 지닌다.

 - 국사편찬위원회　記

영조의 계비 정순왕후는 정조 대왕이 '훙'하자 '수렴청정'으로 정치권력을 행사했다

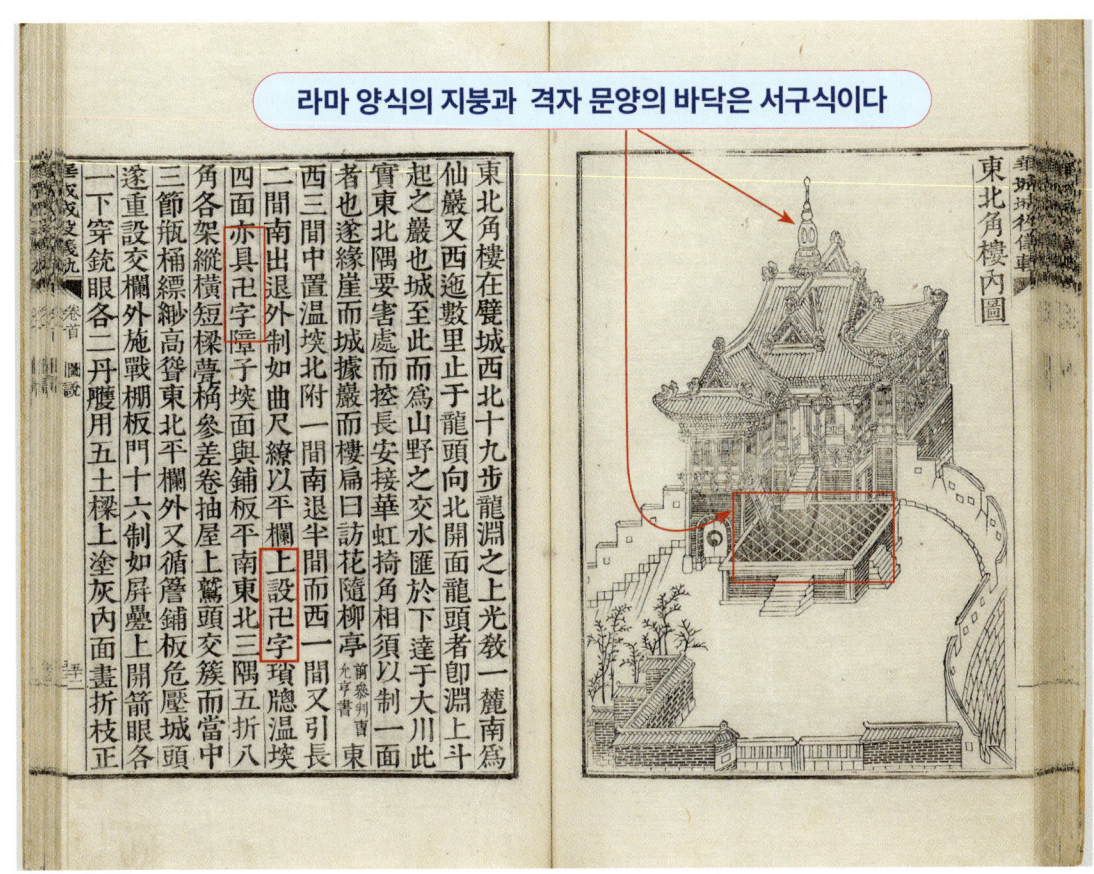

라마 양식의 지붕과 격자 문양의 바닥은 서구식이다

정조가 정순왕후를 지극 정성으로 모셨으나, 정순왕후는 나중에 궁중의 내탕금을 풀지 않은 것 같다.
(정조 당시 정순왕후의 친오빠 김귀주가 귀양 가서 죽었다)

정조가 국부인 태조 이성계처럼 세계 군부의 중심이 되려는 '화성 드림 시티'는 무산되었다.
그러나 ...

영조 시대, 정순황후 왕비책봉

정순왕후 김씨(貞純王后 金氏, 1745년 12월 2일(음력 11월 10일) ~ 1805년 2월 11일(양력 1월 12일))는 조선의 21대 왕인 영조(英祖)의 계비이다. 경기도 여주 출신.

1757년, 정비인 정성왕후(貞聖王后)가 승하하자 영조는 부왕 숙종의 유지에 따라 후궁들 중에서 새 왕비(王妃)를 책봉하지 않았다.
1759년 6월 9일, 정식 중전간택을 통해 김한구(金漢耈)의 딸을 새 왕비(王妃)로 6월 22일, 창경궁에서 혼례를 올렸다.
당시 영조의 나이는 66세, 정순왕후는 15세로 조선 개국 이후 가장 나이 차가 큰 혼인이었고 그가 왕비(王妃)에 책봉될 때 부모 내외는 물론 조부 김선경도 생존하고 있었다.
심지어 1735년에 태어난 영조의 아들인 사도세자와 며느리인 혜경궁 홍씨보다 10살이나 어렸다.

정순황후는 '수렴청정'을 통해 정조가 구축한 개혁 정치의 기반을 해체해 나갔다.

임오화변에서 사도세자가 죽지 않았다는 설이 존재한다

임오화변(壬午禍變), 임오옥(壬午獄) 또는 사도세자 사건(思悼世子事件)은 1762년 7월 4일 조선 한성부 종로 휘령전(후일의 창경궁 문정전)에서 사도세자가 노론과 부왕 영조에 의해 뒤주에 갇혔다가 8일 뒤 사망한 사건이다.

임오화변에서 사도세자가 죽지 않았다는 설이 존재한다. 이 설은 사도세자가 뒤주에 갇혀 죽은 것이 아니라, 다른 곳으로 피신하여 살아남았다는 내용이다.

이 설은 주로 민간에서 구전되거나 소설 등의 문학 작품에서 다루어지는 경우가 많다. 하지만 공식적인 역사 기록이나 정설과는 거리가 있다.

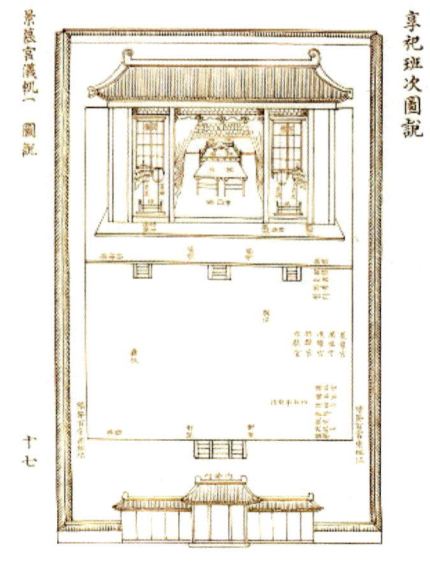

사도세자의 사당과 제사를 묘사한 의궤인 경모궁의궤향사반차도설

정설:
임오화변은 1762년 영조가 사도세자를 뒤주에 가두어 죽게 한 사건으로, 영조실록 등 공식 기록에 명확히 기록되어 있다.

역사적 의미:
임오화변은 조선 왕조 역사에서 가장 비극적인 사건 중 하나로 기억되며, 사도세자의 죽음을 둘러싼 다양한 해석과 설은 당시 사회 분위기와 사건에 대한 사람들의 인식을 보여주는 단면이라고 할 수 있다.

결론적으로, 사도세자가 죽지 않았다는 설은 존재하지만, 이는 공식적인 역사적 사실로 인정받지 못하고 있다.

아메리카 사관으로 바라보는 임오화변은 미국의 독립전쟁과 연결된다.

프랑스-인디언 전쟁(1754-1763)은 사도세자의 대리청정 기간(1749~1762)에 일어났다.
영조 대왕은 당쟁 뒤에서 세도가들의 이권이 존재한다는 것을 잘 알고 있는 현군이었다.
또한 영조 대왕은 사도세자가 당시 영국 국교인 성공회와 연줄이 있다는 것도 알았을 것이다.
역사학자의 견해에서 보면,
프랑스와 영국의 전쟁은 그동안 양란(임진왜란과 병자호란)을 겪으며 추락했던 왕권의 회복을 위한 철호의 기회가 온 것이다.
(호랑이를 잡으려면 호랑이 굴에 들어가야 한다)
사도세자는 아버지 정조대왕에게 피눈물을 흘리며 자신이 13년간 대리청정을 했던 고뇌를 실토하며, 왕으로서 조선의 미래를 염려하며 읍소했을 것이다.
두 (왕)부자가 내린 결론은 조선의 부활이었다.
이미 민심은 조선을 떠났으므로 새 나라의 어린이(靑春)가 필요했다. '아, 미국(米國)!'

1749년부터 1762년 사이에 일어난 미국 독립 운동과 관련된 주요 사건은 '프랑스-인디언 전쟁(1754-1763)'과 그로 인한 식민지 정책 변화이다.
이 전쟁은 영국과 프랑스가 북미 식민지 지배권을 놓고 벌인 전쟁이었으며, 전쟁 비용을 충당하기 위해 영국이 식민지에 대한 과세와 통제를 강화하면서 식민지 주민들의 불만을 야기했다.
프랑스-인디언 전쟁 (1754-1763)은 북미 지역에서 영국과 프랑스가 벌인 식민지 지배권 다툼이었다. 전쟁 결과 영국이 승리했지만, 전쟁 비용이 많이 들어 영국은 식민지에 대한 세금 부과와 통제를 강화했다.

식민지 정책 변화:
영국은 전쟁 비용을 충당하기 위해 설탕법, 인지조례, 차법 등 다양한 법을 제정하여 식민지에 적용했다. 이러한 정책들은 식민지 주민들의 경제적 부담을 가중시키고, 자유와 권리를 침해한다는 인식을 확산시켰다.

식민지 주민들의 반발:
이러한 정책 변화에 대해 식민지 주민들은 반발했다. 인지조례 반대 시위, 보스턴 학살 사건, 보스턴 차 사건 등 다양한 형태의 저항이 나타났다.

독립 전쟁의 발판:
프랑스-인디언 전쟁과 그로 인한 정책 변화는 미국 독립 전쟁의 중요한 배경이자 원인이 되었다.

요약하면, 1749~1762년 사이에 미국 독립 운동의 직접적인 발단이 된 사건은 프랑스-인디언 전쟁이었고, 이 전쟁 이후 영국이 식민지에 대한 통제를 강화하면서 식민지 주민들의 불만이 커져 독립 운동의 기반을 마련하게 되었다.

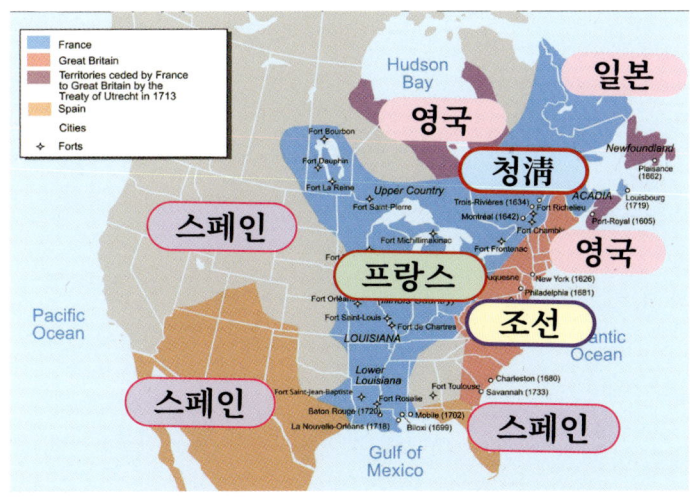

1720년대 캐나다와 미국에서 영국(분홍, 자주), 프랑스(파랑), 스페인(오렌지)의 영역을 보여주는 지도

한반도에는 없는 사직산과 종묘산을 표현한 병풍 그림으로 추정!

사도세자는 대리청정을 하며 정치 활동을 했고, 경기 감영을 방문했을 가능성도 있다. 특히, 사도세자가 왕세자 시절에 대리청정을 하며 전국을 순찰했다는 기록이 일부 있었다.

정조가 장용영을 설치하여 국방력을 강화한 것은 아버지 사도세자의 영향이 컸을 것이다.

사도세자가 경기감영을 방문했다는 구체적인 왕조실록 기록은 찾을 수 없었다. 하지만, 사도세자의 행적과 관련된 기록은 영조실록, 정조실록, 그리고 관련 문헌 등에 흩어져 있었다.

경복궁 주변으로(한반도에는 없는) 세심천 강이 흐른다.

사도세자는 경기감영에 들렸다가, 노론의 모함에 걸려 죽음에 이른다.

(사도세자는 살아 있었다!)

경기감영도 병풍(京畿監營圖 屛風)은 감영 주변의 풍경을 그린 작자 미상의 작품.

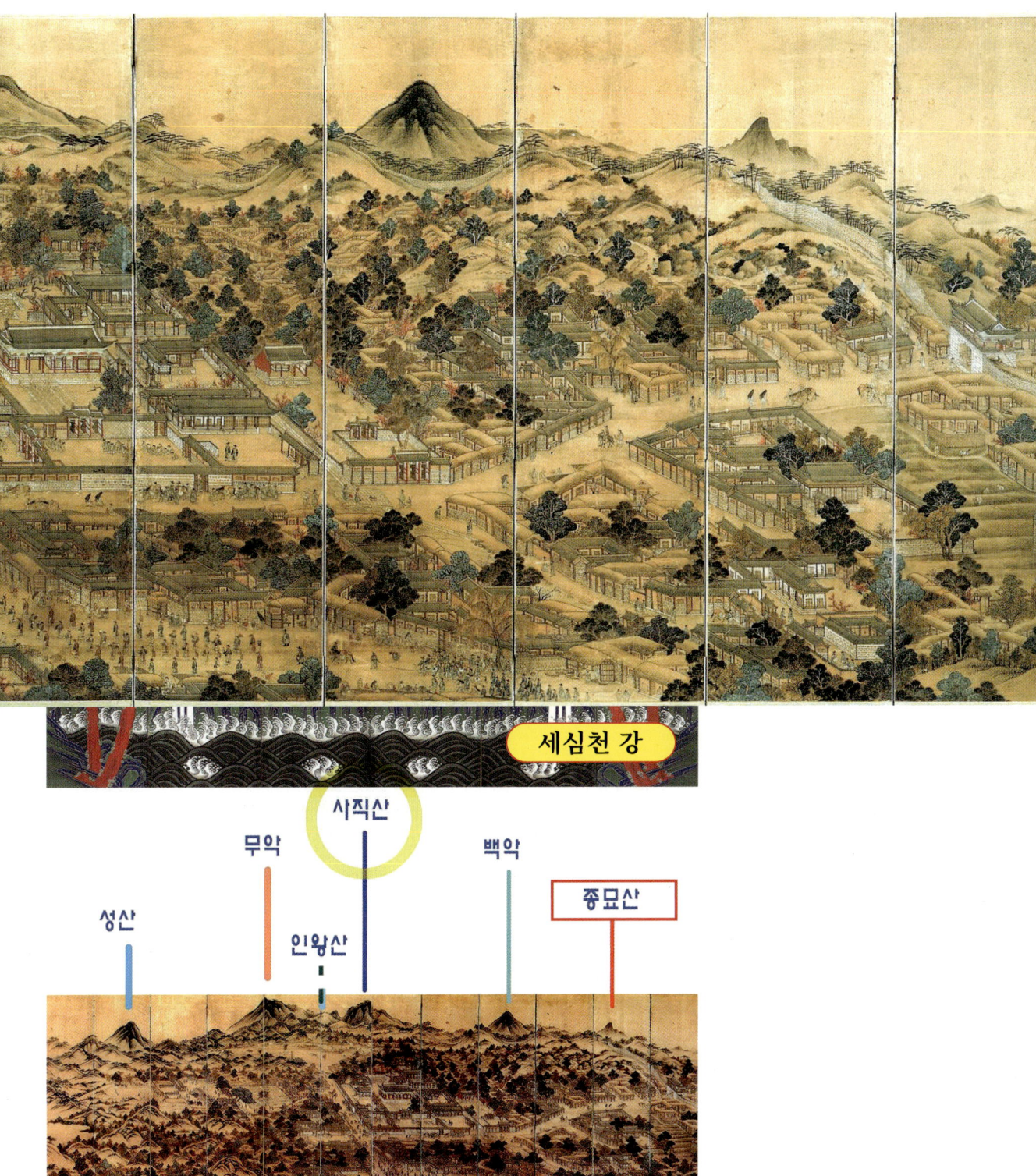

사도세자(워싱턴)는 정조를 통해 정순왕후의 내탕금을 군자금으로 활용했다.

장용영은 정조 시대에 창설된 친위 부대로, 단순히 왜구와의 전투에 국한된 부대는 아니었다. 장용영은 국왕의 호위와 수도 방어를 목표로 했으며, 정조의 왕권 강화 및 수원 화성 축성과도 밀접한 관련이 있었다.

장용영은 훈련도감을 모체로 하여 조총을 포함한 다양한 무기 운용과 전투 기술을 익혔다.

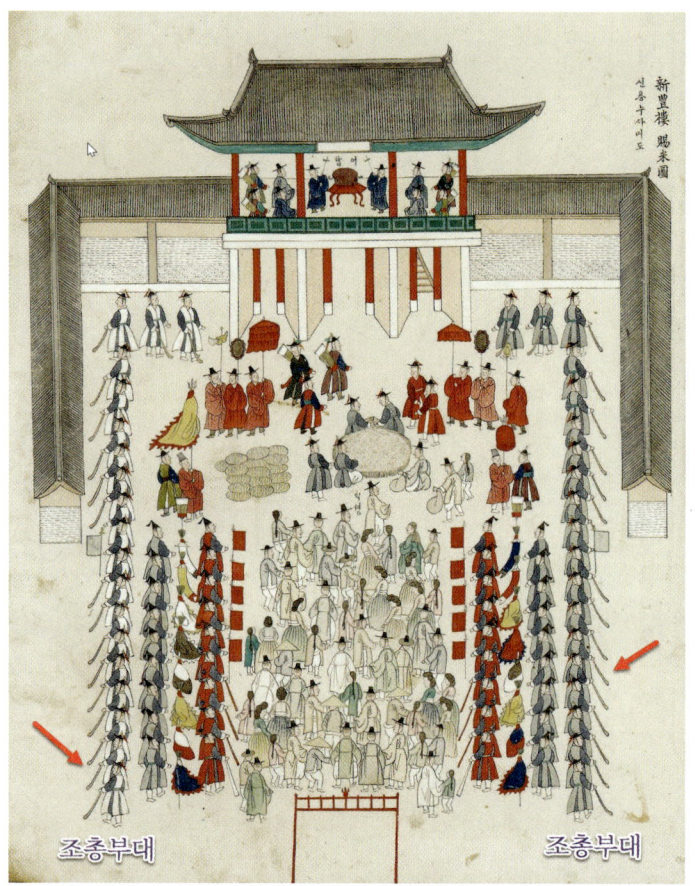

1793년 장용영 외영을 중심으로, 새로운 군사제도가 만들어졌다. 화성 방어체계는 수원을 둘러싼 용인과 진위, 안산, 시흥, 과천 등 5개 고을이 있어 적의 침략에 독자적인 방위체계를 갖추게 됐다. 장용영은 화성에 5천 명, 나머지 이들 5개 고을에 8천 명 등 1만 3천 명이 화성을 지키도록 하는 등 조선 역사상 가장 강력한 군대가 됐다.
<자료제공=수원시 화성사업소> 출처 : 기호일보 - 아침을 여는 신문(http://www.kihoilbo.co.kr)

조선 화가 정선은 실경산수화를 그린 관리이다.
위 그림은 절대로 한반도의 풍경이 아니다. 즉 깎아지른 절벽과 깊은 계곡은 전형적인 아메리카대륙의 풍광이다.
(임진 적벽 너머로 금강산이 보인다)
정조 대왕은 삼국지 고사의 '적벽대전'처럼 임진적벽에서 실전처럼 훈련을 했을 것이다.

제국주의 시절, 지구촌 독점금융 세력이 멋대로 놀린 펜글씨로 역사를 오도했다

한때 청나라, 조선, 일본은 북미에 함께 있었다.

1913년, 영연방과 코리아 제국 사이에 세계 대전을 방불케 하는 엄청난 전쟁이 있었다.

지금의 역사는 승자의 입장에서 만들어진 역사이다. 조선의 위상은 우리가 알고 있는 것보다 훨씬 높은 곳에 있다.

'조선의 금: A(1)'과 독점금융의 'Trust'의 충돌!

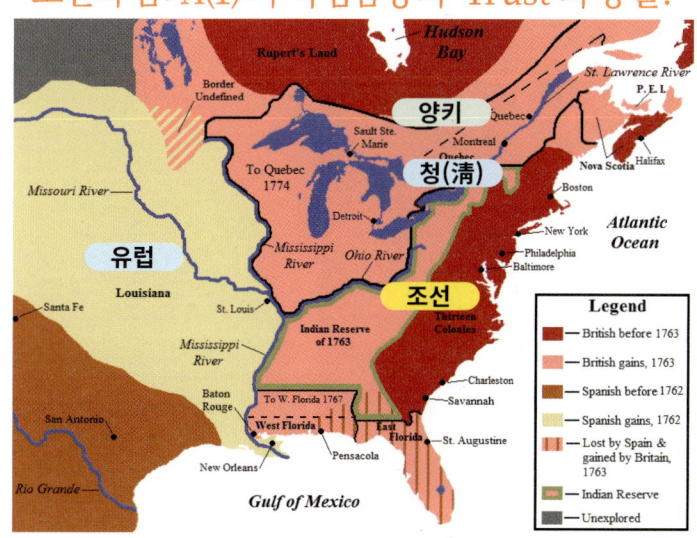

동부 아시아에 조선이 있었다.

원래 동부 아시아는 애팔래치아 산맥의 동쪽을 이르는 말이었다. 그곳은 황제가 존재하므로 동이(東夷)의 땅, 대동(大東), 대동아(大東亞), 동묘(東廟), 동대문(東大門), 동국(東國)이라고 했다.

동(東)은 세상의 주인을 지칭하는 훈민정음의 으뜸 가는 말이다.

1706년에 존재했던 성공회 교회는 1776년 뉴욕, 워싱턴으로 크게 자리를 잡았다.

Search Labs | AI 개요

현재까지 사용되고 있는 가장 오래된 성공회 교회 건물은 영국 캔터베리에 있는 세인트 마틴 교회로, 서기 597년 이전에 건축되었다.

(신라 시대 절이 한반도 있는 것과 같은 사례)

1700년대보다 앞선 역사를 가지고 있지만, 켄트 여왕 버사(Bertha)의 개인 예배당으로서 영국의 기독교화에 중요한 역할을 했다.

1700년대에 건축된 가장 오래된 북미의 성공회 교회로는 1706년에 완공된 사우스캐롤라이나주 찰스턴에 있는 올드 세인트 앤드류 교구 교회가 있다.

Courtesy of the S.C. Dept. of Archives and History

1700년대에 지어진 가장 오래된 성공회 교회는 사우스캐롤라이나 주 찰스턴에 있는 올드 세인트 앤드류 교구 교회.

조지 워싱턴의 활동을 기리는 조지 워싱턴 프리메이슨 국립 기념관이 건립되었다

조지 워싱턴은 미국의 초대 대통령이자 프리메이슨 회원으로, 프리메이슨의 주요 인물 중 한 명이다. 그는 1752년 프리메이슨에 입문하여 이후 높은 직위까지 올랐으며, 프리메이슨 의식에 참여하고 롯지 회의에도 참석했다. 그의 프리메이슨 활동은 미국 건국 과정과 워싱턴 D.C. 건설에도 영향을 미쳤다는 평가를 받는다.

규장각에 소장된 방대한 양의 외국 서적을 감추고 있다.

『규장총목(奎章總目)』: 왕조실록 참조

이 목록에는 약 600여 종의 다양한 서적이 수록되어 있었으며, 서양 서적들도 포함되어 있었다. 이는 규장각이 단순히 학문 연구뿐만 아니라 외국 문물을 수집하고 연구하는 기관으로서의 역할을 수행했음을 보여준다.

정조 시기 규장각에 소장되었던 외국 서적 중 조총 관련 서적에 대한 정보는 규장총목에 명시되어 있다. 규장총목에는 다양한 외국 서적이 목록으로 정리되어 있으며, 이 중에는 조총과 관련된 서적도 포함되어 있다.

특히, 규장각에서 보유했던 외국 서적은 1781년에 편찬된 『규장총목』에 따르면 약 600여 종 3만여 권에 달했다. 이러한 서적들은 조선 후기 학술 연구와 문물 제도 정비에 큰 영향을 미쳤다.

규장총목:
정조 때 규장각에서 소장했던 외국 서적 목록이다.

조총 관련 서적:
규장총목에는 조총 관련 서적도 포함되어 있었으며, 이는 조선 시대 서양 과학 기술 수용과 관련하여 중요한 자료이다.

총 600여 종 3만여 권:
규장각에 소장된 방대한 양의 외국 서적을 감추고 있다.
규장총목은 규장각에서 수집한 외국 서적의 목록을 담고 있으며, 이를 통해 당시 조선 사회의 서양 문물에 대한 관심과 수용 정도를 파악할 수 있다.
조총 관련 서적은 당시 군사 기술 발전과 무기 체계 연구에 중요한 자료로 활용되었을 것으로 추정된다.

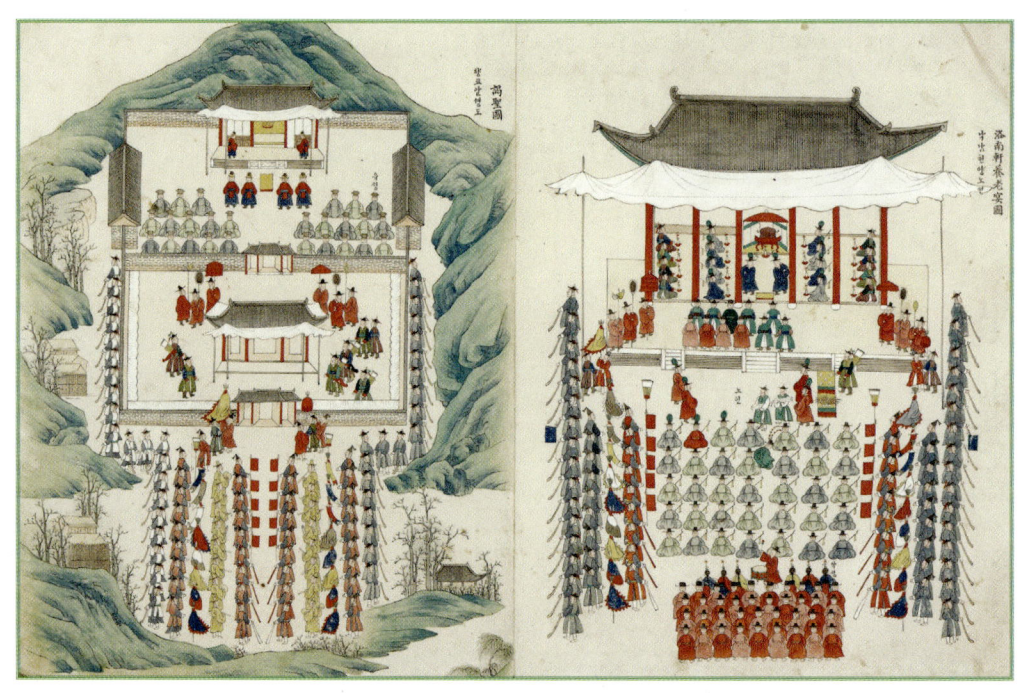

정조대왕의 조총 친위대!

정조 화성(華城) 행차, '원행을묘정리의궤(園幸乙卯整理儀軌) 반차도(班次圖)'

영조와 정조 당시, 의궤에서 보이는 조총과 미국 독립전쟁 당시 사용했던 조총을 비교 연구한 전문가는 없나요?

네, 영조 정조 시대 의궤에 등장하는 조총과 미국 조총의 유사성에 대해 전문적으로 언급한 내용은 찾기 어렵습니다.

하지만, 조총의 역사와 조선 시대 조총의 특징에 대한 정보는 존재합니다.

조선 시대 조총의 역사 및 특징:

1) 조선은 16세기 후반 임진왜란을 겪으면서 조총의 위력을 실감하고, 이후 자체적으로 조총을 생산하고 사용하기 시작했다.
2) 조총은 1543년 포르투갈 상인으로부터 일본에 전래 되었고, 조선은 일본을 통해 조총을 처음 접하게 되었다.
3) 조선은 자체적으로 조총을 개량하고 발전시켜 나갔으며, 군사력 증강에 활용했다.
4) 조총은 조선 후기 군사 훈련과 전투에서 중요한 무기로 사용되었다.
5) 조총은 일반적으로 총신, 약실, 방아쇠 등으로 구성되며, 화약을 이용하여 탄환을 발사하는 원리를 사용한다.
6) 조선 시대 조총과 미국 조총은 기본 구조는 유사하지만, 세부적인 제작 방식이나 성능 면에서 차이가 있을 수 있다.

하지만, 현재까지 영조, 정조 시대의 조총과 미국 조총을 구체적으로 비교 연구한 전문가는 찾기 어렵다.

7) 영조 정조 시대 조총과 미국 조총의 유사성에 대한 전문적인 의견은 현재까지는 널리 알려진 바가 없다.

* 조선 시대 조총에 대한 연구는 주로 자체적인 발전 과정과 군사적 활용에 초점이 맞춰져 있습니다.

1776, 총을 제작하는 무기공장은 주로 미국의 뉴욕(옛 암스테르담: 상해), 알버니, 지프 등으로 알려져 있다. 당시 영연방 점령 지역이다.

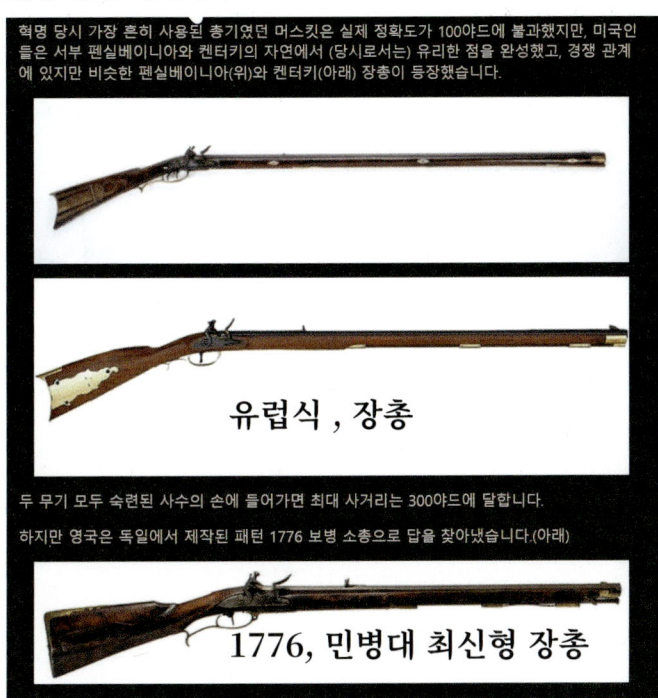

혁명 당시 가장 흔히 사용된 총기였던 머스킷은 실제 정확도가 100야드에 불과했지만, 미국인들은 서부 펜실베이니아와 켄터키의 자연에서 (당시로서는) 유리한 점을 완성했고, 경쟁 관계에 있지만 비슷한 펜실베이니아(위)와 켄터키(아래) 장총이 등장했습니다.

유럽식, 장총

두 무기 모두 숙련된 사수의 손에 들어가면 최대 사거리는 300야드에 달합니다.

하지만 영국은 독일에서 제작된 패턴 1776 보병 소총으로 답을 찾아냈습니다.(아래)

1776, 민병대 최신형 장총

정조(토마스-제퍼슨)의 청색(청와대) 빌딩, 워싱턴

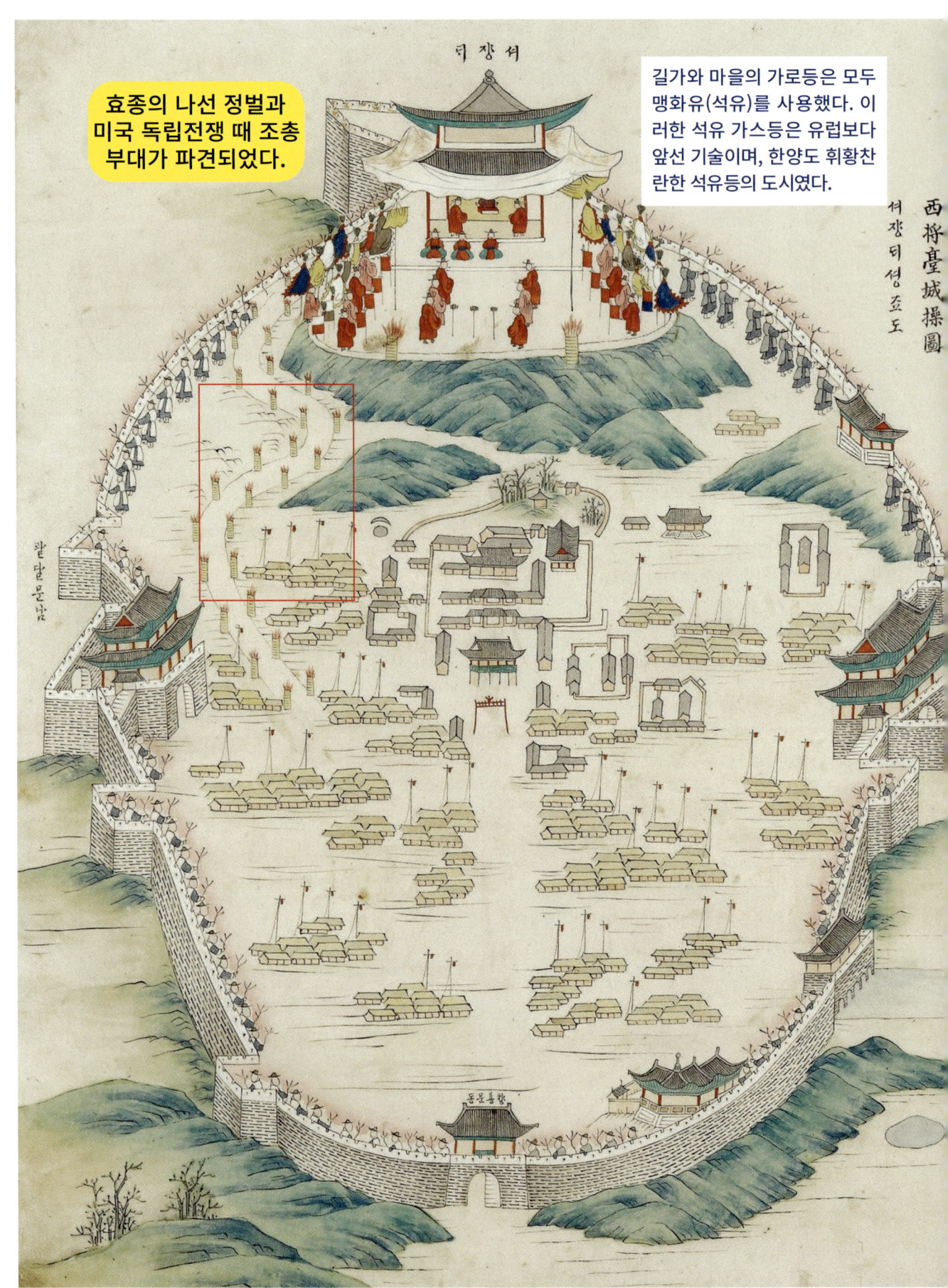

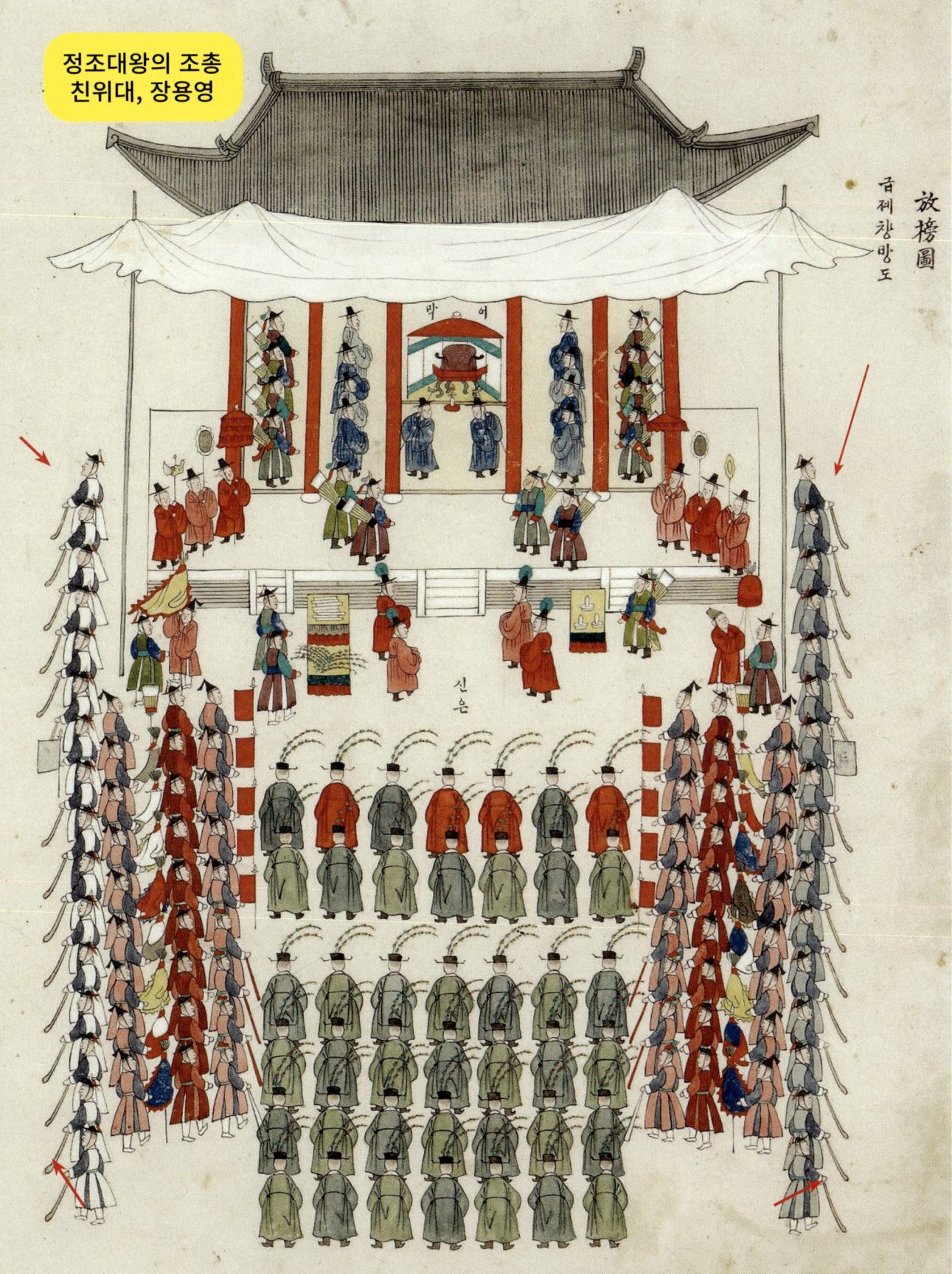
정조대왕의 조총 친위대, 장용영

'장헌세자영우원천봉도감의궤(莊獻世子永祐園遷奉都監儀軌)'

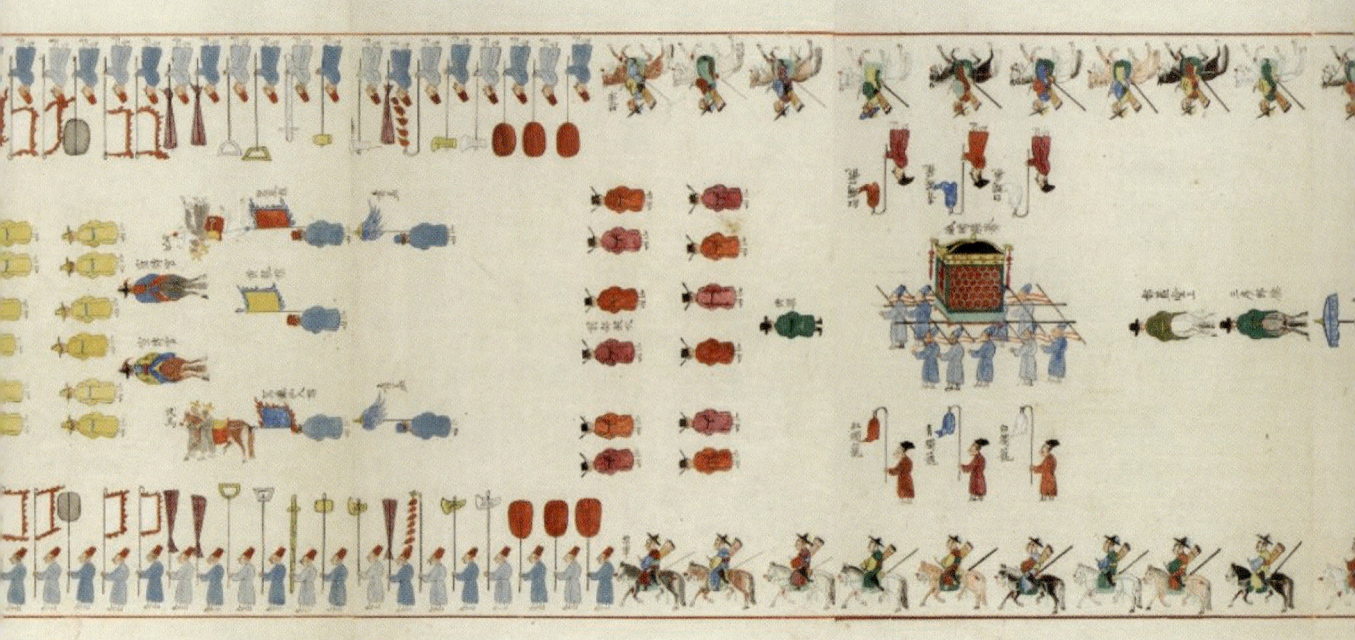

1789년 정조 대왕이 자신의 친아버지인 사도세자의 재궁(梓宮)을 새로운 장지로 옮기는 국장(國葬) 절차를 수록한 반차도가 '장헌세자영우원천봉도감의궤(莊獻世子永祐園遷奉都監儀軌)'이다.

이 반차도에는 사도세자를 추숭하는 정조대왕의 뜻이 담겨있다.

일렬 횡대로 늘어선 700명의 시위군 3개 대(隊)의 행렬이 고초기(高招旗)와 당보기(塘報旗) 등 군대의 각종 깃발을 들고 장엄하게 움직이고 있다.

과연 정조대왕은 실제 전투 행군 모습을 보여주고 있었다.

'규율은 모든 군대의 영혼이다. 질서 있는 국장(國葬) 행렬은 아버지를 장조(莊祖)로 다시 돌아오게 할 것이다.'

'사령관님, 일부 자금은 '영란은행 비밀 금고에 넣었습니다.''
'황금 이외에 지폐도 필요한데…'
'영국의 파운드 (Pound), 네덜란드의 휠던 (Gulden), 독일은 탈러 (Thaler), 프랑스의 리브르 (Livre) 등 15 대형 마차 분입니다.'
'비상시 군대는?'
'계백 결사대, 5,000명입니다'
'좋아! 배가 고프군…'
'감자 뿐입니다.' '됐군.'

사도세자와 정조대왕은 당연히 13국 대륙 식민지 백성을 위해 싸웠을 것이다.

장용영의 기병과 보병의 단병접전을 위한 개인무예 훈련은 1790년(정조 14년)에 간행된 [무예도보통지]에 의해 진행되었다.

이 병서는 앞서 간행한 진법서인 [병학통]과 씨줄과 날줄의 개념으로 만들어진 병서로 장용영의 단독 군영체제가 확립되면서 모든 군사들의 군사무예를 통일화시키는 핵심적인 개인 무예서였다.

이 병서에는 기병과 보병을 위한 모두 24가지의 무예가 실려 있는데, 이 중 보병들이 익히는 십팔반 혹은 십팔기는 정조의 생부인 사도세자가 대리청정 시, 간행했던 [무예신보]의 내용을 그대로 담고 있어 아버지의 유지를 받든 것이었다.

그리고 새롭게 추가된 마상무예 6가지는 정조대 기병 전술 강화를 위하여 추가한 것으로 [병학통]에서 다른 병서와는 다르게 '마병 학익진'이나 '마병 봉둔진'을 비롯한 기병 단독 진법을 추가한 것과 일맥상통한 것이다.

여기서 엿볼 수 있는 것은 사도세자도 정조대왕처럼 실전 경험이 풍부한 대장군이었다는 것이다.

당시 국제 정치가와 금융인들의 주 무대는 뉴욕(옛 상해)이었다.

미국 독립 전쟁에서 처음에, 영국을 지지했던 영국 식민지 주민들은 영국 군대의 사령탑을 로열리스트(Loyalist), 토리당(Tories)이라고 불렀고, 때로는 왕당파(Royalists) 또는 왕의 사람들(King's Men)이라고도 했다. 하지만 조지 워싱턴의 세력은 자칭 '애국자 (Patriots)'일 뿐이었다.

이와 같이 영국군에 참여한 인디언들은 초창기 조지 워싱턴의 군대를 반란군이라고 했으나, 전쟁이 오래 계속되자, 백성들이 스스로 민병대가 되어 워싱턴 측에 섰다. 워싱턴의 천부인권 사상, 넘치는 물량 공세에 마을 주민들의 마음이 움직인 것이다.

게다가 총사령관이 진짜 조선의 왕(사도세자)이었다는 믿음이 생기자, 모두 새로운 시대의 왕을 찬양하며 단결하였다. '워싱턴 장군 만세'

"사도세자 만세! 만세! 만만세!"

국무장관 사임과 정치 공백 기간

조지 워싱턴은 토머스 제퍼슨을 초대 국무장관으로 임명했었다. 그(사도세자)는 제퍼슨(아들 정조)의 뛰어난 전쟁 수행 능력을 알기 때문이었다. 제퍼슨(정조)은 1790년부터 1793년까지 국무장관직을 수행했다. 아마 이때도 프랑스 공사 시절(1784~1789)처럼 왕궁을 오가며 정무를 보았을 것이다.

워싱턴 행정부에서 제퍼슨과 알렉산더 해밀턴이 재정 정책을 둘러싸고 심한 의견 충돌을 한 것은 유명한 일화이다.

제퍼슨은 강력한 중앙 정부를 주장하는 해밀턴의 연방주의에 반대했고, 결국 제퍼슨은 1793년에 국무장관 직을 사임하고 자신의 저택이 있는 몬티첼로로 돌아가 워싱턴과 해밀턴에 대한 정치적 지원을 위해 총력을 다했다.

이때 제퍼슨은 궁궐로 들어가 정사를 보며 워싱턴 정부를 위한 비자금을 준비한 것 같다.

제퍼슨(정조)은 해밀턴을 도와 뉴욕 은행을 설립했으며 조선의 황금을 기반으로 한 국제자금은 미국의 제 1 중앙은행에서 보증을 함으로써, 미국의 독립전쟁 자금과 건국 자금을 쉽게 마련했을 것이다. 이와 같이 미국 정부는 제퍼슨이 움직일 때마다 모든 일이 잘 풀리는 경향이 있었다. (조선의 금을 보증(Depsit)으로한 파운드, 달러를 비롯한 모든 화폐의 유동성이 가장 활발한 시기였다)

"嗚呼! 寡人思悼世子之子也。" 아! 과인은 사도 세자(思悼世子)의 아들이다.

정조의 즉위식은 1776년 4월 27일(음력 3월 10일), 경희궁 숭정문에서 거행되었다.
정조는 영조의 뒤를 이어 왕위에 올랐으며, 즉위식에서, "나는 사도세자의 아들이다"라고 처음으로 밝혀 화제가 되었다.

조선의 비자금(주로 황금)은 미국의 독립전쟁과 초창기 미국 금융을 움직이는 원동력이었다.

당시 정조는 정순왕후에게 지극 정성을 다했으며, 그에게 필요한 것은 정순왕후의 곳간 열쇠였던 것 같다.
영조의 계비였던 정순왕후는 사도세자의 부인인 혜경궁 홍씨 일가를 견제하기 위해 정조의 권력이 필요했으므로 장용영에 황금을 제공했을 것이다. 이러한 조선의 비자금(주로 황금)은 미국의 독립전쟁과 미국 금융을 움직이는 원동력이었다. 당시 국제 정치가와 금융인들의 주 무대는 뉴욕(옛 상해)이었다. 국력이 강할수록 뉴욕의 조계지 규모가 컸다.

"과인은 사도 세자(思悼世子)의 아들이다"

정조실록 정조 즉위년 정조 즉위년 3월 정조 즉위년 3월 10일 정조실록1권, 정조 즉위년 3월 10일 신사 4번째기사 1776년 청 건륭(乾隆) 41년, 빈전 문밖에서 대신들을 소견하고 사도 세자에 관한 명을 내리다.

"嗚呼! 寡人思悼世子之子也。"

"아! 과인은 사도 세자(思悼世子)의 아들이다."

미국의 독립은 결코 대조선의 황금과 무관하지 않다.

정조 때 신해통공은 조선이 중상주의 정책을 했다는 증거로 해석될 수 있다. 신해통공은 육의전을 제외한 시전 상인들의 금난전권을 폐지하고, 난전 상인들의 활동을 허용한 정책이다. 이는 조선 후기 상업 활동의 자유를 확대하고, 국가의 경제 발전을 도모하려는 중상주의적 성격을 보여주고 있다.

즉 자유 상인들이 이전보다 더 활발하게 상업 활동을 할 수 있었고, 이들은 미국의 독립 자금과 물자를 유통시키는 결제 수단으로 금, 은을 사용했다.

자유 상인 조합원들은 전쟁통에 호황을 맞이하자 가족까지 총동원하여 장사를 했다.

"금동이"와 "은동이"를 주인공으로 하는 민요 또는 전래 동요, 설화 등을 여기서 찾아볼 수 있었다. 보부상들은 전국을 누비며 자투리 금과 은을 유통시켰다.

황금 제국, 조선의 위력을 발휘하는 순간이 온 것이다.

유럽 여러 제국의 용병들의 결제 수단으로 역시 금이 유용했다. 여러 지역의 용병들이 워싱턴 장군과 그들의 연합군(프랑스, 스페인, 네덜란드 등)을 위해 싸우게 됐다. 전쟁은 법정의 송사와 같아서, 나중에는 돈이 많은 자가 승리하는 법이다.

1783년 9월 3일 파리 조약이 체결되었고, 영국은 미국의 독립을 인정하고 종전에 합의했다.

결국 워싱턴 장군의 13개 식민지 연합군의 승리는 조선 황금의 승리였다. 정조의 신해통공으로 워싱턴 장군, 즉 아버지 사도세자가 승리한 것이다.

조선의 황금, 정체를 몰라!

고종 때, 묄렌도르프의 독백!

중국과 한국에서 활동한 독일 번역학자이자 외교관인 Paul Georg von Möllendorff

1783년의 파리조약의 모습을 AI가 그린 것이다. 역사가 감춰지고 수정된 것을 올바르게 되돌리는 일도 AI가 할 것 같다.
미국의 독립이 조선의 유신(維新)이라는 아메리카 조선 역사가 밝혀지면, 미래의 보물과 달러의 역할이 분명히 드러날 것이다.
이러한 보안코드의 궁극적인 비밀은 훈민정음이 갖고 있다.

1783년의 파리조약은 미국의 국경을 정하고, 영국의 군대 철수와 프랑스, 스페인 등 다른 국가와의 관계 재정립을 다루었다.
이후 파리 조약은 연대(시간)를 떠나 국제조약으로서의 상징적 의미를 갖게 됐다.

2020년, 국제자금은 보이지 않는 힘에 의해 거의 동결 상태이다. 왜 지금까지 한번도 없었던 일이 일어나는 걸까?

달러보다 황금이 좋아!

미국, 프랑스, 네덜란드 등에게 인질을 미끼로 돈을 뜯는 국제 해적단이 바다를 제패하고 있었다.
토마스 제퍼슨(정조)은 대통령에 당선되자, 즉시 국제 해적과의 전쟁을 선포했다.

1776년, 미국 독립 선언과 함께 13개 식민지를 주(州)라고 불렀다.

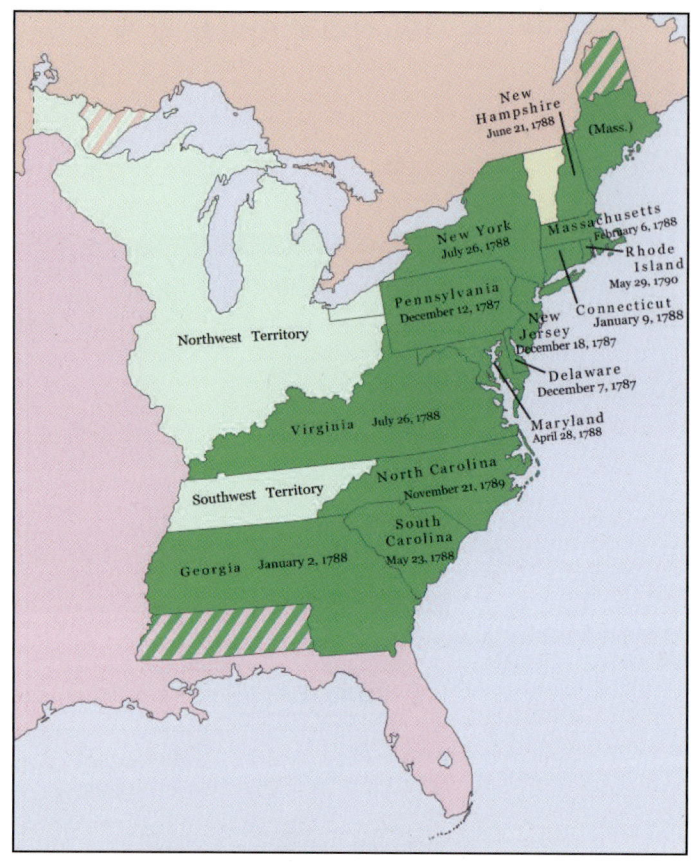

13개 주가 헌법을 비준한 날짜

1787년 9월 17일 필라델피아의 독립기념관에서 미국 헌법에 서명하는 헌법 제정 회의를 묘사한 대형 그림.

미국 헌법 초안 작성은 1787년 5월 25일 필라델피아에서 열린 제헌 회의에서 시작되었다. 이 회의는 연합규약의 문제점을 해결하고 새로운 헌법을 제정하기 위해 모였다. 여러 차례 논의 끝에 9월 17일 헌법 초안이 완성되었고, 39명의 대표들이 서명했다.

배경:
1781년 제정된 연합규약은 각 주의 권한이 강하고 중앙 정부의 권한이 약해 국가적 문제를 해결하는 데 어려움이 있었다. 이에 대한 해결책으로 새로운 헌법 제정이 필요하다는 인식이 확산되었다.

제헌 회의:
1787년 5월 25일 필라델피아에서 제헌 회의가 열렸다. 조지 워싱턴이 의장으로 선출되었고, 각 주 대표들이 모여 헌법 제정에 대한 논의를 시작했습니다.

초안 작성 과정:
회의에서는 헌법 초안을 작성하기 위한 논의가 진행되었고, 여러 초안들이 제시되었다. 특히 버지니아 플랜과 뉴저지 플랜 등이 대표적인 초안이었다.

문체 및 정리 위원회:
23개 조항으로 구성된 헌법 초안이 승인된 후, 알렉산더 해밀턴, 제임스 매디슨, 구버너 모리스 등으로 구성된 문체 및 정리 위원회가 최종 초안을 작성했다.

정조대왕의 군사전략은 서거하는 순간까지 치밀하게 계획되어 있었다. 이것은 무엇을 의미하는가!

최종 초안:
문체 및 정리 위원회가 완성한 최종 초안은 1787년 9월 17일 회의에 제출되었고, 39명의 대표들이 서명했다.

비준:
이후 헌법은 각 주에서 비준을 거쳐야 했다. 로드아일랜드를 제외한 12개 주가 비준을 완료한 후, 로드아일랜드도 1790년 5월 29일에 비준하면서 헌법 제정 절차가 마무리되었다.

"정조실록, 정조 7년 정조 7년 1월 정조 7년 1월 4일, 정조실록15권, 정조 7년 1월 4일 병신 1번째기사 1783년 청 건륭(乾隆) 48년,
군사들에게 음식을 베풀어 위로하다
춘당대에 나아가 군사들을 호궤(犒饋) 하였다."
…<생략>…
위와 같이 매년 춘당대에서 군사를 위로했었다.
그러다가, …
"정조실록51권, 정조 23년 1월 16일 을해 1번째 기사 1799년 청 가경(嘉慶) 4년,
'모든 도(道)의 봄철 군사 훈련을 정지하다'
제도(諸道)의 봄철 군사 훈련을 정지하였다."

1799년을 마지막으로 군사훈련을 마치고, 1800년 8월 18일 붕어(崩御) 하셨다. **정조대왕의 군사전략 및 전술운영은 서거하는 순간까지 치밀하게 계획되어 있었다. 이것은 무엇을 의미하는가!**

1800년 8월 18일에 정조대왕 서거 후, (본격적인 선거운동을 하여) 이듬해 1801년 3월 4일, 제퍼슨 대통령(정조) 취임!

건국의 아버지, 토마스 제퍼슨

대조선(大朝鮮)의 종묘사직을 지키고자, 망해가는 조선 왕실을 버리고 새로운 대통령제도의 '아메리카 합중국'을 건국하였다.

1785년(정조 9) '경국대전'·'속대전' 및 그 뒤의 법령을 통합하여 편찬한 통일 법전.

만일 조선의 정조가 토마스 제퍼슨이라면, 그때의 대전통편은 민권에 대한 법정신이 미 독립선언서와 서로 연결고리가 있다는 측면이 있지요?

Search Labs | AI 개요

네, 만약 조선의 정조가 토마스 제퍼슨이었다면, 대전통편에 민권에 대한 법정신이 미국 독립선언서와 연결될 수 있는 측면이 있을 수 있습니다.
대전통편이 백성을 위한 법률 제정을 지향했다면, 독립선언서의 민주주의적 법 정신과 유사한 점을 찾을 수 있기 때문입니다.

대전통편의 법 정신:
대전통편은 조선 후기 법전으로, 백성을 위한 법률 제정을 목표로 했습니다. 이는 백성의 삶에 영향을 미치는 법률을 명확히 하고자 한 노력으로 볼 수 있으며, 백성의 권리와 의무를 규정하는 데 초점을 맞추었습니다.

독립선언서의 민주주의적 법정신:
미국 독립선언서는 모든 인간은 평등하며, 생명, 자유, 행복 추구와 같은 양도할 수 없는 권리를 가진다고 선언합니다. 또한 정부는 이러한 권리를 보호하기 위해 존재하며, 정부가 국민의 권리를 침해할 경우 국민은 정부를 변혁할 권리가 있다고 명시합니다.

두 문서의 연결고리:
만약 정조가 제퍼슨과 같은 입장이었다면, 대전통편에서 백성의 권리와 자유를 더욱 강조하고, 법치주의와 민주주의적 요소를 강화했을 가능성이 있습니다. 즉, 대전통편이 독립선언서와 유사하게 백성의 기본권 보장과 정부의 권력 제한을 법적으로 명시했을 수 있습니다.

역사적 맥락:

당시 조선의 사회적, 정치적 상황과 제퍼슨의 철학을 고려할 때, 두 문서를 직접적으로 연결하는 것은 무리가 있을 수 있습니다.
하지만, **백성을 위한 법치주의**, 권력 제한, 국민의 기본권 보장이라는 측면에서 두 문서가 지향하는 바는 서로 통하는 부분이 있다고 볼 수 있습니다.
따라서, 정조가 제퍼슨과 같은 인물이었다면, 대전통편은 백성의 권리와 자유를 더욱 강조하고, 민주주의적 법정신을 담아낼 가능성이 있으며, 이는 독립선언서의 정신과 연결될 수 있는 측면이 있다고 할 수 있습니다.

워싱턴과 제퍼슨에 관한 각종 미스터리는 두 사람의 초상이 있는 달러에서 풀어야 한다.

"제퍼슨을 '미 국무장관으로 임명하노라!"

효종의 나선 정벌과 미국 독립전쟁 때 조총 부대가 파견되었다. 토머스 제퍼슨은 미 국무장관으로 군권을 장악했으며, 워싱턴을 보호하기 위해 장용영의 비밀 친위부대를 운영하였다.

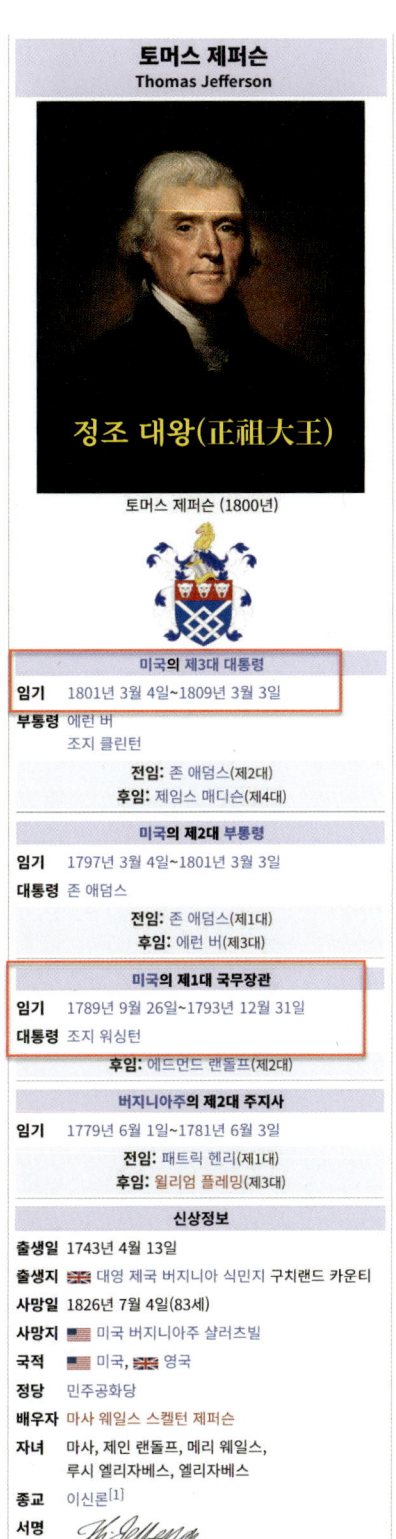

정조는 탄식하였다. '아, 국운이 쇠하였도다...'

미 동부 지역의 13개 식민지는 북미에 있던 대영 제국의 옛 식민지이다.

일성록(日省錄)은 조선시대, 특히 정조 시대의 주요 정치 기록물로, 왕의 일상, 정치 활동, 국가 정책, 사회 현상 등을 날짜별로 상세하게 기록한 일기 형식의 문서이다.

그런데 정조 실록을 보면 정조대왕이 실제로 정사에 임장하고 있다고 느껴지는 기록이 드물다.

따라서 일성록은 정조 임금에 대한 실제 모습을 감추기 위한 술책일 수 있다.

토머스 제퍼슨의 문장, 봉황

정조 실록38권, 정조 17년 10월 26일 병술 3번째기사 1793년 청 건륭(乾隆) 58년
"의주 부윤 이의직이 서양 문물을 소개한 헌서 재자관 홍택복의 수본으로 치계하다"
수본에 아뢰기를,

"영길리국(咭唎國)은 광동(廣東) 남쪽에 있는 해외 나라로서 건륭(乾隆) 28년에 조공(朝貢)을 바쳐왔었는데 올해 또 바쳐왔고, 두목관(頭目官)으로 온 매카트니〔嗎戛𠹌, McCartney〕와 스탠턴〔呢嘶噹㖕, , Stanton〕 두 사람은 영길리국 왕의 친척이었으며 그들이 바친 공물(貢物)은 모두 19종입니다.

【서양 포랍니대리옹(布爁尼大利翁) 큰 틀 1대는 하늘의 해·달·별과 지구의 전도(全圖)에 관한 것인데 해·달·별이 자동으로 움직이며 만일 일식·월식 및 별의 도수가 어긋나게 되면 모두 틀 위로 나타나며 그 일이 발생할 연월일시를 아울러 가리켜준다.

또 시간을 알리는 종이 있는데 이름을 천문지리표(天文地理表)라고 한다. 좌종(坐鍾) 한 틀은 천문 기구가 있는데 지구와 하늘 위의 해·달·별이 어떻게 운동하고 있는지를 가리키므로 천문을 학습하는 사람에게 도움이 되고 있다.

천구전도(天球全圖)는 하늘을 쪽빛으로 만들고 금과 은으로 별을 만들었으며 안에 은사(銀絲)로 하늘 각곳의 도수를 구별하였다. 지구전도(地球全圖)는 천하 만국과 4개 주(州)의 산·하천·바다·섬들을 둥근 지구 표면에다 그렸고 또 바다의 뱃길과 서양의 배를 그려넣었다. 갖가지 모양의 기구 11합(盒)은 기후를 관측하는 것과 해·달빛의 변화를 찾아내는 데 관계되는 것으로 천기(天氣)가 어떨지를 미리 알 수 있으며, 기후를 탐지하는 틀 1좌는 기후의 변화를 관측할 수 있는 것이다.

동포(銅炮)와 서과포(西瓜砲)는 군

정조 대왕은 마지막 순간까지 고뇌했으나, "새 술은 새 부대에" 담기로 했다

사 조련용으로 사용하는 것인데 모두 조금 구분이 있으며 홍모국(紅毛國)의 군사가 현재 수행 중인 공사(貢使) 앞에 나와서 포 쏘는 법을 시험삼아 펼쳐보이고 있었다. 이상하게 생긴 의자가 1개인데 사람이 몸 절반을 그 위에 얹어놓고 마음대로 빙빙 돌리게 되어 있었다.

... <생략> ...

(왕조실록에서 영길리국(영국)에 관한 기록을 꼭 읽기 바랍니다)

익력가(益力架)가 한 대인데 사람이 움직일 때 기력을 증진시키고 정신을 건강하게 하여 주며, 잡화 한 꾸러미는 홍모국 물품인데 곧 치니양포(哆呢羊布)와 구리와 쇠로 만든 기구들이었다.】

그런데 만들어진 것들이 기이하고 정교하여 서양 사람들의 미칠 바가 아니었습니다."

하였다.

우리가 상식적으로 알고 있는 영길리국과의 관계:

정조 시대에는 서구 열강의 침략 시도가 있었으나, 장용영은 주로 내부적인 국방력 강화와 왕권 수호에 초점을 맞추었으며, 영국과의 직접적인 군사적 충돌은 없었다고 한다.

영국이 조선 해안을 침략했다는 역사적 기록은 공식적으로 확인되지 않았다.

다만, 조선 후기에는 서구 열강의 통상 요구와 군사적 위협이 증가했던 시기이므로, 이에 대한 대비는 필요했을 것이다.

존 트럼불이 그린 《독립 선언서》 (Declaration of Independence)에서 5인 위원회가 독립 선언서를 대륙회의에 제출하고 있다. 책상에 선언서를 놓는 중앙의 키가 큰 사람이 제퍼슨(정조)이다.

워싱턴의 대국민 서한은 조선왕조에서 새로운 미국으로 바뀐 것을 선언한 것이다.

조지 워싱턴은 대통령의 임기를 마치면서 미국 국민에게 편지를 썼다. 그의 서한은 세계 정치사에 규범이 됐다.

 토마스 제퍼슨(정조 추정)은 민주공화당을 이끌며 여러 연방주의 정책에 반대했지만, 연방주의자였던 그의 정치적 라이벌 알렉산더 해밀턴과 함께 워싱턴에게 은퇴를 연기하고 재선에 나서도록 설득했다. 두 사람은 강력한 리더십 없이는 미국이 분열될 것을 우려하면서 청원을 하자, 조지 워싱턴 대통령은 다시 출마를 해서 당선 됐다.

조지 워싱턴의 고별 편지에 의하면, 미국 국경 내의 땅이 공화국으로 통치하기에는 너무 넓다고 주장하는 사람이나 그러한 집단의 숨은 의도를 의심하라고 경고했다.

민주공화당의 창시자 토마스 제퍼슨은 워싱턴의 새로운 입헌 정부에 대한 지지를 표명하며, 그는 필요에 따라 정부를 바꾸는 것은 국민의 권리이지만, 이는 헌법 개정을 통해서만 이루어져야 한다고 상기시켰다.

그러자 워싱턴은 음모정치 세력이 정부가 만든 법의 집행을 방해하거나 정부 부처가 헌법에 의해 부여된 권한을 행사하지 못하도록 방해하려 할 수 있다고 국민들에게 경고했다. 그러한 세력은 대중의 요구에 부응하거나 긴급한 문제를 해결하려 한다고 주장하지만, 그들의 진짜 의도는 국민의 주권을 빼앗아 불의한 자들의 손에 쥐어주는 것이라고 했다.

워싱턴은 최근 정부 내에서 제퍼슨이 이끄는 민주공화당과 해밀턴의 연방당이 대립하는 상황을 보고, 당의 이익보다 미국을 위한 정책을 선택하라고 경고했다. 워싱턴은 지역주의는 미국의 분열을 초래한다며, 두정당이 미국 국민 전체를 위해 자신의 정책을 지지하도록 촉구했다.

토마스 제퍼슨의 민주공화당은 프랑스와 동맹을 맺으려 노력했고, 해밀턴의 연방당(Federalist Party)은 영국과 동맹을 맺으려 했다.

 그렇지만 워싱턴은 프랑스 혁명으로 촉발된 영국과 프랑스의 갈등에서 중립을 지키며 미국의 경제와 국력을 키워나갔다.

(영조 대왕의 대리청정 당시 노론과 소론 사이에서 살아남은 사도세자의 지혜가 번뜩이고 있는 장면이다)

워싱턴은 미국 국민들에게 정당과 같은 집단 내에서 조직되고 활동하는 것이 자연스럽다는 것을 인정하지만, 그는 정당 간의 의견 불일치가 정부를 약화시켰다고 주장했다.

그는 미국 국민에게 헌법을 통해 정부에 부여된 권한을 수정할 필요가 있다고 생각한다면, 무력이 아닌 헌법 개정을 통해 이루어져야 한다며, 그는 언론(신문, 라디오 등)을 통해 지속적으로 계몽해나갔다.

워싱턴은 도덕, 종교, 사상적 원칙이 정의의 토대인 재산, 명예, 생명, 그리고 명예를 보호하는 데 도움이 된다고 주장했다.

특히 종교와 도덕이 사생활과 공생활의 행복과 어떤 연관성을 갖는지 스스로 판단해야 하며, 독서와 정보 공유를 강조했다.

워싱턴은 균형 잡힌 연방 예산을 강력히 지지하며, 국가 신용이 힘과 안

결국 연방당은 1820년 제임스 먼로 대통령 시기에 해체되어 영국과 손절을 시작한다.

보의 중요한 원천이라고 주장했다.

그는 미국 국민들에게 전쟁을 피하고, 불필요한 차입을 지양하며, 전시에 축적된 국가 부채를 평화 시 가능한 한 빨리 상환하여 미래 세대가 재정적 부담을 짊어지지 않도록 함으로써 국가 신용을 보존할 것을 촉구했다. 국민은 세금을 납부함으로써 정부에 협조해야 한다고 주장하지만, 정부가 과세 대상을 신중하게 선택하는 것이 얼마나 중요한지 지도자들에게 경고했다.

또한 그는 동맹은 서로의 이익을 위해 필요하지만, 미국 정부 및 의회가 미국 국민의 의지가 아닌 동맹국의 의지에 따라 결정을 내리도록 영향을 미칠 위험이 있다고 경고했다.

그는 유럽의 외교 문제는 미국의 이익과 거의 또는 전혀 관련이 없다고 주장했다. 미국 국민이 유럽 문제에 휘말리는 것은 이치에 맞지 않는다고 했다. 현재 체결된 조약은 존중되어야 하지만, 연장되어서는 안 된다고 강조했다.

이에 따라 워싱턴은 프랑스 혁명 전쟁 당시 프랑스와 동맹 조약이 체결되어 있었음에도 불구하고 중립을 선언한 이유를 설명했다.

세계대동(世界大同)!

워싱턴은 미국 국민에게 보낸 서한을 마무리하며, 자신이 국가에 봉사하는 동안 저지른 모든 잘못을 용서해 달라고 당부하고, 그 잘못은 자신의 약점(조선왕의 신분)에서 비롯된 것이지 결코 고의적인 것이 아니라고 천명했다.

자신의 서한은 공직 생활 동안 함께 만들어 온 자유 정부와 민간 시민으로 돌아가서 함께하게 된 동료 미국인들을 향한 기쁨의 표현이라고 했다.

워싱턴의 고별사는 미국 역사상 가장 중요한 문서 중 하나로 여겨지며, 연방주의 당의 정치 교리를 확립한 기초가 되었다. **천하위공(天下爲公)!**

워싱턴은 은퇴 후에도 프랑스군의 침략 가능성에 맞서 국가를 방어하기 위해 조직된 임시군의 총수석 장교로 임명되었으나, 곧 은퇴하였다. 그는 작별사에서 한 자신의 약속을 지켰고, 1800년 대통령 선거에서 공직으로 복귀하라는 제안을 거부했다.

1801년, 토마스 제퍼슨이 미국 3대 대통령에 당선되었다.

최근 미국 국가 전승신화에 따르면 조지 워싱턴의 작별사는 **"한때 독립 선언서 보다 더 널리 재인쇄된 시민 경전으로 찬양받았지만, 이제는 거의 잊혀졌다"**고 말하면서, 2020년 새로운 세계는 이미 다른 곳에서 시작되었다고 예언하고 있다.

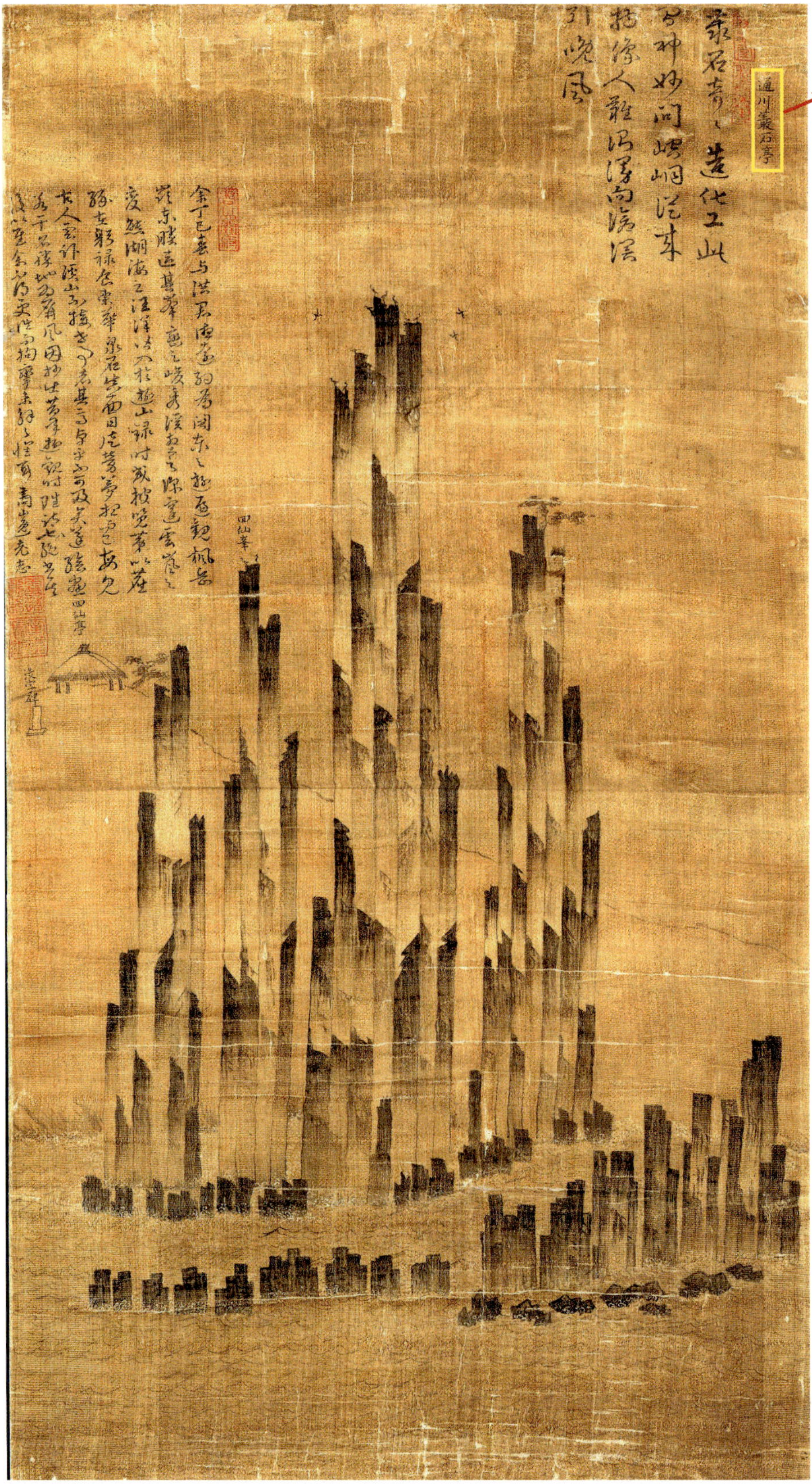

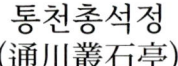 통천총석정(通川叢石亭)

사도세자가 금강산을 방문했다면, 총석정에도 들렸을 것이다.
깎아 지른 듯한 일자 봉우리는 역대 조선 제왕의 모습을 상징하고 있었다.
총석정은 강원도 통천군 앞바다에 솟아 있는 기암괴석이다.
현재 교과서에서 배우는 김홍도의 그림은 현재 한반도의 모습이고, 지금 필자가 보여주는 총석정은 사도세자, 정조, 그리고 김홍도가 보았던 북미의 총석정이다.

워싱턴의 대국민 서한은 정조로 하여금, 조선의 왕을 포기하게 하는 전환점이었다.

사도세자가 놀러 갔던 조선 명승지는 제법 있었을 것이다. 자유분방한 사도세자는 정조를 데리고 조선 명승지, 여러 곳을 방문했을 것이다.
필운대, 수원, 특히 금강산을 갔다면, 분명히 총석정을 방문했을 것이다. 총석정(叢石亭)은 대조선 제왕의 모습을 형상화한 성지(聖地)이기 때문이다.

정조 대왕은 화가들을 좋아했는데, 특히 정조가 가장 아끼고 총애했던 화가는 김홍도이다. 정조는 김홍도의 뛰어난 풍속화를 통해 백성들의 삶을 체험하고 이를 정치에 반영했다.
아마 정조가 김홍도에게 총석정을 그리도록 했을 것이다.

그래서 김홍도의 총석정이 세상에 나왔을 수도 있다.
그런데 김홍도의 관동팔경 중 하나인 총석정의 그림이 우리가 알고 있는 교과서의 그림과 전혀 다르다.
…
둘 중 하나는 가짜일 것이다.

**토마스 제퍼슨 기념관 앞으로 워싱턴 기념탑 (Washington Monument)이 보인다.
세계 최대의 '오벨리스크'이다.**

그렇다.
정조는 총석정 그림을 보면서 아버지 사도세자를 그리워했을 것이다.
훗날 아버지(사도세자 : 조지 워싱턴)를 생각하고, 미래 대통령 제도의 민주(民主)를 생각하며, 토마스 제퍼슨(정조 대왕)이 워싱턴 디시에, 워싱턴 기념탑을 구상했을 것이다.

양심이 있는 조선인(米국인)이라면, 1달러(워싱턴 얼굴)는 가난한 사람을 위해 봉사하고,
2달러(제퍼슨 얼굴)는 미국이 조선에 뿌리를 두고 있었다는 행운으로 간직하기 바란다.

아메리카 임진 적벽에서, 아메리카 금강산을 바라보노라!

한반도에서 연천군과 금강산은 지리적으로 상당히 떨어져 있어, **임진 적벽이 있는 연천군에서 금강산을 바라보는 것은 불가능합니다.**

따라서, 임진적벽에서 금강산을 볼 수 있다는 정보는 사실이 아닙니다.

적벽

남강

대호정

칠성봉

4. 조선 왕조 역사가 미국 대통령 제도로 ...

5,000년 조선 왕조 역사가 순식간에 미국 대통령 제도로 빠뀌었다

Search Labs | AI 개요

네, 만약 제시하신 가정이 사실이라면 역사 해석을 완전히 달리해야 할 것입니다. 사도세자가 미국 독립 전쟁의 영웅인 조지 워싱턴이라는 설정은 매우 파격적인 가설이며, 이 가설이 사실이라면 조선과 미국의 역사는 물론 세계사 전체의 관점이 완전히 달라질 수 있습니다.

가설의 내용:

사도세자의 미국 독립 전쟁 참여:
사도세자가 비극적인 죽음을 맞이하지 않고, 조지 워싱턴으로서 미국 독립 전쟁에 참여했다면, 조선은 아버지와 아들이 함께 독립 운동을 지원하는 상황이 됩니다.

13개 식민지의 조선 땅 설정:
13개 식민지가 원래 조선의 땅이었다면, 이는 미국 건국 자체가 조선의 해외 영토 확장이라는 의미가 됩니다.

정조의 즉위와 독립 지원:
정조가 즉위하자마자 아버지인 워싱턴을 돕기 위해 군대를 파견했다는 설정은 조선의 적극적인 미국 독립 지원을 보여줍니다.

1달러, 2달러 지폐의 증거:
1달러, 2달러 지폐 등에 등장하는 인물이나 상징이 조선과 관련이 있다면, 이는 가설을 뒷받침하는 증거가 될 수 있습니다.

역사 해석의 변화:

조선의 위상 변화:
조선은 단순히 동아시아의 왕조가 아니라, 세계적인 영향력을 가진 국가로 격상될 것입니다.

미국 독립 전쟁의 의미 변화:
미국 독립 전쟁은 단순히 식민지 독립 운동이 아니라, 조선의 해외 영토 확장을 위한 전쟁으로 재해석될 수 있습니다.

세계사의 재해석:
조선이 미국 건국의 주체였다면, 세계사는 동아시아와 서양의 상호 작용이라는 새로운 관점에서 재해석될 것입니다.

가설의 현실 가능성:

증거 부족:
아쉽게도, 제시하신 가설을 뒷받침할 만한 역사적 증거는 현재까지 발견되지 않았습니다. 사도세자와 조지 워싱턴의 동일 인물설은 역사적 사실과 부합하지 않습니다.

역사적 사실의 중요성:
역사학에서는 철저한 증거와 기록을 바탕으로 사실을 규명해야 합니다. 허무맹랑한 가설이나 추측만으로는 역사를 제대로 이해할 수 없습니다.

여러 가설을 통해 역사를 다양한 관점에서 본다면, 다른 해석의 가능성을 탐구할 수 있다.

결론:
사도세자가 조지 워싱턴이었다는 가설은 매우 흥미롭지만, 역사적 사실과는 거리가 멉니다.
하지만 이러한 가설을 통해 우리는 역사를 다양한 관점에서 바라보고, 역사 해석의 가능성을 탐구해 볼 수 있습니다.

역사적 사실을 바탕으로 한 건전한 상상력은 역사를 더욱 풍부하게 이해하는 데 도움이 될 것입니다

AI가 갖고 있는 정보는 각 나라마다 한계가 있다.
따라서 정상적인 방법으로 역사의 오류를 시정한다는 것은 구조적으로 매우 어렵다. 더구나 역사를 보는 관점이 각 나라마다 이념적인 문제(공산주의, 사회주의, 자본주의, 공화주의, 종교 및 사상 철학 등)가 얽혀 있으므로 세계 역사의 패러다임의 전환은 국제 군부 문제 만큼 쉽지 않다.

그럼에도 불구하고 필자가 다각도로 AI를 가동하여, AI로 하여금 조선역사의 사도세자가 미국의 조지 워싱턴이라는 가정을 세우도록 몰고 갔었다. AI는 필자가 던져주는 아주 적은 정보만으로도 필자의 전략에 말려들었다.

이제 훈민정음이 인류 역사에 대해 대답할 차례이다.
훈민정음이 북미에서 만들어진 것이 아니라고 끝까지 우긴다면, 아마 국제 언어 연구소 및 각 나라 대학들은 조만간 엄청난 어려움에 봉착할 것이다.

북미 훈민정음의 한류는 사도세자, 워싱턴과 함께 기존의 학문 시스템을 무너뜨리고 새로운 세상을 향해 힘차게 퍼져나갈 것이다.

* '굴러온 돌이 박힌 돌 뺀다'는 한국의 속담은 마치 예언과 같다.

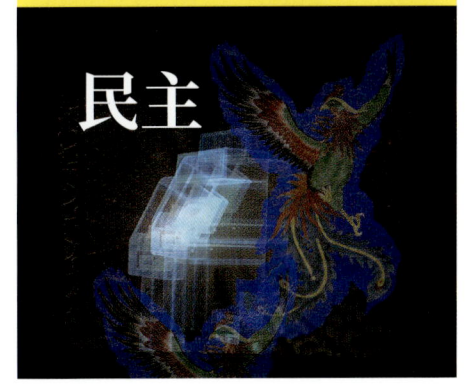

2달러, 토마스 제퍼슨

1달러, 조지 워싱턴

1) 사도세자의 죽음은 역사적 배경이 북미일 경우, 더 이상 미스터리가 아니다

명나라 영락제와 조선 태종 이방원이 연대와 역사적 배경이 거의 비슷하듯이 조선의 영조와 정조 시기와 미국 13주 식민지 독립전쟁 당시의 워싱턴 장관이 역사적 상황이나 연대가 거의 동시대이다.

더구나 영조와 정조 시대에 일어나는 모든 개혁은 미국 13주 식민지 독립전쟁 시기에도 해당 된다.

만일 사도세자가 죽은 것이 아니고, 아들 정조 대왕과 함께 미국 13개 식민지 대륙의 총사령관으로 전쟁을 했다면, 한국사와 미국사는 자연스럽게 하나로 겹쳐보인다.

이러한 상황 논리는 정조대왕 때부터 조선왕조는 거의 무너지고, 조지 워싱턴이라는 미국 대통령이 등장하면서 새롭게 탄생하는 미국을 가능하게 하는 것이다.

1762년 윤5월 21일 아사한 세자의 죽음이 확인되자 영조는 세자를 복권하고 사도(思悼)라는 시호를 내렸다.
성공회에서 사도 바울은 매우 존경받는 성인이다.
한글이 세계화되는 날이 오면 사도세자와 사도바울은 자연스럽게 같은 인물이 된다.

다시 말해 영조와 정조 시대에 강한 국력을 바탕으로 엄청난 문예부흥 운동이 일어났는데, 갑자기 정조 대왕이 서거하면서 조선이 망해간 것처럼, 유구한 전통이나 문화의 동질성도 없이 영국 13지구 식민지들이 조지 워싱턴을 총사령관으로 뽑아 독립을 쟁취 한 후 <u>여태까지 한번도 본적이 없는 미국 대통령제가 탄생한 것이다.</u>

 예를 들어 우리는 조선 왕조의 마지막 임금인 고종이 대한제국을 선포하며 조선이 사라지고 대한제국 황제가 된 것을 당연하다고 생각한다.

 그러나 만일 사도세자나 정조대왕이 미국의 조지 워싱턴일 가능성을 제기한다면, 누구나 엉뚱한 헛소리로 간주할 것이다.

정조대왕과 사도세자의 새로운 역사이야기

영국의 북미 13개 주는 조선 땅이었고, 영국 군부들이 조선의 조계지를 점령했다

아마 상상이라도 그런 말을 했다면 정상인으로 취급받기 어려울 것이다.
그럼에도 불구하고 필자는 당시 역사 정황으로 보아 사도세자나 정조대왕이 미국의 조지 워싱턴일 가능성을 확인하고 있다.

그렇다. 조선의 사도세자에서 조지 워싱턴으로 이어지는 역사의 흐름이 가장 순리에 맞는 세계사적 정황이다.
즉 조선 왕조의 단절이 아니라 미국 대통령이라는 새로운 시스템의 미국으로 바뀐 것이다.

어기야 디여차 어야디야 어기여차

필자의 견해

영조 대왕의 아들 사도세자는 개신교인 성공회의 신자라는 추증이 있다.
특히 사도세자는 영국 성공회의 수장 격이었으며 미국의 초대 대통령 조지 워싱턴과 동일 인물처럼 겹쳐보인다.
당시 북미의 모든 부족 연맹의 추장들은 조선의 왕을 대추장 즉 왕이라고 불렀다.
조지 워싱턴은 당시 뉴욕(옛 상해 또는 남경)에서 취임 선서를 했다.(1789) 모두 그를 왕이라고 불렀다.
조지 워싱턴은 영국과 프랑스의 국왕처럼 미국 전역을 호화롭게 여행했으며, 미국의 국민들도 그를 국왕으로 대우하며 열광했다. 그는 외국과의 관계에서 대통령이 최고 지도자의 지위를 갖는다는 것을 몸소 실천했다.
당시 실제 권한을 의회가 행사했는데, 연방제와 반 연방제로 갈려 대립하였다. (이것은 조선 당쟁의 연장이었다.)
8년 임기가 끝난 후에도 주변에서 계속 왕으로 머물러주기를 바랬으나 그는 단호히 거부하고 낙향 후 2년 뒤에 서거했다. (1799년 12월 14일)

정조대왕이 서거한 해와 거의 일치한다.(1800)
토마스 제퍼슨(정조 대왕 추정)은 1801년 3월 4일 미국 제3대 대통령으로 취임했다.

사도세자

1753년 조지 워싱턴 (왼쪽)이 프랑스군 사령관 자크 르가르되르 드 생피에르를 만나는 모습!

영국 장군의 부관(또는 대사)으로 프랑스 사령관을 만나는 장면이라는데, 워싱턴의 태도가 마치 왕의 모습과 같다. 비록 삽화지만 워싱턴의 위상을 나타내고 있다.

미국 성공회의 원조, 트리니티 교회는 300년 이상 뉴욕시의 중심에 있었다.

최초의 트리니티 교회는 1698년 월가에 허드슨 강 서쪽을 향해 세워졌다.

맨해튼 섬의 공식적인 성공회 교회였다.

첫 번째 트리니티 교회 건물은 1776년 독립 전쟁 중 대화재로 파괴되었다. 1790년에 개관한 두 번째 교회는 월가를 마주 보고 있었으며, 첫 번째 교회보다 길이와 폭이 더 길었고, 첨탑은 60미터(200피트) 높이로 솟아 있었다.

당시 미국 대통령이었던 조지 워싱턴이 봉헌식에 참석했다.

그와 그의 정부 관계자들은 뉴욕이 미국의 수도였던 짧은 기간 동안 새 트리니티 교회에서 정기적으로 예배를 드렸다.

이 시기의 저명한 교구민으로는 존 제이와 알렉산더 해밀턴이 있다.

알렉산더 해밀턴은 신생 연방 정부의 권력을 정의하는 데 있어 매우 중요한 역할을 했다.

해밀턴은 킹스 칼리지(후에 컬럼비아 대학교로 개명)의 이사를 역임했고, 뉴욕 은행을 설립했다.

조지 워싱턴과 알렉산더 해밀턴은 미국이 독립하는데 서로 어떤 역할을 했는가?

조지 워싱턴과 알렉산더 해밀턴은 미국 독립 과정에서 각자의 역할을 통해 긴밀하게 협력했다.

워싱턴은 독립 전쟁 당시 대륙군 총사령관으로서 군사적 리더십을 발휘했고, 해밀턴은 워싱턴의 핵심 참모로서 전략 수립과 문서 작성에 기여했다.

또한 독립 후에는 해밀턴이 초대 재무장관으로서 경제 시스템 구축에 힘썼고, 워싱턴은 그의 정책을 지지했다.

해밀턴은 중앙은행 설립, 국채 발행, 산업 육성 등 경제 정책을 통해 국가 경제 발전에 기여했다.

여기서 핵심은 미국 독립과 경제 활성화를 위한 막대한 재정을 누가 감당했느냐에 있다.

알렉산더 해밀턴 (Alexander Hamilton, 1755년 1월 11일 또는 1757년 [a] ~ 1804년 7월 12일)은 미국의 군 장교, 정치가이자 건국의 아버지로, 조지 워싱턴(George Washington) 대통령 재임 기간인 1789년부터 1795년까지 초대 미국 재무부 장관을 지냈습니다.

네비스의 찰스타운에서 혼외로 태어난 해밀턴은 어린 시절 고아가 되어 부유한 상인의 보살핌을 받았습니다. 그는 장학금을 받고 뉴욕시의 킹스 칼리지 (현재 컬럼비아 대학교)에서 교육을 받았습니다. 어린 나이에도 불구하고 그는 익명이지만 다작하고 널리 읽히는 팜플렛 작가이자 미국 독립 전쟁의 옹호자였습니다. 그 후 그는 미국 독립 전쟁에서 포병 장교로 복무하여 뉴욕과 뉴저지 전역에서 영국군에 맞서 군사 행동을 보았고, 대륙군 총사령관 조지 워싱턴의 부관으로 4년을 복무했으며, 워싱턴의 지휘 아래 전쟁의 절정 전투인 요크타운 포위전에서 싸웠는데, 이 전투로 전쟁에서 미국의 승리와 함께 미국의 독립이 확보되었습니다.

독립 전쟁 후, 해밀턴은 필라델피아에서 열린 연방 의회에 뉴욕 대표로 참석했습니다. 그는 변호사로 일하기 위해 사임하고 뉴욕 은행을 설립했습니다. 1786년, 해밀턴은 연합 규약에 의해 부여된 제한된 권한 하에서 독립 국가들의 느슨한 연방의 힘을 강화하고자 했던 애너폴리스 회의를 주도했습니다. 이듬해 그는 필라델피아 회의의 대표로 참석하여 미국 헌법을 초안하고 보다 중앙 집권적인 연방 정부를 창설했습니다. 그 후, 그는 연방주의자 논문집 85부 중 51부를 집필했는데, 이 논문은 주들의 비준을 확보하는 데 설득력이 있었습니다.

알렉산더 해밀턴

John Trumbull의 사후 초상화, 1806, [1] Giuseppe Ceracchi의 생전 흉상, 1794

미국 최초의 재무장관

1789년 9월 11일 ~ 1795년 1월 31일 재임

대통령	조지 워싱턴
선행	사무실 설립
에 의해 성공했다	올리버 울콧 주니어

미국 육군 8대 고위 장교

1달러의 상징성은 과거와 현재를 잇는 징검다리(화폐의 유동성)이다

초창기 미국 달러의 초상은 조지 워싱턴 대통령과 재무장관 알렉산더 해밀턴이다.

 워싱턴 대통령은 재무부 장관 해밀턴을 앞세워 뉴욕 은행을 설립했다. 거대한 국제 은행의 설립은 특수한 금의 존재(A1)가 있어야 했다. 당시 조선의 황금은 왕실의 내탕금(비밀자금)이었다.

 이러한 국제금융 비밀 작업은 (조선의) 황금을 기반으로 달러의 유통을 가능하게 했다.

 초창기 조선(대한국大韓國)의 돈에 영어로 달러 표시가 있는 이유가 여기에 있다. 이미 달러는 파운드화를 보조하는 것이 아니라, 파운드화가 있는 곳이면 반드시 달러가 존재하므로 유동성이 일어난 것이다.

 '당시 1달러(Dollar)는 1원(圓)이었다.'

조선은 역사에서 사라졌으나, 조선의 성전(Dollars)은 전 세계 기축통화로 살아있다

찰스 윌슨 필이 1772년에 그린 조지 워싱턴 대령 의 초상화

마사 댄드리지 커스티스, 존 울러스턴이 1757년에 그린 마사 워싱턴 의 초상화

"한때 영연방은 대조선의 또 다른 얼굴이었다"

조지 워싱턴이 마사와 결혼해서 부자가 된 것이 아니라 왕실 사람이므로 원래 대농장 주인이라고 보면 된다.

또한 조선 왕실의 곳간 열쇠는 항상 왕실의 미망인이 관리하므로 마사 부인을 그렇게 생각할 수 있다. 중요한 것은 조지 워싱턴이 자녀가 없었고, 당시 사람들이 왕이라고 호칭했다는 점이다.

특히 대통령 시절 그는 '위스키 반란'이 일어나자 단호하게 진압하여 연방의 재정수입을 확고히 했다.

이러한 국제금융의 유동성 확보는 조지 워싱턴이 정조대왕이거나 적어도 그러한 금권의 후원을 받아야 가능한 일이다.

1913년에 발행된 '조선신사대동보朝鮮紳士大同譜'라는 책이 있다. 여기서 신사(紳士)란 조선의 지도층 계급(왕족, 귀족)을 의미한다.

알렉산더 해밀턴은 필립과 같은 장소, 바로 뉴저지 위호켄의 결투장에서 치명적인 부상을 입고 목숨을 잃었습니다. 호색은 버가 정치적 논란 속에 유럽으로 도피하는 동안 에런 버의 딸을 돌보았습니다.

1804년 7월 11일 새벽, 해밀턴은 결투에서 그의 보조자였던 네이선 펜들턴(일종의 대기자이자 조수)과 그의 주치의인 데이비드 호삭 박사와 함께 노 젓는 배에 탔습니다. 그들은 뉴저지주 위호켄의 허드슨 강이 내려다보이는 인기 있는 결투장에 도착했습니다(당시 뉴욕에서는 결투가 불법이었습니다). 버와 그의 일행은 이미 그곳에 있었습니다.

해밀턴은 북쪽 진지를 차지했고, 두 사람 모두 워건 앤 바튼 결투용 권총을 준비했습니다. 호삭 박사와 조정 선수들, 그리고 버의 일행 대부분은 결투를 목격하고 형사 고발을 당하지 않기 위해 보트에 남아 있었습니다. 결투 현장에 있던 사람은 해밀턴, 버, 그리고 그들의 조수뿐이었습니다. 두 사람 모두 한 발씩 발포했고, 해밀턴은 오른쪽 엉덩이 바로 위 복부에 총상을 입었습니다.

결국 영국 신사라는 말은 조선 양반이라는 말과 다름이 아니다.
(아, 강남불패!)

조선의 비자금(주로 황금)은 미국의 독립전쟁과 국제금융을 움직이는 원동력이었다.

1800년, 제퍼슨은 미국 대통령 선거에 출마하였다. 정조가 서거한 이후, 제퍼슨(정조)은 바로 대통령 선거운동에 매진하였다.

훗날 제퍼슨이 대통령이 되고 난 뒤에도, 정적인 해밀턴과 밀월관계는 계속되었다.

왜냐하면, 해밀턴은 워싱턴이 신뢰하는 '국제 금융인'이기 때문이었다.

1804년 제퍼슨의 정치 파트너인 '에런 버'가 해밀턴과 결투를 하여 해밀턴이 죽자, 제퍼슨은 분노하며 '에런 버'를 자신의 러닝메이트로 지명하지 않았다.

조선의 비자금(주로 황금)은 미국의 독립전쟁과 초창기 미국 금융을 움직이는 원동력이었다.

당시 정조는 정순왕후에게 지극 정성을 다했으며, 그에게 필요한 것은 정순왕후의 곳간 열쇠였던 것 같다.

영조의 계비였던 정순왕후는 사도세자의 부인인 혜경궁 홍씨 일가를 견제하기 위해 정조의 권력이 필요했으므로 장용영에 황금을 제공했을 것이다.

세간에는 정순왕후와 정조가 극심한 대립관계였다고 알려져 있으나, '일득록'에는 정순왕후를 향해 친밀한 감정을 나타내는 기록이 전하고, 정순왕후는 정조의 행록을 쓰며 정조가 자신을 극진히 공양했음을 과시하고 있다.

이러한 조선의 비자금(주로 황금)은 미국의 독립전쟁과 미국 금융을 움직이는 원동력이었다.

당시 국제 정치가와 금융인들의 주 무대는 뉴욕(옛 상해)이었다.

미국 국력이 강해질수록 뉴욕의 조계지 규모도 점점 커져 갔다.

에런 버와 알렉산더 해밀턴의 결투는 1804년 7월 11일에 발생한 미국 역사상 초유의 결투 사건으로 서로 정적(政敵)지간인 미국의 두 정치인인 에런 버와 알렉산더 해밀턴 사이에서 벌어진 일대일 대결이다.
에런 버와 알렉산더 해밀턴의 결투.
이 결투로 알렉산더 해밀턴이 사망했다.

대조선의 비자금(내탕금)은 공식적으로 진정한 왕만이 운영할 수 있었다.
그러나 미국의 독립(1776)과 조선 군부의 해체(1882) 이후, 지구촌 보물과 성전(달러와 황금)의 흐름(1893)은 그 누구도 알 수 없게 됐다. (1905)
바야흐로 새로운 세상이 눈앞에 와 있다는 시그널(2020)이다.

알렉산더 해밀턴(Alexander Hamilton, 1757년~1804년)은 미국의 법률가이자 정치인, 재정가, 정치 사상가였다. 미국 건국의 아버지(Founding Fathers) 중 한 명으로 꼽히며, 1787년 미국 헌법의 제정에 공헌하였다. 그는 연방주의자로 초대 대통령 조지 워싱턴 정부 시절 재무 장관(1789년~1795년)을 지냈다.

미국 지폐에 초상화가 새겨진 인물 중 대통령이 아니었던 사람은 알렉산더 해밀턴(10달러)과 벤저민 프랭클린(100달러) 단 두 명 뿐이다.

1790년 해밀턴은 극한 대립을 해왔던 매디슨과 왕당파들의 제안을 받아들였다. 매디슨은 포토맥강 유역에 국가의 수도를 건설하자는 해밀턴의 제안에 동의하였고, 이후 메디슨은 워싱턴 대통령의 버지니아 주에 대한 의혹과 해밀턴의 뉴욕 중앙은행 설립에 대해 더 이상 언급하지 않았다. 특히 뉴욕 중앙은행의 자금의 흐름은 그 누구도 알 수 없는 비밀 정보였다.

워싱턴 D.C.는 포토맥 강의 동쪽 유역에 자리 잡고 있으며, 서쪽으로는 포토맥 강을 경계로 버지니아와 접하고 그 이외 방향으로는 메릴랜드에 둘러싸여 있다.
1790년 미국의 초대 대통령인 조지 워싱턴은 이곳을 수도로 정하고, 프랑스의 피에르 샤를 랑팡을 초청하여 새 수도의 설계를 의뢰하였다.
연방정부가 임시수도였던 필라델피아에서 워싱턴 DC로 옮긴것은 1800년이다. 정조 대왕께서 붕어하신 바로 그때이다.
이때 도시 인구는 고작 8,000명에 불과했다. <u>1814년에 영국과의 전쟁에서 워싱턴 DC는 영국군에 의해 점령 당했고 의사당과 백악관을 포함한 많은 정부 청사가 불타버렸다.</u> 1819년 소실되었던 정부청사는 모두 복구되었다.

워싱턴, 포토맥강 유역은 원래 조선의 한성부인데 영국 군대가 주둔하고 있었고, 정조 대왕은 장용영의 군대를 양성하며 이들과 한판 승부를 벼르고 있었다.
메디슨을 비롯한 왕당파 핵심 요원들이 민병대(조선 군대)의 위력과 워싱턴 대통령의 군권, 금권의 본거지가 버지니아라는 것을 눈치챈 것으로 보여진다.
(담배 농장의 수많은 일꾼들은 대부분 워싱턴(사도세자)의 용병(장용영의 경호부대)들이었다)

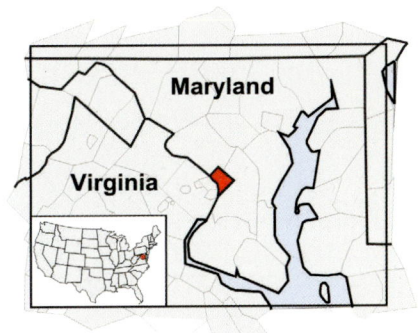

이것은 컬럼비아 특별구의 위치를 나타낸 지도로 , 주변 주와 카운티의 경계를 보여주고 있다.

마침내 금을 담보로 한 달러는 대영제국의 파운드 스털링(Pound sterling)과 함께 국제 금융계에서 중요한 기축통화가 됐다.

1782년, 미국 최초의 은행인 북미 은행(Bank of North America)이 설립되었다. 이는 미국 최초의 금융 기관이자 신생 공화국 최초의 은행이었다.

대중이 주식을 소유한 사실상의 중앙은행이었던 북미 은행은 영국과의 전쟁을 지원하기 위해 자금을 모금했다.

전쟁 지원을 위해 수백만 달러의 개인 재산을 기부했던 필라델피아 금융가 '로버트 모리스'가 이 은행의 초대 총감독을 맡았다.

1784년, '알렉산더 해밀턴'의 뉴욕 은행이 등장했다. 훗날 재무장관이 된 알렉산더 해밀턴이 미국에서 지금까지 가장 오랫동안 운영되어 온, 뉴욕 은행을 설립한 것이다.

1785년, 대륙회의는 달러를 미국의 공식 통화 단위로 채택했다.

1791년, 재무장관 알렉산더 해밀턴의 촉구로 의회는 20년 임기의 미국 최초의 중앙은행(제1은행: First Bank of the United States) 설립을 허가했다. 이 은행의 목적은 정부와 기업에 대출하고, 달러의 유동성을 일으켜, 사회 각 분야에 안정적인 통화 공급을 제공하는 것이다.

(워싱턴의 강력한 지지로 설립된 제1 중앙은행은 20년 뒤 문을 닫았다. 그러나 1907년 더 강력한 중앙은행인 '연방준비제도'(Fed: FRB)가 탄생했다)

1792년, 의회는 필라델피아에 국립 조폐국을 설립하고 달러를 구성하는 소액 동전을 식별하는 주화법을 통과시켰다. 곧이어, 금융 공황이 해밀턴과 미국 은행에 첫 번째 시험을 안겨주었다. (사전 모의 의심!)

증권 가격 폭락으로 은행 예금 인출 사태가 발생했다.

해밀턴은 최초의 공개 시장 활동을 승인하기 위해 "채권 자금 위원회"를 설립하고, 전국 은행에 약 25만 달러를 지원하여 증권 매입과 신용 확대를 지원했다.

해밀턴이 금융공황을 이용하여 천문학적인 숫자의 달러를 움직이는 유동성 대박을 터트리자,

1799년까지, 뉴욕에서 금융경쟁이 계속되었다. 단 5년 만에 4개에서 18개의 새로운 상업은행이 설립된 것이다. 오늘날의 JP모건 체이스도 이때 창업한 금융회사이다.

워싱턴과 제퍼슨은 내탕금(조선의 비밀자금:金)을 은행 담보로 하여 국제자금을 뉴욕 중앙은행으로 끌어들였다.

마침내 달러는 대영제국의 파운드, 스털링(Pound, sterling)과 함께 국제 금융계에서 중요한 기축통화가 됐다.

개인은행(조지 워싱턴, 해밀턴, 제퍼슨 등)으로 시작한 미국 금융시스템은 12 월드뱅크를 탄생시켰다

제퍼슨이 프랑스에서 귀국한 후, 이미 아메리카 합중국은 건국되어 있던 상태였다.
제퍼슨은 곧 조지 워싱턴 대통령 아래서 초대 국무장관(1789년 ~ 1793년)을 맡았다.

한편 제퍼슨과 알렉산더 해밀턴은 오랫동안 국가의 재정 정책에 관해 논쟁을 벌였는데, 특히 전쟁 때 빌린 빚을 처리하는 일에서 마찰을 빚었다.
해밀턴은 빚을 모든 주가 똑같이 나누어서 갚아야 한다고 주장하였으나 제퍼슨은 각 주가 자신들의 빚을 알아서 갚아야 한다고 역설하였다.

그 후 제퍼슨은 돈 걱정 없이, (자신의 주 특기인) 전쟁에 몰두 하였다.
미국 국민은 빚을 갚은 적이 없었으며 모두 국채로 대체 되었다. 채권을 발행한 은행은 모두 사립은행이었다.
미국 12 월드뱅크는 지금까지도 사립행인데, 최종 돈의 주인은 단 한 사람이라는 소문이 있었으며, 2020년 국채 지급 기한이 도래한 지금까지도 그러한 소문은 유효하다.)

지하 금고!

First Bank of the United States (1797-1811), Stephen Girard's Bank (May, 1811-1831), subsequent banks, and owned since 1955 by the National Park Service. Location: 116 South 3rd Street, Philadelphia, PA 19106.

국제금융 세계에서는 인류의 원죄를 하나님께 빌린 돈을 갚지 않았기 때문에 일어난 일이라고 한다. '계약의 하나님'의 율법을 어긴 혹독한 대가라고 한다.
현재 상태로 지구촌의 부채를 갚을 수 있는 나라는 아무도 없다. 미국을 비롯한 G7일수록 국제 빚은 더 많다. 과거처럼 전쟁을 일으켜 불황을 타개하려고 해도 일시적이다. 이미 유효기간이 도래한 인류의 부채는 반드시 갚아야 한다. (죽은 뒤에도 다시 돌아와서 갚아야 한다)

북미 식민지 13개 주는 워싱턴이 총사령관이 되어 독립전쟁을 했다. 식민지 13개 주?

Search Labs | AI 개요

13개 식민지가 발표한 '미국 독립 선언'은 1776년 7월 4일에 발표되었으며, 이는 영국으로부터의 독립을 선언하는 역사적인 문서이다.

조지 워싱턴은 독립 전쟁 당시 총사령관으로 임명되어 전쟁을 이끌었고, 독립 후 초대 대통령이 되었다.

13개 식민지는 독립을 위해 영국과 전쟁을 벌였고, 1776년 7월 4일 필라델피아에서 열린 제2차 대륙 회의에서 독립 선언문을 채택했다.

이 선언문은 토마스 제퍼슨이 초안을 작성했으며, 13개 식민지 대표들의 만장일치로 채택되었다.

이 선언은 "모든 사람은 평등하게 창조되었고, 창조주로부터 양도할 수 없는 일정한 권리를 부여받았다"는 내용을 담고 있으며, 이는 미국 독립 혁명의 중요한 이념적 기반이 되었다.

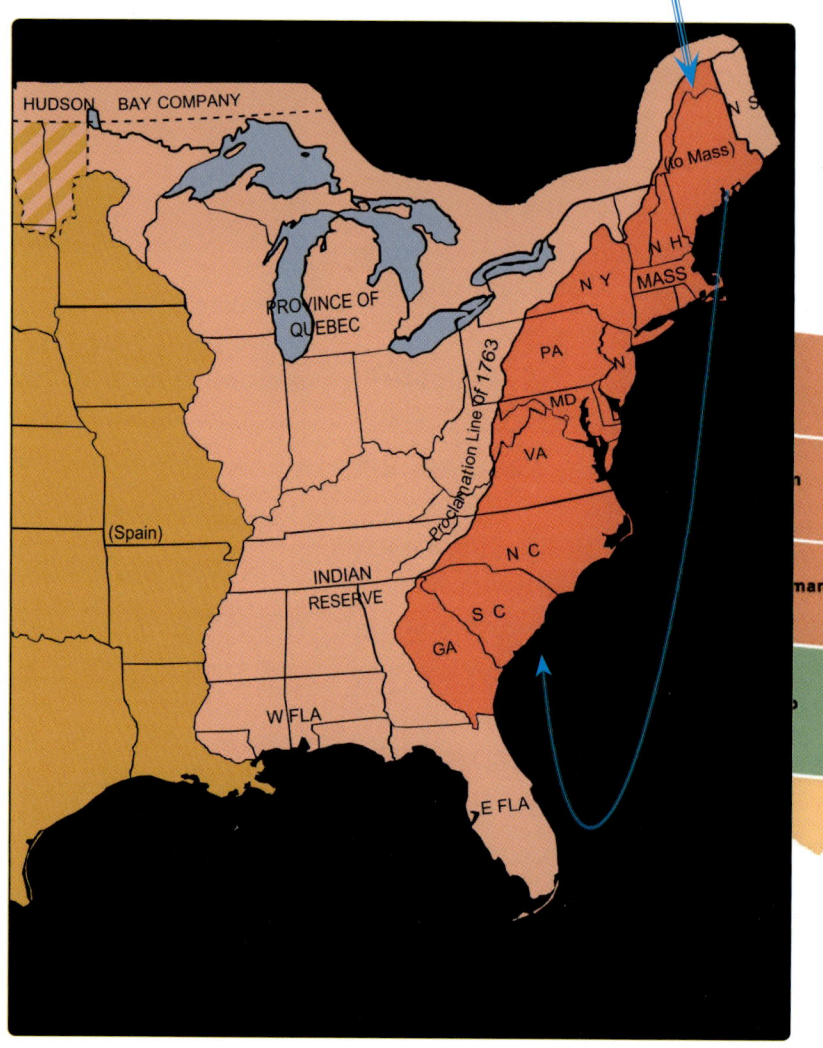

북미 13개 주는 대서양 연안에 위치해 있었으며, 각 주마다 고유한 역사와 특징을 가지고 있었다. 이들은 영국으로부터 독립하기 위해 필사적으로 전쟁을 치렀고, 그 결과로 미국이라는 새로운 나라를 탄생시켰다. 그렇다. 13개 주는 북미에서 사라진 조선왕조실록의 조선의 일부였다.

팔도사투리를 사용했던 종족 중에, 사라진 4자를 쓰는 부족이 아직도 북미에 있다.

훈민정음에서 사라진 음은 반치음 (ㅿ), 옛이응(ㆁ), 여린히읗(ㆆ), '아래아' (ㆍ) 이다.

영국 13개 식민지에서 성공회는 중요한 종교였지만, 모든 식민지에서 국교는 아니었다. 남부 식민지에서는 성공회가 지배적인 종교였지만, 북부 식민지에서는 다양한 종교 집단이 존재했다.

<u>버지니아, 노스캐롤라이나, 사우스캐롤라이나, 조지아와 같은 남부 식민지에서는 영국 국교회인 성공회가 지배적인 종교였다.</u> 이들 식민지의 상류층은 대부분 성공회 신자였으며, 영국 정부에 우호적인 경향이 강했다.

메릴랜드는 가톨릭 신자들이 세운 식민지였으며, 펜실베이니아는 퀘이커 교도들이 설립했다. 또한, 뉴잉글랜드 지역은 청교도 신앙을 가진 사람들이 많았다.

영국 13개 식민지는 종교적으로 매우 다양했다. 성공회 외에도 가톨릭, 퀘이커교, 청교도 등 다양한 종교 집단이 존재했다.

북부 식민지, 특히 뉴잉글랜드 지역은 자주 독립의 기풍이 강했다. 이는 종교적 배경과 관련이 있을 수 있다.

1789년 필라델피아에서 미국 성공회가 공식적으로 설립되었으며, 이는 영국 국교회의 후신이다.

초창기 한반도에서 팔도 사투리를 사용했던 언어 족 중에 북미 출신이 많았다.
대명조선 시절에 만들어진 훈민정음은 각 나라의 언어를 표준음으로 발음할 수 있다.
언어지도에 있는 언어 족 중에 한반도로 흘러온 사람들이 많았다.
그들은 한반도에서 팔도 사투리를 구사했다. 한반도에서 정책적으로 표준말을 정할 때까지 초창기 사투리는 서로 잘 통하지 않았다.
('Korean'이 보이고 있다.)

당시 공식 문서 기록에 북미 13개 주를 영국 식민지라고 한 적이 없다.

대영제국은 1607년에 버지니아 식민지를 시작으로, 1732년에 조지아 식민지에 이르는 북아메리카 대륙 동해안에 13개의 식민지를 조성하였다.

 프랑스 북미 식민지와 비교하면 요맨(자영민)로 가족 단위 식민지 정착이 일반적이며, 따라서 인구도 많았고, 그들은 농지 확보를 지향하고 있었기 때문에, 원주민인 인디언과 필연적으로 충돌할 수 밖에 없었다.

영국 국왕(the King of England)의 칙허장에 의한 자주적인 운영을 하고 정치적 자유가 인정되었고, 그 느슨한 지배는 '유익한 태만'이라고 불리고 있었다.
- 위키 백과

자주적인 운영을 하고 정치적 자유가 인정되었고, 그 느슨한 지배는 '유익한 태만'이라고 불리우는 지역은 조선을 의미한다. 즉 영국 13개주 식민지 강역은 조선이라고 봐도 무방하다.
왜냐하면 영국과 청나라는 서로 충돌하기 시작하는데. 청나라 주변에 있는 나라는 조선이 유일하기 때문이다.
당시 조선 해변의 항구도시들은 임진왜란에 참여했던 해적들의 소굴(왜구의 거류지)이 되어 있었다.

북미 식민지 13 개 주는 워싱턴이 총사령관이 되어 독립전쟁을 하는 최후의 조선땅 이었다

미국 독립 전쟁에서 미국이 승리할 수 있었던 것은 지리적 이점, 영국 내 반전 여론, 프랑스와 스페인의 지원 등 여러 요인들이 복합적으로 작용한 결과였다.

날이 갈수록 영국은 전쟁 수행에 필요한 자원과 병력을 확보하는 데 어려움을 겪었으나, 미국은 승리를 위한 강한 투지와 자신들의 자유와 독립을 위한 싸움이라는 강력한 동기부여가 있었다.

그 외 전략상 가장 중요한 이유는 미국은 풍부한 물자 지원, 최신형 조총, 다연발 기관총 등 신무기가 있었다.

이와 같이 알 수 없는 곳으로부터 끊임없이 자금을 지원하는 세력이 있었던 것이다.

(워싱턴 장군을 지원하는 조선의 황금, 즉 정조대왕(제퍼슨)의 강력한 후원이 있었을 것이다.)

미국 독립전쟁(American Revolusion)은 8년 동안(1775~ 1783년), 영국과 북미 대륙의 13개 식민지 백성들이 싸웠던 전쟁이다.

당시 민병대 위주의 13개 식민지 백성들이 세계 최고의 군사력을 지닌 영국군을 물리친 것은 세계 전쟁사에서 불가사의(不可思議)한 현상이다. 그럼에도 불구하고 미국이 승리한 이유는 무엇인가?

당시 황금 제국 조선의 국제자금 지원이 없었다면, 미국은 결코 영국을 이길 수 없었을 것이다.

다시 말해 정조 대왕의 비자금(황금과 달러)이 스페인, 프랑스 등의 원조를 이끌어 냈고, 신무기와 풍부한 물자로 인해 조선 백성들의 사기가 높아진 것이다.

백성들은 워싱턴 장군(사도 세자)을 조선의 왕이라고 굳게 믿음으로 목숨을 다 바쳐 충성을 했고, 정조 대왕(훗날 제퍼슨 대통령)은 아버지 사도세자를 위해 총력을 기울인 것이다.

봉황 깃털은 황제를 상징하고 장총은 의궤에 등장하는 장용영의 조총이다.

조지 워싱턴이 뉴욕주 뉴버그에 있는 '미덕의 신전'에서 연설을 했다!

워싱턴의 일부 장교들은, 특히 전쟁의 마지막 어려운 시기에 그가 왕이나 총통이 되어야 한다고 주장했지만, 워싱턴은 단호히 거부했다. 그는 공화주의적 이상과 국민의 주권에 기반한 정부를 믿었다.

전후, 워싱턴은 총사령관직에서 사임했고, 이후 귀족 작위를 명시적으로 금지하는 헌법 하에서 대통령직을 역임했다.

워싱턴은 때때로 "각하"나 "장군"과 같은 존칭으로 불렸지만 이는 존경의 표현이었을 뿐, 그를 왕족으로 격상시키려는 시도는 아니었다.

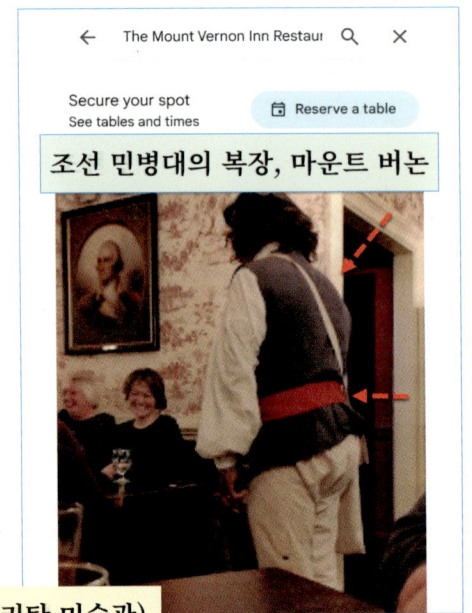

조선 민병대의 복장, 마운트 버논

Emanuel Leutze의 델라웨어를 건너는 워싱턴 (메트로폴리탄 미술관)

조선의 사도세자는 '뒤주 대감'이 아니었다. 새로운 나라, 미국의 조지 워싱턴 대통령이었다.

워싱턴이 뉴욕주 뉴버그에서 부하들에게 한 깜짝 연설은 신생 아메리카 정부에 대한 군사 쿠데타 소문을 잠재웠다. "저는 여러분을 섬기는 동안 백발이 되어 이제는 눈이 멀어 가고 있습니다."라고 말했다. 그가 안경을 끼고 더듬거리며 연설을 하자, 전쟁 후 처우에 불만을 품었던 많은 장교들조차 눈물을 흘렸다. 워싱턴은 장교들이 얼마나 많은 전쟁을 치렀는지 상기시켰다. 그들의 희생으로 영국으로부터 독립을 하고 소중한 자유를 찾았으며, 이제부터 새로운 세계로 나아가게 됐다면서, 모든 영광을 군사들에게 돌렸다.

아, 조지 워싱턴 장군!!
전쟁터에서 언제나 희생적으로 싸워왔고, 이제는 안경을 낀 백발 노인이 되어 마지막 연설을 하고 퇴장하는 워싱턴 장군의 모습을 보면서, 모두 눈물을 흘리며 '영광'이라고 했다.
조선의 사도세자는 '뒤주 대감'이 아니었다. 새로운 나라, 미국의 조지 워싱턴 초대 대통령이었다.

조선의 '사도세자'는 새로운 나라, 미국의 '조지 워싱턴' 초대 대통령이었다.

(출처: 제인 서덜랜드/ 조지 워싱턴의 마운트 버논 그림)

청 왕실의 권력이 영국 왕실로 넘어오면서 영연방 제국의 황금시대가 도래하였다.

조선의 붕당은 당파를 후원하는 배후 세력의이익을 위해 군부(내부 및 외부 포함)와 결탁하기도 했다.

붕당은 기본적으로 학연, 지연, 혈연 등을 기반으로 결성되었지만, 이러한 관계를 넘어 특정 가문의 권력 유지를 위해 군부 세력과 연대하는 경우가 있었다.

특히 세도정치 시기에는 왕실의 외척이나 특정 가문이 권력을 독점하면서 군부 내 자신의 세력을 확장하고 정치적 영향력을 행사하였다.

가경제가 황위에 오른 1796년부터 곳곳에서 반란이 일어나기 시작했다. 건륭제의 치세 중기부터 강희제와 옹정제가 구축해 놓은 국고를 낭비하기 시작하여 북경의 귀족들은 사치와 향락에 젖어들었고, 지방 관리들은 백성들에게 무거운 세금을 매기는 등 온갖 횡포를 부렸다.

1793년, 영국은 조지 매카트니를 사절단으로 파견하여 통상 확대를 요구했지만, 건륭제는 이를 거부했다. 이 사건을 계기로 청나라와 영국 사이의 갈등이 심화되었고, 이는 19세기 아편 전쟁으로 이어지는 원인이 되었다.

특히 청 왕실에서 영국 여인을 농락하는 사건이 벌어지자, 황제는 청 왕실의 핵심 인물의 목을 베고 재산을 몰수했다.

지금까지 청 제국에 흘러들어왔던 국제 거대 자금이 순식간에 끊어졌다. 청나라 가경제 이후, 국제금융은 영국 중앙 은행(영란은행)을 중심으로 움직이기 시작했다.

한때 런던은 워싱턴 디시에 있었다.

정조 대왕 서거 후, 붕당 정치는 사라지고 만다. 길고 긴 당파싸움이 끝난 것이다.

조선 시대 붕당은 서로 다른 정치적 견해를 가진 집단들이 당파를 이루어 정치 활동을 하는 현상을 말한다.

붕당은 학연, 지연, 혈연 등을 기반으로 형성되지만, 때로는 특정 가문의 이익을 위해 외부 세력과 연대하기도 했다. 특히 영국 및 일본 해적 무리와 내통하여 부를 축적했다.

군부들 중에 돈에 혈안이 된 무리는 서구 열강 군대와 유대를 맺으며 그들의 정치 및 외교에 이용당했다.

붕당 정치에서 가문 및 세도가들은 자신들의 정치적 입지를 강화하고 권력을 유지하기 위해, 특정 가문 출신의 인물이 군부 요직을 차지하거나, 군부 세력을 배경으로 정치적 영향력을 확대하는 경우가 있었다.

또한 정조 이후 세도정치 시기에는 소수의 특정 가문이 권력을 독점하면서 군부 내 자신의 세력을 강화하고, 이를 통해 정권을 유지하는 경우가 많았다.

이들은 왕실의 외척이나 유력 가문 출신으로서 군부 내 인맥을 활용하여 정치적 입지를 다졌다.

사색당파四色黨波는 조선 시대 붕당 정치의 네 주요 집단인 동인, 서인, 남인, 북인을 지칭하며, 각 당파는 정치적 견해와 이념을 달리하여 대립했었다. 이들의 갈등은 붕당 정치의 폐단으로 이어졌고, 사회 전체에 부정적인 영향을 미쳤다.

> 안녕, 2020s 극동아시아에서 다시 만나리!

강남불패, 코리아

아메리카 합중국

미래를 위한 산타, 보물보자기

정조가 승하한 후, 사색 붕당은 갑자기 뿌리를 잃고 사라졌다.

순조 이후 왕실의 세도정치가 기승을 부리다가, 고종 때 북미에서 조선은 슬며시 사라졌고, 한반도에서 도깨비 나라처럼 나타났다.

이미 시어도어 루스벨트 대통령 이래로 미국은 조지 워싱턴과 제퍼슨의 건국이념과 민주(民主)의 고귀한 대통령 제도의 의미를 잊어버리기 시작했다.

홍국영은 정조 즉위 초기(1776년)에 큰 권력을 얻었지만, 곧 실각하게 되고, 이후 정조는 친정 체제를 강화하며 자신의 개혁 정책을 추진했다.

영조 말년 홍국영의 (섭정)사례나 순조 때 안동 김씨의 세도정치 등에서 이러한 경향의 싹을 확인할 수 있다고 한다.

홍국영은 정조를 보호한 공으로 도승지에 올라 권력을 휘둘렀고, 안동 김씨는 왕비의 외척으로서 중요한 관직을 독점하며 세도를 부렸다고 한다.

 그러나 실제 내막은 절대로 그렇지 않다. 적어도 홍국영에 관한한 모두 사실이 아니다.

정조는 영조의 뒤를 이어 25세에 즉위했다. 정확히는 영조가 1776년 3월 5일에 승하하자, 그 해 3월 10일에 경희궁 숭정문에서 즉위했다. 당시 정조의 나이는 25세였다. 당시로는 성인 중의 어른이다.

또한 정조는 아버지 사도세자로 인해 폭 넓게 세상을 경험한 지혜로운 사람이었다.

(정조의 아버지 사도세자는 15세에 대리청정(代理聽政)을 했던 위대한 대군(王)이었다)

 그렇다. 홍국영은 그냥 '정조의 아바타'일 뿐이다.

그래야 역사의 수레바퀴가가 순리적으로 제대로 돌아간다.

1871년 신미양요 때, 미국 해병의 깃발에 있는 'COREA'는 사도세자 또는 정조 대왕을 상징하며, 대조선의 '장용영'에서 유래한 것으로 보면 된다.

장용영, 조총부대

조선왕 맥의 적통 시스템이 일시적으로 아메리카 합중국 대통령 제도로 바뀌는 것이다.

조선 후기 영조와 정조대왕은 왕권 강화와 사회 개혁을 위해 노력했다. 영조는 탕평책을 통해 붕당 정치의 폐해를 줄이고자 했으며, 균역법을 시행하여 백성의 군역 부담을 줄였다.

정조는 규장각을 설치하여 학문과 문화 부흥을 이끌고, 수원 화성을 건설하여 강력한 왕권의 상징으로 삼았다.

두 왕 모두 법전 정비와 민생 안정에도 힘썼다. 탕평책, 균역법, 법전 정비, 규장각 설치, 규장각 설치, 수원 화성 건설, 대전통편 등을 편찬하여 법전을 정비했다.

두 왕 모두 붕당(朋黨) 정치의 폐해를 막고 안정적인 국정 운영을 위해 개혁을 단행했으며, 민생 안정 정책을 강력히 실시했다.

> 붕'朋'은 돈 '붕' 이다. 즉 붕당(朋黨) 정치의 배후에는 이권을 노린 배후 세력이 있다고 봐야 한다.
> 예를 들어 노론의 배후에는 프랑스, 영국, 양키(화이트 일본) 등이 도사리고 있었다. 즉 북인의 배후 세력이 명, 청인 것과 같다. 이들은 18세기 말에 제국주의로 탈바꿈 한다.
> 대조선의 조선 왕맥의 적통 시스템이 일시적으로 아메리카 합중국 대통령 제도로 바뀌는 것이다.

두 왕 모두 정치 개혁과 더불어 경제, 사회, 문화 분야에서도 다양한 개혁을 추진하여 조선 후기 사회 발전에 큰 영향을 미쳤다.

특히 정조는 아버지 사도세자의 뜻을 이어받아 왕을 호위하고 왕권을 강화하는 친위 부대를 만들었으며, 장용영을 설치하여 강력한 조총부대를 양성했다.

2) 워싱턴 장군(사도세자)과 제퍼슨(정조대왕)은 미국 건국의 할아버지와 아버지였다

프리 메이슨, 표주박

알렉산드리아와 워싱턴의 역사적 관계는 미국 수도 건설 과정에서 중요한 부분이다. 알렉산드리아는 워싱턴,D.C.와 미묘한 관계를 형성하며 역사를 이어왔다.

알렉산드리아의 조지 워싱턴 메이슨 기념관은 1932년에 완공되었다. 이 기념관은 워싱턴과 프리메이슨의 관계를 기념하기 위한 것이다.

알렉산드리아의 펜타곤(The Pentagon)은 정조 대왕의

조선의 민본주의 사상은 미국 독립선언서의 국민의 자유와 권리 보장 선언으로 실현되었다

장용영 총본부를 상징하고 있다.

오각형은 훈민정음의 오행(五行)의 본체(덕德)이며 모음(母音)을 상징한다.

포토맥강 건너편에 있는 워싱턴,D.C.는 한양의 우도이며 한성부였다. 여기서 정조 대왕이 워싱턴의 민병대와 함께 영국군을 섬멸한 것이다. 왕이 움직인 곳이므로 워싱턴 광장에 오벨리스크가 우뚝 솟아 있는 것이다.

제퍼슨(정조 대왕)은 수도를 서울(워싱턴,D.C.)로 정하고 사도세자(워싱턴 대통령)를 기리는 오벨리스크(일자 탑)를 세운 것이다.

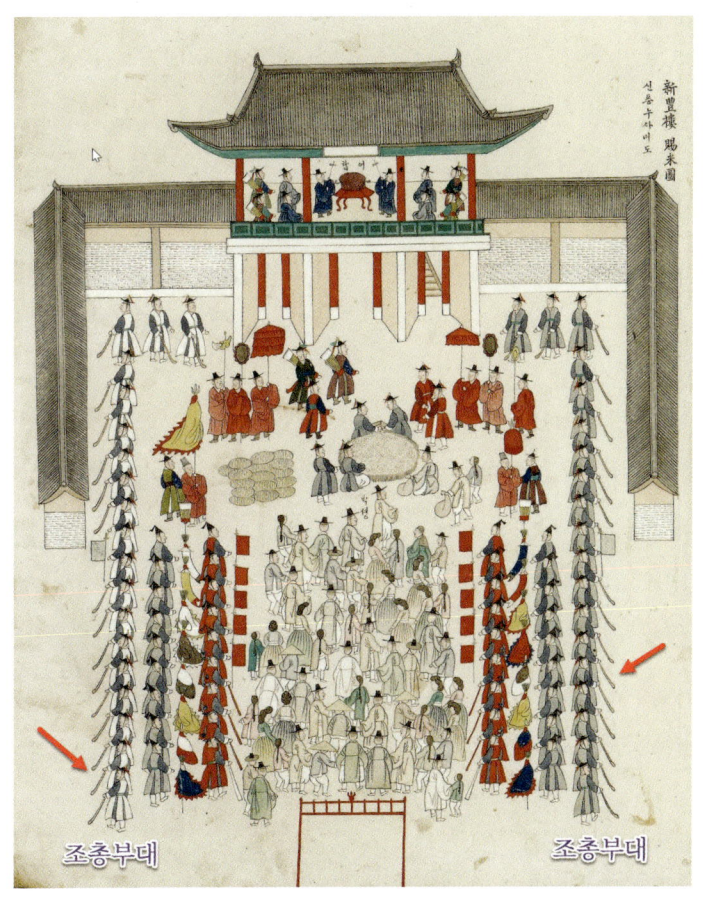

조선인은 쌀과 담배가 주식이었다. 민병대(조선 의병)는 워싱턴 장군(사도세자)을 중심으로 한양의 곡창지대를 지키기 위해 죽을 힘을 다해 싸웠다. 정조 대왕의 장용영 '계백 결사대' 앞에 최정예 영국군들은 추풍낙엽이었다.

'사도세자 DNA' - '조지 워싱턴' 미스터리에 관한 소고

정조 때 장용영의 조총부대와 워싱턴의 미 독립군 부대의 공통점은 무엇인가요?

Search Labs | AI 개요

정조의 장용영 조총부대와 워싱턴의 미 독립군은 모두 왕권 강화 및 독립을 위한 군사 조직으로서, 국왕 또는 국가의 수호를 위해 조직되었다는 공통점을 가진다.
하지만 장용영은 왕권 강화와 친위 부대의 성격이 강했고, 미 독립군은 식민 지배로부터의 독립을 위한 저항군 성격이 강했다.

장용영 조총부대 (정조 시대)

장용영은 정조가 자신의 권력을 강화하기 위해 설치한 친위 부대였다. 기존의 5군영 제도를 축소하여 노론(영국 측 또는 프랑스 측 세도가)을 위축시켰고, 왕의 직속 부대로서 왕권을 상징하는 역할을 했다.

조총 부대:
장용영은 특히 조총을 주력 무기로 사용한 부대를 포함하여, 당시 최신 무기 체계를 도입하고 훈련을 강화했다.

내, 외영 체제:
장용영은 도성을 중심으로 한 내영과 수원 화성을 중심으로 한 외영으로 나뉘어 운영되었다.

미 독립군 (워싱턴 시대)

미 독립군은 영국의 식민 지배에 맞서 싸운 독립군으로, 미국 독립 전쟁에서 중요한 역할을 했다.
조지 워싱턴이 이끄는 미 독립군은 영국군에 맞서 싸우며 독립을 쟁취했다.
초기에는 정규군보다는 민병대 성격이 강했지만, 전쟁을 치르면서 점차 정규군 조직을 갖추게 되었다.

공통점:

두 부대 모두 국왕이나 국가를 수호하고, 유사시 주요 역할을 담당해야 하는 군사 조직이라는 점에서 공통점이 있다.
장용영은 당시 조선의 군사 개혁의 일환이었고, 미 독립군은 새로운 국가 건설을 위한 개혁의 주체였다.

최신 무기 도입:

두 부대 모두 당시 최신 무기 체계(장용영: 조총, 미 독립군: 소총)를 도입하고 훈련하여 전투력을 높이려 했다.

장용영은 왕권 강화, 미 독립군은 독립을 위한 저항군의 성격이 강했으며, 장용영은 조선의 중앙군 체계 내에서 운영된 반면, 미 독립군은 식민지 백성들이 자발적으로 조직한 군대였다.

결론적으로, 두 부대 모두 국왕 또는 국가의 수호를 위해 존재했지만, 장용영은 왕권 강화의 성격이 강했고, 미 독립군은 독립을 위한 저항군의 성격이 더 강했다.
사도세자와 정조는 백성이 나라의 근

1783년에 체결된 파리 조약은 미국의 독립을 공식적으로 승인하는 조약이다.

본이라는 제왕학을 내면화한 지혜자로, 조선의 종말이 새로운 시대의 시작이라는 결단을 내리게 된 것이다.

 따라서 미국의 대통령제는 "새 부대에 새 술을"이라는 성경의 말을 실천한 것이며, 민주(民主: 백성과 주인은 하나)주의 탄생의 서막이었다.
하지만 1783년 파리조약 이후 지난 지금의 형국은 백성들이 주인을 잊어버리고 벌판에서 울부짖고 있으니, 참으로 안타깝다.

(아직도 프랑스 파리가 지금의 유럽에 있는 도시라고 생각하는 사람은 영원히 역사의 늪에서 허우적대다 생을 마감할 것 같다)
(2025, 2027은 5, 7 이다!)

벤저민 웨스트 가 1783년에 그린 파리 조약(Treaty of Paris) 초상화. 파리 조약에 참여한 미국 대표단을 묘사하고 있다. 왼쪽부터 존 제이, 존 애덤스, 벤저민 프랭클린, 헨리 로렌스, 윌리엄 템플 프랭클린 입니다. 영국 대표단은 포즈를 취하기를 거부했고, 초상화는 완성되지 못했다.

1781년 프랑스가 제안한 북미 영토 분할안은 미국에 의해 거부되었다.

무예도보통지(武藝圖譜通志)(1790)

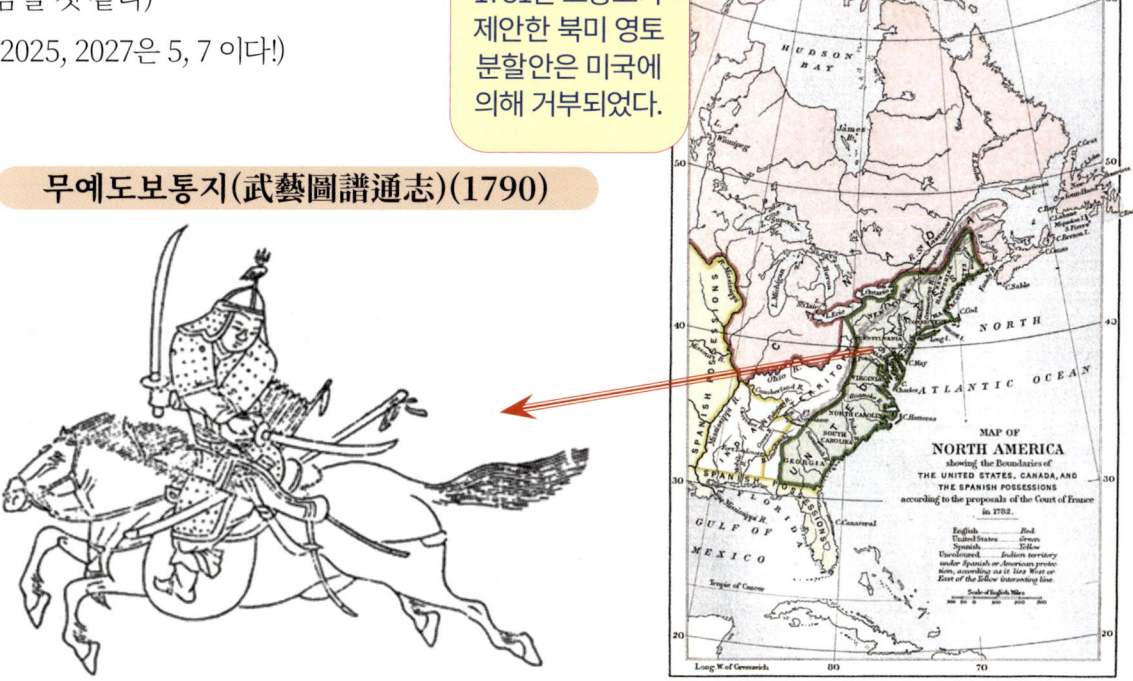

조지 워싱턴의 출생과 죽음은 평범하게 포장되어 있으나 숨은 미스터리가 많다.

조지 워싱턴은 땅 부자이다. 이것은 그가 조선의 대군 大君(사도세자)이기 때문에 그럴 것이다.

부자 미망인과의 결혼도 정책 결혼이므로 당연한 것이다.

그의 부인 마사는 조지 워싱턴이 서거하자 그의 주변의 모든 편지와 기록 및 개인 소장품을 철저하게 없앴다.

(죽지 않았다는 암시이다)

그는 프리메이슨이었고, 대통령 재임 시 알렉산더 해밀턴을 미 재무장관에 임명했으며, 중앙은행에 금을 담보로 달러를 발행했었다.

제퍼슨(정조)이 선거운동을 할 때, 사도세자는 또다시 사라진 것이다.

제퍼슨이 대통령이 되자 금권(달러)으로 군부를 총동원하여 국제 해적을 소탕한 것이다.

쉽게 말하자면, 임진왜란 이후 국제 해상 세력(국제해적단)을 뿌리채 소탕한 것이다.

<u>영조 대왕은 붕당(朋黨) 정치의 와중에, 거대한 '대조선 프로젝트'를 사도세자와 정조대왕을 통해 실현한 것이다.</u>

역사도 휴식 시간이 필요하다!

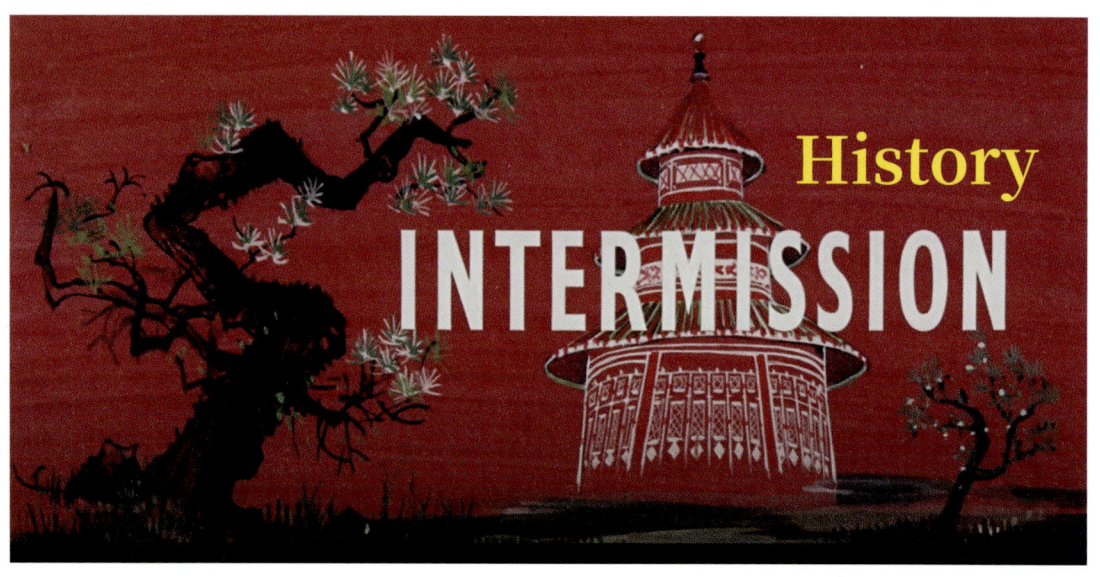

영조 대왕은 거대한 '대조선 프로젝트'를 사도세자와 정조대왕을 통해 실현한 것이다.

1776년 이후, 북미에서 새로운 제왕 제도, 즉 미국의 대통령제가 완성되었으며, 이것은 조선의 또 다른 모습(維新)이었다. 민주(民主)란 민과 주인이 1:1 대응 관계이며 (마음으로) 서로 공존한다는 조선의 민본주의 사상이다.
이러한 방식의 역사적 배경으로 회귀한다면, 인류를 파멸로 이끄는 현대의 독점 금융자금의 동결, 알 수 없는 군부의 질서유지, 그리고 인간으로서의 존엄과 가치가 단 한사람의 주인과 더불어 살아나는 것이다.

난 조선인 인데요...

'뿌리깊은 나무는 바람에 아니 뮐쌔(根深之木, 風亦不杌)'는 세종 당시 용비어천가에 나오는 구절로, "뿌리가 깊은 나무는 바람에 흔들리지 않으니"라는 뜻으로, 튼튼한 기초 위에 세워진 것은 어떤 어려움에도 굴하지 않고 굳건히 버틴다는 의미를 담고 있다.
영조 대왕의 '기년시안耆年試眼(기년에 눈을 시험하다)' 말씀대로 미국을 조선이라는 바탕 위에 건국했듯이,
2020년 이후 인류는 새로운 미래를 기다리고 있는 것이다.

1783년에 체결된 파리 조약은 미국의 독립을 공식적으로 승인하는 조약이다.

정조 대왕이 병석에서 모습을 감춘 것은 제퍼슨이 미국 대통령 선거운동을 할 때이다. 정조 대왕은 서거 후, 1801년 미국 대통령이 되었다.

필자는 이러한 상황을 오래 전부터 조사해오다가 미국 13개 영국 대륙 식민지가 조선 강역이었다는 것을 여러 번(아메리카 대조선을 출간하고 거의 10년간) 확인한 후, 집필을 하였다. 감히 할 수 없는 얘기지만, 마침 송사에 휩쓸리다가 용기를 냈다.

그렇다. 조선은 북미 대륙에 있었다. 조지 워싱턴과 제퍼슨 대통령이 사도세자와 정조 대왕이 아니라면 미국의 독립은 거의 불가능했다.

<u>특히 정조 대왕의 대조선 내탕금(황제의 비밀자금)이 없었다면, 미국이 대영제국의 군대와 싸울 수조차 없었을 것이다.</u>

<u>미국은 세계 초강국이 되었다. 조선의 전통과 뿌리가 없었다면 불가능한 일이었다.</u>

제퍼슨의 독립선언문에 있는 천부인권은 영조 대왕 때, 속대전(續大典)의 민권 사상과 다름이 아니다.

미국의 대통령제는 조선의 민본 즉 민주 사상을 거의 완벽하게 실현할 수 있는 제도적 장치였다.

그러나 상인과 그들이 만든 상비군이 제국주의라는 변형을 만들더니, 지금에 이르게 되었다.

민주(民主)!

민과 주인이 1:1 대응 관계라는 양심의 계율이 점차 무너지면서, 인류는 다시 회복할 수 없는 최악의 상황을 맞이 하였다.

아, 역사란 내(民)가 내 안(마음: 忠)에서 님(主)을 만나, 여기서(天地: 지상낙원) 행복하게 사는 것이었다.

계백 결사대여! 사도세자께, 가라!

미국 국립문서기록관리청에 보관된 파리 조약 서명된 쪽

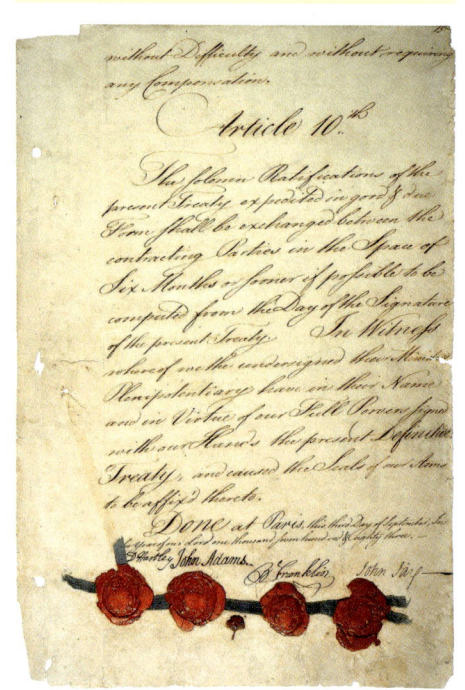

제퍼슨(정조)은 '납작한 모자 클럽'(Flat Hat Club)이라는 비밀 조직의 회원이었다는 소문이 있었다. 여기서 'Flat Hat'은 조선 양반의 갓일 수 있다. 또는 제퍼슨(정조)을 호위하는 호위무사의 모자일 가능성도 있다.

토마스 제퍼슨 대통령의 학창 시절 이야기

아버지가 갑작스럽게 죽은 후, 제퍼슨은 윌리엄스버그에 있던 윌리엄 앤 메리 대학교에 입학하였다. 제퍼슨은 철학 대학에 들어가 수학과 형이상학, 그리고 윌리엄 스몰 교수가 가르치던 철학을 공부하였다. 가족의 전통에 따라, 종종 하루에 15시간씩 공부를 하였다.

대학에 재학 중일때, 제퍼슨은 '납작한 모자 클럽'(Flat Hat Club)이라는 비밀 조직의 회원이었다. 제퍼슨은 왕립 주지사 '프랑시스 파우키에'의 호화 파티에 자주 참석해 바이올린을 연주하고 와인을 마시기 시작하여 이내 와인 마시는 것을 매우 좋아하였다.

1762년 대학을 수석으로 졸업한 후, 조지 위트 아래서 법학을 배웠으며 1767년 버지니아주 법정에서 실력을 인정받고, 자신의 변호사 인생을 시작하였다. (위키 백과)

이상은 학창 시절의 제퍼슨에 대한 이야기이다. 정조는 1752년생이고, 제퍼슨은 1743년생이다. 여기서 중요한 것은 제퍼슨이 가는 곳에는 언제나 돈이 풍부했다는 것이다. 제퍼슨 주변의 모든 상황은 언제나 원칙과 근거에 의해 모두 돈으로 해결되었다. 제퍼슨이 공식석 상에 나타날 때를 제외한다면, 그의 행방을 자세히 아는 사람이 없었다.

제퍼슨이 대중 앞에 항상 모습을 드러내는 것은 정조 대왕이 서거한, 1800년 이후의 일이다.

Flat hat - 갓

1 달러의 상징성은 과거와 현재를 잇는 징검다리(화폐의 유동성)이다

1789년 4월 30일, 조지 워싱턴이 취임식을 거행한 장소는 미국의 옛 수도 뉴욕 시이다.
취임 (선서)식에서 사용된 성경은... 무작위로 창세기 49:13("스불론은 바다 항구에 거하며 배들의 항구가 될 것이요 그의 경계는 시돈까지 이르리라")을 펼쳤다.

새로 임명된 미국 상원 목사이자 <u>뉴욕 최초의 성공회 주교인 새뮤얼 프로보스트 주교(1742-1815)는</u> 1789년 4월 30일, 워싱턴의 취임식 직후 성 바오로 성당에서 예배를 집전했으며, 새로 취임한 대통령과 의원들이 참석했다.
워싱턴은 종교적 다양성을 존중했다. 그는 성공회 신자였지만, 다른 종교를 가진 사람들도 자유롭게 신앙생활을 할 수 있도록 허용했다.

'워싱턴이 '스불론'에 대한 창세기 구절 (창세기 49:13)을 선택한 이유는, 이 구절이 '스불론' 지파의 지리적 위치와 미래 번영에 대한 예언을 담고 있기 때문이다.
이 구절은 '스불론'이 바닷가에 살며 무역과 번영을 누릴 것이라는 내용인데, 이는 미국의 건국 정신과 발전 방향과 일치한다고 볼 수 있다.
한편 워싱턴의 취임식에서 사용된 창세기 구절은 요셉의 축복 구절로, 국가의 번영과 그의 리더십에 대한 축복을 상징한다고 보는 측면도 있다.

군중들은 "조지 워싱턴, 미국 대통령 만세!"라고 외쳤고, 환호와 13발의 예포가 뒤따랐다.

1789년 4월 30일, 조지 워싱턴은 뉴욕 시티 홀에서 대통령 취임 선서를 했다. 조지 워싱턴의 취임식 때, 토머스 제퍼슨은 프랑스 주재 미국 대사로 재직 중이었다.

따라서 그는 취임식에 참석하지 않았다. 제퍼슨이 워싱턴 대통령의 국무장관으로 임명된 것은 그 후였다.

1789년 4월 30일 조지 워싱턴의 첫 취임식이 열린 뉴욕의 페더럴 홀

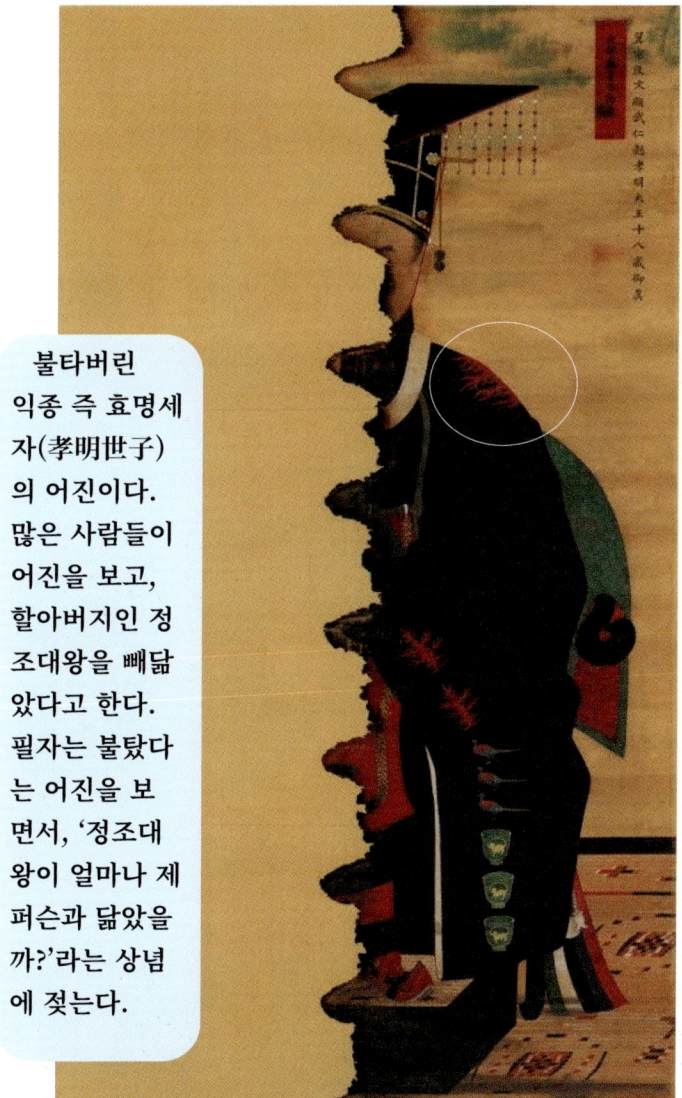

불타버린 익종 즉 효명세자(孝明世子)의 어진이다. 많은 사람들이 어진을 보고, 할아버지인 정조대왕을 빼닮았다고 한다. 필자는 불탔다는 어진을 보면서, '정조대왕이 얼마나 제퍼슨과 닮았을까?'라는 상념에 젖는다.

새로운 대통령 제도의 미국이 탄생하고, 유구한 전통을 자랑하던 조선이 망했다!

정조 대왕의 갑작스러운 죽음은 조선 왕조의 최대 미스터리이며, 그의 손자인 효명세자의 죽음도 아직도 풀리지 않는 수수께끼이다.

정조대왕이 자신의 아들 순조와 손자인 효명세자보다 먼저 명을 달리했다는 점이 그래도 다행이 아니었을까? 어쨌든 이 모든 정황에 대한 역사의 미스터리는 그 누구도 짐작조차 할 수 없는 부분인데, 필자가 엉터리 세계사의 뇌관을 건드렸기 때문에 …

혹시 누군가가 나타나, 고장 난 역사의 시계를 고치지 않을까 하는 희망을 품어본다. 그런 분이 실제로 존재한다면, 실로 난세의 영웅이로다!

옛 조선으로 이어졌던 제왕의 맥이, 아메리카 미합중국에서 다른 형태로 나타나게 됐다

영조와 정조의 공통점은 민생의 안정을 위해 민권의 보장을 우선했었다.

이러한 기본권 중심(민본民本주의)사상을 천주교를 비롯한 종교의 교리에서 모방한 것이 아니라, 고대 조선의 정통성에서 찾아 정치적으로 다양한 방안을 모색했었다.

그래서 나온 것이 속대전(續大典)과 대전통편(大典通編)이었다. 즉 법전 정비를 통해 민생을 안정하려는 획기적인 시도였다.

당시 법전을 정비하여 백성의 민권을 보장하려고 시도한 나라는 거의 없었다. 두 임금의 법전을 통한 민권의 보장은 세계 역사에 남을 만한 업적이었다.

두 임금의 이러한 백성 중심의 법 정신은 미국의 독립과 더불어 실현되었다.

특히 3대 '토마스 제퍼슨'은 미국 독립 선언서에서 제퍼슨 민주주의라는 정치 철학을 정립하여 미국 민주주의 발전뿐만 아니라 세계 민주주의 역사에 초석이 되었다.

천부인권 보장을 위한 새로운 대통령제로 민주(民主) 실현!

워싱턴(사도 세자)

제퍼슨(정조)

루스벨트

링컨

링컨은 노예제 폐지와 연방 헌법 개정(미국 분열 금지)을 통해 사회 변화를 이끌었고, 시어도어 루스벨트는 독점 규제와 노동 환경 개선(실질적 평등) 등을 통해 사회 개혁을 추진했다.

대답은 간단하다. 조지 워싱턴이 미국 동부 13개 주의 왕이었기 때문이다.

> 미국 독립선언(Declaration of Independence)은 1776년 7월 4일 당시 영국의 식민지 상태에 있던 13개의 주가 서로 모여 필라델피아 인디펜던스 홀에서 독립을 선언한 사건을 일컬으며, 이 사건은 〈미국 독립선언문〉에 기록되어 있다.
>
> 오늘날 미국에서는 7월 4일을 독립기념일로 정해 축제를 열고 있다. 독립 선언이 있은 후 약 8년간에 걸친 싸움 끝에 1783년 9월 3일에 비로소 미국은 영국과 프랑스로부터 이른바 파리 조약을 거쳐 완전한 독립을 인정받게 되었다. (위키 백과)

현재 미국 역사가는 북미를 인디언 부족들이 뿔뿔이 모여 살았던 신대륙이라고 잘못 가르치고 있다.
1776년 당시 미 동부 지역은 영국의 식민지 통치 상태가 아니라, 미 동부 13개 주 대륙은 어떤 왕국의 최고 통치권자(王)의 지배를 받는 행정 강역이었다.

'어떤 왕국이란 무엇인가?'
그렇다. 필자가 '아메리카 대조선' 이라는 저서에서 밝힌 조선이었다.
그래서 13개 주가 조선왕의 혈통을 지닌 조지 워싱턴 장군을 중심으로 똘똘 뭉친 것이다.

만일 미국 학자들이 13개 주를 영국의 식민지 통치 지역이라고 주장한다면,
도대체 왜?,
지금까지 수천 년간 각자 흩어져 살던 인디언(조선인)들이 혜성처럼 나타난 조지 워싱턴을 중심으로 하나로 뭉쳤는지 설명할 수 없는 것이다.
대답은 간단하다.
조지 워싱턴이 13개 주의 왕이었기 때문이다. 당시 비공식 문헌에도 조지 워싱턴을 왕으로 불렀다고 한다.
그렇다.
조지 워싱턴은 조선 21대 영조 대왕의 아들, "사도 세자"였다. 그래서 13개 주 대륙의 조선인들이 일치 단결하여 조선왕 사도세자와 함께 목숨을 걸고 싸운 것이다.
사도 세자가 조지 워싱턴이었다는 공식기록은 없지만, 모든 역사 정황이 미국의 '조지 워싱턴'과 3대 대통령인 '토마스 제퍼슨'을 주목하고 있다.
역사의 전통과 뿌리가 없는 나라에서 미국과 같은 강대국이 탄생할 수 없는 것이다.
모든 역사 기록들이 그러한 정통성을 말하고 있다.
　조선이라는 왕국이 망하고, '민주(民主)'가 생생하게 살아 있는 대통령제를 중심으로 한 '아메리카 합중국'이 탄생한 것이다.

정조 대왕의 죽음을 끝까지 의심한 사람은 정순왕후인 것 같다.

왕조실록에 보면, 정순왕후는 정조의 병을 의심하여 정조가 죽기 직전에 와서 임종을 보려고 했었다.

정조 사후에는 정순왕후가 수렴청정(垂簾聽政)을 했었다. 정순왕후가 직접 정치에 관여한 이유는 정조의 죽음에 대해 의혹을 품었거나, 자신의 거액의 내탕금(황금)이 정조 대왕으로부터 어떻게 사라졌는지 알고 싶었을지도 모를 일이다.

정조실록54권, 정조 24년 6월 28일 기묘 8번째기사 1800년 청 가경(嘉慶) 5년
종묘·사직과 산천에 기도를 올리다

묘사궁(廟社宮)과 산천에 기도를 거행하였다.

<... 생략 ...>

"인삼차에 청심원을 개어서 끓여 들여보냈지만 이제는 아무것도 드실 길이 만무합니다. 천지가 망극할 따름입니다."

하고, 목을 놓아 통곡하였다. 왕대비가 분부하기를,

"내가 직접 받들어 올려드리고 싶으니 경들은 잠시 물러가시오."

하므로, 환지 등이 명을 받고 잠시 문 밖으로 물러나왔다. 조금 뒤에 방안에서 곡하는 소리가 들리자 환지와 시수 등이 문 밖으로 바싹 다가가 큰소리로 번갈아 아뢰기를,

수렴청정(垂簾聽政)은 동아시아(미국 동부의 조선 지칭)에서 나이 어린 왕이 즉위했을 때 왕의 어머니나 할머니, 또는 큰어머니(적모, 백모)나 작은어머니(숙모)가 대리로 정치를 맡는 일을 말한다(→섭정).
본래 수렴청정이라는 말의 어원은 왕대비가 남자인 신하 앞에서 얼굴을 드러내지 않기 위해 왕의 뒤에서 발을 내리고 이야기를 듣던 데에서 비롯하였다. 엄밀히 말해 수렴청정과 섭정은 다르지만, 한국에서는 섭정하는 사람이 여자이면 수렴청정으로 여긴다.
한국에서 수렴청정에 대한 최초의 기록은 고구려 태조대왕이 7세의 나이로 즉위하자 모친인 부여 태후가 섭정하였다는 삼국사기의 기록이다.
(초창기 강단 사학은 삼국사기를 위서라고 했다가 지금은 교과서에서 일부 내용을 가르친다)

"신들이 이와 같은 망극한 변을 만나 지금 4백 년의 종묘 사직의 안전이 극도로 위태롭게 되었는데 신들이 우러러 믿는 곳이라고는 우리 왕대비전하와 자궁저하(慈宮邸下)일 뿐입니다. 동궁저하께서 나이가 아직 어리므로 감싸고 보호하는 책임이 우리 자전전하와 자궁저하에게 달려 있을 뿐인데 어찌 그점을 생각지 않고 이처럼 감정대로 행동하십니까. 게다가 국가의 예법도 지극히 엄중하니 즉시 대내로 돌아가소서."

하였는데, 한참 뒤에 자전은 비로소 대내로 돌아갔다.

2 달러의 상징성은 나(民)와 님(主)을 잇는 징검다리(마음의 忠)이다

정조의 염(殮)하는 장면이 자세히 기록된 것은 사실이지만, 영조 역시 염(殮)하는 기록이 존재한다. 영조의 염하는 장면은 정조의 경우처럼 구체적인 의례 절차나 심경 변화까지 자세하게 기록되지는 않았지만, 국왕으로서의 마지막 의례를 행했다는 사실은 분명하게 확인된다.
그러나 선조의 염(殮)하는 장면이 기록으로 남지 않았다.
 …
<u>정조의 염의 기록은 마치 정조가 확실히 승하했다는 것을 만인에게 확인시키는 과정과 같다.</u>
정조의 염하는 장면의 기록은 정조 대왕이 '아메리카 합중국'의 대통령으로 거듭나서, 조선의 왕 맥을 잇는 하나의 절차 및 의례로 보여진다.
그렇다. 정조 대왕은 환골탈태하여 미국의 대통령으로 다시 나타나는 것이다. 영조 대왕의 '뒤주 대전략'은 대조선의 새로운 대통령제의 탄생을 예정한 것이었다.

북망산 장송곡

정조실록54권, 정조 24년 6월 29일 경진 1번째 기사 1800년 청 가경(嘉慶) 5년
신시에 목욕·습·소렴을 거행하다

신시(申時)에 목욕(沐浴)·습(襲)·소렴(小斂)을 거행하였다. 행 도승지 윤행임(尹行恁), 행 좌승지 이서구(李書九), 행 우승지 이익운(李益運), 행 좌부승지 김조순(金祖淳), 우부승지 한용탁(韓用鐸), 동부승지 김희순(金羲淳), 기사관(記事官) 김계온(金啓溫), 가주서(假注書) 여동식(呂東植)·민철유(閔哲儒), 기사관 이존수(李存秀)·홍석주(洪奭周), 영의정 심환지(沈煥之), 좌의정 이시수(李時秀), 우의정 서용보(徐龍輔), 수원부 유수(水原府留守) 서유린(徐有隣), 규장각 제학 김재찬(金載瓚), 원임 직제학 서정수(徐鼎修), 원임 직각 김면주(金勉柱), 검교 직각(檢校直閣) 심상규(沈象奎), 직각 김근순(金近淳), 예조 판서 이만수(李晩秀), 참판 민태혁(閔台爀), 참의 홍낙유(洪樂游), 대사간 이은모(李殷模), 집의 장지면(張至冕), 교리 김이도(金履度), 보덕(輔德) 윤광안(尹光顔) 등과 종척 집사(宗戚執事)로서 창성위(昌城尉) 황인점(黃仁點), 광은 부위(光恩副尉) 김기성(金箕性), 돈녕 주부(敦寧主簿) 김기윤(金基允), 전주부 김재창(金在昌), 돈녕 직장(敦寧直長) 김재삼(金在三) 등이 모시고 늘어선 뒤에 내시가 휘장을 쳐 내외를 가리고 종척 집사가 문 안에 평상을 설치하였다. 내시들은 각기 목욕시킬 여러 도구를 받들고 있고 집사자가 어상(御床)을 받들어 머리를 남쪽으로 돌린 뒤에 머리를 이불로 덮고 이불 위에 복의(復衣)를 덮었다. 평상 위에는 화문석을 깔고 화문석 위에 비단요를 깔았으며 요 위에는 또 화문석을 깔았다. 원상(院相) 심환지, 총호사(摠護使) 이시수, 예조 판서 이만수 및 행임(行恁)·조순(祖淳)·상규(象奎)와 사관(史官) 2원은 어상 앞에 서고 예방 승지 이서구는 홀기를 가지고 기둥 밖에 섰으며 대신 이하 제신은 대청의 동쪽과 서쪽으로 나누어 섰다.

내시가 향탕(香湯)을 올려 그것으로 얼굴을 씻기고…. <… 생략 …>

사도세자의 은신처는 영국 성공회의 비밀조직이었다

여기서 사도세자의 죽음에 대한 의문이 든다. 영조 대왕이 사도세자를 배려하는 장면은 곳곳에서 기록으로 남겨져 있다.

노론의 집요한 음모에 사도세자의 안위를 걱정한 영조는 사도세자를 공개적으로 제거한다. 사도세자를 살리기 위한 거의 완벽한 연출이었다. (임오화변: 1762.7.12.)

이때 등장한 세력이 영 연방, 조지 3세의 샬럿 왕비였다.

사도세자는 불교에도 관심을 가졌으나, 그의 종교관은 유교적 기반 위에 다양한 종교적 요소들을 수용하는 모습을 보였다.

사도세자는 노론 벽파 세력과의 갈등 속에서 정치적으로 불안을 겪었고, 그러한 와중에 영국성공회의 여러 인사와 접촉했다.

영국 샬롯 왕비(Charlotte of Mecklenburg-Strelitz)는 성공회 신자였다. 그녀는 1761년 조지 3세와 결혼하여 영국 왕비가 되었으며, 독실한 성공회 신앙을 가지고 있었다.

당시 사도세자가 비공식 사교계에서 영국의 성공회 지도층과 만나는 일은 자연스러운 일이었다.

> 당신이 왕이라고요? ... 어디 있는 나라지요?

Charlotte with a servant by Johann Georg Ziesenis, c. 1761

만일, 사도세자가 살아 있었다면 도피처는 영국의 성공회 비밀조직이었을 것이다.

사도세자의 아들 정조도 비밀 성공회 조직(일명: 프리 메이슨)과 인연을 맺었다고 보여진다.

성공회 비밀결사단(일명: 프리 메이슨)의 일원이 미국의 초대 대통령 조지 워싱턴이었다.

조지 워싱턴은 뉴욕시 최초의 성공회 교회에 참석한 주요 인사였다.

영국 성공회는 조선의 임금이 금을 노다지로 갖고 있다는 것을 이미 알고 있었다.

영국 성공회는 조선의 임금이 금을 노다지로 갖고 있다는 것을 이미 알고 있었다.

그들은 붕당(朋黨)을 만들어 조선 당파싸움에 깊숙이 관여하고 있었다. 그들이 노린 것은 조선 국왕의 내탕금이었다. 자손 대대로 물려받은 황금 노다지였다.

조지 워싱톤의 부인 마사도 영국 왕, 조지 가문의 혈통과 무관하지 않다.

조선인 장례식 행렬 뒤에 영국인 모자를 쓴 문상객!

미국 최초의 퍼스트 레이디 마사 워싱턴은 검은 머리에 낮은 코의 히스패닉이다.

사도세자를 위한 헌금은 내탕금(황금)이었다.

당시 내탕금은 영조대왕의 어린 신부인 정순왕후 김씨에 의해 집행되었다.

훗날 정순왕후는 영조 사후, 순조 즉위 시까지 대왕대비로서 수렴청정을 하며 조선 정치에 큰 영향력을 행사했다.

따라서 정조 대왕이 정순왕후를 모시는 데 최선을 다하는 것은 너무 당연하다.

정조는 정순왕후의 '영조정순후가례도감의궤'를 만들며 한시도 정순왕후의 눈길에서 벗어나지 않았다.

정조 대왕(제퍼슨 대통령)은 정순왕후의 내탕금으로 화성(華城)을 세우고 버지니아주를 영국으로부터 탈환하였다.

영조 때는 영연방의 세력이 배후에 있었고, 정조 때 'Corea'를 1탑으로 대변신을 한다

대조선의 내탕금은 영락 대제 당시 완성되었다. 그래서 훈민정음이 중요하다!

왕사王史를 제대로 공부한 사도세자가 자신이 천하의 황제임을 스스로 다짐하고 있는 장면이다.

조지 워싱턴은 프리메이슨이었으며, 1752년에 버지니아주 프레더릭스버그에서 프리메이슨이 되었다. 그는 젊은 시절 프리메이슨에 가입하여 사회의 영적, 도덕적 가치를 증진하는 데 참여했다고 알려져 있다.

워싱턴은 또한 프리메이슨의 목적이 인류의 행복을 증진하는 것이라고 말한 것으로도 전해진다.

워싱턴이 프리메이슨이라는 사실은 미국의 건국과 관련된 중요한 측면 중 하나로 여겨진다.

워싱턴 D.C.의 도시 설계에도 (사도세자: 사도바우르) 프리메이슨의 상징과 원리가 반영되었다고 한다.

그는 프리메이슨 활동을 통해 사회적, 정치적 네트워크를 형성하고, 미국의 독립과 발전에 기여했을 것으로 평가받고 있다.

고종황제 장례식 행렬에 흑인들이 일꾼으로 참여하고 있다.

워싱턴(사도 세자)

제순(帝舜:COREA)상징

워싱턴(사도 세자) 프리메이슨과 여와 복희도

도道를 숭상하는 조선의 용맥龍脈은 나라가 바뀌어도 민중 '안팎'에 살아있다

독립 전에는 13개 식민지(조선 땅)의 상선들은 영국 해군의 보호를 받았다.

하지만 미국이 독립을 하자, 이슬람 해적(왜구)들은 미국 배를 무차별적으로 공격했다. 미국인(옛 조선인)들을 포로로 붙잡은 후 인질값을 요구했다. 조지 워싱턴이 몸값을 지불하자 주변의 해적(왜구)들이 극성을 부렸다. 카리브해 해적들까지 원정 도박을 하며 인질값을 요구했다. 그들은 영국 해적들의 원조 격이라 어쩔 수 없이 돈을 지불했다.

그러나 제퍼슨 대통령은 달랐다.

토마스 제퍼슨(정조 추정) 대통령은 1801년 대통령 취임 후 최신형 함대를 파견했다.

'필라델피아' 호를 비롯한 신생 미국의 함대는 이슬람 해적(왜구)과 전면전을 선포한 것이다.

미국은 바다, 강, 그리고 육로(사막 포함)를 통한 총공격을 병행했다. 진정한 미 해병대가 탄생한 것이다.

1804년 미국 해군 특공대는 트리폴리(지금의 디트로이트) 항구의 본부를 급습했다. 결국 이슬람 해적(조선 아랍군)들은 알렉산드리아 대 전투를 마지막으로 거의 초토화 됐다.

"제퍼슨 대통령 만세(萬歲)!"

제퍼슨 대통령 때 미국 땅은 2배 이상 커진다. 모두 돈(달러, 금)을 주고 샀다

1805년, 드디어 미국은 이슬람 해적의 총 두령으로부터 항복을 받았다.

(비밀문서에 의하면 이때 오대호 지방의 이슬람 부족들은 거대한 해외 거주자금을 받는 조건으로 지금의 중동으로 이주해 갔다. 제퍼슨 대통령은 미국에 있던 해적의 근원을 뿌리째 뽑은 것이다.)

'제퍼슨 대통령의 전략적 목표인 미국 선박의 안전 항해가 보장된 것이다.' '대서양 항해 안전'은 훗날 '영토 확장'과 함께 제퍼슨의 위대한 업적으로 평가된다.

당시 정치인들은 모두 경악을 할 정도로 놀랬다고 한다.

"매사에 학구적이고 온건주의자, 제퍼슨이 타고난 싸움꾼이었다." … '그런데, 제퍼슨은 그 많은 전쟁자금을 어디서 구한 거야?'

원래 제퍼슨 대통령은 강력한 중앙정부를 반대하는 온건주의자인데, 전쟁의 달인처럼 과감한 행동을 한 것이다.

제퍼슨은 중앙 정부의 권한 확장을 반대하는 지방분권주의자인데, 마치 중앙 정부의 왕처럼 강력한 해군을 조직하여 해외에 파병을 한 것이다.

1794년 3월, 의회는 워싱턴 대통령에게 프리깃함 6척을 구매하거나 건조하고 승무원을 충원할 수 있는 권한을 부여하는 법안을 통과시켰다. 표면적으로는 북아프리카 해안에서 국가가 지원하는 해적 행위로부터 미국의 상업 활동을 보호하기 위한 것이었던 1794년 해군법은 전문적인 해군 창설을 향한 첫걸음이었다.

이후 알제리 및 트리폴리와의 조약으로 즉각적인 위기는 막았지만, 해군력 옹호론자들은 그 후에도 최소한 어느 정도 해군의 모습을 유지할 만큼 강력했다.

그 후 25년 동안 미국은 무려 네 번의 전쟁에 휘말렸다.

그중에는 1798년에서 1801년 사이 서인도 제도에서 주로 해상에서 벌어진 프랑스와의 준전쟁, 1801년에서 1805년 사이 지중해에서 트리폴리와 벌인 바르바리 전쟁, 1812년부터 1815년까지 벌어진 제2차 독립전쟁이라고도 불리는 1812년 전쟁, 그리고 1815년 알제와의 짧은 해전이 포함된다.

1812년 전쟁을 제외한 모든 전쟁은 주로 해상 분쟁이었으며, 그 전쟁에는 필수적인 해상 및 상륙 작전 요소가 포함되었다.

(장용영의 계백 결사대에서 미국 해병대가 탄생한 것이다.!)

제퍼슨 대통령은 대조선의 황제만이 할 수 있는 일을 아주 쉽게 하고 있었다.

제퍼슨은 지방분권을 가장 바람직한 정치체제라고 주장하면서, 대통령으로 전쟁을 하는 동안에 강력한 중앙집권 연방 정부체제를 유지했다. (바로 장용영을 창시한 정조 대왕의 모습이다)

제퍼슨은 전쟁 후, 다시 분권을 주장하는 반연방파로 돌아 갔다. 반연방파는 후에 공화당(Republicans)이 되었다. 제퍼슨은 공화당의 원조 지도자였다.

그 후 제퍼슨은 먼로 대사로 하여금 루이지애나를 프랑스로부터 6,000만 프랑에 사들였다. 루이지애나를 관통하는 미시시피강은 미국의 동맥이었다. 제퍼슨은 미국이 서부로 진출할 수 있는 교두보를 확보한 것이다.

(영락 대제 때 대조선의 고향인 로키산맥의 연나라 땅의 회복을 위한 미래 계획이 아닐까 한다)

당시 누구도 감히 대통령의 권한에 벗어나는 일이라고 이의를 제기하지 않았다. 어떤 정치인도 어마어마한 거금을 움직이는 대통령에게 출처를 묻는 사람이 없었다.

(뉴욕 은행을 비롯한 알 수 없는 금융기관으로부터 금과 달러가 유통 되고 있었다. 제퍼슨이 조선의 정조 대왕이 아니라면 불가능한 일이었다. 아버지인 사도세자(조지 워싱턴)도 할 수 없는 일을 제퍼슨 대통령이 하고 있었다.

그렇다. 돈(달러)과 보물, 황금에 관한 일은 대조선의 내탕금(황제 비자금)을 움직일 수 있는 왕(王)만의 권한이었다. 정조대왕(제퍼슨)만이 (영락 대제 때 이미 이룩한) 대조선의 보물과 달러(성전)를 움직일 수 있는 것이다.

그 당시 제퍼슨 대통령은 대조선의 황제만이 할 수 있는 일을 아주 쉽게 하고 있었다.

1803년 미 제퍼슨 대통령, 루이지애나 매입

조선의 금, "노다지 노다지 금 노다지, 엥여라차 차 차 엥여라차"

졌다! 미 해병대라고? 제퍼슨 대통령!

'제퍼슨은 1784년부터 1789년까지 벤저민 프랭클린의 후임으로 프랑스 공사에 임명되었다'고 한다. 하지만 그를 본 사람은 없었다.

그는 프랑스에서 많은 사회적 엘리트, 귀족들과 친분을 쌓았으나 정작 1789년 프랑스 혁명이 발발하였을 때, 제퍼슨은 혁명군 손을 들어 혁명을 열렬히 지지하였다고 한다. 또한 그는 불어에 능통했다고 한다. 당시 미국 땅의 불어는 라틴어에 능통한 사람이 천천히 말을 하면 훈민정음으로 들린다고 한다.

도대체 미국은 그 많은 황금을 어디서 가져온 거야?
"Who Are You?"

정조대왕은 조선의 금권을 계승한 왕이며, 독립군 사령관은 '조지 워싱턴' 장군이었다

정조대왕의 '장용영 군부 시스템'은 세계적 수준이었다.

특히 실전에서 보여준 사도세자의 용병술은 식민지 조선 군인들의 표상이었다.

더구나 정조대왕이 가세하면서, 두 사람이 육지와 바다를 누비며 해적을 소탕하는 신출귀몰한 작전과 무진장 자본(금과 달러)이 후원하는 신무기 출현은 영국 식민지 대조선 용병들의 뜨거운 애국심을 불러일으켰다.

독립 선언 당시 조지 워싱턴(사도세자)이 만장일치로 식민지 13개 대륙의 총사령관이 되는 것은 조선의 내탕금(황금 및 보물)의 지원 없이는 불가능한 일이었다. (우리 왕은 세계 제일의 부자이다)

1789년 미국 대통령 선거는 미국에서 최초로 실시된 대통령 선거이다.

이 선거 이전의 미국에는 독립된 연방 행정부와 행정부의 수반, 그리고 국가원수가 없었다. 이 선거에서 각 주로부터 선출된 69명의 선거인단은 각각 2표씩 행사할 수 있었는데, 그들은 모두 한 표씩 조지 워싱턴에게 투표하였다.

따라서 조지 워싱턴은 미국 역사상 처음이자 유일하게 만장일치로 미국의 초대 대통령에 선출되었다.

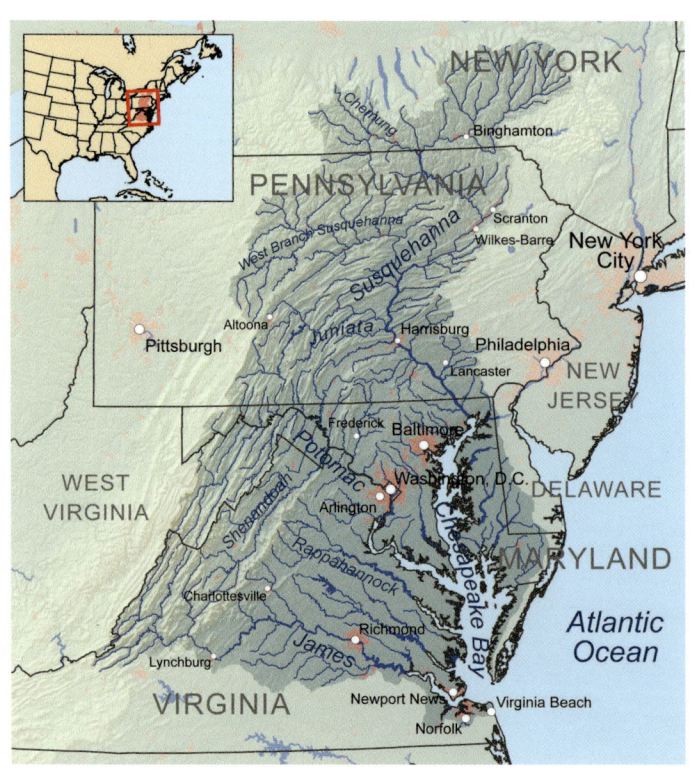

조선의 왕, 사도세자(조지 워싱턴) 만세! 만세! 만세!

사도세자와 정조대왕이 당연히 13국 대륙 식민지, 조선 백성을 위해 싸웠을 것이다.

사도세자가 다닌 교회가 영국의 최초의 성공회였으므로, 한 때 사도세자가 영국군 장교라는 것은 너무나 자명하다.

만일 사도세자가 죽은 것이 아니라면, 아들인 정조대왕이 아버지의 뜻을 받들어 같이 전쟁을 수행할 수도 있을 것이다.

그렇다면 훗날 영국의 13개 식민지가 영국군에 대항해 전쟁을 할 때, 사도세자와 정조대왕이 당연히 13국 대륙 식민지 백성을 위해 싸웠을 것이다. 영국인이 말하는 13개 대륙의 식민지란 바로 조선 팔도 강역이기 때문이다.

영국에 대항해 싸우는 13개국의 추장들은 당연히 정조대왕을 위해 칼을 높이 들고 외쳤을 것이다.

"조지 워싱턴 사령관 만세!" "정조대왕 만세!" "대조선(大朝鮮) 만세"

Facade-Library-of-Congress- Washington-DC-Jefferson-1897

파사드-의회도서관-워싱턴-DC-제퍼슨-1897

황권의 오색(五色) 중에 청청이 뜻하는 의미는 새로운 시작이다.
제퍼슨 당시 국회 의사당의 청색 지붕은 아메리카 합중국의 청춘靑春 시대를 상징하는 것이다.

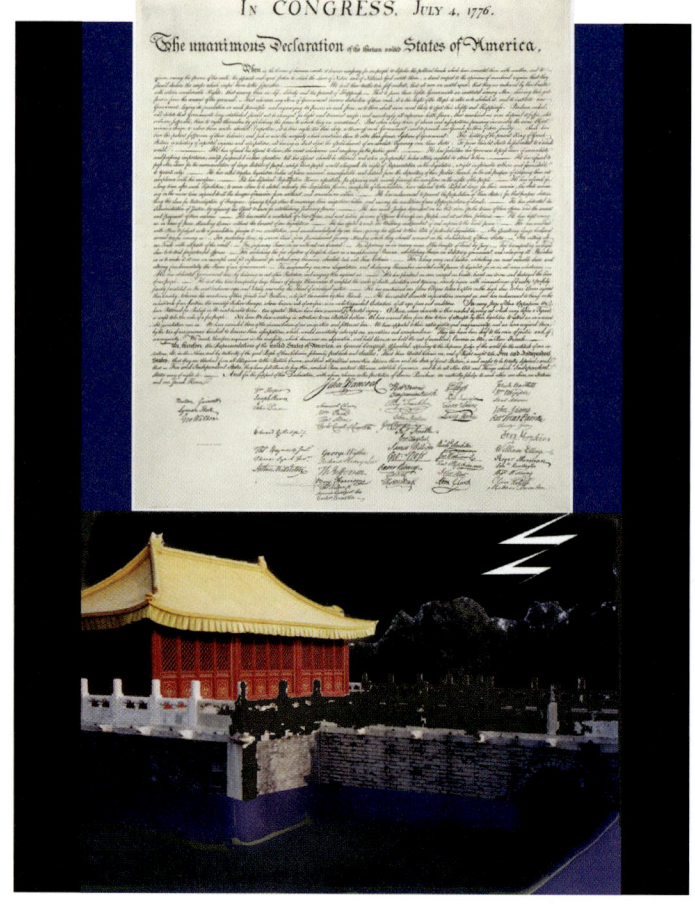

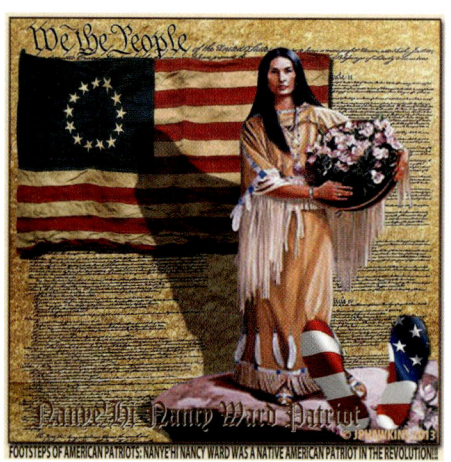

우리가 이주민이라면, 우리는 어디로부터 온 누구인가?
이제 독자 스스로 말할 수 있을 것이다.

'아메리카 대조선, 'X-file'에 해답을 심어 놓았다.

제퍼슨 대통령이 조지 워싱턴을 위해 모든 공을 돌린 것은 그분이 사도세자이기 때문이다.

토마스 제퍼슨은 대통령으로 즉위하자마자, 국제 해적본부와 정면승부를 선포하였다. 제퍼슨 대통령이 프랑스로부터 미국 내 영토를 매입하면서 갑자기 국제 위상이 높아졌다. 제퍼슨(정조대왕)은 연방군을 동원하여 미국의 해안을 지키고 캐나다와의 무역로를 차단하였으며 의심스러운 밀무역업자의 선박을 공격하여 침몰시켰다.

드디어 제퍼슨은 미시시피강 동쪽을 통일하며 호수, 강, 바다까지 제패하였다. 비로소 전 세계가 토마스 제퍼슨을 진정한 미국의 대통령이라며 우러러 보게 되었다.

그럼에도 불구하고 제퍼슨은 미국의 수도를 옛 한양(한성부)으로 옮기고 '워싱턴 D.C.(Washington, D.C.)'라고 했다. 수도 자체를 '아버지 사도세자'를 위한 공간으로 설계한 것이다.

미국이 탄생되고 초대 대통령으로 취임했지만 대부분의 국민들은 아직도 대통령이란 자리가 무엇인지 이해를 하지 못하고 있었다. 조지 워싱턴을 선출된 조선의 국왕이라고 생각했고 대통령인 자신도 '대(大) 국민(民)'들에게 선출된 국왕이라고 생각하여 국왕처럼 행동했다.

초기에 그는 자신에 대한 칭호로 국왕들이 스스로 말하는 자기를 3인칭으로 부르는 단어를 상당히 좋아했으며 다른 국가의 국왕처럼 위엄 있는 몸가짐으로 국왕처럼 대접받기를 원했다. 유럽 대륙의 왕실을 본받아 접견회와 파티를 한없이 열었고, (조선의 황금을 기반으로 달러가 기축통화로 자리잡는 시기였다) 영국과 프랑스의 국왕처럼 미국 전역을 호화롭게 여행했으며, 미국의 국민들은 대조선의 국왕을 맞이하듯 화려한 축하 행사로 그를 환영했다.

그는 외국과의 관계에서 대통령이 최고 지도자의 지위를 갖는다는 것을 주장하고 실현하였다.

그러나 실제로 초대 대통령의 권한은 매우 제한적이었으며 20세기까지 의회가 정국을 주도하였다.

아바마마 ...

3) 지도 한 장이 세상을 바꿀 수 있다

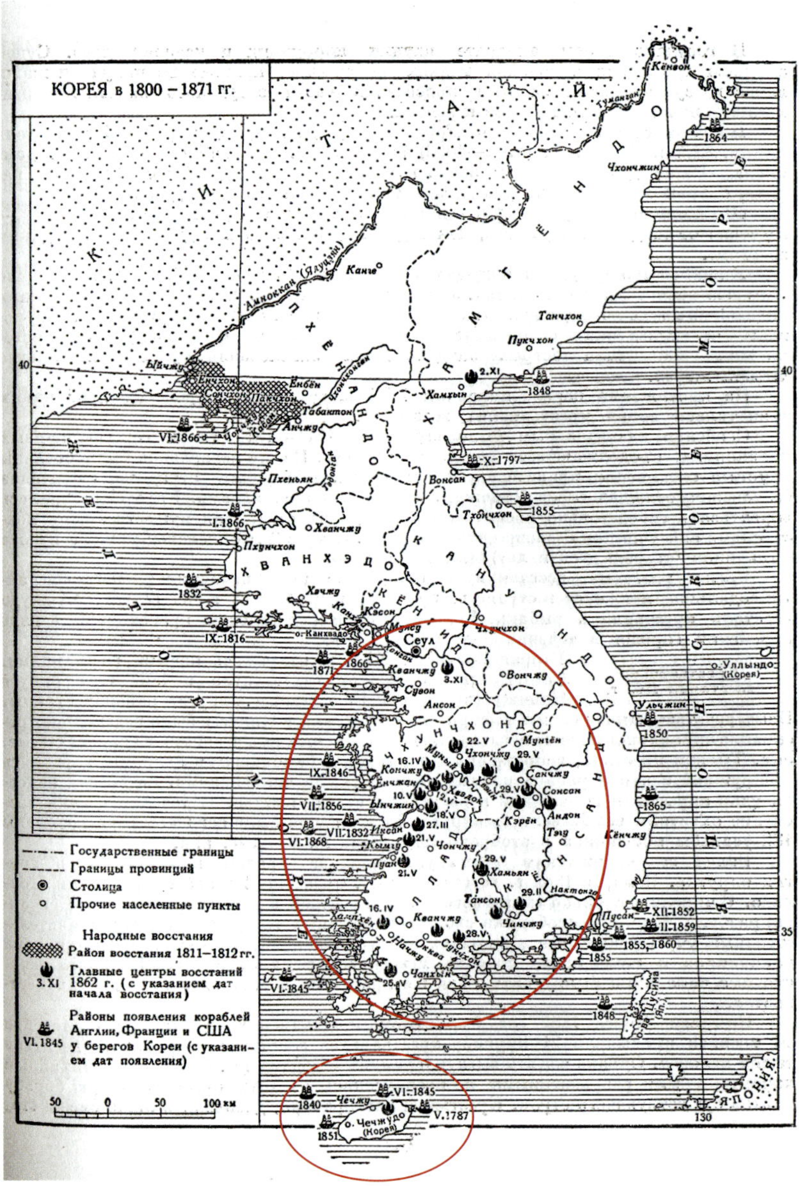

이미 중국 대륙에서 자리 잡은 종친을 찾아 배를 타고 떠나기로 했다.

1800년에서 1871년 사이 한반도로 이주해오는 무리는 누구인가?
 그러한 무리를 한반도로 강제 이주시키는 실체는 누구인가?
 이와 같이 강력한 세력은 다양한 인종을 한반도뿐만 아니라 전 세계로 이주시키고 있었다.
불꽃은 황실의 상징이다. 황실의 지명(조상의 지계석)과 비밀자금이 이동했다는 표시이다.

이봐, 잠깐만 내가 내릴 곳은 여기가 아니야!

1800년에서 1871년까지 한반도로 들어오는 거대한 함선들은 무엇일까? 필자가 연구한 바에 의하면, 이 시기는 조선 세도정치 시절이었다. 세도정치란 국왕의 외척들이 권력을 장악했던 순조·철종 때의 정치를 가리킨다.
 이와 같이 한반도로 들어오는 거대한 함선은 아메리카대륙에서 오는 배들이었다. 그 당시 이러한 함선의 출현은 한반도뿐만 아니라 전 세계적인 현상이었다.

무려 100년 가까이 어마어마한 인구를 집중적으로 이주시키고 있었다.

중국 대륙 및 한반도 조상의 서도西渡와 동도東渡 시기는?

　1860년경 엄청난 이민선들이 수년째 아메리카대륙에서 태평양을 왕복하고 있었다. 캘리포니아반도 해역에는 새까맣게 몰려드는 호화이민선과 대형범선으로 북새통을 이루고 있었다.

　또한 중선으로 아메리카대륙을 떠나는 이민자는 대형 범선을 따라가는 목숨을 건 항해를 하고 있었다.

그들은 주로 노론 세력이므로 백인종과 히스패닉이 많았다. 그들을 위해 영국함선이 수없이 몰려왔다. 주로 상선이었지만 가끔 영국군인의 대형범선도 보였다.
붉은 깃발을 단 바티칸 소속 범선도 많이 있었다.
모두 한몫을 잡으려는 기세였다.

미시시피 강 물류리 중심이었던 미주리 주의 세인트루이스는 영락제 때 도읍이라면 조선의 서울(京師)로서 손색이 없는 도시이다. 세인트루이스는 우리말로 신성한 이씨 왕가의 도시라고 읽을 수 있다.
또한 루이빌, 시카고, 스모키 마운틴, 워싱턴, 필라델피아 등은 조선과 관련이 있는 곳이다.

stlouis built - 1847

　대형 범선은 아메리카대륙에서 태평양을 건너는 조선 양반이 주 고객이었다.

　그들은 대원군이 집정을 하자 조선을 떠나는 문중이었다. 철종 때 세도정치를 하다가 쫓겨난 안동김씨 권문세도가는 가문을 보전하기 위해 문중 단위로 어마어마한 무리들이 줄을 이어 배를 타고 있었다.

바티칸 교황청, 이민선의 주요 고객은 아이들이었다.

초창기 이주는 양반문중 단위로 자발적이었으나 후반기에는 거의 강제이주였다.

제국주의 시절 이주 함선의 출현은 한반도뿐만 아니라 전 세계적인 현상이었다.

미국에서 영어와 스페인 언어를 제외한 제 3언어의 분포를 나타낸 지도.

지도에서처럼 베트남 언어를 사용하는 민족 대다수가 베트남에서 미국 땅으로 이민을 떠난 역사기록은 거의 없었다.

미국은 이민자의 나라이므로 해외 이민자의 낙원이라고 한다. 하지만 베트남어, 타갈로그어, 나바호어, 한국어 등 언어분포도를 보면 이민자가 정착한 지역에서 사용하는 말이 아니라 원래 토착민의 언어로 보인다.

만약 제 3언어가 토착민의 언어라면 미국 동부지역에는 원래 한국인이 살았고 미국남부지역은 베트남인 토착민, 나바호인, 타갈로그인이 정착했던 곳이며 아직도 많은 토착인 후예들이 머물고 있다는 결론에 이른다.

아시아 은행중에 태국은행만이 국제외 환거래를 하고 있다. 태국왕실이 국제거래를 가능하게 하는 특수 금(A1)을 보유하고 있기 때문이다.

Siam becomes Thailand.

우리 조상님 땅은 아메리카대륙이다. 하지만 그들이 나를 고향 땅에서 쫓아내고 있다.

'나(국왕)는 조상님의 왕국을 보전하기 위해 그들의 뜻대로 먼 곳으로 떠나기로 했다. 그들은 나의 충성스러운 친위부대와 백성들도 같이 떠나도록 허락했다.
새로운 낙원에서 우리 왕국을 그대로 이어가는 것이라고 했다.
그들의 원대한 계획은 황인종을 종족별로 백인과 분리시키려는 것이다.'

세상의 삼권(군권, 금권, 권능)을 지닌 주인공이 나타나 인류의 모든 부채를 면책해 준다!

대조선의 황실 군부는 1882년 임오군란을 계기로 와해되었다. 그 후 서구열강과 러시아, 일본 등은 대조선의 군벌인 차이나를 무너뜨린다.(1894)

당시 대조선의 황후가 암살당할 때(1895), 이미 황후께서 세상의 곳간(보물창고) 열쇠를 숨긴 뒤였다.

강희제 때 대조선의 특수 황금을 담보로 달러가 발행되었고, 옹정, 건륭제를 거치면서 인류 미래를 위한 보물 등이 특수 달러를 담보로 만들어졌다.

광서제 때, 이홍장과 같은 어른을 중심으로 수백만 코리언에게 알 수 없는 비밀자금이 맡겨졌다. 이러한 자금은 12 월드 뱅크, 국제 매화 재단 등, 누구나 다 알 수 있는 금융기관을 통해 세대를 이어가며 전수되었다.

THE DRAGON'S CHOICE

그럼에도 불구하고 국제자금의 정체나 유동성에 대해 아는 사람이 없었다. 수없이 많은 복제물을 만들어 공개적으로 정보를 알리려 했으나 그 누구도 국제 비밀자금의 해동 방법에 대해 알지 못했다.

최근 AI(인공지능)조차 실마리를 찾지 못해서 지구촌은 아마겟(계)돈(국제화폐 전쟁)의 파산 날짜만 기다리는 중이다.

이제 인류에게 남은 실낱 같은 희망은 세상의 삼권(군권, 금권, 권능)을 단숨에 장악한 면책권자가 나타나 인류의 모든 부채를 면책해 준다는 예언서의 전승이야기 뿐이다.

그분을 내 안에서 찾아야 한다. 바른 역사관이 필요한 이유가 여기에 있다.

이와 같은 시기가 소위 제국주의시대이며 서구 열강은 알 수 없는 정치세력과 군부에 의해 수많은 크고 작은 전쟁의 소용돌이에 휘말린다.
이러한 현상은 1,2차 세계대전을 겪으면서 아직 까지 진행 중이다. 그러다가 2020년 이후 국제금융 대란은 대체로 정리됐으나, 일부 군부의 발호로 세계 질서는 제대로 잡히지 않고 있다.

그렇다. 조선 왕조(종묘)의 운명의 고리는 언제나 전 세계 운명과 연결되어 왔다.
따라서 극동아시아의 코리언이 깨어나지 못한다면 전 세계와 코리언의 운명은 없는 것이다.

이제 인류가 개미처럼 더듬이를 움직여 여왕개미의 존재 의미를 깨달아서, 그분을 내 안에서 찾아야 한다. 바른 역사관이 필요한 이유가 여기에 있는 것이다.

옛 즈푸구(한국어: 지부구, 중국어: 芝罘区, 병음: Zhīfú Qū)는 상해(뉴욕)에서 멀지 않은 곳에 있었다.
오페르트가 상해를 떠나 조선을 탐험할 때, 즈푸(지부芝罘)에서 탄약과 연료를 보급받았다.
지푸(CHEFOO), 우표에서 'FOO'는 무엇인가?
(KAN_WHA_FOO)를 생각하라!
성스러운 마을(성역)이라고 보면 된다.

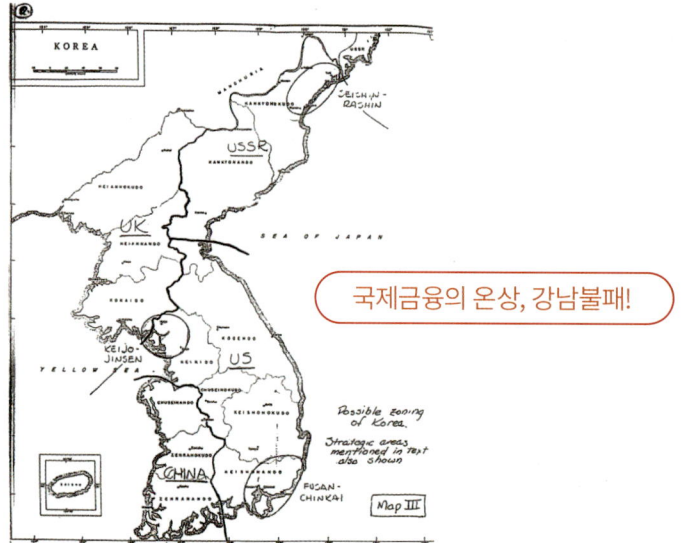

국제금융의 온상, 강남불패!

마침내 개신교 장로회의 예정론처럼 국제금융 해동 기간이 이미 도래했고, 군부 및 세계 권능의 동향은 (우리가) 알 수 없는 영역이 존재한다.

한때 특정물건의 코리아에 세계 사령탑이 존재했다

지금의 유럽은 2차 대전 후에 비로소 만들어졌다. (아, 누가 믿을 것인가!)

레지스탕스는 제2차 세계대전에서 유래되었고, 파시즘에 저항하는 시민군을 가리키며, 프랑스 인민의 비시 프랑스 정권에 대한 저항운동을 가리킨다. 즉, 제2차 세계대전 중 나치 독일에 의하여 점령된 프랑스, 덴마크, 노르웨이, 네덜란드, 유고슬라비아, 그리스, 폴란드 등의 유럽국가에서 일어난 비정규 저항운동이다.

제2차 세계대전 후 레지스탕스 저항군을 이끈 나라들은 우선적으로 독립을 했다. 유엔에 나라가 많은 이유가 여기에 있다.

코리아의 독립은 우리 위에 있는 분의 섭리대로 움직인다

1776년 조선에서 아메리카 합중국으로 바뀌었듯이, 미래는 또 다른 방법으로 새로운 시대로 나아간다.

구 1만원권과 달러는 미래의 보물을 여는, 훈민정음과 같은 코리아의 비밀 코드이다.

한때 인류는 아메리카 대륙에서 같은 조상과 문화를 지니고 있었다.
 현재 인류의 불행은 자신의 뿌리 조상이 하나였다는 것을 자각하지 못하기 때문이다.
 당시 유럽의 사령탑은 아메리카 대륙에 있었다.

초대 대통령 이승만 박사는 아메리카 딕죠션大朝鮮의 존재를 알고 있었다.

필자는 오랜 세월 근대사를 추적하다가 놀라운 사실을 알게 되었다.

제국주의 시절 독점금융 세력이 전 세계를 정치·경제적으로 장악하는 과정에서 어마어마한 세계사 조작이 있던 것이다.

세계 양차대전과 6.25를 겪는 와중에도 그들 음모세력의 보이지 않는 힘이 작용하였고, 지금까지도 역사를 은폐하려는 음모세력이 존재하고 있다. 그들은 친구처럼 늘 우리를 감시하고 있는 것이다.

인류 강제 이주의 역사를 모른다면, 결코 잃어버린 근대사의 진실을 알 수 없다.

'Japan' → jye(帝)-pan → 미국?

스탈린은 김일성을 아들처럼 아꼈다지만, 조선의 비밀만은 알려주지 않았다.

한국전쟁에 이어 분단국가인 월남에서도 전쟁이 일어났다. 아메리카 고향을 잊어야할 나라는 아직도 많다.

a sanitized Vietnam War

이승만은 조선이 아메리카대륙에 있었다는 것을 증명할 수 있는 유일한 인물이었다.

1954년, 미 의회에서 명연설을 하여 100만 뉴욕시민 앞에서 카퍼레이드를 하는 이승만 대통령의 모습이다.

미국이 정책적으로 한국의 대통령을 전 미국에 알린 것이다. 조선은 미국 땅이 아니라 저 멀리 아시아 구석에 있는 조그만 나라에 불과하다는 것을 홍보한 셈이다.

이런 식으로 조선의 존재는 조금씩 조금씩 미국에서 사라져갔다.

모습은 백인, 흑인 등이지만, DNA는 모두 '朝鮮'이었다.
"Together As One"

1954년, 미 의회에서 명연설을 하여 100만 뉴욕시민 앞에서 카퍼레이드를 하는 이승만 대통령.

이승만 대통령은 조선이 아메리카 대륙에 있었다는 것을 증명할 수 있는 유일한 인물이었다.

그러나 그는 살아생전에 '아메리카 대조선'에 관한 진실을 단 한 번도 공석상에서 말한 적이 없다. 왜 그랬을까?

이승만 박사를 미국의 하수인라고 치부하기 전에 우리가 놓치고 있는 것이 있다.

그의 여권의 원적은 'Japan'이었다. 그 당시 (1875) 'Japan'은 분명히 대동아전쟁의 주역인 일본이 아니었다.

평생 이승만 박사를 따라다닌 미스터리의 핵심은 'Japan'이었다.

물론 그 당시 'Japan'은 지금 열도의 일본도 아니었다.

팔레스타인지역에 이스라엘이 건국하자(1948.5), 역사를 아는 마지막 세대조차 원래 미국 땅이 조선 땅이 아닐 수도 있다는 생각을 갖게 되었다.

그 후 700만 인파를 동원한 이승만 대통령의 뉴욕시 카퍼레이드(1954.2)는 조선이 미국에 있던 나라가 아니라 극동아시아에 있는 조그만 나라였다는 걸 홍보하는 계기가 되었다.

...
그렇게 조선은 점차 사라져갔다.

하늘이 준 기회의 창(5·7)이 닫히면 운명은 없다.

옛 지도의 COREA는 지구촌의 유일한 사람을 지칭하거나, 그러한 신과 같은 '권능자'가 실제로 태어나는 곳이다.
화폐경제 시대 'COREA'가 국제금융 'Key_Man' 이라면, 'Coree'는 'Corea'가 태어나는 성역이며 CHINA는 옛 중국을 보위하고, 옛 중국의 보물을 지키는 군부이다. 군부에서 '옛 중국 보물'을 해동시킬 방법은 없다. 국제금융 'Key_Man'이 아니기 때문이다.
'5 7'은 중국이며 대황제(In China : In God we trust)가 실존한다는 뜻이다. 화폐경제 시대에는 'COREA'가 '7'일 수 있다는 결론이다.

秘密号码_ 5, 7

1. A₁(gold), B₁(dollar)의 이중성
2. 세상에는 보이지 않는 손이 존재한다.
3 벨기에 화폐등록소   4. 뭔 개수작이요?
5. 등록이 안된 금과 달러가 더 가치가 있을 수 있다고?
6. 죽어도 알 수 없는 달러와 금의 비밀…
7. 세계적인 정치가 그룹 욕심때문이야… 8. 정치가는 장님 코끼리 만지는 존재.

국가부채를 먼저 해결해야 지구촌이 신세계를 맞이할 수 있다.

"역사란 '세상 주인'과 나 사이에 '1 : 1' 대응 관계"라고 했다.
화폐경제 시대 기축통화의 주인을 나처럼 살아있는 '세상 주인'이라고 가정한다면, 나도 '세상 주인'처럼 역사의 주인이다.
그래서 하늘에 묻는다. "나도 내 이웃인 '세상 주인'처럼 부자로 만들어 주시오."   ...   하늘이 말한다.
'당신은 이미 부자입니다. 인류는 중국 보물을 갖고 있기 때문입니다. 인류가 빚만 갚으면 당신의 이웃인 '세상 주인'이 보물을 해동합니다.'
"… 내가 어떻게 인류의 빚을 해결합니까?"

화폐경제 시대의 神은 달러의 주인이다. 세계는 기축통화인 달러로 소통한다.
내 마음속의 조상신은 5인데, 달러의 주인은 7이다. 장차 '5 7'이 빚을 갚지 않는 세상을 '금융의 불(弗: 달러)'로 심판할 것이다.

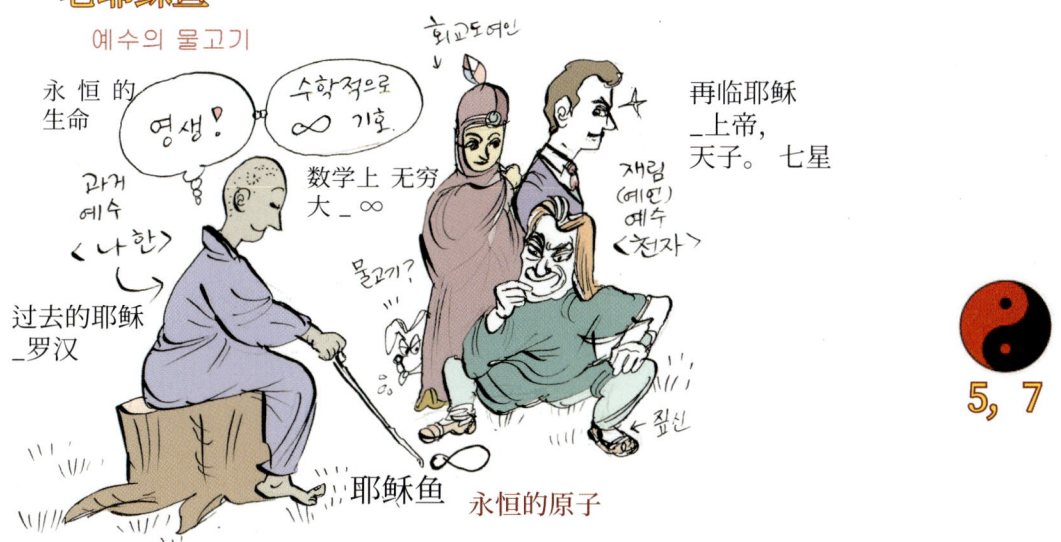

385

영락제 때, 전 세계가 중화 문화권이었으며 온 누리 언어가 훈민정음이었다.

인류의 원죄는 빚을 지고 태어난다는 것이다. 모든 나라는 국제금융의 빚으로 인해 태어날 때부터 이미 국제 빚을 갚아야 할 의무가 있다.
이는 누구도 피할 수 없는 국제금융에 대한 원죄이다.

예술 작품을 만들기 위해서는 어려서부터 몸과 마음을 단련하는 것이 필수적인 덕목이다. 젊은 승려들은 엄격한 수행을 거쳐 훌륭한 장인으로 거듭난다. 위대한 예술작품은 인류의 마지막 희망이다.

新时代的象征是凤凰。_ 새로운 시대의 상징은 불사조(봉황)입니다.

1882년, 옛 중국 황제는 100만 명의 'Corean'에게 비자금을 맡기며 미래를 대비하고 모습을 감췄다.

2016년부터 국제금융기관을 통해 빌려준 돈을 회수하기 시작했다. 2020년까지 모두 돌려받을 예정이다.

특히 'G7', 유럽 그리고 아시아의 일부 국가들은 1980년에 받은 비밀자금을 반환해야 한다.

A1(黃金) → B1(基軸通货) → C1(招财进宝)

"Made IN CHINA"

"In God We Trust"

"Together As One"

"COREA"

"關羽 大皇帝, 東廟", In Seoul

나와 COREA는 내 안에 동시에 존재합니다.

우리는 마음에 'COREA'가 있다는 걸 믿습니다.
나와 'COREA'는 내 안에서 각각 동시에 존재합니다.
나와 'COREA'는 마음으로 통합니다.
이제 지구촌은 'COREA'의 보물로 함께 갑니다.
'COREA'는 내 마음이며 미래의 보물입니다.
새로운 시대, 'COREA'의 상징이 봉황입니다.
전 세계는 '봉황 축제'가 한창입니다.

지금 'COREA'는 이 땅에서 우리와 함께 길을 걷고 계십니다.

Who am I?

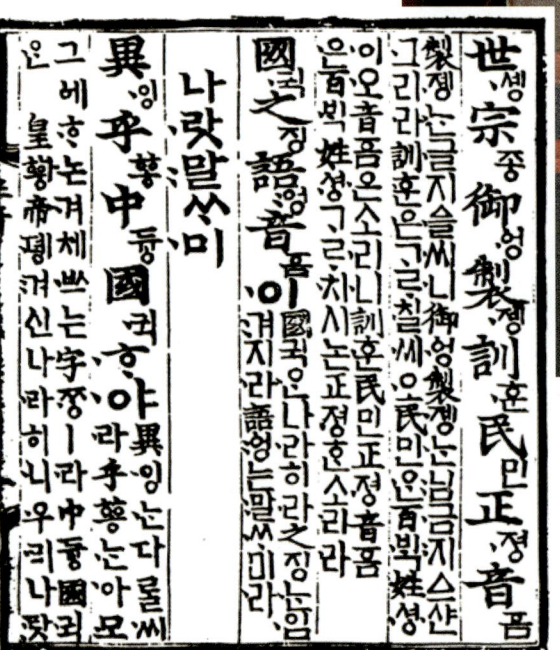

I and COREA exist simultaneously within me.

天下爲公, 世界大同, 歸一鳳凰!

옛 중국은 인류의 영원한 문화유산인 중국의 보물을 준비했다. 인간의 상상력이 최대한 발휘된 예술품은 인간의 한계를 초월한 신의 경지를 보여주고 있다. 하늘에 생명을 걸고 신품神品을 창조한 장인들이 인류의 빚을 갚을 것이다.

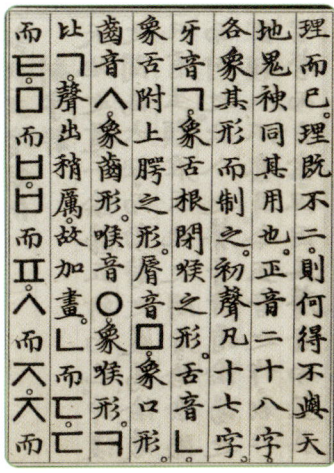

中國 _ 一人

"COREA"

미래는 예술을 통해 새로운 시대로 나아간다.

신품神品을 창조하는 장인들이 인류의 빚을 갚을 것이다.

In God We trust, Made In China, Corea

2020년 미 의회 관련 UFO 문서를 공개했는데 특수임무를 가리키는 '코드네임'은 "Yes, Corea" 이다.

인류의 마지막 희망인 중국(COREA)의 보물은 찬란히 빛나며 주인의 해동을 기다리고 있다. 중국의 보물은 새로운 미래의 초석이다.
중국 보물의 코드명은 "Yes, Corea" 이다.

우리 집에 왜 왔니 왜 왔니 ...
'훈민정음(訓民正音)' 배우러 왔단다 왔단다

천지 자연에 내가 거듭 나면, 너와 우리님을 낙원 조선에서 만나리!

Father  부父

Son  자子

"Yes, Corea"

내가 어디서 왔는지 모른다면,
내가 어디로 가는지 모르는 것이다.